일제의 임업 및 수산업 정책

일제침탈사연구총서
경제
20

일제의 임업 및 수산업 정책

동북아역사재단 일제침탈사 편찬위원회 기획
최병택·이영학·류창호 지음

동북아역사재단
NORTHEAST ASIAN HISTORY FOUNDATION

| 발간사 |

　일본이 한국을 침탈한 지 100년이 지나고 한국이 일본의 지배로부터 벗어난 지 70년이 넘었건만, 식민 지배에 대한 청산은 이루어지지 못하고 있다. 일본의 독도영유권 주장은 도를 넘어섰다. 일본은 일본군'위안부', 강제동원 등 인적 수탈의 강제성도 인정하지 않고 있다. 일본군'위안부'와 강제동원의 피해를 해결하는 방안을 놓고 한·일 간의 갈등은 최고조에 이르고 있다. 역사문제를 벗어나 무역분쟁, 안보위기 등 현실문제가 위기국면을 맞고 있다.
　한·일 간의 갈등은 식민 지배의 역사를 어떻게 볼 것인가 하는 역사인식에서 기인한다. 역사는 현재와 과거의 대화이며 이를 기반으로 미래로 나아갈 수 있다. 과거 침략의 역사를 미화하면서 평화로운 미래를 말하는 것은 불가능하다. 식민 지배와 전쟁발발의 책임을 인정하지 않고 반성하지 않으면 다시 군국주의가 부활할 수 있고 전쟁이 일어날 위험성도 배제할 수 없다. 미래지향적 한일관계를 형성하고 나아가 동아시아의 평화와 번영의 기틀을 조성하기 위해 일본은 식민 지배의 책임을 인정하고 그 청산을 위해 노력해야 할 것이다.
　식민 지배의 역사를 청산하기 위해서는 식민 지배는 어떻게 이루어졌는지 그 실상을 명확하게 규명하는 일이 긴요하다. 그동안 일본제국주의에 맞서 조국의 독립을 위해 헌신한 독립운동가들의 활동을 찾아내고 역사적으로 평가하는 일에는 상당한 성과를 거두었다. 반면 일제 식민침탈의 구체적인 실상을 규명하는 일에는 충분한 노력을 기울이지 못했다. 제국주의가 식민지를 침탈했다는 것은 너무나 당연한 사실로 여겨졌기 때문에, 굳이 식민 지배에서 비롯된 수탈과 억압, 인권유린을 낱낱이 확인할 필요가 없었는지도 모른다. 그러는 사이 일본은 식민 지배가 오히려 한국에 은혜를 베푼 것이라고 미화하고, 참혹한 인권유린을 부인하는 역사부정의 인식을 보이는 데까지 이르고 있다. 일제의 통치와 침탈, 그리고 그 피해를 종합적으로 조사하고 편찬할 필요성이 여기에 있다.

　일제침탈사를 체계적으로 정리하는 일은 개인이 감당하기 어렵다. 이에 우리 재단은 한국학계의 힘을 모아 일제침탈사 편찬위원회를 꾸렸다. 편찬위원회가 중심이 되어 일제의 식민지 침탈사를 정치·경제·사회·문화 모든 방면에 걸쳐 체계적으로 집대성하기로 했다. 일제 식민침탈의 실체를 파악하기 위해 2020년부터 세 가지 방면으로 사업을 추진하고 있다. 하나는 일제침탈의 실상을 구체적이고 생생한 자료를 통해서 제공하는 일로서 〈일제침탈사 자료총서〉로 편찬한다. 다른 하나는 이들 자료들을 바탕으로 연구한 결과물을 〈일제침탈사 연구총서〉로 간행한다. 그리고 연구의 결과를 대중들이 이해하기 쉽게 〈일제침탈사 교양총서〉를 바로알기 시리즈로 간행한다.

〈일제침탈사 연구총서〉는 일제침탈의 실태를 정치·경제·사회·문화 분야로 대별한 뒤 50여 개 세부 주제로 구성했다. 국내외 학계 전문가들이 현재까지 축적된 연구 성과를 반영하면서 풍부한 자료를 활용하여 집필했다. 연구자뿐만 아니라 교육 현장에서도 활용되고 일반 독자들도 이해할 수 있도록 집필하기 위해 노력했다. 연구총서 시리즈가 일제침탈의 역사적 실상을 규명하고 은폐된 역사적 사실을 기억하고 왜곡된 과거사에 대한 인식을 바로 잡음으로써 역사인식의 차이로 인한 논란과 갈등을 극복하는 데 기여하는 디딤돌이 되기를 바란다.

2024년
동북아역사재단 이사장

| 편찬사 |

    1945년 한국이 일제 지배로부터 해방된 지 79년의 세월이 지났다. 그럼에도 불구하고 일본 사회 일각에서는 여전히 일제의 한국 지배를 합리화하고 미화하는 주장이 나오고 있으며, 최근에는 한국 사회 일각에서도 일제 지배를 왜곡하고 옹호하는 주장이 나오고 있다. 이는 한국과 일본 사회, 한일 관계와 동아시아 국제관계의 미래를 위해서도 결코 바람직하지 않은 일이다.

    이에 동북아역사재단은 일제의 한국 침략과 식민 지배에 대한 학계의 연구 성과를 총정리한 〈일제침탈사 연구총서〉를 발간하기로 하였다. 이에 따라 2019년 9월 학계의 전문가를 중심으로 편찬위원회를 구성하였으며, 편찬위원회는 학계의 연구 성과를 토대로 정치·경제·사회·문화 부문에서 일제의 침탈이 어떻게 이루어졌는지 정리하여 연구총서 50권을 발간하기로 하였다.

    주지하듯이 1905년 일제는 러일전쟁에서 승리한 뒤, 한국에 군대를 주둔시키면서 한국의 외교권을 빼앗고 통감부를 두어 내정에 간섭하였다. 1910년 일제는 군사력으로 한국 정부를 강압하여 마침내 한국을 강제 병합하였다. 이후 35년간 한국은 일제의 식민 통치를 받았다.

    일제는 한국의 영토와 주권을 침탈하였을 뿐만 아니라, 군사력과 경찰력으로 한국을 지배하면서, 정치·경제·사회·문화의 모든 부문에서 한국인의 권리와 자유, 기회와 이익을 박탈하거나 제한하였다. 정치적으로는 군사력과 경찰력, 각종 악법을 동원하여 독립운동을 탄압하고, 한국인의 정치활동을 억압하고 참정권을 박탈하였으며, 집회와 결사의 자유를 억압하였다. 경제적으로는 일본자본이 경제의 주도권을 장악하고, 일본인 위주의 경제정책을 수행했으며, 식량과 공업원료, 지하자원 등을 헐값으로 빼앗아 갔고, 농민과 노동자 등 대다수 한국인의 경제생활을 어렵게 하였다. 사회적으로는 한국인들을 차별적으로 대우하고, 한국인의 교육의 기회를 제한하고, 한국인으로서의 정체성을 박탈하여 결국은 일본의 2등 국민으로 만들고자 하였다. 문화적으로는 표현과 창작의 자유, 종교와 사상의 자유를 억압하고, 한글 대신 일본어를 주로 가르치고, 언론과 대중문화를 통제하였다. 중일전쟁, 아시아태평양전쟁을 도발한 뒤에는 인적·물적 자원을 전쟁에 강제동원하고, 많은 이들을 전장에 징집하여 생명까지 희생시켰다.

〈일제침탈사 연구총서〉는 침탈, 억압, 차별, 동화, 수탈, 통제, 동원 등의 단어로 요약되는 일제의 침략과 식민 지배의 실상과 그 기제를 명확히 밝히고자 하였다. 이를 통해 일제의 강제 병합을 정당화하거나 식민 지배를 미화하는 논리들을 비판 극복하고, 더 나아가 일제 식민 지배의 특성이 무엇이었는지, 식민 통치의 부정적 유산이 해방 이후에 어떤 영향을 미쳤는지를 밝히고자 하였다.

편찬위원회는 연구총서와 함께 침탈사와 관련된 중요한 주제들에 관하여 각종 법령과 신문·잡지 기사 등 자료들을 정리하여 〈일제침탈사 자료총서〉도 발간하기로 하였다. 아울러 일반인과 학생들이 보다 쉽게 읽을 수 있는 〈일제침탈사 교양총서〉를 바로알기 시리즈로 발간하기로 하였다.

일제의 한국 침략과 식민 지배의 역사는 광복 후 서둘러 정리해냈어야 했지만, 학계의 연구가 미흡하여 엄두를 내기 어려웠다. 이제 학계의 연구가 어느 정도 축적되어 광복 80주년을 맞기 전에 이와 같은 작업을 할 수 있게 된 것을 다행으로 생각한다. 한일 양국 국민이 과거사에 대한 올바른 역사인식을 갖고 성찰을 통해 미래를 향해 함께 나아갈 수 있기를 기대하면서 삼가 이 책들을 펴낸다.

2024년
동북아역사재단 일제침탈사 편찬위원회

차례

발간사 4
편찬사 7

제1부 일제강점기 임업 침탈

머리말   17

제1장 일제의 국유림 침탈
    1. 영림창·영림서의 관행작벌   26
    2. 관행작벌사업 구역의 이동   34
    3. 일본인 업자 우대 정책과 조선인 차별   40
    4. 화전민의 증가와 화전 '정리'   44

제2장 일제의 민유림 침탈
    1. 비효율적인 조림 강요   74
    2. 금벌 정책과 조선인의 저항   109
    3. 사방사업과 일본인 청부업자의 부당 이익   128

제3장 **전시체제 시기 일제의 산림 침탈**
   1. 민유림 경영 방침의 변경   **154**
   2. 조선임업개발주식회사의 벌목사업   **157**
   3. '산림 공출'의 실시   **162**

맺음말   **173**

참고문헌 176

제2부 일제강점기 수산업 정책

머리말   181

제1장 통감부의 조선 어장 조사와 「어업법」 제정
1. 개항 이후 일본 어민의 조선 연해 침탈   194
2. 일제의 조선 연해 어장 조사   205
3. 「어업법」 제정과 조선 어업 침탈   216

제2장 조선총독부의 「어업령」 제정과 일본인 어촌 건설
1. 「어업령」 제정과 식민지 어업제도 구축   240
2. 어업조합·수산조합의 신설과 어민의 편제   260
3. 일본 어민의 이민 장려와 일본인 어촌의 건설   281

제3장 「조선어업령」 제정(1929)과 수산정책의 재편
1. 『조선수산통계』로 본 1920~1930년대 조선의 수산업   308
2. 「조선어업령」 제정과 어업제도의 정비   319

제4장 **식민지 어촌 개발과 재난: '파시(波市)'의 성쇠를 중심으로**
   1. 불균등한 식민지 수산업과 서해안 어업의 특성   **346**
   2. '파시'의 생성과 변화   **353**
   3. 일상화된 재난, 자조(自助)·공조(共助)하는 어민들   **364**

제5장 **일제 독점자본의 수산업 쟁탈과 통제 정책: 동해의 수산업을 중심으로**
   1. 동해의 지정학·지경학적 위치와 일제의 '호수화' 계획   **386**
   2. 명태 어업과 어장 분쟁   **391**
   3. 정어리 어업의 발흥과 통제 정책   **412**

맺음말   **429**

참고문헌 441
부록 453
찾아보기 513

제1부
일제강점기 임업 침탈

_최병택

머리말

산림에서 나는 용재와 땔감 등은 인간 생활에 꼭 필요한 자원이다. 특히 전근대 시대에는 그 중요성이 오늘날에 비해 더 컸다. 옛 사람들은 집을 짓거나 난방을 할 때 산림에서 나는 나무를 이용하지 않을 수 없었다. 배를 건조할 때에도 그러했다. 이처럼 산림자원이 긴요했기 때문에 벌목량도 상당했다. 특히 조선 후기에는 나무 수요가 급격히 증가하면서 전국 곳곳의 산림이 크게 훼손되었다.

일제강점기에도 산림자원은 무척 중요했다. 철도를 부설할 때 꼭 필요한 침목만 해도 1919~1921년간 연평균 57만 1,878개가 필요했다고 한다.[1] 일설에 따르면 침목 57만여 개를 생산하는 데에 대략 5만 565m^3 정도의 나무가 필요하다고 한다. 오늘날 산림 당국이 허가하는 벌채 실적이 연간 550만m^3가량이라는 사실에 비추어 볼 때 이는 상당한 규모에 해당한다. 철도 침목 외에도 가옥 신축, 난방 용도의 목재와 땔감이 적지 않았다는 것은 상식에 속한다.

이렇게 다량의 산림자원은 어디에서 생산되었을까? 혹자는 일제가 국유림, 사유림의 구별 없이 마구잡이로 나무를 베어냈을 거라고 말하지만, 이 문제를 자세히 들여다보면 생각한 바와 다소 다르다는 것을 알 수 있다. 물론 일제는 요존국유림 지대에서는 상당량의 목재를 벌채했던 것으로 보인다. 하지만 사유림에 대해서는 무조건적으로 벌목을 독려할 상황이 아니었던 것 같다.

이 책에서는 바로 이러한 점에 주목하여 일제가 한반도의 산림을 어떻게 이용하려 했는지를 밝히는 데 초점을 두었다. 본문에서는 일제가

---

1   배재수, 2021, 「일제 강점기 조선의 목재수급과 산림자원의 변화」, 『아세아연구』 64권 제1호.

국유림에서 과연 어느 정도의 산림자원을 확보해 사용했는지를 간단하게 설명할 것이다. 이를 통해 일제강점기 임업 수탈의 현상을 독자들이 확인할 수 있다. 또 일제가 사유림에 대해서는 다소 다른 정책을 취했음을 설명하고자 한다.

산림이 인간 생활에 미치는 영향은 그 범위가 무척 크다. 사실 산림이 울창한지 아닌지는 치수의 성패를 좌우하는 긴요한 요인이다. 산림이 조성되지 않은 곳은 되풀이되는 토사 유출과 홍수로 제대로 된 농업 경영이 이루어질 수 없다. 공교롭게도 일제강점기 일본인 지주들은 토사 유출로 농사가 잘 되지 않아 값싼 땅을 집중적으로 매입한 것으로 짐작된다. 어떤 연구자들은 일제가 지원금을 투입해 수리조합을 조성한 곳의 상당수가 바로 일본인 지주의 땅이 위치한 곳이었다고 보기도 한다. 다시 말해 일제가 일본인 지주가 소유한 땅의 농업 생산력을 높이기 위해 의도적으로 수리조합을 만들고 여러 가지 지원 정책을 펼쳤다는 것이다.[2] 이러한 지적이 사실이라면, 조선총독부의 입장에서 볼 때도 산림으로부터 흘러나오는 토사가 상당히 주목을 끄는 사안이었다고 할 만하다.

일제는 한반도를 미곡 공급 기지로 삼겠다는 복안을 가지고 있을 때부터 한반도 경영의 일환으로 산림 증식에 관한 방안을 수립하는 것이 필요하다고 보았다.[3] 실제로 일제는 이와 관련된 조치를 여러 차례 입

---

2 최병택, 2021, 「일제하 낙동강개수사업의 추진과 지역 주민의 반응」, 『한국학논총』 55권.
3 「長森請願荒蕪地原野山林開墾案認准慫慂件」, 『駐韓日本公使館記錄(22)』(1904)에는 이에 다음과 같이 기록되어 있어 참고가 된다.
　"오늘날 군사적으로 바쁘고 어려운 때라도 미리 설비하여 실행하는 일이 긴요하다는 것을 이제는 귀국 당국에서도 아실 것으로 본다. 그중 황무지를 개간하고 황량한

안·실시한 적이 있다. 대한제국 시기에 공포된 「삼림법」과 그에 뒤이은 「삼림령」 등은 사실 일제가 필요로 했던 산림자원을 어떻게 조성하려 했는지에 대한 사안과 관련된 법령이다.

이와 관련하여 주의를 요하는 부분이 있다. 「삼림법」, 「삼림령」 등을 단순히 산림 소유권을 탈취하려는 시도로만 보아서는 그 전모를 파악하는 것이 쉽지 않다는 점이다. 혹자는 일제 당국이 오로지 누군가가 소유하고 있던 산림을 강탈해 국유림으로 삼거나 그에 식생하는 임산자원을 무차별적으로 채취하는 데 전력을 기울였다고 짐작한다. 하지만 이 문제는 그렇게 단순하지 않다.

이 점을 제대로 이해하기 위해서는 나무를 채취함으로써 얻는 단기간의 수익보다 나무를 심도록 함으로써 거둘 수 있는 이익이 훨씬 크다는 사실을 인지해야 한다. 또 경제적으로 중대한 영향을 끼치는 산림자원의 조성에 투입할 노력과 자원을 누가 부담했는지로 논의의 초점을 옮기는 것이 이 사안을 깊이 이해하는 데 도움이 된다.

조선 후기의 산림 상태는 오늘날과 같지 않았다. 2016년 산림청이 발표한 우리나라 헥타르당 임목 축적은 146.0m³인데, 해방 직후에는 그 수치가 10.5m³에 지나지 않았다. 이처럼 임목 축적 수치가 낮았던 것은 일제강점기에 임산자원이 제대로 관리되지 못했기 때문이다. 그런데 산림 상태는 비교적 장기지속적인 측면이 있으므로 일제강점기 산림 상태

벌판과 산림을 개척 증식하는 것은 이용후생의 대의에 해당되므로 부국에 대한 제1책은 여기에 있는바, 귀국은 원래 개간 척식하는 일에는 원하는 바가 약하고, 귀국 국민 역시 단지 천혜적인 것에만 의지하고 있을 뿐 더욱 인력을 다하여 갑절의 부국 기초를 창출할 수 있는 방도를 강구하려는 것이 약하기 때문에 귀국 내의 이르는 곳에 전야·산림이 아직 개간되지 않은 곳이 있다는 것은 경세가들이 유감스럽게 생각하는 바다."

가 나빴다면 50~60년 전의 산림 상태 역시 좋지 않았을 개연성이 있다.

다시 말해 조선 후기의 산림 상태가 일제강점기 때보다 좋았다고 확신하기 어렵다. 『조선왕조실록』을 비롯한 관찬 사료를 통해서 볼 때, 당시의 산림 상태가 오늘날과는 같지 않았음을 쉽게 알 수 있다. 그렇다면 일제 당국은 '황폐지가 많았던 산림을 어떻게 이용해야 하는가'라는 문제에 직면했을 것이다.

일제는 식민 지배의 이익을 극대화하는 방향에서 산림 정책을 입안·추진했다. 이용할 수 있는 자원이 많은 산림에서는 벌목사업을 강화한 반면 그렇지 못한 산림에서는 장래에 이용할 수 있는 자원을 육성한다는 방침에 따라 식목을 강요하거나 조장하는 태도를 취했던 것이다. 본문에서는 일제의 이러한 정책이 어떤 방식으로 전개되었는지 정리하고자 한다.

한편 산림 문제를 이해하고자 할 때, 일제 당국이 화전과 사방사업을 어떻게 인식했는지에 대해 살펴보는 것도 중요하다. 사방사업은 농지, 도로 시설 등을 보호하는 데 목적을 둔 것이다. 사방 시설이 잘 설비되어 있을 경우에는 인명과 재산 피해를 막을 수 있다. 일제강점기에도 사방사업의 중요성은 잘 알려져 있었고, 그 필요성에 대한 인식도 높았다.

사방사업과 함께 일제강점기 산림 문제를 특징짓는 사안은 화전이다. 오늘날 확인할 수 있는 바에 따르면 일제강점기에는 화전민의 숫자가 꾸준히 늘었다. 화전민의 증가는 산림녹화에 부정적인 영향을 끼칠 가능성이 크다. 그렇기 때문에 해방 이후 우리 정부도 이 문제를 해소하기 위해 여러 차례 강력한 화전정리사업을 추진한 바 있다. 우리의 관심은 일제 당국이 이 문제에 대해 어떠한 입장을 갖고 있었으며, 또 어떠한 정책을 구사했는가 하는 점이다.

이 책에서는 일제의 사방사업 추진 정책에 나타난 모순을 정리하고, 일제가 화전민 문제를 어떻게 접근했는지에 대해 간단히 살펴볼 생각이다.

논의를 전개하기에 앞서 다시 한번 언급해야 할 내용이 있다. 대다수 사람들은 일제가 한반도의 온갖 자원을 수탈하고자 토지, 임야 등의 땅을 강탈하는 데 초점을 맞추었다고 생각한다. 하지만 민간인이 소유를 주장하는 임야를 일제 당국이 강탈하는 데 머물렀다고 보는 것은 논의 내용을 지나치게 협소하게 만든다.

잘 알려진 바와 같이 일제는 1920년대 이후 산미증식계획을 추진했으며 식민지 조선을 자국에 대한 식량 공급지로 삼았다. 산미를 증식하기 위해 일제는 토지개량사업을 벌이고 금비를 강매하기도 했다. 그런데 일제는 토사유출로 인한 피해, 특히 일본인 지주가 소유한 땅에서 발생하는 수해와 토지 유실 피해를 방지하기 위해 산림녹화의 필요성도 있다고 판단했던 것이다. 산림을 녹화해 황폐화된 임야가 토지에 미치는 피해를 막을 필요가 있다고 본 것이다. 그런데 산림녹화는 단순히 그 필요성을 인지한다고 해서 쉽게 도달할 수 있는 목표가 아니었다.

산림녹화 정책이 성공적으로 수행되기 위해서는 묘목 생산, 식목, 사후 관리 등 일련의 작업이 꾸준하게 이어져야 하며, 땔감을 대체할 수 있는 대안 연료재 공급 정책, 산주에 대한 적절한 지원 정책, 효과적인 목재 수급 정책 등이 병행되어야 한다. 이러한 제반 조치는 상당한 예산을 투입해야 하며, 그만큼 당국의 의지도 확고해야 한다. 그런데 일제는 위의 여러 가지 조치 중 어느 하나도 제대로 수행하지 못했다.

식민 당국은 표면적으로 산림녹화가 중요하다고 외쳤지만, 조선인의 자발적인 참여를 유도할 만한 정책 수단도 갖추지 못했고 정책적 일관성도 없었다. 오히려 식민 당국은 조선인 산주에게 산림녹화의 의무를 전가해 경제적으로 만만치 않은 피해를 입혔으며, 필요한 목재를 생산한다면서 때에 따라 과벌을 강요해 산림의 재생산 기반을 훼손했다. 이상 언급한 내용을 본문에서 살펴보도록 하자.

제1장
일제의 국유림 침탈

1. 영림창·영림서의 관행작벌

일제는 강제합방 이전에 이미 압록강과 두만강 연안에 소재한 산림의 경제적 가치에 주목하고 있었다. 1904년 일제는 대한제국 정부에 '시정방침'을 전달한 적이 있는데, 이때 일본 외무성 관계자는 "두만강과 압록강은 삼림이 울창하며 특히 후자는 그 면적도 넓고 운수도 편리해서 한국 부원 중 첫 번째로 꼽힌다"라고 지적하고, "우리 일본으로 하여금 그것을 경영할 수 있도록 여러 가지 조치를 취할 필요가 있다"라고 언급했다.[1]

일제가 압록강과 두만강 일대의 산림이 경제적으로 가치 있다고 본 것은 그곳의 산림 상태가 다른 지역에 비해 상대적으로 양호했기 때문이다. 일제는 1905년 무렵부터 한반도 안에 목재를 생산할 수 있는 곳이 어디인지 확인하기 위해 산림조사에 착수한 적이 있었다. 당시 일제는 대한제국 농상무기사로 있던 이마카와 다다이치(今川唯一), 나카모다 고로(中牟田五郎)를 압록강 일대에 파견해 산림조사를 시행하고, 이를 통해 두만강이나 압록강 일대에 비교적 적당히 이용할 만한 나무가 존재한다는 사실을 확인했다. 이를 바탕으로 일제는 압록강, 두만강 연안 일대의 산림 벌목권을 하루빨리 확보해야 할 필요성이 있다고 언급했다.

> 두만강과 압록강은 삼림이 울창하며 특히 후자는 그 면적도 넓고 운수도 편리해서 한국 부원 중 첫 번째로 꼽히는 것이다. 이 삼림의 벌

---

1 「對韓方針並ニ對韓施設綱領決定ノ件」,『日本外交文書』37, 1904.

채권은 수년 전 러시아인에 넘어갔는데 한국 정부로 하여금 차제에 그것을 폐기하도록 하고 우리 일본으로 하여금 그것을 경영할 수 있도록 여러 가지 조치를 취해야 한다.

일제강점기에 작성된 「조선총독부통계연보」에 따르면 1929년 기준 한반도 산림 면적은 1,642만m³였으며, 그 전체 산림의 임목 축적은 약 2억 6,200만m³였다. 이를 1정보당 임목 축적으로 환산하면 15.9m³ 정도였는데, 이는 오늘날의 그것에 비해 10분의 1에 미치지 못하는 수준이었다. 그런데 이 가운데 국유림만을 따로 살펴보면 1정보당 임목 축적이 22m³로 민유림보다 비교적 높았음을 알 수 있다. 국유림 중에서도 민간인에게 양여하거나 처분하지 않고 당국이 관리해야 할 곳으로 지정한 '요존국유림'의 임목 축적은 30m³을 초과하는 수준을 보였다. 압록강, 두만강 일대의 산림에는 바로 이 요존국유림에 속한 곳이 많았다.

일제는 이곳에 소재한 산림을 관리하기 위해 자국 정부가 공포한 「한국삼림특별회계법」을 바탕으로 통감부 영림창을 설립했다. 영림창은 1907년 5월에 처음 설립되었다. 러일전쟁이 끝난 후 압록강과 두만강의 산림자원을 독점할 수 있게 된 일본은 1906년 한국 정부와 계약을 체결해 양국 정부가 60만 원씩 출자하는 방식으로 삼림특별회계를 창설하고 통감부 영림창을 만들었다. 대한제국 정부도 서북영림창 관제를 발표했지만 그 업무는 곧바로 통감부 영림창에 위탁되었다.

통감부 영림창은 한일 강제합방 후에 조선총독부 영림창으로 이름을 바꾸었고, 1926년 조선임정계획의 발표와 함께 임정 관련 기구의 통폐합 과정에서 조선총독부 산림부 출장소와 합쳐져 영림서로 바뀌었다. 일제는 통감부 영림창을 만든 다음 해에 그와 별도로 압록강 우안의 벌목사업을 맡은 압록강채목공사를 설립했는데, 이로써 압록강을 사이에 두고 영림창과 압록강채목공사가 각각 벌목사업을 나눠 맡아보는 방식으로 자리 잡았다.² 영림창은 소관 임야의 입목 면적 및 이용가능 재적 확인 등을 내용으로 하는 산림조사, 벌목, 운반, 재목, 판매를 그 주요 업무로 하고 있었다. 관행작벌이라는 이름으로 나무를 베어 제재를 한 후 판매하는 것이 이 기구의 설립 목적이라고 보아도 되는 셈이다.³ 이 기구는 이후 조선총독부 산하 영림창으로 존속하다가 나중에 1926년 임정 관련 기구의 통폐합 과정에서 조선총독부 산림부 출장소와 합쳐져 영림서로 바뀌었다.

영림창은 214만 정보에 이르는 국유림을 관리하는 임무를 맡았는데, 이는 조선 내 전체 임야 면적의 13퍼센트에 불과했지만 그중 성림지가 90퍼센트에 이를 정도로 비교적 산림 상태가 양호한 편에 속했다. 일제는 1912년 8월 14일 칙령 6호로 공포된 「조선삼림미간지급삼림산물특별처분령(朝鮮森林未墾地及森林産物特別處分令)」에 따라 일본인에게 영림창 생산물을 처분할 수 있도록 했다.⁴

그런데 이 통감부 영림창이 들어서기 전에도 일본인이 이곳 산림의 벌채권을 확보하기 위해 노력한 흔적은 여러 군데에서 확인할 수 있다.

---

2 압록강채목공사의 설립 목적에 대해서는 內藤確介, 1927, 「我林政の改革と滿蒙開發」, 『朝鮮及滿洲』239 참조.

3 1911년을 예로 들었을 때 한 해 동원된 연인원 34만 3,500명이었다. 이 중에서 벌목조재에 동원된 인원은 10퍼센트 정도였고, 운재(運材) 및 유벌(流筏) 등의 운반 업무에 종사한 사람이 거의 대부분을 차지했다. 「營林廠事業槪況」, 『朝鮮總督府官報』, 1912.7.26.

4 영림창 연혁 및 그 사업방향에 대해서는 朝鮮總督府營林廠, 1912, 『朝鮮總督府營林廠事業要覽』 참조.

식민지 조선에서 토목청부업자로 활동한 시키 신타로(志岐信太郎)는 다음과 같이 말한 바 있다.

> 한국인으로 하여금 압록강, 두만강 연안 산림에서 벌채할 수 있는 권리를 얻게 하고, 이를 일본인이 매수하는 방법을 취한 것이다. 그 구체적인 실행 방법으로 한국인 정인수·이재하·고명오 세 명으로 하여금 대한이재회사(大韓理財會社)를 설립케 한 후 한국 정부에 출원하였으며, 광무 7년 3월에 정식으로 인가를 받아낸 것이다.… (중략)… 이후 의성공사(義盛公司) 경리인 왕화정(王化廷)에게 이 권리를 넘겼으며, 그는 다시 일청의성공사(日淸義盛公司)를 설립한 후 아베 슌스케(阿部準輔)를 사장으로 삼았다.… (중략)… 이 일청의성공사는 1903년 2월 24일에 해산하고 특권을 나에게 양도했다.[5]

다소 복잡하지만 한국인을 사주해 만든 대한이재공사를 중국인이 경영하는 의성공사(義盛公司)에 넘기고, 의성공사가 다시 채벌권을 일본인 시키 신타로에게 매도하는 방식으로 벌목권을 확보했다는 것이다. 이처럼 일본의 민간인들도 압록강 연안 산림의 벌채권을 확보하기 데 관심을 쏟았다는 것은 그들이 이 지역 산림의 경제성을 긍정적으로 보았음을 뜻한다.

사실 압록강, 두만강 유역의 산림 상태는 오늘날 우리나라의 산림에 비해 그리 좋았던 것은 아니었다. 그렇지만 일제가 이곳의 나무에 주목한 것은 조선에 거주하는 일본인에게 값싼 목재를 공급할 필요가 있다

---

5   志岐信太郎, 1908, 「鴨綠江沿岸森林伐採及販賣權ニ關スル顚末書」, 『統監府文書』 1.

고 보았던 이유도 있었다. 이에 대해 일본 정부 관계자는 다음과 같이 말한 바 있다.

> 경성과 인천 및 기타 개항장에 사는 우리 일본인이 집을 건축하고자 할 때 목재를 어디에선가 구입해야 하는데, 한국 안에서는 그것을 구하기가 쉽지 않다. 일본인들은 필요한 목재를 모두 일본에서 구입해 들여오는데, 그 비용이 무척 비싸다. 그 가격은 일본의 시세에 비해 두 배 이상이나 되는데, 그것은 운반비가 많이 들고 저목장(貯木場)이 제대로 갖추어져 있지 않기 때문이다. 앞으로 한국 내륙으로 이주하는 일본인은 가옥 건축용재를 구하기가 무척 어려워 애를 먹을 것이다. 현재 한국에서 겪고 있는 목재 결핍 문제가 해결되지 않는다면 앞으로 우리의 한국 경영은 큰 어려움을 겪을 것 같다.[6]

요컨대 일제는 한반도 안에서 목재를 확보하는 데 상당한 주의를 기울이고 있었던 것이다. 일제는 그 일환으로 한반도 북부 압록강, 두만강 일대의 산림을 목재의 주요 공급지로 지목하고 있었다. 참고로 1920년대 전반기 남만주철도주식회사는 이 지역 산림 현황에 대한 조사를 진행한 바 있는데, 그 결과를 제시하면 아래와 같다.

〈표 1-1〉에 나타난 '압록강 우안'은 상류에서 하류로 내려올 때 오른쪽에 위치한 곳이라는 뜻이다. 쉽게 말해 압록강의 만주 쪽 연안을 뜻한다. 이를 감안하고 살펴보면 일제가 압록강 좌안 즉 한반도 쪽 연안에 소재한 산림에 있는 목재 재적을 3억 2,797만 8,000m^3가량으로 파악했

---

6 日本農商務省, 1906, 「韓国森林調査書摘要」.

〈표 1-1〉 일제가 파악한 압록강 유역 산림 면적과 목재 재적(1923년 현재)

	산림 면적(단위: ha)	목재 재적(실적, 단위: m³)
압록강 우안	450,815	56,884,296
혼강 유역	222,317	40,023,063
압록강 좌안	1,788,075	327,978,135

출처: 南滿洲鐵道株式會社, 1923, 『我國に於ける木材の需給と滿洲材』를 참고해 작성함.
※ 원 자료에는 목재 재적 단위가 석(石)으로 표기되어 있음. 이를 '1석=0.2782m³'로 계산하여 m³ 단위로 환산해 적시한 것임.

음을 알 수 있다. 참고로 일본 내 목재 수급량을 살펴보면 1921년 일본 각지에서 생산된 목재의 총량은 947만 6,000m³에 이르렀다고 한다.[7] 단순하게 계산해 보더라도 압록강 연안에서 생산할 수 있는 목재의 양이 일본에서 한 해 생산되는 것의 30배에 달한다는 셈이었다. 일제가 영림창을 설립해 이 지역에서 벌목사업을 시작한 것도 이러한 분석이 선행되어 있었기 때문이다.

위에서 언급한 바와 같이 일제는 영림창이 생산하는 목재를 주로 조선과 인근 만주 지역에 팔고자 했다.[8] 물론 관동대지진과 같은 특수한 재해 상황이 발생하게 되면 언제든지 한반도에서 생산되는 목재가 일본으로 이출될 수 있었고, 일본 정부도 그와 같은 특수한 상황에 대비해 압록강 및 두만강 일대의 산림에 대한 관심을 버릴 수 없는 처지에 있었다. 실제로 일제는 자국 산업 발달의 추이로 보아 목재 수요가 언젠가는 공급을 훨씬 추월할 것이며, 그때에는 식민지 조선에서 생산하는 원목을

---

7 南滿洲鐵道株式會社, 1930, 「滿洲材の日本に對する價値」.
8 배재수, 1997, 「일제의 조선 산림정책에 관한 연구-국유림 정책을 중심으로」, 서울대학교 박사학위논문.

이용하게 될 것이라고 내다봤다.[9]

영림창이 생산한 목재의 규모는 어느 정도였을까? 앞서 언급한 바와 같이 영림창은 1926년에 영림서로 개편되었는데, 이 두 기구가 담당했던 관행작벌(官行斫伐: 관이 주도하여 시행하는 벌목사업) 규모는 해마다 크게 늘어 1930년에는 80만m³에 이를 정도였다. 참고로 1910~1930년까지 일제가 시행한 관행작벌의 규모를 그래프로 나타내면 〈그림 1-1〉과 같다.

〈그림 1-1〉 1910~1932년 영림창·영림서의 벌목 및 조재량 증가 추이

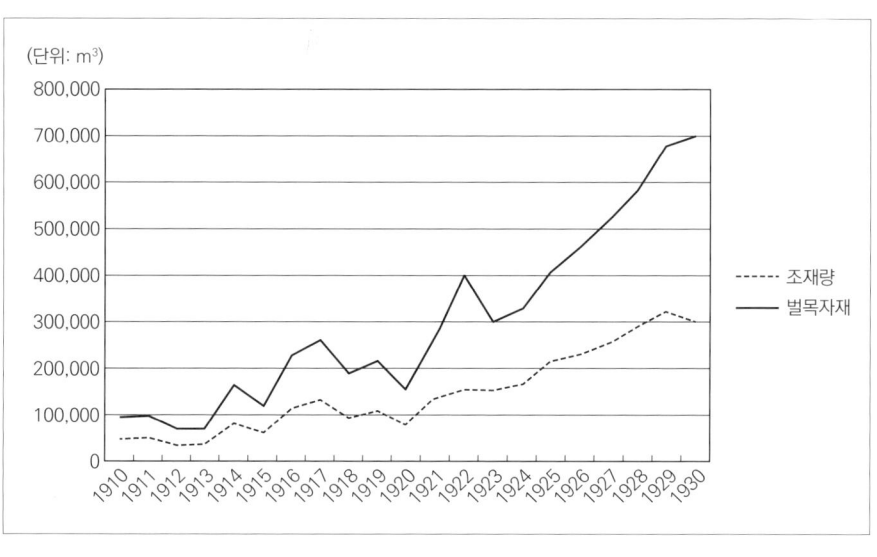

〈그림 1-1〉에서 볼 수 있는 것처럼 벌목량이 늘었다는 것은 시장으로 흘러 들어간 목재의 양이 그만큼 많았음을 뜻한다. 영림창은 1910년

---

9   南滿洲鐵道株式會社, 1923, 『我國に於ける木材の需給と滿洲材』.

대 중반부터 이른바 지정상주의(指定商主義)라고 하여 소규모 자본의 업자는 배제하고 미쓰이 물산, 신의주목재주식회사 등과 같이 일정 수준 이상의 자본력을 지닌 업자에게만 제재소에 생산한 목재를 공급하는 방침을 고수했다. 이에 대해 영림창은 표면적으로는 거래하는 업자가 도산하여 원목 대금 지불이 부도 처리되는 것을 방지하기 위함이라고 말했지만, 실제로는 일본인 업자에게만 독점 공급하겠다는 뜻에 따라 시행한 제도와 다름없었다.

영림창과 영림서가 지정상에게 공급하는 나무 재적은 1910년에 3만 951척체에 불과했지만 1925년에는 135만 3,000여 척체로 대폭 늘어났으며, 그 총액도 2만 7,000엔에서 320만 엔으로 증가했다. 그런데 영림창이 지정상에게 넘기는 평균 단가는 해마다 떨어졌다.[10] 그 덕분에 지정상들은 해가 갈수록 영업 이익을 늘릴 수 있었다.

조선총독부는 영림창과 영림서의 관행작벌량을 늘려나간다는 정책을 일찍부터 유지하고 있었다. 조선총독부는 1913년부터 영림창 관할 구역에 관한 '시업안'을 작성하고 그에 따라 사업을 추진하게 했는데, 이를 살펴보면 그 내용의 대부분이 벌목의 방식과 작업 기간으로 채워져 있음을 알 수 있다. 일제는 영림창과 영림서의 관행작벌을 효율적으로 추진하기 위해 사업 구역을 정하고, 벌목의 절차도 사전에 상세하게 규정해 준수하게 했다.

일제는 1926년에 '조선임정계획'을 만들어 발표한 적이 있는데, 여기에는 영림서를 중심으로 한 관행작벌을 늘린다는 내용이 포함되어 있었다. 당시 일제는 제재 능력을 더욱 확대하겠다는 계획을 밝히기도 했

---

10 朝鮮總督府營林廠, 1922, 『營林廠事業報告』, 5~7쪽.

는데, 1930년에 확인된 수치를 살펴보면 그 판매 규모가 10만 1,700m³에 이르렀고 그 가액은 217만 6,800원에 달했다.[11]

주목을 끄는 것은 관행작벌이 종료된 사업 구역에 대한 사후 관리 방침이다. 조선총독부는 이에 대해 "매년 조금씩 조림사업을 시행하기는 했지만 그 규모가 크지 않았고, 조선임정계획을 수립한 후에도 재정이 여의치 않아 조림을 제대로 하지 못했다"고 말했다.[12] 사실상 벌채적지를 방치했다고 실토한 셈이다. 실제로 영림서가 관리하는 사업 구역 내 임목 축적은 해마다 감소했다. 「조선총독부통계연보」에 따르면 관행작벌의 영향으로 1943년경 국유림의 임목 축적은 1920년대 중반에 비해 45퍼센트가량 줄어들어 있었다.

2. 관행작벌사업 구역의 이동

관행작벌이 시행된 곳에 대한 사후 관리가 제대로 이루어지지 못했다는 것은 일제가 영림창과 영림서 사업 구역에서 나무를 베어내 판매하는 데에만 관심을 두었다는 것을 의미한다.

이 기관들이 운영하는 사업장은 원목 운반의 편리를 위해 수운에 유리한 곳에 위치한 경우가 많았는데, 그 직무가 벌목에만 맞춰져 있었으므로 특정한 사업 구역에서 벌목을 완료한 뒤에는 다른 구역으로 옮겨

11　朝鮮林業協會, 1941, 『朝鮮林業史』, 45쪽.
12　朝鮮總督府, 1928, 『朝鮮の林業』, 43쪽.

가는 것이 일반적이었다. 이 점에 대해 조금 더 논하기 전에 영림창과 영림서의 관행작벌 작업 순서를 간단히 살펴보자.

> A. 벌채 단계: 일제는 관행작벌사업 구역으로 지정된 곳에 있는 나무를 모두 베어낸다는 방침을 갖고 있었다. 일제 당국이 수립한 벌목 방침을 확인해 보면 먼저 지상으로부터 1자 되는 지점에서 나무를 베어낸 후 박피를 거쳐 껍질을 벗겨내고 벌목하는 방식을 택했다. 일제는 1910년대에 9월~11월 사이에 벌목을 하게 했는데, 1920년대부터는 여름철에 벌채를 시작하는 식으로 방침을 바꾸었다. 겨울철에 벌채를 하게 한 것은 얼음을 이용해 베어낸 나무를 운반하기 위함이었다. 작업장에서 생산한 원목을 산 아래로 내려보내는 경로에 물을 부어 얼린 후 거기에 나무를 밀어 넣는 식으로 이동시킨 것이다.

> B. 뗏목 만들기: 이렇게 수집한 나무를 신의주에 위치한 저목장과 제재소로 운반해야 했다. 나무를 신의주까지 운반할 때는 주로 압록강에 띄워 보내는 방법을 택했다. 영림창와 영림서는 이를 위해 나무를 일정한 규격에 따라 분류한 후 뗏목을 만들었다. 뗏목의 폭은 가장 넓은 부분이 6m 정도이고 길이는 최대 70m 정도였다. 대개의 경우 뗏목이 출발하는 지점은 혜산이었으며, 혜산으로부터 멀리 떨어진 사업장의 경우에는 소와 차량 등을 이용해 출발 지점까지 운반하기도 했다.[13]

---

13 朝鮮總督府, 1923, 『大正十一年度營林廠事業報告』.

C. 저목 단계: 압록강을 통해 신의주까지 운반한 나무는 북하동과 대화정에 있었던 저목소로 모였다. 이 과정에서 홍수가 발생하면 나무를 잃기도 했는데, 이를 표류목이라고 했다. 표류목은 대개 중국 측 압록강가에서 발견되곤 했는데, 일반적으로 압록강채목공사에 의뢰해 표류목을 수집했다.

D. 제재 단계: 제재소가 저목소에 저장된 목재를 건져 올려 제재하는 단계였다. 제재를 마친 목재는 민간업자에게 판매할 수 있었다. 이때는 지정상에게만 판매해야 한다.

일제 당국은 관행작벌을 통해 확보한 원목을 하천으로 흘려보내 하류에 위치한 제재소에서 가공한 다음 판매하는 방식을 택했다. 그런데 앞서 설명한 것처럼 벌목이 완료된 후에는 사업장을 바꿔야 했다. 이때 새로 설정된 사업 구역이 목재를 운반하는 데 부적한 경우가 발생할 수 있었다. 이에 대해 살펴보기 전에 영림창이 주요 사업 구역에 설치한 영림지창과 파출소를 위치를 간단히 확인해 보자.
〈그림 1-2〉에 나타난 바와 같이 평안도 북부와 함경도 일대에는 영림지창, 영림창파출소가 여러 개 있었다. 그중 수운이 가능한 하천으로부터 다소 떨어진 곳에 위치한 허언파출소, 증평장파출소, 풍산파출소 등은 1910년대에는 사업 구역이 아니었다가 나중에 편입된 곳이었다. 영림창은 이곳으로 사업장을 옮기면서 원목을 운반하는 데 상당한 어려움을 겪게 되었다.
〈표 1-2〉은 관행작벌로 베어낸 목재를 산지 운재, 유벌 과정을 거쳐 신의주 저목소로 운반하는 도중에 발생한 비용을 적시한 것이다. 이에서

〈그림 1-2〉 1920년대 초 영림지창 및 파출소·출장소의 위치

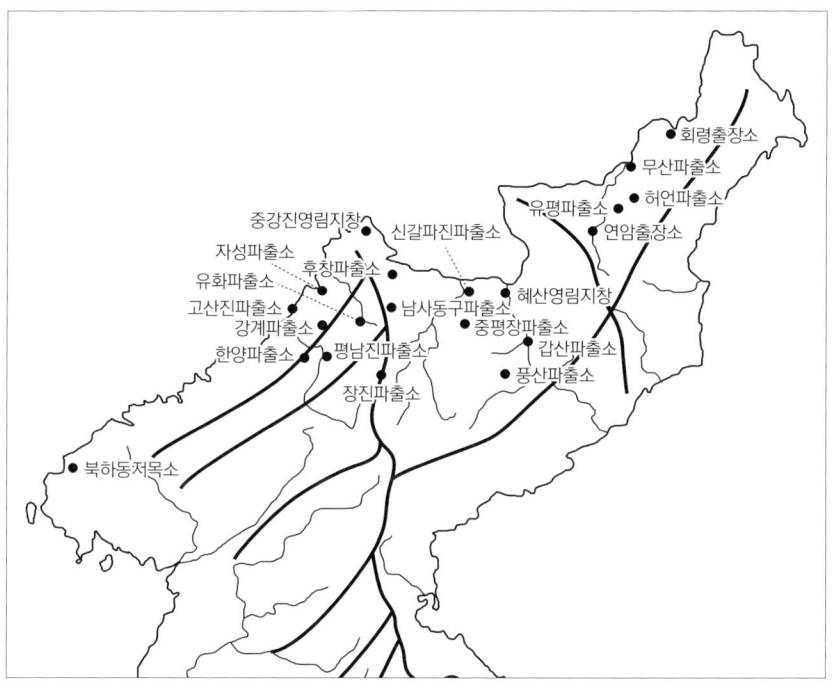

알 수 있는 바와 같이 벌목 작업에서 1m³당 0.55원의 비용이 발생했던 반면 뗏목 출발점으로 운반하는 과정에서 3.02원의 비용이 발생하고, 뗏목으로 만들어 흘려보낼 때 6.47원의 비용이 들었다. 다시 말해 벌목 과정에서는 싼 임금을 지불하고 나무를 베어낼 수 있었지만, 이것을 운반하는 데 지나치게 많은 비용이 들었던 것이다.

이처럼 다액의 운반비가 필요했기 때문에 사업장이 내륙으로 이동하는 것은 일제 당국으로서는 달가운 현상이 아니었다. 일제는 그와 같은 현상에 대처하기 위해 1932년에 삼림철도 부설 계획을 아래와 같이 발표했다.

〈표 1-2〉 1921년 압록강 유역 영림창 사업장의 조재·산지 운재·유벌에서 발생한 평균 경비[14]

	취급 재적(단위: m³)	소요 경비(원)	1m³당 평균 단가
벌목 조재	120,630	66,326	0.55
산지 운재	148,499	447,823	3.02
유벌 운반	107,642	696,821	6.47

출처: 朝鮮總督府, 1923, 『大正十一年度營林廠事業報告』에 수록된 자료를 참조해 작성함.

1932(쇼와7)~1946년까지 15년 동안 삼림개발 이용에 관해 충분한 시설을 베풀 계획이다. 삼림에 관한 시설비 투자 계획은 모두 1,218만 3,000원이다. 이 투자금으로 삼림철도를 부설할 것이며, 그로 인해 임산 수익은 크게 증가할 것이다. 예상하건대 1932년 이후 15개년 동안 3,075억 원의 수입이 발생할 것으로 보인다.… (중략)… 백두산을 중심으로 하는 삼림지대 약 80만 정보에 대해 벌목사업을 시행하기 위해 앞으로 삼림철도를 부설할 것이며, 제재 공장도 22개소 더 설치할 것이다. 백두산을 중심으로 하는 함남 갑산군 함북 무산군 소재 요존국유림은 침엽수의 축적 1억 3,000만 척체에 달하고, 활엽수는 4,000만 척체에 달할 정도인데, 아쉽게도 현재 벌목하고 있는 것은 수운이 가능한 하류 지역의 일부 개소에 지나지 않는다. 앞으로 북선개척철도를 부설하면 삼림 이용은 지금보다 현저히 촉진될 것이다.[15]

위 인용문은 1932년 조선총독부가 발표한 「북선개척사업계획서」에

---

14 이 표에서 벌목 조재 재적이 산지 운재 재적보다 적은 것은 당해 연도에 조재된 목재만 산지에서 계벌장으로 운반한 것이 아니라 전년도에 운반하지 못하고 보관하던 목재도 함께 운반했기 때문이다.

포함된 내용이다. 북선개척사업은 한반도 북부 지방에 산재한 자원을 이용한다는 데 취지를 둔 개발 계획이다. 이 사업에는 수성-회령선, 청진선, 무산선, 혜산선, 회령탄광선 철도 부설, 나진·웅기·청진항 개발, 도로 개설 계획 등이 포함되어 있는데, 계획된 철도 노선의 대다수가 벌목한 나무를 운반하는 기능을 갖고 있었다.[16]

일제가 부설하기로 한 철도들은 이전부터 공사가 진행되고 있었던 노선이었을 뿐 아니라 북선개척사업이 입안되기 전부터 목재 운반 역할을 하도록 예정되어 있었다. 실제로 혜산선의 경우 이미 1928년에 용지 매수에 착수했으며, 도문선의 경우에는 공사 착수 때부터 목재를 청진 등의 항구와 한반도 남부로 운송하는 통로로 기획된 바 있다.[17] 목재 운반을 위한 철도는 산악지대를 통과해야 하는 관계로 곡선 구간이 많고 그 영향으로 공사비가 많이 들 수밖에 없어 당초에는 충분한 예산 확보가 늦어질 거라는 예상이 적지 않았다. 그런데 북선개척사업이 추진됨에 따라 일제가 이 사업에 투입할 예산을 조기에 집행할 수 있게 되었고, 무산선과 혜산선을 연결하는 등의 계획이 추가되었다.[18]

요컨대 일제는 영림창과 영림서를 통해 한반도 북부 지역에서 관행작벌을 수행하고, 획득한 원목을 지정상에게 넘겨 이윤을 챙길 수 있게 해주었다. 관행작벌의 규모는 해마다 늘었지만, 벌채 적지에 대한 조림

---

15 朝鮮總督府, 1932, 『北鮮開拓事業計畵書』.
16 서일수, 2019, 「1930년대 '북선개척사업'과 성진의 도시 공간 변동」, 『도시연구: 역사·사회·문화』 22.
17 朝鮮總督府鐵道局, 1930, 『朝鮮鐵道狀況』, 12쪽.
18 朝鮮總督府, 1932, 『北鮮開拓事業計畵書: 森林關係の分』, 6쪽.

〈그림 1-3〉 1930년 당시의 한반도 북부 철도망과 예정 노선도

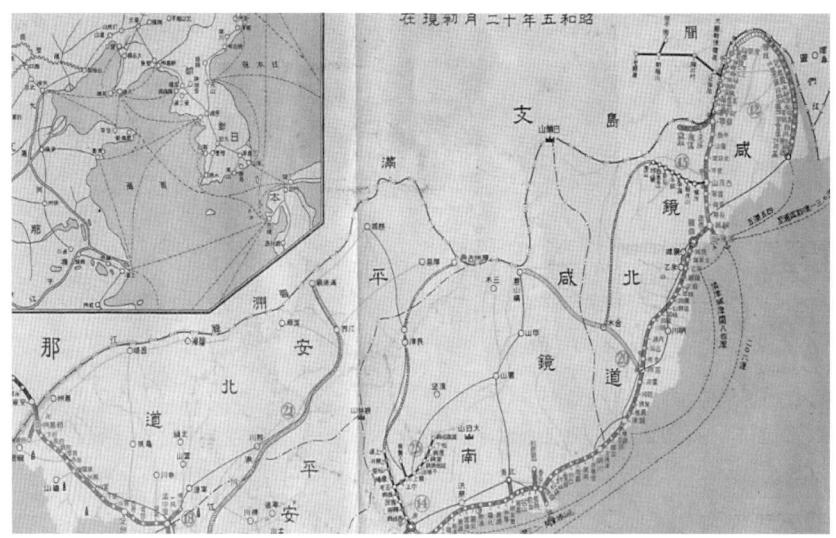

출처: 朝鮮總督府鐵道局, 1930, 『朝鮮鐵道狀況』, 5쪽에 수록된 지도를 확대함.
※ 지도에 표시된 숫자는 각각 다음의 노선에 해당함.
  12-도문선, 14-함남선, 15-함북선, 20-혜산선

계획은 사실상 전무했던 것으로도 확인된다. 또 일제는 관행작벌 사업장이 내륙으로 이동하면서 원목 운반에 어려움이 예상되자 북선개척사업의 일환으로 삼림철도를 부설하겠다는 계획을 세우기도 했다.

3. 일본인 업자 우대 정책과 조선인 차별

일제강점기에는 영림창이나 영림서 외에도 사유림, 공유림에서도 목재가 일부나마 생산되었다. 1925년에 만들어진 자료에 따르면 식민지

조선 내 목재 벌채량은 〈표 1-3〉에 나타난 수치와 같았다. 〈표 1-3〉에서 확인할 수 있는 바와 같이 매년 240만~320만 척체에 달하는 나무가 벌채되었다. 그런데 그 상당수는 사유림과 공유림에서 벌목된 것이었다. 이 나무의 생산지는 대부분 평안도와 함경도의 산악지대인데, 한강 수류를 이용하기 편한 강원도와 충청북도에서도 상당량이 생산되었다.

〈표 1-3〉 1914~1922년 조선 내 목재 벌채량

연도	1914	1915	1916	1917	1918	1919	1920	1921	1922
수량 (단위 : 1,000척체)	2,498	2,494	2,534	2,565	2,590	2,605	2,967	3,115	2,856
가액 (단위: 1,000엔)	1,499	1,496	1,774	1,796	2,072	2,084	2,225	3,062	2,907

출처: 朝鮮殖産銀行調査課, 1925, 『朝鮮ノ木材』, 9쪽의 내용을 근거로 작성함.

지역별 생산량을 살펴보면 충청북도에서 8.5퍼센트가량 생산된 것으로 나타나며, 강원도에서 생산되는 것이 10.3퍼센트 정도의 비중을 차지했다. 그런데 지역별 생산량 외에 소유자별 생산량을 확인해 보면 1923년 기준으로 국유림에서 221만 7,993척체가 생산되었다. 사유림에서도 191만 4,597척체가 생산될 정도로 그 생산량이 많았다. 그런데 이 사유림의 대다수는 일본인 임업회사 소유의 산림이거나 사찰 소유 임야였다. 일본인 임업회사나 사찰은 일정한 규정에 따라 시업안을 만들고, 당국의 허가를 받게 되면 목재를 생산할 수 있었다.

사유림에서 생산된 원목을 구입, 가공하는 업자도 대부분 일본인이었다. 1920년대 초 제재업 관련 기업의 영업 현황을 표로 나타내면 다음과 같다. 〈표 1-4〉에서 알 수 있는 바와 같이 조선인 제재업자의 수는 현저히 적었다. 또 그 생산품 가액도 낮았다. 일본인 제재공장 한 개의

평균 생산가액은 12만 7,717원이었던 반면에 조선인 제재공장 한 개의 평균 생산품의 시장가격 평가액은 1만 2,360원에 불과했고, 자본금도 일본인 제재업 회사보다 작았다.

〈표 1-4〉 1921년 조선 내 제재업 현황

	공장수	자본금	종업원 수	생산품 가액
일본인	35개	5,275,397원	1,013인	4,470,119원
조선인	2개	45,000원	14인	24,720원
합계	37개	5,324,397원	1,027인	4,494,839원

출처: 朝鮮殖産銀行調査課, 1925, 위의 책을 바탕으로 작성함.

앞에서 잠깐 언급한 바와 같이 영림서는 '지정 상인 제도'라고 하여 일정 규모 이상의 회사에게만 원목을 판매하는 방침을 고수했다. 영림서가 지정 상인으로 인정한 회사는 압록강목재상회(鴨綠江木材商會), 만선차축목재회사(滿鮮車軸木材會社), 만선제함목재회사(滿鮮製函木材會社) 등이었는데, 이들에게는 표준가격에 따라 외상거래를 하고 12개월을 단위로 거래대금을 청산하는 방식을 취했다. 또 국채증권담보로 원목 대금을 연납(延納)할 수 있게 하는 등 자금 운용에 편의를 제공했다.

지정 상인과 영림창, 영림서가 거래하는 원목의 종류는 다양했는데, 대표 상품이었던 낙엽송 전주(電柱)용 장목과 각재(角材), 홍송(紅松) 각재의 1923년도 표준가격을 참고삼아 살펴보면 다음과 같다.

〈표 1-5〉 낙엽송 및 홍송 각재 및 장목의 원목 공급 표준가격

분류	낙엽송 전주용 장목 (20척짜리 1척체)	낙엽송 각재(3간)	홍송 각재(3간)
지정 상인에게 넘기는 가격	7원 30전	5원 80전	6원 70전

출처: 朝鮮殖産銀行調査課, 1925, 위의 책을 바탕으로 작성함.

일본인 업자들은 표준가격에 따라 원목을 공급받아 동양제재소(東洋製材所) 등과 같은 제재업자나 왕자제지(王子製紙) 등의 공장에 넘겼다. 원목을 받은 제재업자는 여러 가지 형태로 원목을 가공해 소매업자에게 넘기는데, 이때 소매업자는 제재업자들끼리 협정해 고시한 제재 가격에 따라 값을 치렀다. 그리고 소매업자들은 다시 목재상조합을 구성해 영림창 목재 표준가격을 기준으로 그에 운임과 수수료를 가산해 표준 판매가격을 정해 일반 소비자에게 판매했다. 참고로 1923년도 제재업자의 목재 고시가격과 경성목재상조합이 정한 목재 표준가격이 어느 정도였는지 소개하면 다음과 같다.

〈표 1-6〉 1923년도 제재업자 및 경성목재상조합의 판재 지정가격

분류	홍송 판재 (두께 3푼분, 길이 1간間) 상급	삼송 판재 (두께 3푼, 길이 1간) 상급
제재업자 지정가격	3원 8전	2원 49전
경성목재상조합 지정가격	4원 30전	3원 7전

출처: 朝鮮殖産銀行調査課, 1925, 위의 책을 바탕으로 작성함.

일제강점기 식민지 조선의 목재 수요량은 거의 매년 목재 공급량을 뛰어넘었다. 따라서 조선 내 목재시장에서는 공급자가 수요자보다 우위에 서 있을 수 있었다. 제재업자와 목재상조합이 지정가격을 정해두고 구매자에게 통보할 수 있었던 것은 그러한 사정이 있었기 때문이다. 상인들, 특히 영림창과 전속으로 거래하는 지정 상인은 여러 가지 유리한 조건 속에서 원목을 확보해 제재업자에게 넘길 수 있었다. 제재업자와 목재상도 영림창 지정 상인과 소비자 사이에서 원목 가공과 거래 중개 업무를 하면서 소비자보다 유리한 입장에서 가격을 책정할 수 있었다.

이처럼 영림창과 영림서가 지정한 상인이 목재를 독점하고 있었고,

소비자보다 우위에 서서 가격을 책정할 수도 있었다. 그렇게 일본인이 유통망을 장악하고 있었기 때문에 조선인 제재업자는 끼어들 공간을 찾기 어려웠다.

4. 화전민의 증가와 화전 '정리'

1) 화전과 전답의 구분에 관한 조치

화전이란 산림에 불을 놓아 나무와 그 외 지표물을 태우고, 그 재를 비료삼아 파종한 토지이다. 화전을 경작할 때 대개는 비료를 주지 않으므로 해를 거듭해 같은 장소에서 농사를 짓게 되면 금방 지력이 떨어진다. 따라서 한 번 농사를 지은 화전을 연이어 이용하는 경우는 적으며, 다른 장소로 이동해 새로 화전을 만들어 경작하다가 일정 기간이 지난 후 다시 돌아와 경작하는 것이 상례였다. 그러나 일부 산간지대에서는 일정한 지역에 머무르며 농사를 짓는 화전민이 많이 생겨났으며, 그 경우 화전이 숙전 또는 일정한 기한을 두고 안정적으로 돌려짓기를 하는 땅으로 변하는 예가 적지 않았다. 이러한 땅을 산전(山田)이라고 따로 지칭하기도 했다. 조선 후기에는 산전을 속전(續田)으로 분류해 따로 취급했지만 경우에 따라서는 평전(平田)과 같이 양안에 등재하여 관리하기도 했다.[19]

그런데 조선 후기 이래 산전, 화전과 평전은 그 경계가 모호해져 서

---

19 이경식, 1989, 「조선 후기의 화전농업과 수세문제」, 『한국문화』 10.

로 뒤섞이거나 연접해 있는 경우가 늘어났다. 효종 때에는 산요(山腰) 이하의 화전을 용인하되 산요 이상은 이를 금지한다는 방침을 발표하기도 했고,[20] 1769년(영조45)에도 산요 이상 화전 금지 방침이 다시 내려진 바 있었다. 그러나 '산요'의 경계가 모호할 뿐만 아니라 지방관들이 사용(私用) 또는 지방 관아의 경비 마련을 위해 화전 경작을 용인하는 경우가 많아 좀처럼 근절되지 않았다.

단속의 손길이 제대로 미치지 않는 상황에서 산요 이상, 이하를 막론하고 화전을 개간하는 경향은 끊이지 않았다. 오랫동안 화전 경작의 대상지로 이용되던 토지 중에는 숙전(熟田)으로 변해 버리는 곳도 적지 않았다. 사정이 이러하다 보니 양안에도 숙전화된 화전이 평전과 다름없는 땅으로 취급, 기록되는 일이 발생했다.[21]

평전으로 취급되지 않은 화전이나 산전은 속전으로 취급되지만 광무양전 때에는 속전이라는 분류가 없어지고, 화전인 경우에도 일역전, 재역전, 삼역전으로 나뉘어 양안에 등재되었다.[22] 이처럼 문서상으로 화전이 원전과 뒤섞여 있으므로 과연 어떤 땅을 '화전'으로 간주할지의 여부가 문제로 대두했다.

일제는 토지조사사업 당시에 이에 대한 대안을 세워야 한다는 필요성을 느끼게 되었다. 일제 당국이 1924년에 내놓은 조사 자료에 따르면 '산야'로 편입되는 지역에 화전 또는 산전이 다수 있는 것으로 확인되는데, 그 땅이 위치한 산야의 평균 경사도는 22~23도였다. 이 때문에 경사

---

20 『승정원일기』, 효종 9년 11월 13일.
21 이경식, 1989, 앞의 글.
22 최원규, 1995, 「대한제국기 양전과 관계발급사업」, 『대한제국의 토지조사사업』, 민음사.

도 15도 이상을 산야 또는 산림으로 분류한다면 화전 대다수가 '임야'로 편입되어 경작 행위가 금지될 수 있었다.

일제는 이러한 사안을 처리할 때 경사도 15도 이상의 위치에 존재하는 곳을 일단 임야로 규정하기로 하고, 그곳에 있는 토지로서 화전 경작이 확실히 이루어진 곳을 '화전'으로 간주하기로 했다. 또 이러한 곳의 땅에 대해 소유를 주장하는 사람이 신고서를 제출할 때는 '토지소재지' 난에 '화전(火田)'이라는 글자를 붉은 잉크로 기재하도록 했다. 또 이 경우에는 별도로 휴한지 신고서를 작성하게 하고 그에 경작 연수와 휴경 기간을 표시하게 했다.[23]

사실 일제는 이미 결수연명부를 작성하는 과정에서 화전, 산전을 파악해 둔 적이 있었다. 주지하는 바와 같이 결수연명부는 과거 사용되던 깃기 등을 근거로 작성되었는데, 각 지방에서 결수연명부로 이기하는 과정에서 화전으로 명확한 토지가 발견될 때에는 그에 '화전(火田)'이라는 붉은 글씨를 써두도록 되어 있었다.

일제는 토지조사사업을 시행하는 과정에서 화전 또는 산전에 대한 처리 방안을 결정하고자 '서북선(西北鮮) 조사'를 실시한 적이 있다. 이 조사는 황해도, 평안남도, 평안북도, 함경북도, 함경남도, 강원도 내 36개 군을 대상으로 산전 또는 화전 농업의 실상을 파악하고, 그 경작지를 전답으로 인정할지의 여부를 결정하는 데 취지를 둔 사업이었다. 일제는 이 조사 결과를 바탕으로 다음과 같이 화전의 처리 방안을 결정했다.

23　朝鮮總督府臨時土地調査局, 1924, 『朝鮮森部落調査報告』, 7쪽.

화전은 결수연명부에 등재되어 있다고 바로 사유라고 인정하지 않으며… (중략)… 서북선 지방에서는 화전만을 경작해 생활하는 자가 많으며, 화전 중에는 경작 구역이 일정하고 상경(常耕) 가능성이 있는 것과 경작 연수가 휴경 연수보다 많은 것이 적지 않다.… (중략)… 이런 종류의 화전에 대해서는 '전(田)'으로 조사하고, 그 사유를 인정한다.[24]

다시 말해 숙전화 가능성이 있거나, 경작 연수가 휴경 연수보다 많으면 화전을 '임야'가 아닌 '전'으로 분류하겠다는 의미였다. 일제는 이러한 방침 아래에 다음과 같은 세부 지침을 마련했다.

가. 경작 구역이 일정하고 계속적으로 경작한 사실이 있으나 지력 양성을 위해 일시적으로 휴경하는 화전 중에서 휴경 연수가 3년 이하이고 경작 연수가 휴경 연수보다 많은 것은 '전(田)'으로 분류한다.
나. '전'으로 간주할 화전에 연접해 있는 임야로서 경작의 가능성이 있는 땅은 지주 및 지주총대의 진술을 참작해 '전'으로 처리하고, 연접한 토지와 같은 필지로 묶는다.
다. 경사도 30도 이상인 산지에 있는 화전은 영원히 숙전이 될 수 없는 것으로 간주해 '전'으로 인정하지 않는다.
라. 경사도 30도 이하의 산지에 존재하는 화전 중에서 조사 지역으로부터 1리 이상 떨어져 있고, 그 집단 면적이 1만 평 이내인 곳은

---

24 朝鮮總督府臨時土地調査局, 1919, 『朝鮮土地調査事業報告書』, 10쪽.

조사 대상에서 제외하고, 후일 적당한 시기에 조사하는 것으로
한다.

앞서 말한 바와 같이 경사도 15도 이상의 토지는 산야로 구분되는 동시에 토지의 지목을 정할 때 산림과 함께 '임야'로 그 지목이 분류되는 것이 원칙이었다. 그런데 일제는 경사도 15도~30도의 산야에 자리 잡은 화전과 산전도 '전'으로 간주하겠다고 발표했다.

그 무렵 일제 당국은 화전을 정리해 산림녹화를 완수하겠다는 의지를 몇 차례 밝힌 바 있다. 실제로 토지조사사업을 실시할 무렵 일제는 "화전으로 인해 매년 산림의 소실, 토사유출, 토지 황폐화 등 그 손해가 막대하다"라고 하면서 화전을 정리하는 데 힘쓰겠다고 했다.[25] 하지만 실제로는 토지조사사업을 거쳐 정리된 화전이 거의 없었다. 화전민은 자신이 경작하는 땅이 국유로 편입되든 사유지로 사정을 받든 간에 그 경작 행위를 이어나갈 수 있었던 것이다.[26]

2) 1910년대의 화전정리사업

일제는 화전민을 없앤다거나 그 이주 지원과 관련된 정책을 세우는 것을 고려하지 않았다. 일제는 기존의 화전과 산전을 되도록 그대로 인

---

25 朝鮮總督府臨時土地調査局, 1924, 앞의 책, 7쪽.
26 특정 화전이 사유지로 사정됨과 동시에 그 지목이 '전'으로 분류되는 경우에는 소정의 절차를 밟아 지가를 산정하고 그 17/1000에 해당하는 지세를 납부하게 된다. 지가를 기준으로 지세액을 결정하는 「조선지세령」 공포 이전에 일제는 결수연명부에 등록되어 있는 화전의 경우 지역별로 그 생산량을 참고하여 결가를 산정했는데 대개는 결당 2원 내지 4원을 부과했다. 朝鮮總督府, 1926, 『火田の現狀』, 118쪽.

정한다는 방침으로 일관했으며, 토지조사사업을 시행하는 과정에서 화전정리에 관한 구체적인 방안을 세우지도 않았다.

일제가 화전경작을 용인하면서 식민지 지주제의 성립 등으로 인해 생활이 어려워진 농민이 화전민이 되는 경향이 뚜렷해졌다. 1924년에 발표된 자료에 따르면 조선 안에서 화전을 경작하는 농가 호수는 23만 585호였으며, 그 전체 인구는 115만 9,026명에 달했다.[27] 그런데 1940년에 조사·발표된 자료에는 화전경작에 종사하는 농가 호수가 27만 6,586호였으며 인구는 150만 2,017명으로 적혀 있었다.[28] 이러한 증가세의 원인은 농가 부채를 감당하지 못한 농민이 경작지를 잃고 산간지대로 흘러 들어간 탓에 있었다.

특히 1920년대 후반에는 거듭되는 수해와 가뭄으로 이재민이 많이 발생했는데, 이들 상당수가 국유림으로 들어가 화전을 경작하며 생계를 유지한 것으로 확인된다. 일제 당국도 그 무렵 화전민 증가 현상에 대한 분석 끝에 이재민의 대량 유입이 그 원인이라고 결론을 내린 바 있다.[29]

이재민의 유입은 1928년에 매우 뚜렷해졌다. 1925년 을축년대홍수 이후 몇 년간 한반도 북부 지역에 수해가 반복되는 바람에 경작지를 잃은 농민이 적지 않았는데, 그 대다수가 국유림으로 흘러 들어가 화전을 경작한 것으로 판단된다. 『동아일보』는 1931년 8월 27일 자 사설에서 이에 대해 다음과 같이 설명했다.

27　朝鮮總督府, 1924, 「火田の現狀」, 27~28쪽.

28　朝鮮總督府, 1940, 「朝鮮總督府統計年報」, 53쪽.

29　국가기록원 기록물철 관리번호 CJA0011225 「火田の侵墾防止及整理報告書に關する件」.

화전민 발생 경로를 보면, 흉작 또는 기타 재변으로 인해 평지에서 생활 위협을 받은 일부 유리민이 산간 깊이 침입해 무주공산에 불을 놓고 농산물을 경작하기 시작한 것이 시초다. 그 후 토지소유권의 확립, 농촌 피폐의 증가 등으로 인해 더욱 증가하여 금일에 이르게 된 것이다.

화전민의 생활은 무척 어려웠다. 화전민의 대다수가 경작할 땅이 없어서 국유지로 들어와 농사를 짓던 형편이었으며, 비료 등을 구입할 비용도 부족해 불을 놓는 방식으로 농사를 지을 수밖에 없었다.『동아일보』에서는 이들의 생활에 대해 다음과 같이 묘사했다.

거적자리를 깔아놓은 캄캄한 방안에 살림살이란 극히 간단하니 방안에 의장이 없고, 침구도 없다. 부엌에는 솥이나 남비 한 두 개가 걸려 있고, 뜰에서 장독대를 볼 수 없다. 원래 화전만을 경작하는 순 화전민이라는 오랫동안 자리를 잡고 정주하는 백성이 아니라 한다. 그들은 본래가 허락이 국유지에 비료도 없이 씨를 뿌리었다가 거두는 자연농법 그대로 하기 때문에 아무리 기름진 곳이라도 2~3년을 부치고 나면 수확은 감수된다.[30]

일반인들은 화전민이 이렇게 가난하게 생활하는 모습에 무척 큰 동정심을 보였지만, 그들로 인해 산림이 황폐해지고 있다는 비판도 적지 않았다. 화전으로 인해 "기름진 땅이 황폐해질 뿐 아니라 밀림에 산불도

---

30 「고해순례, 화전민생활조사(3)」,『동아일보』, 1929.6.23.

크게 일어난다"는 것이다.[31]

일제 당국도 화전민으로 인해 산림이 황폐화될까 봐 우려했지만 화전민을 어떻게 지원할지, 그리고 화전을 정리할지에 대해서는 소극적인 태도로 일관했다. 1911년에 공포된 「삼림령」에는 화전을 경작하고자 하는 이는 경찰의 허가를 받아야 한다는 규정이 있었지만, 국유림 안에 화전을 경작하는 행위를 원칙적으로 모두 금지하는 조치는 실제로 많이 내려지지 않았다. 하지만 언제까지 이 문제에 대해 손을 놓고 있을 수 없었다. 이에 일제는 1916년 화전정리에 관한 자문안을 도장관으로부터 청취하여 그에 대한 대책을 수립하기로 했다.

당시 일제가 여러 차례 자문을 거쳐 수립했다는 화전정리방안은 「화전정리에 관한 건(조선총독부 내훈 9호)」으로 정리되었는데, 그 주요 내용은 아래의 인용문에 나타난 바와 같다.

가. 국유 임야 구분조사 결과 요존국유림에 편입된 구역 및 요존 예정 임야로 인정될 것으로 보이는 임야에서는 화전을 목적으로 한 화입 경작을 금지한다. 단 현재 경작 중인 화전 중에서 도장관이 이를 금지하기에 어려운 사정이 있다고 인정할 때는 당분간 이를 인정한다.

나. 전항 이외의 국유림은 경사도 35도 이상(화강암지대는 30도)의 토지 및 국토보안상 기타 특별한 사유가 있는 토지에서는 새로이 화전을 목적으로 한 화입을 금지한다. 35도 미만의 임야에서는 국토보안 기타 특별한 이유가 없는 한 당분간 종전의 관습을 허

---

31 「고해순례, 화전민생활조사(4)」, 『동아일보』, 1929.6.24.

용한다.
다. 정리하는 화전의 경작자의 이전을 위해 구분조사 완료 후 적당한 경작지를 선정한다.
라. 영림창은 동창 소관의 임야 조사의 때에 화전정리를 위한 경작 이전지를 선정한다.

　이 인용문에서 알 수 있듯이 일제는 요존국유림 안에 존재하는 화전 가운데 경사도 35도(화강암지대의 경우 30도) 이상 산지에 소재하는 화전은 완전 금지하고, 그 대신 '이전지'를 선정해 화전민을 이주시키겠다고 발표했다. 문제는 경사도 35도 이상의 산지가 매우 험준한 경사지라는 점이다. 경사도 35도 이상에서는 경작 행위가 좀처럼 불가하다는 것은 잘 알려진 사실이다.
　이 방침대로라면 일제가 경사도 35도 이하에 존재하는 화전을 당분간 정리하지 않겠다는 뜻이 있었음을 알 수 있다. 그렇다면 일제는 왜 그러한 방향을 고수한 걸까? 이에 대해 당시 일제 당국자는 화전을 정리할 경우 지세 징수액이 줄어들 우려가 있기 때문이라고 했다. 다시 말해 당분간 지세를 징수할 수 있을 때까지는 화전경작을 용인하겠다는 것이었다.
　위 기준에 따른 정리 대상 화전의 수는 〈표 1-7〉에 적시된 바와 같다. 그런데 이 사업이 추진된 후 화전민의 숫자는 〈표 1-7〉에 나타난 것처럼 오히려 늘어났다. 쫓겨난 화전민의 상당수가 원래의 거주지로 돌아왔을 뿐 아니라 새로 유입된 인구도 적지 않았기 때문이다.
　화전을 정리하겠다고 했던 당시에 일제는 화전민에게 이전지를 제공하겠다고 발표한 바 있다. 그런데 화전민에게 새로 제공하겠다는 이전지는 거의 모두 농사지을 만한 땅은 아니었다. 그렇기 때문에 기껏 이주했던 화전민이 다시 원래의 땅으로 돌아온 것이다. 이러한 사정 때문에 조선총독부도 "1916년(대정5)에 화전정리 방침을 정하고 지방장관에 지시하여 화전정리를 하도록 했어도 매년 수천 내지 수만 정보에 걸친 화전 경작으로 산림의 황폐는 멈추지 않았고… (중략)… 경작 이전지를 공여하고 그 정주를 도모해도 성적이 예기한 바와 달리 극도로 양호하지 않다"라고 하여 화전정리가 제대로 이루어지지 않았음을 인정했다.[32]

이와 같이 화전정리는 화전민에 대한 지원책이 전혀 없었기 때문에

〈표 1-7〉 1916년과 1924년의 요존국유림 내 화전민 현황

관리 기관	「내훈 9호」 시행 당시의 요존국유림 내 화전민 호수	1924년 9월 말 현재 화전민 호수
경기도	55	0
충청북도	453	161
충청남도	108	0
전라북도	603	372
전라남도	522	404
경상남도	1,070	577
경상북도	1,498	1,160
황해도	2,244	648
평안남도	2,614	1,207
평안북도	11,000	6,464
강원도	16,069	9,506
함경남도	10,600	13,279
함경북도	1,898	1,535
소계	48,734	35,313
영림창	-	20,402
합계	49,161	58,566

출처: 朝鮮總督府(1924), 「火田の現狀」, 195쪽의 자료를 바탕으로 작성함.

---

32 국가기록원 기록물철 관리번호 CJA0010969 「火田調査委員會小委員會報告書」.

잘 진행되지 않았다. 일제는 화전민의 생활을 개선하기 위한 수단과 제도를 강구하지 않았으며, 행정력을 동원해 그들을 지정 이주지로 몰아내는 데에만 힘을 쏟았다. 사실 화전민으로 인해 황폐화된 산림을 복원해야 한다는 요구가 많았지만, 일제는 산림 회복을 임정의 최우선 목표로 설정하지 않았으므로 이 사안에 관심을 두지도 않았다.

3) 1920년대의 화전정리사업

1920년대 중반에 이르러 일제는 다시 한번 화전민의 이주대책을 세우겠다고 발표하고 나섰다. 1926년 조선총독부는 식산국 안에 있던 산림과를 산림부로 승격시키는 동시에, '임정계획'을 수립해 본격적으로 국유림 관행작벌을 확대하기 시작했다.[33] 이 「임정계획안」에는 요존국유림 531만 정보 중에서 불요존림으로 편입시켜 민간에 개방할 곳과 요존국유림으로 그대로 남겨 관리할 임야를 구분하는 작업의 시행, 요존국유림으로 계속 존치될 임야에 대한 벌채 등 시업 계획안 작성과 함께 관행작벌에 방해가 될 가능성이 있는 화전민을 모두 정리하겠다는 내용이 담겨 있었다.

1916년에 이미 「내훈 9호」에 따라 화전정리를 시도한 적이 있었는데, 그 성과가 그리 크지 않은 가운데 산림부는 이와 별도로 다시 「임정

---

[33] 일제가 1926년에 이르러 산림과를 산림부로 승격시킨 것은 이 무렵 임야조사사업이 종료되고 그 결과를 바탕으로 본격적으로 산림운영정책안을 실행하게 됨에 따라 임정(林政)관련 조직 확대가 필요했기 때문이다. 산림부는 1932년 7월 조선총독부 관제개정에 따라 농림국 임정과(林政課) 및 임업과(林業課)로 축소, 흡수되었다. 渡邊 忍, 1932, 「年頭所感」, 『朝鮮山林會報』 83.

계획안」에서 화전정리사업을 실시해야 한다고 언급했다.

「임정계획안」에 실린 화전정리방안은 대략 ① 현재 경작되고 있는 화전 중에서 숙전이 될 수 있는 것은 숙전화하도록 하는 동시에 그 토지에 정착할 수 있는 방안을 모색할 것, ② 그 외에는 모두 이전시키고, 10개년 안에 요존국유림 안에 있는 6만 호의 화전민에 대한 정리를 완성할 것, ③ 이전지로 이주할 화전민의 생활을 안정시킬 것 등이 있었다.

화전정리사업의 실시 방침은 곧바로 현실화되었다. 1927년 5월 조선총독은 도지사회의에서 이 문제에 대한 자문을 다시 구하고, 이듬해에는 중추원에도 이에 관한 자문을 받은 후 이를 바탕으로 「화전정리안」을 확정했다.[34] 1927년 5월의 도지사회의에서는 다음 내용의 화전정리방안을 총독에게 제출했다.

가. 화전정리에 관한 특종기관을 설치할 것
나. 화전의 상황과 개간하기에 적당한 지역을 조사해 화전민을 일제히 이에 이전하도록 할 것
다. 화전에 대한 정밀한 조사를 행하고 정리의 기본이 될 대장을 작성하고 이를 기초로 정리에 착수할 것
라. 국토 보안 및 산림 경영상 지장이 없는 구역은 숙전으로 하고 정주하도록 할 것
마. 경사도 30도 이상의 임야는 절대로 경작을 금지하고 다음의 순서에 따라 개간 적지로 이전시킬 것
• 경사의 급한 개소를 먼저 정리할 것

---

34 「전조선 화전정리 착수」, 『동아일보』, 1927.9.4.

- 가족의 수가 적은 자를 먼저 이전시킬 것
- 생활이 부유한 자를 우선 이전시킬 것

바. 정리의 순서는 순화전민을 먼저 하는 것으로 하고 숙전과 병경하는 자는 그다음에 처리할 것[35]

이상의 방안과 함께 각 도에서는 화전민의 재입산을 막기 위한 대책의 하나로 이른바 '화전민의 구제 및 생활 안정 대책'을 작성해 화전정리 방안과 함께 제출했다. 그 주요 내용을 간단히 살피자면 다음과 같다.

가. 국유임야 중 농경 적지를 조사, 개방하고 상당한 액수의 이전료를 지급해 화전민을 수용할 것
나. 국유임야 이외의 이전하는 방법으로서는 화전민에게 이전료를 지급하고 개간 간척지로 이주시켜 소작시키도록 할 것
다. 부업을 장려할 것(양잠, 양봉, 축우, 목기 제작, 연초 경작 등)
라. 각종 사업(사방사업, 수리공사)의 노동에 화전민을 사역시킬 것
마. 이주비, 농경 경비의 일부를 보조할 것
바. 농경 방법에 대해 적절한 지도를 행할 것[36]

'화전민의 구제 및 생활 안정 대책'에서 주목되는 것은 화전민이 다시 원래의 경작지로 돌아가지 않도록 막기 위한 방법의 하나로 '농경 방법에 적절한 지도'를 행한다는 안이었다. 이는 결국 화전민을 통제하기

---

35 朝鮮總督府山林部, 1927, 『火田整理に關する參考書』, 3쪽.
36 朝鮮總督府山林部, 1927, 위의 책.

위한 조직을 만들고, 화전농법이 아니라 집약적 농법을 행하도록 유도하겠다는 뜻이었다. 일제는 이 방안을 실현하기 위해 산농지도구를 설정하고 산농공려조합을 만들어 나갔다.

이상의 방안을 바탕으로 구체적인 실행안을 만들기 위해 일제는 1928년 경성제국대학 교수 하시모토 스케자에몬(橋本傳左右門)을 책임자로 하여 영림창 관할 요존국유림을 대상으로 한 '화전조사'를 실시했다.

조사반은 1928년 6월에 풍산군을 필두로 비밀리에 조사에 착수해 요존국유림 내 화전민을 강제로 이주시키기에 적당한 '농경적지'를 물색했다.37 당시 화전조사반은 몇 개월에 걸쳐 화전 현황 및 농경적지 조사를 통해 ①국토 보안 및 임야 경영상 필요한 경우에는 화전민으로 하여금 폐경하도록 할 것, ②농경적지를 지정해 화전민에게 폐경할 화전지에 대신한 환지(換地)를 제공할 것, ③화전민이 농경적지에 정착할 수 있도록 시설을 가할 것 등의 대책을 수립했다.

화전조사반이 내놓은 정리안은 1916년 「내훈 9호」에 따라 시행된 화전정리와 그 방향이 다르지 않았다. 다만 기존 정리안에 화전민이 이전지에 정착할 수 있도록 대안을 마련하도록 한다는 제안을 추가했을 뿐이었다.

조선총독부는 이 조사 결과를 바탕으로 1929년 1월에 정무총감, 산림부장, 경성제국대학 교수 하시모토 등을 위원으로 한 조선화전조사위원회를 소집하고, 고지대 거주 화전민의 농법 개선 방법, 화전 모경지의 폐경 및 개간적지 이주 방안 등을 마련하겠다고 선언했다. 조선화전조사위원회는 몇 차례 회합을 거친 후 그해 7월에 「화전정리 요강」을 공식

37　朝鮮總督府山林部, 1927, 위의 책, 24쪽.

발표했다. 이에서 화전조사위원회는 영구히 경작을 용인해도 될 정도로 숙전화된 화전을 '제1종 화전', 기간을 정해 두고 점차 폐경을 유도할 화전을 '제2종 화전', 곧바로 폐경할 화전을 '제3종 화전'으로 분류했다.

'제3종 화전'으로 분류되는 화전은 ①경사도 30도 이상의 요존국유림에 소재하는 화전, ②토사 붕괴가 현저히 진행되고 있는 곳에 위치한 화전, ③공익을 위해 정리해야 할 필요가 있는 화전이었다. 화전조사위원회는 요존국유림 내 화전에 대한 전수 조사를 거쳐 '제3종 화전'을 가려내기로 하는 한편 무려 31개조로 이루어진 구체적 정리안을 결정했다. 그 주요 내용을 소개하면 다음과 같다.

- 제1종 및 제2종 화전을 경작하는 자는 그 경지와 택지가 위치하는 요존국유림을 대부해 계속 사용하도록 하고, 그 화전이 숙전이 될 때에는 그 경지를 무상으로 양여한다.
- 제2종 및 제3종 화전의 경작자로 화전을 폐경함에 따라 생계의 길을 잃은 자는 체지를 공여하거나 다른 농경적지로 이전하도록 한다.
- 이주한 경작자에게 농법 개선에 관한 지도를 행한다.
- 경작자에 대한 지도를 위해 모범농가를 지정한다.(경작자 500호 내외를 대체 1지도구로서 각 구에 지도원(기수 조수 각 1명)을 배치한다.
- 농경적지의 이주 부락 및 제1종 화전의 경작자가 사는 부락에 공려조합을 설치한다.[38]

'제1종 화전'에 대해서는 대부료를 징수하는 조건으로 그 경작지를

---

38 국가기록원 기록물철 관리번호 CJA0010969 「火田調査委員會小委員會報告書」.

용인하고, '제2종' 및 '제3종 화전'은 15개년 이내에 모두 이전하도록 하되 두 경우의 화전민 모두 공려조합에 강제 가입하도록 한다는 것이 위 정리안의 요지였다.

화전조사위원회는 이 외에도 신규 화전의 모경을 방지하기 위해 화전민 정리와 함께 시행할 추가 조치로 영림서 내 보호구 증설, 산림주사 충원, 벌금형 강화 등의 필요성을 제기했다. 한편 일제는 민유림의 경우에도 위 화전정리안에 준해 처리하도록 하고, 보호취체원의 증치, 화전민에 대한 영농 지도 강화 등에 주력하도록 했다.[39]

화전조사위원회는 1920년대 후반 가뭄으로 이재민이 된 사람들이 요존국유림으로 이주해 화전경작을 함에 따라 화전 면적이 지속적으로 증가하고 있다고 판단했다. 실제로 1928년에는 수년간 지속된 수해로 농토를 잃은 농민이 북부 지방 산간지대에 대규모로 이주해 화입을 시도하는 일이 잦아졌다.[40] 이에 조선총독부는 신규 화입을 방지하기 위해 요존국유림 관리 기관인 영림서에 순시를 강화하도록 지시하고, 영림서 내 보호구 단위로 관할 지역에 거주하는 화전민을 조사한 후 '화전대장'을 만들도록 했다.[41]

화전대장에는 세대주의 씨명, 생년월일, 원적 및 전 주소, 세대주의 전 직업, 화전경작을 하게 된 경위, 경작지의 면적 등이 기재되어 있었다. 세대주가 어디에서 이주해 왔고, 화전을 경작하게 된 이유와 경작지의 위치 등을 기록해 일일이 관리함으로써 일단 해당 화전민이 다른

---

39   국가기록원 기록물철 관리번호 CJA0010969「火田調査委員會小委員會報告書」.
40   국가기록원 기록물철 관리번호 CJA0011404「火田整理狀況」.
41   국가기록원 기록물철 관리번호 CJA0011225「火田臺長及其の圖面整備處理に關する件」.

곳으로 옮겨가지 못하도록 한 다음 향후에 이를 정리한다는 것이 기본적인 구상이었다.

화전조사위원회의 결정에 따라 요존국유림 내 화전을 종별로 나누고, 화전민 1호당 화전대장 및 화전구역에 대한 개략도인 화전견취도를 작성하는 '기본조사'가 시작되었다. '기본조사'는 토지조사사업 당시의 '신고주의' 원칙을 준용해 화전민이 스스로 그 경작하고 있는 화전을 신고하도록 하는 형식으로 진행되었다.

기본조사가 시작되자 화전민 사이에서는 "장래 경작자에게 화전의 소유권을 인정하기 위한 것"이라는 소문이 나돌았고 이 때문에 조사 작업이 순조롭게 진행되었다. 조선총독부는 1932년까지 기본조사를 완료하기로 예정하는 한편 기본조사가 완료된 곳은 바로 이전지를 선정해 '제3종 화전'을 경작하는 화전민을 즉각 이전시키도록 각 영림서에 지시했다.[42]

4) 갑산 화전민 사건

이처럼 강력히 화전정리를 추진하는 과정에서 1929년에 '농롱곡 화전민 사건'으로도 불리는 갑산 화전민 사건이 터졌다. 이 사건은 함경남도 갑산군 보혜면 대평리 농롱곡이라는 마을의 화전민이 이전 명령을 거부한 것이 발단이었다. 이 사건의 전개 과정에 대해서는 다음과 같이 상반된 기록이 남아 있다.

---

42 국가기록원 기록물철 관리번호 CJA0011225「火田臺長及其の圖面整備處理に關する件」.

(1) 일제가 진술한 경과

함경남도 갑산군 보혜면 대평리 농롱곡에서 영림서원이 경찰관 입회하에 화전 모경자에 대하여 퇴거를 명하고 그 가옥을 불살랐다고 전하는데… (중략)… 사실은 그렇지 않다. 그곳에는 최근 국유림 안에 함부로 들어와 도벌하고 불을 놓아 화전을 경작하는 사람이 늘었다. 이 때문에 관계 당국은 산림 경영상 지장이 적은 곳을 골라(신흥리, 보흥리, 가림리 및 의화리 6,600정보 국유림에 이에 해당함.) 그곳에 잠입한 경작자를 찾아다니며 앞으로 거주지를 제공할 테니 이주하라고 권유했다. 이에 대해 대상자들은 추수가 끝나면 이주하겠다고 약속했다.[43]

이에 영림서 직원은 약속된 날에 화전민을 이주시키고자 경찰관헌 세 명과 함께 농롱곡을 방문해 이전에 관한 신청서를 받으려고 했다. 이때 화전민을 농롱곡이전사무소에 모아두고 이전에 관한 사항을 공지했다. 이에 대해 열다섯 명 정도의 화전민이 순순히 이전 원서를 작성해 제출했고, 이후에도 계속 설득한 결과 모두 37호가 이전을 희망하는 원서를 내기에 이르렀다. 영림서는 이들에 대해 현품으로 지원금을 지급했다. 그런데 갑자기 이들 가운데 일부가 이전을 거부하고 선동적 언사를 일삼더니 김원술이라는 자가 나서서 주민 중에 병자가 많다는 핑계를 대며 이전을 거부했다. 너무 놀란 직원이 병자를 병원으로 데려가 진단한 결과 모두 이상이 없다는 결론이 나왔다. 이렇게 상황이 진행되었는데도 김재순이라는 사람의 아내가 뒹굴면서

---

43 국가기록원 기록물철 관리번호 CJA0011404「惠山鎭營林署管內火田民に關する件」.

위장병이 있다고 주장하더니 그 가족이 갑자기 광란적으로 이전을 거부한다고 부르짖고 나섰다. 그들은 영림서 직원과 경찰관이 집을 불사르고 주민들을 때렸다고 말하지만 모두 거짓말이었다.[44]

이상 일제가 진술한 사건의 경위를 살펴보면 화전민이 약속을 어기고 이주를 거부하면서 피해 사실을 거짓 증언한 것으로 보인다. 하지만 주민들이 제출한 진정서에는 상황이 위와 다르게 진술되어 있어 눈길을 끈다.

(2) 주민들이 진술한 사건 경위

갑산군 보혜면 혜산진으로부터 압록강 상류의 지류에 접해 약 12리쯤 올라간 곳에 대진평이라는 마을이 있고 그 우측 산곡 1리 반을 더 들어가면 소농롱곡이 있다.… (중략)… 경작지는 거주민의 소유로 사정된 부분도 있고, 신개간지도 있다. 그런데 혜산진 영림서에서는 금년 3월에 갑자기 '화전 폐경 경계'라는 표목을 세우고 폐경 이주를 명령했다.
이곳 인구는 1,000여 명이나 되는데, 원래부터 목재에 적당하지 못한 '깔'나무 등이 있을 뿐이고, 목재에 적합한 입목이 전혀 없었다. 또 대농롱곡은 생목이 전혀 없는 평지나 다름없었다. 대진평 주재소의 순사도 주민들에게 말하기를 화전을 기경한다 해도 산림지대만은 범치 말라고 주의시키는 정도였다. 그런데 갑자기 순사가 산림주사 등

---

44 국가기록원 기록물철 관리번호 CJA0011404「瀧瀧谷火田民整理ニ關スル件」.

과 함께 무장을 갖추고 들어와 화전민의 농기구를 빼앗고 경작을 앞으로 금지하겠다고 말했다.

이에 놀란 농민들이 소리를 지르는 바람에 크게 소란이 벌어진 것은 사실이다. 우리 주민은 이주할 곳도 없고 경작할 토지도 없으니 죽어도 여기에서 죽겠다고 주저앉았다. 그랬더니 순사들이 산림보호구 임시사무소를 설치하고서는 농롱곡 일대를 돌아다니며 주민을 구타하고 농경 행위를 저지했다.… (중략)… 우리 주민들은 무조건 이주를 거부하는 것이 능사가 아니라고 판단해 화전민 수용지로 결정되었다는 신흥리를 돌아보았는데, 그곳에는 음료수가 전혀 없고 경작하기에는 너무 급격한 경사지였기 때문에 농업을 영위할 수 없다는 판단이 섰다. 그랬더니 순사들이 들이닥쳐서 김원술의 집에 돌입해 가재 도구를 문밖에 내던지고 방화하고 난타했다.… (중략)… 3일간 대농롱곡에 가옥 46동 소농롱곡에 있는 가옥 16동을 소각해 버렸는데, 이것을 바라보던 어떤 주민은 영림서원을 붙들고 나와 같이 불속에 들어가서 타 죽자며 울부짖을 정도였다.[45]

(3) 언론에 보도된 사건 경위

세상의 이목을 끈 화전민 가옥 방화 사건의 발생지인 함남 갑산군 보혜면 대흥리 평평물 일대와 큰송가골 일부분은 갑산군 동북방 무산 접경에 있는데, 그중 큰송가골은 수십 년 전부터 개간하던 땅이지

---

45 국가기록원 기록물철 관리번호 CJA0011404 「甲山郡普惠面松哥洞及瀧瀧谷火田事件實況」.

만… (중략)… 작년 수재 이후로 각지로부터 수재민이 모여들어 금년 봄까지는 많은 때에는 한집에 5~6식구까지 살며 오직 파종의 시기만 기다렸다. 산간의 사정이 어두워 1년 동안에 170여 가호가 이주했으나 영림서에서는 이것을 알지 못했는데, 금년 봄에 보혜면 대진 평주재소 순사가 큰송가골까지 호구조사를 왔다가 이 소식을 듣고 영림서에 알려주자 그제야 영림서에서도 알고 금년 4월 초부터 매일같이 와서 구축을 시작하매 할 수 없이 눈물겨운 사정을 들어 그 당시 갑산군청과 보혜면 사무소에 진정을 했으나 수포로 돌아갔다. 하지만 그때는 이미 파종이 시작된 때이고 가족을 데리고 이 땅을 떠나봤자 갈 곳이 없으므로 한사코 구축에 응하지 않았는데, 그제야 그들도 그냥은 떠나지 않을 것임을 알고 산림주사회를 열어 대책을 토의한 결과 일정한 처소를 정하고 그곳으로 화전민을 전부 이주시키는 것이 좋겠다고 가결되어 이 결재를 총독부에 청해… (중략)… 문제는 다시 평평물 백성에게 돌아갔는데, 지난 5월 25일에 보천보 보호구원이 와서 새로 이주할 땅을 줄 터이니 함께 가서 보자고 하므로 할 수 없이 그 뒤를 따라 그 이튿날에 떠나서 170여 명이 8일간을 이 산 저 산으로 돌아다녔으나 살 만한 곳이 전혀 없었으므로 그냥 돌아가려고 했는데, 그들은 최후에 명령적으로 전기 신흥리 선덕동으로 정하고 속히 이곳으로 이주하라고 명령했다.… (중략)… 그후 6월 5일에 무서운 사건이 있었으니 그것은 대평주재소 순사와 농산리 산림보로구 산림주사 산림간수들이 와서 왜 이주지로 가지 않으냐 만일 가지 않으면 불을 놓을 것이다 하므로 백성들은 이주지는 사람이 못 살 곳이오 그렇다고 이곳에서 집을 태우고 쫓아내면 아무 데 가도 죽는 몸들이니 집을 태울진대 차라리 우리까지 죽여달라고 하고 모두

집안에 드러누웠다. 그러자 순사들은 김현수 이재정 이병철 등을 구
타하고… (중략)… 동민을 무슨 죄로 그들을 붙들고 가느냐 화전을
간 것이 죄라면 우리도 다 같은 죄인이라 하고 50여 명이 그 뒤를 따
라갔다.[46]

이 진술에 나타난 바와 같이 일제 경찰이 함부로 가옥을 불사른 것은 사실이었다. 일제 당국자가 이곳 화전민을 일일이 찾아다니며 이전을 강요한 것도 실제 있었던 일이었다. 당시 일제는 화전민에게 일정한 이주지를 제공하겠다고 했지만, 그곳이 지나치게 험해 정착하기에는 불가능했던 것으로 확인된다.

이 사건은 발생 직후 언론의 주목을 받았으며, 전국적인 논란을 불러일으켰다. 사건을 인지한 신간회는 관계 당국에 항의서를 제출하고 사건 진상을 밝히기 위한 활동도 했다.[47]

갑산 화전민 사건에서 확인할 수 있는 바와 같이 당시 일제의 화전조사위원회가 세운 화전정리방안은 실효성이 없었다. 일제는 화전민을 관행작벌 사업대상 구역으로부터 배제하는 데에만 관심이 있었으며, 화전민을 수용할 이전지를 지정한 뒤 그곳으로 이주하도록 강요하는 데에만 모든 행정력을 투사했다. 일제는 이 과정에서 발생할지도 모르는 반발을 우려해 영림서 직원과 경찰로 하여금 무장을 하게 했으며, 화전민의 가옥을 불살라도 무방하다는 방침을 고수했다.

일제강점기 화전민은 농가부채를 이기지 못해 실농하거나 수해와 가

---

46 「수재로 모인 화전민, 방화로 위협 구축」, 『동아일보』, 1929.7.27.
47 국가기록원 기록물철 관리번호 CJA0011404 「抗議文」.

품으로 경제적 위기에 처한 상태에서 살길을 찾아 산으로 흘러 들어간 사람들이었다. 일제강점기 화전 문제는 단순히 "화전민이 불법 농업 경영을 하는가 아닌가?"의 여부에서 빚어진 문제가 아니었다. 화전민의 증가는 식민지 농정의 모순이 빚어낸 결과라고 할 수 있다. 식민 당국은 구조적인 모순에 따라 발생한 화전민 문제를 해소할 의지도 없었고, 그에 대한 적절한 대안도 마련하지 않았다. 일제는 관행작벌에 방해가 될 수도 있다고 여겨지는 화전민을 없애는 데에만 관심을 쏟았다.

5) 북선개척사업과 화전정리사업

앞서 언급한 1929년의 화전조사위원회는 화전민의 재입산을 방지할 대책으로 공려조합을 설치하겠다는 구상을 채택한 바 있다. 당시 화전조사위원회는 이 조합에 관해 다음과 같은 방침을 세워두고 있었다.

- 공려조합의 조합원 수는 70호 이상으로 하고 부락 사이의 거리 등을 고려해서 적당한 지구를 설정해 조합 구역으로 삼는다.
- 조합에 조합장을 두고 부락의 유력자 중에서 위촉하며, 조합에 지도원을 두고 조합장과 함께 조합을 이끌도록 한다.
- 조합원 10인 이상을 분구하고 분구장을 둔다.
- 조합원에게 농사 자금 등을 대부한다.(대부 한도는 1인당 30원이며, 5인 이상 연대 보증인을 세운다.)[48]

---

48 국가기록원 기록물철 관리번호 CJA0010969 「火田調査委員會小委員會報告書」.

이 안은 갑산군 화전민 사건으로 그 실행이 늦춰지는 듯했다. 하지만 1932년부터 국유림 관행작벌지 확대 등의 내용이 담긴 북선개척사업이 발표되면서 화전민 정리가 다시금 관심사로 떠오르게 되었으며, 이후 일제는 다시금 이주 대상 화전민을 지정한 뒤 그들을 묶어 공려조합을 만드는 정책을 밀어붙였다. 일제가 작성한 「북선개척사업계획서」는 이에 대해 다음과 같이 언급되어 있다.

> 1932년(쇼와7) 이후 1946년까지 15개년간 삼림개발 이용 및 그 보호 화전민의 지도에 관한 시설을 실행한다. 본건 삼림에 관한 시설비는 총액 1,218만 3,000원이며 1932년도는 33만 4,000원을 투입한다. 이 사업으로 임산 수익 및 철도의 부설 운행 수입이 생길 예정인데, 임산 수익의 증가로 1932년 이후 15개년간 그 총액은 3,075억 원에 이를 것이다. 이는 투입 액수보다 1,856만 7,000원이 많은 것이다.… (중략)… 백두산을 중심으로 하는 삼림지대 약 80만 정보를 목표로 삼림철도 및 궤도를 부설하고 간이 제재공장을 22개소 건설할 계획이며 삼림보호 시설의 정비를 계획한 바대로 삼림을 이용할 것이다. 백두산을 중심으로 하는 함남 갑산군 함북 무산군 소재 요존 국유람은 침엽수 축적이 약 1억 3,000만 척체 정도이고, 활엽수는 약 4,000만 척체에 달한다. 그 수종도 우량하다. 그런데도 현재 벌채, 이용하는 것은 하류 지방의 일부 구역에 한한다. 북선개척철도를 부설하면 삼림 이용은 현저히 촉진될 것이다.[49]

---

49 국가기록원 기록물철 관리번호 CJA0011189 「北鮮開拓事業及山農指導に關する件」.

위 인용문에 나타난 "삼림보호 시설의 정비"란 표현은 화전민을 이주하는 제반 시스템이 완전히 갖추어졌음을 뜻한다.

일제는 북선개척사업을 계기로 해당 사업 구역 안에 있는 화전민 가운데 일부를 골라내 이주시키는 업무를 담당한 별도의 조직을 만들었다. 그것이 농림국 임정과 안에 있는 북선개척계획이었다.[50] 당시 일제는 북선개척사업 대상지 내 요존국유림 안에 4만 1,941호에 이르는 화전민이 존재하는 것으로 파악하고 있었다. 일제는 이를 700호 단위로 나눠 하나의 산농지도구를 설치하고 각 구에 지도수를 한 명씩 배치했다. 또 이를 감독하는 기관으로 산농지도구감독사무소를 설치했다.[51]

산농지도구는 화전민으로부터 신규 화전 모경을 하지 않겠다는 서약서를 거두어들이는 한편 공려조합을 조직, 운영하는 등의 업무를 맡아보았다.[52] 산농지도구는 아직 이전 정리가 끝나지 않은 화전민을 이주시키기 위해 지정된 이전지에 대한 대부 원서를 받아내는 일도 했다.

당시 일제는 화전민의 이전의 효과를 거두기 위해서는 일단 화전민이 이주할 곳을 제대로 선택해야 한다고 보았다. 화전민을 새 이전지에 수용한다는 계획은 1916년 화전정리 당시에도 추진된 적이 있고, 화전조사위원회의 안에도 동일하게 채택된 바 있다. 그런데 그때는 적절한 이전지를 선정하는 것이 아니라 주먹구구식으로 빈땅을 골라 이전을 명령하는 데 그쳤다. 일제는 그러한 방식으로는 이 문제를 해결할 수 없다는 것을 알고 있었다. 이에 산농지도구가 설립될 무렵 '농경적지 예찰조

---

50 조선총독부는 1926년에 산림부를 신설했으나 1932년 7월에 이를 폐지하고 농림국 안에 林政課와 林業課를 두어 임업 관련 업무를 관장하도록 했다.
51 朝鮮林業協會, 1941, 『朝鮮林業史』, 829쪽.
52 국가기록원 기록물철 관리번호 CJA0011189 「北鮮開拓事業及山農指導に關する件」.

사'라는 별도의 과정을 거쳐 이전지를 선택하기로 했다.

예찰조사를 실행할 당시에 일제는 이전 대상자인 화전민이 영구히 그에 정착해 신규 화입을 감행하지 않도록 방지하고자 개방 예정지를 33만 1,168정보로 늘렸다. 개방 예정지에 수용될 화전민은 모두 국유림 대부 원서를 제출해야 했는데, 그 개방 예정지 중에는 현재 경작 중인 화전으로서 요존국유림에 피해를 주지 않을 것으로 판단되는 곳 9만 7,000정보가 포함되어 있었다. 그 외에도 화전민이 임정 당국으로부터 대부받을 농우 및 기타 가축의 사육에 대비하기 위해 목축적지 4만 5,000정보를 대부하기로 되어 있었다.[53]

다시 소개하지만, 일제는 화전민이 이전한 곳에 산농공려조합을 둔다는 방침을 오래전부터 갖고 있었으며, 실제로 이주한 화전민에게 이 조합에 가입하도록 강요했다. 공려조합은 산농지도구가 추진하는 제반 업무를 대행하거나 그에 협조하는 조직이었는데, 원칙적으로는 '부락의 중심인물' 중에서 선정되는 조합장, 부조합장, 평의원이 조합을 만들어 운영하게 되어 있었다. 그러나 실제로는 지도위원, 고문이 그 업무를 주도하고 있었다.[54] 공려조합의 지도위원은 산농지도구의 지도수가 당연직으로 맡았고, 고문으로는 그 지역의 경찰주재소 수석, 산림보호구 주사, 면장 등이 취임했다. 고문들은 화전민이 이전지를 떠나 다시 화입하는 행위를 막으려고 조합장 이하 조합원에게 주지시키거나, 화전민에게 숙전 농법을 익히도록 유도하는 등의 직무를 맡았다.

53　국가기록원 기록물철 관리번호 CJA0011225 「北鮮開拓事業實施による國有林野の處分に關する件」.

54　국가기록원 기록물철 관리번호 CJA0011189 「北鮮開拓事業の實行に關する件」.

한편 공려조합을 설립할 때에는 산농지도구가 경찰관, 군 농회와 협의하여 화전민 각 가호를 돌아다니며 조합원 입회 원서를 강제로 징수했다. 조합원이 되는 화전민의 점유 또는 대부 경작지는 국유림에 위치하고 있는데, 조합원은 그 경작지가 위치한 국유림 면적 1반보당 5전의 비율로 조합비를 납부해야 했다. 공려조합 안에는 "산농공려조합의 기구를 강화하고 인보상조의 정신을 함양하기 위한 소규모 조직"으로 산농계가 조직되어 있었다. 산농계에 부여된 업무는 화입 행위 감시, 공동경작 등이었다. 일제는 공려조합에 전담 기술원을 배치하기까지 했다. 이 기술원은 녹비 채종포 설치, 퇴비품평회 개최 등의 업무를 담당했으며, 가축 분뇨를 모아 퇴비를 만드는 일을 감독하기도 했다.

한편 일제는 이러한 제반 정책을 효율적으로 추진하기 위해 '화전민 정신 작흥 운동'을 동시에 전개했다. 조선총독부는 1936년에 "농촌진흥운동 시설과 연계하여 강습회를 개최하고, 부락마다 중견 인물을 선정, 양성하여 부락 교화의 선도자로 삼는다"라는 방침을 제정했다.[55] 산농들로 하여금 "도덕관념과 자력갱생 의지"를 갖도록 한다는 명분에서 강화회를 개최하고 화전민 마을에 청년단, 소년단, 부인회 등을 설립했다.[56]

이상의 절차와 방식으로 요존국유림 내 화전민을 정리하는 사업은 상당한 성과를 거둔 듯하다. 1941년 무렵의 자료에 따르면 3만여 호의 화전민이 이주를 완료했고, 그 총면적은 4만 6,512정보에 달했다.[57] 이러한 결과만을 두고 보면 일제가 마치 화전민의 생활 안정을 위해 노력

---

55 국가기록원 기록물철 관리번호 CJA0011225「火田民の情神作興に關する例規綴」.
56 국가기록원 기록물철 관리번호 CJA0011225「火田民の情神作興に關する例規綴」.
57 『매일신보』, 1941.11.24.

한 것처럼 볼 수도 있겠다. 하지만 실상은 그렇지 않았다. 화전민이 이주한 곳의 대다수가 동양척식회사가 조선총독부로부터 대부받은 땅이었기 때문이다. 대다수 화전민은 동양척식회사가 경영하는 농장에 소작인으로 들어갔으며, 생활도 이전보다 나아지지 않았다.

실제로 1941년 12월 조선총독부 농림국은 10개년간 함경남도 갑산군 일대 토지를 동양척식회사에 불하하겠다고 선언했다.[58] 당시 일제 당국은 "예전 산미증식계획 때에는 단순히 수리조합을 사업 주체로 하면 모든 사업이 진행될 수 있을 것으로 여겼지만 그 설치와 수속 등에 여러 가지 결점이 있었다.… (중략)… 그래서 특수 사명과 강권을 앞장세운 기관을 설립해" 전시하 필요한 일본군의 군량미를 생산해 내야 한다고 말했다.[59] 이 결정에 따라 동양척식회사는 북선개발주식회사를 별도로 설립한 뒤 영림서 관내 요존국유림 일대를 답사해 그중 농목축업에 적당한 개소를 선정했는데, 이때 뽑힌 곳이 박천수, 창평, 유평, 농사동, 의화리 등이었다.[60] 흥미로운 점은 동양척식회사가 대부받은 의화리라는 곳은 1929년 '농롱곡 화전민 사건' 당시에 일제가 화전민을 대규모로 이주시킨 지역이라는 사실이다.

이곳에 거주하는 농가가 무려 1만 호에 달했다는 점도 주목을 끈다. 동양척식회사는 그곳 주민을 대상으로 농장 소작인 편입을 설득했으며,

---

58 국가기록원 기록물철 관리번호 CJA0011527「東拓事業用地に使う國有林野の選定に關する件」.
59 국가기록원 기록물철 관리번호 CJA0011527「東拓事業用地に使う國有林野の選定に關する件」.
60 국가기록원 기록물철 관리번호 CJA0011527「東拓出願希望國有林野實地踏査復命に關する件」.

1사업 지구당 1,000호 정도를 묶은 후 5호를 1개 반으로 편성, 통제한다는 안을 세웠다. 이곳에 있는 토지는 예전 화전민이 경작하던 곳으로서, 일제가 화전민 이주 작업을 거쳐 비워둔 땅이었다.[61]

일제는 동양척식회사 외에 북선개척흥업주식회사, 선만척식회사 등에게도 화전 지대에 있던 땅을 불하했다. 이 회사들도 그 지역에 있던 화전민을 소작인으로 끌어들였다.[62] 이처럼 일제는 화전민을 소작인으로 한 농장을 화전정리사업 구역 안에 유치하고, 그들에게 기존의 화전 지대를 불하해 버렸다. 동양척식회사 등의 개간회사들은 화전민이 개간한 땅과 그 노동력을 이용해 식량 증산을 꾀한 셈이었다.

---

61 국가기록원 기록물철 관리번호 CJA0011527 「東拓事業用地に使う國有林野の選定に關する件」.

62 국가기록원 기록물철 관리번호 CJA0011527 「東拓事業用地に使う國有林野の選定に關する件」.

제2장
일제의 민유림 침탈

1. 비효율적인 조림 강요

1) 연고권 개념의 등장

　산림은 목재를 공급하는 역할만 하지 않는다. 목재로 쓰기 힘든 나무만 있다고 하더라도 울창하게 가꾸어진 나무는 인간에게 다양한 혜택을 가져다준다. 토사유출을 막아 농경지 훼손을 방지한다거나, 수원(水源)을 조성해 저수지 물을 일정 수준 이상으로 유지할 수 있게 한다는 점도 산림의 긍정적인 기능에 속한다. 따라서 산림 문제를 바라볼 때 우리는 일제가 목재를 얼마나 가져갔는지를 따지는 데 그쳐서는 안 된다.

　이 사안에 관한 관심은 과연 조림에 투입해야 할 비용과 노동력을 누가 부담하고, 조림이 완료된 후 발생할 이익을 누가 향유하는가 하는 점이다. 일제는 식목을 장려함으로써 산림자원을 일정 수준 이상으로 유지해야 한다는 점을 잘 알고 있었다. 문제는 그 식목을 위해 누군가 비용과 시간을 부담해야 한다는 사실이다. 이와 관련해 일제는 일찍부터 임야의 소유자로 하여금 그 모든 부담을 지게 해야 한다는 방침을 세워두고 있었다. 그러한 방침을 실행하기 위한 첫 단계는 바로 임야 소유자를 일일이 확인하는 것이었다. 이러한 절차를 위해 일제는 다소 복잡한 과정을 설정해 두었다. 일제는 먼저 연고자와 소유자를 구분해 파악하는 방식을 취했다. 이 문제에 대해 살펴보도록 하자.

　일제는 대한제국 때였던 1908년에 "삼림산야의 소유자는 본법 시행일로부터 3년 이내에 삼림산야의 지적 및 면적의 약도를 첨부해 농상공부대신에게 신고"해야 한다는 조항(제19조)이 담긴 「삼림법」을 공포한 적이 있다. 이 법에 따르면 1911년까지 임야 소유권을 인정받고자 하는 자가 있을 경우에는 그 임야에 관한 지적 신고를 이행해야 하고, 지적 신고가 완료되지 않은 곳은 국유로 간주하게 되어 있었다.

하지만 이 조항에 따라 신고가 이루어진 곳은 그리 많지 않았다. 신고 기한이 종료된 직후 수합된 신고서를 확인한 결과 그 건수는 52만 건이었으며, 해당 임야의 면적은 합계 220만 정보였다. 참고로 한반도 내 임야의 총면적은 약 1,600만 정보였다. 1,600만 정보의 임야 중에서 220만 정보만 신고가 접수된 셈이다.

이런 결과는 일제로서도 예상했던 바가 아니었다. 일제는 임야 소유의 사실을 신고할 만한 사람들이 실제로 이 정도에 불과한지 파악할 필요가 있다고 생각했다. 이러한 가운데 일제는 '임적조사'라는 사업을 시행했는데, 일제가 이 사업을 실시하기까지 그 과정이 다소 복잡했다.

일제가 1905년 을사조약을 강요하고 통감부를 설치한 사실은 잘 알려져 있다. 초대 통감으로 부임한 이토 히로부미는 도한 당시에 기우치 쥬시로(木內重四郎)라는 사람을 비서관으로 대동했는데, 기우치는 이후 대한제국 농상공부 차관이 되어 실질적으로 대한제국의 임정을 좌우하는 위치에 서게 되었다. 그의 부하 중에는 미치야 미쓰유키(道家充之)라는 사람이 있었는데, 기우치는 그에게 「삼림법」 기초를 비롯한 임정의 기초 작업을 맡겼던 것으로 알려져 있다. 미치야는 기우치의 명에 따라 한반도 산림에 관한 조림 계획을 작성해 이토 히로부미에게 보고한 바 있는데, 그 자리에서 이토의 질문에 제대로 답변을 하지 못하는 바람에 산림정책 입안자로서의 신뢰성을 잃게 되었다. 당시 이토 히로부미는 "한국의 산림이 어떤 상태인지 알지도 못하는 상태에서 책상머리에서 계획만 수립해 실시하는 것"이라고 질책한 뒤 조림에 관한 사항을 결정하기에 앞서 산림 개황을 조사하라고 명령했다.

이때 기우치는 미치야가 이토 히로부미의 주문을 실행할 능력이 없다고 판단했다. 이에 그는 홋카이도청에 근무하고 있던 사이토 오토사쿠(齋藤音作)를 초빙하기로 했다. 사이토 오토사쿠는 기우치의 요청에 응해 1909년 12월, 통감부로 전근을 가기로 결정했다.[1]

사이토 오토사쿠는 이듬해 초 한국으로 건너와 업무를 파악하고, 「삼림법」에 따른 지적 신고와는 별도로 한반도 산림 상태 및 국유림 규모 등을 먼저 알아낼 필요가 있다고 판단하고 서둘러 관련 작업에 돌입했다. 사이토의 주도로 실시한 이 작업이 바로 '임적조사'였다.[2]

당시 사이토는 한반도의 상세한 지도를 구하는 데 어려움을 겪다가 조선주차군 등의 지원으로 군사 기밀도인 해안 측량도, 육군비부도(陸軍備付圖)를 확보해 조사 대상지를 확정하고, 답사 경로도 정했다. 이후 그는 한국인 열네 명, 일본인 열네 명으로 구성된 조사단을 꾸린 뒤 단 5개월만에 조사를 완료했다. 이처럼 단기간에 사이토는 산림 상태를 입목지와 무입목지(혹은 미입목지) 등으로 나눠 표시한 '조선임야분포도'를 제작했다. 그 모습은 〈그림 2-1〉과 같고, 이 지도를 확대하면 볼 수 있는 각 지역의 임상을 국립산림과학원 '우리나라 산림정책의 변천과정' 연구팀이 복원 작업을 거쳐 표시한 것이 〈그림 2-2〉이다.

참고로 오늘날에는 산림 내 입목이 생육하고 있지 않은 지역이나 밀

---

1   당시는 이미 「삼림법」에 따른 지적 신고 기간이었는데, 사이토 오토사쿠가 임정 책임자로 부임함에 따라 새로운 산림정책이 세워질 가능성이 커지게 되어 관련 행정상 다소 복잡한 문제가 발생할 수 있었다. 이에 일제는 「삼림법」에 따른 지적 신고는 그대로 진행하되 이후 다시금 소유 신고 기간을 설정하는 등 후속 조치를 취하는 방법을 취하게 된다.

2   齋藤音作, 1933, 「韓國政府時代の林籍調査事業」, 『朝鮮林業逸志』, 朝鮮山林會.

〈그림 2-1〉 조선임야분포도

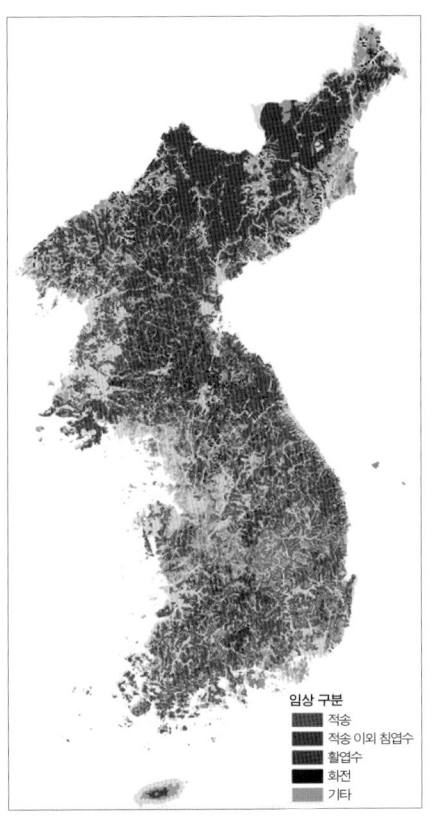

〈그림 2-2〉 조선임야분포도에 표시된 임상의 복원도

도가 일정 수준 이하인 곳을 미입목지로 구분하는데, 그 기준은 수관밀도(나무의 수관과 수관이 서로 접하여 이루고 있는 수림 위층의 폐쇄 정도) 30퍼센트 미만 또는 입목도(현실에 존재하는 임분의 입목 재적과 그 임분에서 최적기에 생산할 수 있는 재적의 비를 10분율로 나타낸 것) 0.3 이하에 해당하는 곳이다. 일제강점기 당시에는 산림 관련 통계 자료를 작성할 때 입목도 0.1 미만일 경우에는 무입목지로 구분하고, 0.1 이상 0.3 미만에 해당하

는 곳은 치수발생지(혹은 산생지), 0.3 이상이면 입목지로 구분했다.[3]

〈그림 2-1〉, 〈그림 2-2〉에서 확인할 수 있는 바와 같이 사이토 오토사쿠는 한반도 산림 상태가 전반적으로 좋지 않은 것으로 파악했다. 당시 사이토는 성림지가 전체 임야의 32.3퍼센트를 차지하고 무입목지는 25.9퍼센트, 치수발생지는 41.8퍼센트에 이른다고 보았다.[4] 성림지는 인적이 뜸한 산지에 위치한 편이었고, 인구밀도가 비교적 높은 평지와 도시 인근의 임야에서는 성림지가 비교적 많지 않은 것으로 파악되었다. 이를 표로 나타내면 〈표 2-1〉과 같다.[5]

〈표 2-1〉과 같이 사이토 오토사쿠는 관리 기관이 있는 국유임야가 103만 5,373정보에 달하고, 관리 기관이 없는 국유임야가 726만 8,001정보 정도에 이른다고 보고했다. 여기에서 관리 기관이 없는 국유임야는 사실상 주인이 없는 무주공산이라는 뜻이었다. 무주공산은 국유지로 간주하게 되어 있었기 때문에 국유림으로 분류해 파악한 것이다.

〈표 2-1〉 임적조사 보고에 나타난 소유관계별 임상 구분

(단위: 정보)

	관리 기관이 있는 국유임야	관리 기관이 없는 국유임야	사유임야	합계
성림지	626,840	3,666,561	732,563	5,025,964
치수발생지	186,909	1,987,851	4,410,402	6,585,162
무입목지	221,624	1,613,589	2,237,978	4,073,191
합계	1,035,373	7,268,001	7,380,943	15,684,317

---

3 全羅北道, 1911, 「永年禁養の實否確定に關する件」, 『全羅北道例規輯』, 321쪽.
4 朝鮮山林會, 1933, 『朝鮮林業逸誌』, 53쪽.
5 朝鮮山林會, 1933, 위의 책, 41~45쪽.

한편 〈그림 2-2〉에는 한반도 북부와 태백산맥, 소백산맥이 있는 지역을 중심으로 상당 개소에 화전이 존재하는 것으로 표시되어 있다. 또 함경도 일대에는 침엽수림이 분포해 있어 목재 생산에 유리한 것으로도 되어 있다. 한반도 북부에 화전이 많이 있는 것으로 표시되어 있는 것은 조선 후기 관찬 사료에 나타난 증언과도 상당 부분 일치하고 있어 주목을 끈다.[6]

임적조사를 통해 파악한 산림 상태가 사실에 근접한 것인지 아닌지는 정확히 알 수 없다. 하지만 조선총독부가 매년 발행한 『조선총독부통계연보』에 나타난 각지 산림 상태가 조선임야분포도에 나타난 그것과 유사하다는 점, 그리고 조선 후기 관찬 사료에 언급된 각 지역의 산림 상태도 이 지도에 표시된 것과 크게 어긋나지 않는다는 점을 감안한다면 마냥 사실과 다르다고 부정할 수는 없다. 그렇다면 이렇게 강점 당시 산림 상태가 좋지 않았던 이유는 무엇일까?

조선 후기 정조 때에 경기감사로 재직했던 서유방(徐有防)은 수원화성을 방문한 정조를 만난 자리에서 "산기슭이 벌거벗은 것은 여러 도의 공통적인 근심거리인데 그중에서도 경기 지역이 가장 심합니다. 사대부가의 금양(禁養) 지역이 아닌 것을 제외하고는 대부분 벌겋게 헐벗었습니다. 간혹 풀이 우거진 곳이 있다 하더라도 땔나무를 베기 위해 도끼를 들고 들어가는 무리를 막을 수 없습니다. 물건의 공급은 한계가 있으나 수요는 끝이 없습니다"라고 말한 적이 있다.[7] 요컨대 사람들이 산에서 땔

---

6 일례로 『비변사등록』 3, 숙종 4년 10월 26일 기사에는 평안도에 암행어사로 파견되었다가 돌아온 이한명이라는 인물이 "평안도로 가는 길에 접해 있는 산에 모두 밭이 개간되어 있으며, 그렇지 않은 산이 하나도 없었습니다"라고 말한 적이 있다.

7 『備邊司謄錄』 168책, 정조 10년 4월 2일.

감을 마구 채취하는 바람에 날이 갈수록 산이 황폐해지고 있다는 것이다.

서유방의 지적은 사실에 가까울 정도로 개연성이 크다. 최근 김동진은 15세기 무렵 헥타르(ha)당 임목 축적이 600m²에 달했을 것이라고 추측했다. 조선총독부가 1920년대 중반 무렵 조사한 바에 따르면 당시 헥타르당 임목 축적은 16m³ 정도였던 것으로 나타난다. 만일 김동진이 지적한 바와 같이 15세기 평균 임목 축적이 600m²에 달한 것이 사실이라면 15~20세기 초에 이르는 기간에 엄청나게 많은 산림자원이 사라졌다는 말이 될 것이다.[8]

15세기 한반도 산림의 평균 임목 축적이 600m²에 달했을 것이라는 지적은 신빙성이 그리 높지 않다. 2020년 산림청이 발표한 『임업통계연보』에 따르면 2019년도 남한의 헥타르당 임목 축적은 161.45m²에 이르러 OECD 국가 중 20위권에 해당하는 것으로 나타났다. 오늘날 전 세계에서 가장 산림 상태가 좋다는 뉴질랜드는 헥타르당 약 400m²의 임목 축적을 가진 것으로 알려져 있다. 이러한 점에 비추어 볼 때 15세기 한반도 임목 축적을 헥타르당 600m²으로 추정하는 것이 과연 적절한지 의문을 품지 않을 수 없다. 최근 어떤 연구자는 경기도 광릉의 산림이 그 조성 직후부터 오늘날까지 엄격하게 보호받았다는 점에 착안해 그곳을 표준으로 삼아 계산한 결과 조선 전기 헥타르당 임목 축적이 100m³ 내외였을 것이라는 결론을 이끌어 냈다.[9] 어떤 수치가 사실에 부합하는지 확실히 알 수는 없지만, 16~19세기에 산림 상태가 나빠졌다는 데 반대

---

8 김동진, 2017, 『조선의 생태환경사』, 푸른역사, 146쪽.
9 전영우, 2019, 『송광사 사찰숲』, 푸른역사, 45쪽.

하는 입장인 연구자는 적은 편이다. 그렇다면 이처럼 조선 후기에 산림이 황폐해졌다고 보는 이유는 무엇인가?

앞서 소개한 바와 같이 경기감사 서유방은 정조 앞에서 목재 또는 땔감으로 쓸 나무가 제한되어 있음에도 그 수요는 끝없이 늘어난다고 했다. 주지하는 바와 같이 나무에 대한 수요는 인구가 많아질수록 늘어난다. 만일 국왕이 궁궐 영건사업을 벌일 경우에는 목재 수요가 크게 증가하게 되며 그로 인해 기존의 수요에 더해 목재 수요가 크게 늘어날 수도 있다. 오늘날 밝혀진 바에 따르면 조선 후기 특히 17세기에는 겨울철 기온이 무척 낮았다고 한다. 관련 연구자들은 이 시기를 소빙기(little ice age)라고도 부른다.[10] 실제로 이 시기에는 겨울철에 동해 연안의 바다도 얼어버릴 정도로 추위가 심했다.[11] 이처럼 추위가 심해지면 자연히 땔감 수요도 늘어나기 마련이다. 당시 겨울철 연료는 대부분 나무였고, 땔감 수요 증가에 따라 나무가 베어지는 속도와 양도 많아졌다.

나무는 목재로 사용할 수 있을 정도로 성장하는 데 20~30년의 기간이 걸릴 정도로 그 생장 속도가 느리다. 산림자원을 가꾸기 위해서는 그만큼 시간도 많이 들고, 관리 보호에 정성을 들여야 한다. 만일 누군가 땔감이 필요하다는 이유로 함부로 나무를 베어낸다면 산림자원은 쉽게 고갈되며, 한번 고갈된 산림자원을 회복하는 데에는 적지 않은 시간과 노력이 요구된다. 기온 하강 등의 이유로 땔나무 수요가 늘어나면 시장에서 유통되는 임산물의 양도 늘어나 얼핏 보기에 임업이 활발해지는

---

10 이태진, 1999, 「소빙기(1500~1750) 천변재이 연구와 조선왕조실록: global history의 한 장」, 『역사학보』 164.

11 전제훈, 2017, 「조선 소빙기 해양인식과 위민사상 연구-강릉·삼척 동해안을 중심으로」, 『한국도서연구』 29-3.

것처럼 보일 수 있다. 하지만 임산물 생산 과정에서 그 임산지 회복과 관련된 계획이 체계적으로 입안되어 있지 않다면 산림 황폐화 현상이 극에 달하게 될 것이며, 얼마 지나지 않아 임산물 생산과 유통 과정은 큰 혼란에 빠질 것이다.

19세기 무렵 땔감과 목재 생산으로 산림의 생산력이 크게 약화되었다면 그 여파는 일제강점기까지 미쳤을 것이다. 임적조사를 주도한 사이토 오토사쿠는 조선총독부 기관지격인 잡지 『조선』에 기고한 글에서 "조선인 대다수는 남벌과 폭채(暴採)를 일삼았으며, 그로 인해 민둥산이 늘었던 것"이라고 말했다.[12]

사이토는 이 문제를 해결하기 위해서는 먼저 임야 소유권에 관한 특별 조치를 시행해야 한다고 언급했다. 그는 "조선인은 산을 소유한다고 하는 관념 자체가 없기 때문에 그저 남벌만 일삼고, 식림을 하겠다는 생각도 갖지 않는다"라고 비하하고, 먼저 식림에 힘을 기울여야만 산을 비로소 소유할 수 있음을 알아야 한다고 했다.[13]

그는 자신의 생각을 구체화하기 위해 '연고권'이라는 개념을 새롭게 들고나왔다. '연고권'이란 어느 특정한 개인이 오랫동안 임야를 점유한 사실을 바탕으로 소유권을 주장했을 때, 해당 임야에 대한 모종의 권리는 인정되지만 '임야의 국유사유구분표준'에 이르지 못해 법적으로 '소유'에 해당한다고 인정할 수 없는 자에게 한시적으로 부여한 권리였다.

'국유사유구분표준'은 1908년 「삼림법」에 따른 지적 신고를 이행한

---

12 齋藤音作, 1911, 「朝鮮の山林に就て」, 『朝鮮』 1911-2, 朝鮮雜誌社.
13 齋藤音作, 1911, 위의 글.

자의 임야 소유권을 일제가 사정을 통해 확정할 때 인정 여부에 관한 기준으로 쓰였다. 다시 말해「임야의 국유사유구분표준」은 일련의 임야 소유권 확인 및 법인 과정에서 소유를 주장하는 지적 신고서를 제출한 자에게 실제로 소유권을 부여할 것인지 결정할 때 그 잣대로 작용하는 표준이다.[14] 그 구체적인 내용을 소개하면 아래와 같다.

　가. 결수연명부에 등록되어 있는 곳. 등록되어 있지 않더라도 지세가 부과된 사실이 확실히 확인되는 곳
　나.「토지가옥증명규칙」(1906) 시행 이전에 관청으로부터 사유로 인정받은 곳
　다. 토지가옥증명규칙 및「토지가옥소유증명규칙」(1908)에 따라 사유인 것이 증명된 곳
　라.「토지조사령」의 처분에 따라 사유지인 것으로 인정된 곳
　마. 확실한 증거가 확인되는 사패지(賜牌地)
　마. 관청이 개인에게 환부·대여·양도한 증서가 있는 곳
　사. 1908년(융희2)「칙령 39호」가 공포되기 이전에 궁내부가 사인(私人)에게 양여한 곳
　아. 영년(永年) 수목을 금양한 곳
　자. 조선총독이 특별히 지정한 곳

이「임야의 국유사유구분표준」에서 주목되는 것은 임야에 관한 소유사실을 신고하고, 해당 사실이 확실한 사람이더라도 그 점유해 온 곳이

---

14 「임야의 국유사유구분표준」,『매일신보』, 1912.2.4.

'영년(永年) 수목을 금양한 임야'에 해당하지 않을 경우에는 소유권을 가질 수 없도록 규정되어 있었다는 점이다. "영년 금양"이란 평균입목도 10분의 3 이상이거나 수목의 평균연령(平均樹齡)이 10년 이상에 달하는 경우를 뜻한다. 다시 말해 일제는 어느 신고자가 점유하고 있는 임야 안에 나무들이 잘 자라고 있고 그 평균입목도가 10분의 3 이상에 달하거나 평균수령이 10년 이상이라고 판단될 때에만 소유권을 부여했다. 그렇지 않은 경우에는 소유권을 인정받지 못하고 연고권이라는 제한된 권리만 인정받는 데 그친 것이다.

일제가 이와 같은 방침을 갖고 있었다는 사실에서 우리는 '특정인이 특정 임야를 소유하고 있다'는 사실을 일제가 당국이 단순히 추인하는 데 그치지 않고, 신고 지역 안의 임상을 종합적으로 판단해 소유권을 부여하는 방식을 취했음을 알 수 있다. 이 표준을 충족하지 않은 경우에는 신고자가 실제로 해당 임야를 점유했는지의 여부를 따져 '연고권'을 인정하는 데 그쳤다.

일제가 이와 같은 방향으로 임야 소유권 문제를 정리해 나가려 했다는 사실에서 우리는 당시 임야를 둘러싼 정책이 상당히 복잡하게 전개되었으리라는 점을 짐작할 수 있다. 앞으로 일제가 과연 어떠한 기준과 절차로 임야 소유권 문제를 정리하고자 했는지 조금 더 상세하게 살펴보고, 임야 소유권 문제에 대한 일련의 조치가 마무리된 후 어떠한 방향으로 조림 정책이 추진되었는가 하는 문제를 정리해 볼 것이다.

2) 소유림과 연고림의 구분

일제가 산림 소유권 정리를 위해 취한 첫 조치는 1908년 1월에 「삼림법」을 공포한 것이었다. 이 법은 농상공부 산하 농사시험장 기사로 한반도로 건너와 있던 미치야 미쓰유키(道家充之)가 만든 것으로 알려져 있다.[15] 그는 통감부의 명령에 따라 1907년에 공포된 일본의 「삼림법」을 원용한 「삼림법」 초안을 만들었는데, 이 법의 주요 조항을 간추려 소개하면 아래와 같다.

제3조 농상공부대신은 조림자(造林者)와 그 수익을 분수(分收)하는 조건으로 국유삼림산야에 부분림(部分林)을 설정할 수 있다.
제5조 농상공부대신은 다음과 같은 장소를 보안림으로 편입할 수 있다.
  1. 토지 붕괴와 유출 방지에 필요한 곳
  2. 비사(飛砂) 방비에 필요한 곳
  3. 수해, 풍해, 조해(潮害) 방지에 필요한 곳
  …(중략)…
  9. 사직단과 궁원 능묘 또는 명소, 유적, 풍치 유지에 필요한 곳
제12조 농상공부대신의 허가가 없으면 삼림산야를 개간할 수 없다.
제19조 삼림산야의 소유자는 본법이 시행되는 날로부터 3개년 이

---

15 미치야 미쓰유키는 1906년에 대한제국 농상공부 농사시험장 기사로 지명되어 처음 한반도에 건너온 후 한동안 산림정책을 맡아 처리한 인물로 알려져 있다. 배재수, 2001, 「삼림법(1908)의 地籍申告制度가 日帝의 林地정책에 미친 影響에 관한 연구」, 『한국임학회지』 90-3.

내에 삼림산야의 지적(地積)과 면적 약도(略圖)를 첨부해 농상공부대신에게 신고하되 기간 안에 신고하지 아니한 것은 모두 국유로 간주한다.

「삼림법」에는 농상공부대신이 국유림의 일부를 민간인에게 '대부'해 그로 하여금 조림을 하도록 하는 '부분림' 제도에 관한 조항이 있었고, 토지 붕괴나 수해를 방지하는 데 유용하다고 판단되는 산림을 보안림으로 지정할 수 있다는 규정도 있었다.

보안림이란 정부가 공공의 이익에 긴요하다고 판단해 그 이용을 제한한 곳이다. 한반도에 처음으로 보안림으로 지정된 곳이 나타난 것은 1908년 무렵이었다. 이해 공포된 「삼림법」에 따라 서울 근교의 산림과 능원묘(陵園墓) 부근의 산림이 처음으로 보안림에 편입되었다. 이후에도 일제가 공포한 「삼림령」에 따라 보안림 면적은 지속적으로 늘어나 1910년에 9,366헥타르에 그쳤던 것이 1939년에 45만 3,948헥타르로 증가했다. 해방 후에도 보안림 제도는 그대로 유지되었으며 오늘날까지도 상당수의 산지가 보안림으로 지정되어 있다.

부분림이란 민간인으로 하여금 국유산림을 조림하도록 정부가 특별히 허용한 산림으로서, 그 조림사업 결과 만들어진 산림으로부터 생산되는 이익은 조림 담당자와 정부가 나눠 갖도록 되어 있었다. 그런데 조림사업을 제대로 수행해 성공에 이르기 위해서는 상당한 자본이 필요하고 그 기간도 짧지 않았다. 그렇기 때문에 이 법이 공포된 당시에 민간인 중에서 부분림 대부를 신청한 사람은 많지 않았다. 알려진 바에 따르면 「삼림법」 공포 직후에 이하영(李夏榮), 이규환(李圭桓), 이종협(李鐘協) 등 정부 고관 출신자들이 대한산림협회를 설립하고 회원을 모집해 부분림

을 대부받겠다고 공개적으로 말한 바 있었다.[16]

대한산림협회는 부분림 제도를 홍보하고, 그 신청자가 있으면 수속까지 대행하는 데 사업 목표를 둔 단체였다. 대한산림협회는 「삼림법」에 따라 부분림 제도가 실시된다는 소식을 전하면서 그에 대해 다음과 같이 홍보했다.

> 부분림은 정부로부터 99년의 장기간을 무세무료(無稅無料)로 대부를 받아 그곳에 식수(植樹)를 하는 것으로서 7개년에 이르러 벌채를 시작할 수 있게 되며, 벌채량의 1/10을 관납(官納)하고 그 나머지는 자신의 수익으로 할 수 있다.… (중략)… 부분림 100정보에 대하 허가를 받은 자에게 정부는 100정보마다 1정보의 경지(耕地)를 무세무대금(無稅無代金)으로 급여하는 특전을 받을 수 있으니 수허인(受許人)은 조림의 이익과 동시에 영구적인 소유지를 받을 수 있는 것이다.[17]

인용문에 나타나 있는 바와 같이 부분림 제도는 국가와 조림사업자가 99년간 국유림을 대부하는 계약을 맺고 매년 일정량의 나무를 심는 것을 내용으로 한다. 조림사업이 시작된 뒤 7년이 지난 시점부터 나무를 베어 팔 수 있었으며, 100정보의 임야를 대부받을 때에는 1정보의 농지도 대부 또는 양여받을 수 있는 특전이 보장되었다. 이는 아마도 임야에 부속된 화전이나 산전을 그 신청자에게 준다는 의미였을 것으로 이해

---

16 「李夏榮と松下牧男が組織運營する山林事業不振件」, 『통감부문서-憲機第五三四號』, 국사편찬위원회 한국사데이터베이스 jh_096_0010_1550.

17 「李夏榮と松下牧男が組織運營する山林事業不振件」, 『통감부문서-憲機第五三四號』, 국사편찬위원회 한국사데이터베이스 jh_096_0010_1550.

된다.

이 설명에 따르면 식목을 한 뒤에 7년이 되면 벌목을 할 수 있다고 했는데, 7년 만에 벌목할 수 있을 정도가 되기 위해서는 생장 속도가 빠른 속성수를 심을 필요가 있다. 그래서인지 부분림에는 아까시나무, 오리나무, 싸리나무 등 생장 속도가 빠른 나무를 주로 식재했다고 한다. 하지만 이 제도는 큰 호응을 받지 못했다. 이 제도 시행 후에 부분림 대부를 신청해 허가받은 건수는 22건에 불과했고, 그 면적도 7,422여 정보에 지나지 않았다.[18] 이 제도는 1911년에 이르러 조림대부제도로 전환되는 등 그 실시 기간이 무척 짧은 편이었다.

한편 이 법 제19조에 담겨 있는 "삼림산야의 소유자는 본법 시행일로부터 3개년 이내에 삼림산야의 지적(地籍) 및 면적의 약도를 첨부해 농상공부대신에게 신고하되 기간 안에 신고하지 아니한 것은 모두 국유로 간주한다"는 내용은 임야의 소유권 문제에 관한 첫 조치로서 주목되는 바 크다. 그런데 아무리 신고를 이행했다고 하더라도 '임야의 국유·사유구분표준'에 적시된 '영년 수목을 금양한 곳'이라는 기준을 충족하지 않으면 소유권을 인정받을 수 없었으며, 연고권만을 인정받을 수 있었다.

그렇다면 연고권을 인정받은 자가 점유한 땅은 어떻게 구분되었을까? 앞서 살핀 것처럼 「삼림법」 제19조의 조항에 따른 지적 신고는 1911년 초에 완료되었는데, 신고 필 임야 면적은 220만여 정보였다. 이를 제외한 다른 임야는 신고자가 없는 셈이므로 당연히 국유지로 구분되었다. 그런데 신고를 한 곳에서도 약 180만 정보만 '영년 금양'의 기준

---

18 강정원, 2005, 「한말 일제초기 산림정책과 소유권 정리」, 『지역과 역사』 16.

을 충족했으며, 그 외의 임야는 모두 국유림으로 편입되었다.

일제 임정 당국은 「삼림법」에 따른 지적 신고가 마무리되기 전에 이미 임적조사를 통해 국유, 민유 상황을 개략적으로 파악해 두고 있었으며, 어느 정도의 신고서가 들어와야 하는지도 알고 있었다. 또 「삼림법」에 따른 지적 신고를 필한 임야 필지의 규모가 그 실제 대상에 비해 지나치게 적다는 것도 인지하고 있었다.

1911년 「삼림법」 제19조에 따른 지적 신고 기한까지 신고를 하지 않은 사람이 많았던 이유는 무엇일까? 일제가 의도적으로 일반인을 상대로 한 홍보를 게을리했기 때문이라고 볼 수도 있지만, 당시의 기록을 확인해 보면 의외로 지적 신고가 진행되고 있다는 사실이 널리 알려져 있었던 것 같다. 다만 지적 신고를 할 때에는 지적도를 제작해 신고서와 함께 제출해야 하는데, 이 지적도 제작에 필요한 비용을 신고자가 부담해야 하는 관계로 "가세가 어느 정도 있는 집에서나 이 신고를 할 수 있다"라는 말이 돌 정도였다고 한다.[19] 신고서를 제출하기만 하면 곧바로 그 임야에 세금이 부과될 수 있다는 소문이 돌았기 때문에 신고를 꺼리는 분위기가 퍼지는 데 일조했던 것으로 이해된다.[20]

이러한 가운데 지적 신고 접수기한이 지나자 일제는 국유림으로 편입된 곳을 대상으로 국유림구분조사를 시행했다. 1917년 말까지 진행된 이 사업은 412만 6,000정보의 임야를 대상으로 요존과 불요존을 가르는 데 목표를 둔 것이었다. '요존'이란 앞으로도 계속 국유로 관리해야 할 개소를 뜻하며, '불요존'이란 굳이 국유로 존치시킬 필요가 없는 개소

---

19 『구례 유씨가의 생활일기』 1909년 4월 29일 자 기록에 관련 내용이 언급되어 있다.
20 『구례 유씨가의 생활일기』, 1909.4.29.

〈표 2-2〉 국유림구분조사 때 적용된 요존, 불요존 구분 원칙

요존국유림		- 군사상 또는 학술상 필요 있는 개소 - 국토보안상 존칭할 필요 있는 개소 - 1사업구로서 경영하기에 충분한 약 2,000정보 이상 단지 개소, 기타 국유림 경영상에 이에 부속시키는 것이 편리하다고 인정되는 개소
불요존임야	제1종 (무연고)	- 제2종 이외의 연고자가 없어 일반에게 개방이 가능한 임야
	제2종 (연고)	- 종래 관습에 따라 「삼림법」 시행 전부터 점유하고, 계속하여 이를 금양한 것 - 기타 특별한 연고관계를 갖는 산림으로서, 그 연고관계로부터 대부매각 등의 처분방법으로, 일반에게 개방시키기 어려운 사정하에 있는 것

출처: 朝鮮總督府, 1929, 『朝鮮の林業』, 15쪽.

를 의미한다. 당시 일제가 적용한 요존, 불요존의 구분을 적시하면 〈표 2-2〉와 같다.

　요존국유림으로 구분된 임야의 경우는 원칙적으로 국유로 계속 관리해야 할 임야에 해당한다. 하지만 요존 판정이 내려진 후에도 모종의 이유로 불요존으로 변경될 가능성을 전혀 배제할 수 없다. 일제는 그 가능성이 존재한다고 판단되는 곳을 을종 요존국유림으로 특별히 지정하기도 했다.

　불요존임야는 요존치 예정임야에 해당되지 않는 국유임야로 일반에게 개방하거나 민유로 이권처분이 가능한 임야로서, 일반에게 개방이 불가한 연고자가 있는 불요존임야(제2종)와 일반에게 개방이 가능한 연고자가 없는 불요존임야(제1종)로 구분되었다.

3) 연고림에 대한 후속 조치

　연고(緣故)가 있는 제2종 불요존임야로 구분할 임야는 ①능원묘(陵園

墓)와 기타 유적이 있는 임야, ②고기(古記) 또는 역사의 증명에 따라 사찰과 연고가 있는 임야, ③「삼림법」(1908)에 따라 지적계를 제출하지 않아 국유림으로 귀속된 임야, ④개간, 목축, 조림 또는 공작물의 설치 등을 위해 대부받은 임야(단기 대부는 제외), ⑤「삼림법」시행 전부터 합법적으로 점유한 임야 등이었다. 다시 말해 제2종 불요존국유림이 바로 연고림에 해당하는 셈이다.

이 연고림에 대해서는 연고자가 '조림대부'를 신청할 수 있도록 규정되어 있었다. 조림대부란 조림 계획이 포함된 계약을 맺고, 그 계약에 따라 연고림을 관리하도록 한 제도였다. 조림대부가 실행된 개소에 대해 연고자가 계약대로 조림 관련 조치를 시행했을 경우에는 그 임야의 소유권을 넘겨받을 수 있었다.

이 제도는 1911년 구분조사의 뒤를 이어 공포된「삼림령」에 관련 규정이 적시되어 있다. 참고로 1911년 6월 20일에 제령(制令) 제10호로 발표된 이 법령의 주요 내용은 다음과 같다.

제1조 조선총독은 국토의 보안, 위해의 방지, 수원의 함양, 항행의 목표, 공중의 위생, 어부(魚附) 또는 풍치를 위해 필요하다고 인정하는 때에는 삼림을 보안림으로 편입할 수 있다.
제4조 조선총독은 임업행정상 필요하다고 인정하는 때에는 삼림의 소유자·점유자에게 영림방법을 지정하거나 조림을 명할 수 있다.
제7조 조선총독은 조림을 위해 국유삼림을 대부받은 자에게 사업이 성공한 경우에 특별히 그 삼림을 양여할 수 있다.
제14조 국유삼림의 매각·교환·대부 또는 산물의 매각에 관한 방법

은 조선총독이 정한다.

제19조 ① 타인의 삼림에 방화한 자는 10년 이하의 징역에 처한다.
② 자기의 삼림에 방화한 자는 3년 이하의 징역 또는 300원 이하의 벌금에 처하고 타인의 삼림에 불을 놓아 훼손한 자는 5년 이하의 징역에 처한다.[21]

한편 「삼림령」 부칙에는 대한제국 시기에 부분림을 대부받은 사람은 이 법령에 따라 조림대부를 받은 것으로 간주한다는 내용이 있다. 조림대부는 이전부터 시행되던 부분림대부제도를 이은 것으로서 이전과 같이 민간인에게 국유림을 '대부'해 주고 그 땅에서 조림을 시행하도록 한 다음 그 성공 여부에 따라 양여를 결정하는 제도에 해당했던 셈이었다.

조림대부제도는 사실상 연고자로 하여금 자비를 투입해 조림을 하게 강제하는 것과 다름없었다. 일제 당국자는 조림대부제도가 국비 투입 없이 연고자 개인의 돈으로 조림사업을 추진할 수 있는 절묘한 방책이라고 여겼다. 1918년에 개최된 일본부현임무주임회의(日本府縣林務主任會議)에서 조선총독부 관계자는 이에 대해 다음과 같이 말한 바 있다.

> 조림 장려의 한 방법으로 자산 신용이 확실한 자에게는 1종 불요존국유림에 대해 저렴한 요금을 징수하고 그에 상응하는 면적을 대부하며, 대부를 받은 자가 3년 후에 조림을 완료하게 되면 소유권을 획득할 수 있게 했다.… (중략)… 이를 통해 조림지의 무육에 큰 비용을 들이지 않게 되었다.[22]

---

21 「삼림령」, 『朝鮮總督府官報』, 1911.6.20.

연고자의 돈으로 조림을 하도록 했다는 것은 제2종 불요존국유림에 대해 그 연고자로 하여금 조림대부를 받도록 일괄적으로 조치했다는 말이다. 그런데 제1종 불요존림, 즉 연고자가 존재하지 않은 임야로서 요존 결정이 내려지지 않은 국유림 중에는 의외로 산림 상태가 나쁘지 않아 목재로 사용할 나무가 있는 곳이 없지 않았다. 특히 사람들이 접근하기 어려운 곳에 있는 산림은 점유자도 존재하지 않고 산림자원이 그대로 남아 있을 가능성이 컸다. 바로 이러한 성격의 임야 가운데 연고자가 없는 불요존국유림, 즉 제1종 불요존국유림이 적지 않았던 것이다.

제1종 불요존국유림은 누구에게나 대부 처리될 수 있는 곳이었다. 그런데 당시에는 조선인보다 일본인, 특히 일본인 자본가들이 제1종 불요존국유림을 조림대부받는 경우가 많았다. 그렇기 때문에 조림대부를 받은 사람들이 갖고 있던 임야의 면적을 확인해 보면 1인당 면적에서 일본인이 조선인보다 훨씬 넓은 임야를 받았다는 것을 알 수 있다.

조림대부가 이루어진 산림을 신청 건수 측면에서 볼 때 조선인이 신청한 경우가 97퍼센트였고 일본인이 신청한 경우가 3퍼센트로서 조선인이 압도적인 비율을 차지했다. 아마도 이 신청자의 대부분은 연고자로 분류된 사람들이었을 것이다. 그런데 조림대부가 이루어진 임야의 면적을 보게 되면, 조선인 신청자 전체가 대부 신청 가능 개소의 52.8퍼센트에 대해 대부를 신청한 것으로 나타나고, 일본인이 47.2퍼센트의 비율을 보였다. 참고로 1910년 이후 1934년까지 조림대부의 추이를 적시하면 〈표 2-3〉과 같다.

일본인들이 조림대부를 받은 임야 중에는 조선 시대의 봉산이었던

---

22 『山林公報』, 1918.6, 524~525쪽(萩野敏雄, 1911, 앞의 책 60쪽에서 재인용).

<표 2-3> 1910~1934년 조림대부의 추이

	건수			면적(정보)		
	일본인	한국인	총계	일본인	한국인	총계
비율(%)	3.0	97.0	100.0	47.1	52.9	100.0
평균 면적	2,430	3,157	5,587	26,708	28,799	55,507

출처: 배재수 외, 2001, 『한국의 근·현대 산림소유권 변천사』, 재인용.

곳도 있었다. 봉산의 경우는 국유림으로 간주되었는데, 그중 일부가 제1종 불요존림으로 지정된 다음 일본인에게 넘어갔던 것이다.[23] 이는 조림대부제도가 일본인에게 특정한 임야의 소유권을 넘겨주는 제도로 이용되었음을 의미한다.

제2종 불요존국유림에 대해 연고자가 조림대부를 신청할 경우에는 해당 신청자가 거주하는 군의 농림기수가 면 직원 및 대부 신청자와 함께 현장에 나가 다시 측량해 임야도를 재작성하고 사업계획서를 작성해 제출하게 되어 있었다. 이때 농림기수는 「국유임야대부 출원 조서」를 만들어 조림대부 대상 임야의 위치와 면적, 산림 상황, 대부 연한 등을 적고, 심어야 할 나무까지도 지정해 두었다. 주목을 끄는 것은 제1종 불요존국유림에 대한 조림대부의 경우 일정한 액수의 대부료를 받게 되어 있었지만, 제2종 불요존국유림에서는 대부료를 받지 않게 되어 있었다는 점이다. 일제는 이를 마치 연고자에 대한 선처인 것처럼 선전하곤 했지만, 어떤 경우에는 제2종 불요존국유림이 되어야 할 곳을 제1종 불요존국유림으로 둔갑시켜 대부료를 받아내기도 하고 제3자에게 대부 처리

---

23 배재수, 1995, 「조선 후기 봉산의 위치 및 기능에 관한 연구 – 만기요람과 동여도를 중심으로」, 『산림경제연구』 3-1.

하는 경우도 적지 않았다.

제1종 불요존국유림으로 분류된 곳 중에는 특히 인근 촌락 주민이 입산해 땔감을 채취하던 곳이 적지 않았다. 다시 말해 일제 당국이 말하던 '입회의 관행'이 있던 산림 중에는 그 임야에 대한 촌락 거주민의 연고권이 인정되지 않아 제1종 불요존국유림이 되어 버린 곳이 많았던 것이다. 이와 같은 일이 벌어지면 당해 주민으로서는 앞으로 땔감을 채취할 곳을 잃어버리는 셈이 되기 때문에 크게 반발하지 않을 수 없었다. 실제로 전국 각지에는 이러한 이유로 소란이 벌어졌다. 어떤 촌락은 이와 같은 소동을 극복하고자 공동차수인조합(共同借手人組合)을 만들어 해당 임야에 대한 조림대부를 신청하기도 했는데, 이때에는 제3자와 경쟁해야 할 수도 있기 때문에 큰 시비거리로 비화될 수 있었다.

이와 같은 난항을 모두 극복하고 조림대부를 받는다고 하더라도 조림대부사업계획서에 따라 일정 기간 땔감을 채취할 수 없으므로 일상생활에 큰 어려움을 겪기는 마찬가지였다. 게다가 사업계획서에 적시된 바에 따라 조림에 필요한 비용을 부담해야 하는 상황이었기 때문에 조림대부를 받았다고 해서 문제가 해결되는 것은 아니었다.

조림대부는 결코 시혜적인 조치가 아니었다. 조림과 관련된 모든 책임을 연고자가 져야 했기 때문이다. 그렇기 때문에 일부 조선인은 조림대부를 받지 않으려 했다. 이런 분위기를 감지한 일제는 자신의 연고림에 대해 대부 신청서를 내지 않은 연고자를 찾아다니면서 강제로 조림대부 신청서를 받아내기까지 했다.

조림대부 계약을 체결할 때에는 식목할 수종과 수량도 일일이 규정해 두었다. 당시 당국은 보통 나무에 비해 빨리 자라는 속성수를 지정해 심도록 하거나 토질이 산성화된 곳은 소나무만 심도록 했다.[24] 이 조치에 뒤이어 일제는 1916~1917년 사이에 각 도로 하여금 「사유림벌채취체규칙」 또는 「사유림보호규칙」을 발표하게 하고, 이를 통해 연고자를 대상으로 한 식목 감독에 관한 규정을 확정하게 했다.

이 규정에는 임야 안에서 함부로 나무를 베면 안 된다는 내용도 포함되어 있었다. 수령이 10년 미만인 활엽수 또는 20년 미만의 침엽수는 벌채하지 못하게 한 것이다. 이 규정은 연고림뿐만 아니라 사유림에도 적용되는 것이어서 지적 신고를 완료하고 신고자의 소유 임야로 확정된 곳이라 하더라고 그 소유자가 함부로 들어가 나무를 베는 것은 금지되었다. 이와 같이 산림 이용을 제한한 것은 소유자가 임야에 들어가 땔감을 채취하는 행위로 인해 산림이 황폐해질 수 있다고 보았기 때문이다.

일제는 조림대부를 받은 사람이 자신의 연고림에 마음대로 들어가는 것도 금했다. 분위기가 이러했기 때문에 조림대부를 받은 사람은 일상생활에 필요한 임산물을 제대로 확보하기 어려운 처지에 놓이게 되었고, 그에 더해 자비로 나무를 심어야 한다는 압박을 받게 되었다.

일제는 연고자로 하여금 조림을 하게 하는 계획을 세워두고 그와 같은 방침으로 곧 한반도의 산림 상태를 획기적으로 개선할 거라고 여러 차례 선전하곤 했다. 일례로 조선총독부는 1915년 9월 11일부터 10월 30일까지 한일 강제병합 5주년을 기념하기 위해 경복궁 일대에서 '시정(始政)5년기념 조선물산공진회'라는 행사를 개최했는데, 여기에서도 일제 당국의 효과적인 식목 정책으로 얼마 지나지 않아 산림녹화가 완료될 것이 확실하다고 말했다. 조선물산공진회 전시관에는 일제가 조림대부제도 등을 통해 공급하고 있다는 묘목의 실물 견본이 전시되어 있었

---

24 咸鏡北道(연대 미상), 「大正8,4,10-速成造林に關する件」, 『咸鏡北道例規集』.

는데, 그 전시장에는 당국이 매년 2억~3억 그루가 넘는 묘목을 배포하고, 식목의 중요성을 조선인들이 인지할 수 있도록 선의의 노력을 다하고 있다는 선전물도 게재되어 있었다. 그런데 당시 당국이 배포했다는 묘목은 무료로 공급된 것이 아니라 조림대부를 받은 사람이 자비로 구입해야 하는 것이었다.

일제는 국비 또는 지방비로 경영하는 묘포를 중심으로 조림용 수묘를 양성하고 그것을 일반인에게 무료 배부하는 방침을 채택했다. 그 당시 묘포에서는 아까시나무, 밤나무, 사시나무류의 묘목이 생산되었는데, 면(面)에서 경영을 하다가 점차 민간업자들이 묘포를 개설해 운용하는 구조로 바뀌었다.[25]

전하는 바에 따르면 일제강점기 당시 식목된 나무의 활착률은 무척 낮았다고 한다.[26] 묘목이 제대로 뿌리를 내리지 못하고 죽거나 병충해에 약해 제대로 자라나지 못하는 경우가 많았던 것이다. 이를 두고 당시 일본인 관리들도 업자들이 '형질불량 수묘'를 판매하고 있어 산림녹화에 부정적인 영향을 끼쳤다고 지적한 바 있다.[27] 잘 알려진 바와 같이 묘목이 제대로 활착해 성장하기 위해서는 곧은뿌리를 비롯해 겉뿌리와 잔뿌리가 많아야 한다. 그런데 배수가 불량한 토양에서 자란 묘목은 썩은 뿌리가 많다. 또 모래가 많은 토양에서 자란 묘목은 곧은뿌리로 되어 있어 활착하기 쉽지 않다.

묘목을 길러내는 것은 산림녹화를 위한 가장 기초적인 전제조건이므

---

25 朝鮮林業協會, 1941, 『朝鮮林業史』, 56~58쪽.
26 加藤兵次, 1936, 「林野稅廢止問題に就て當局者の三省を促す」, 『朝鮮農會報』 1936-5.
27 朝鮮林業協會, 1941, 『朝鮮林業史』, 61쪽.

로 묘표 선정과 관리에 면밀한 검토와 주의가 필요하다. 그런데 일제강점기 초기에는 일본인 민간업자들이 양묘를 맡는 방식으로 일이 진행되었다. 그 업자들의 행태에 불만을 품은 사람들은 그들이 내놓은 묘목이 제대로 성장하지 못한 불량한 상품인 경우가 많다고 비판하곤 했다. 업자들이 묘목 종자를 채종하는 과정에도 문제가 있었던 것으로 보인다. 나무는 한 번 식재하면 30~40년 이상 키워야 하므로 유전적 형질이 좋은 종자를 채취해 묘목을 생산하는 것이 중요하다. 종자는 여러 대에 걸쳐 유전적 특징을 전달하고, 타가 수정으로 잡종화될 수 있으므로 당초부터 유전성과 환경 요인을 고려해 우수한 종자의 확보에 노력할 필요가 있다.

오늘날 산림 당국은 채종림을 지정해 관리하고, 채종원 조성에 필요한 종자를 채취할 목적으로 형질이 우수한 수목을 수형목으로 지정해 확보하는 일을 하고 있다. 그런데 일제가 조림대부제도를 도입하는 등 산림녹화라는 목표를 내걸고 모종의 조치를 도입할 무렵에는 오늘날과 같은 제도적 장치가 채 갖추어져 있지 않았다. 물론 당국은 「수묘검사규칙」을 공포해 불량수묘를 걸러내기 위한 검사제도를 도입하기도 하고 「임업종자검사규칙」도 만들었지만, 그 효과는 크지 않았다. 그렇기 때문에 어떤 일본인 전문가는 "묘포업자 때문에 산림녹화가 되지 않는 것"이라고 비판하기도 했다.[28]

---

28 「林業20周年の回顧」, 1929, 『朝鮮山林會報』 56.

4) 임야조사사업의 실시

조림대부제도가 시행되었지만, 일제로서는 그 대부 대상자를 모두 파악하는 것이 미완의 과제로 남아 있었다. 「삼림법」 제19조에 따른 지적 신고서가 접수되지 않아 원래부터 무주공산이었는지, 아니면 신고 의무자가 의도적으로 신고를 기피했는지 정확히 알기 어려운 곳이 많았다. 전자의 경우라면 국유로 편입한 후 규정에 따라 처리하면 되지만, 후자의 경우라면 연고림으로 구분해 조림대부를 실행해야 하는 것이 정해진 절차였다.

앞에서 언급한 바와 같이 「삼림법」의 기초 단계부터 담당했던 미치야라는 사람이 다소 성급하게 법안을 만들었다거나 한반도 산림 상태에 대한 조사 없이 졸속으로 일을 처리했다는 지적이 끊이지 않았다. 또 이 신고에 대한 조선인의 반응도 그리 호의적이지 않았다. 이처럼 지적 신고와 관련된 모든 과정에 잡음이 많았으므로 일제는 「삼림법」에 따른 지적 신고와는 별도로 다시금 임야에 대한 조사를 실시해야 한다는 판단에 이르렀다. 하지만 1911년에는 토지조사사업이 막 시작되고 있었으므로 임야조사를 시작하기에는 어려움이 있었다.

일제는 토지조사사업이 종료되기 직전이었던 1917년에 임야조사사업에 착수했다. 이 사업은 토지조사사업과 비슷한 방식으로 시행되었다. 부윤, 면장이 도장관의 지휘 아래 조사예정지를 고시하고, 해당 지역에 임야를 사점한 연고자가 스스로 나서서 신고하는 이른바 '신고주의' 원칙에 따라 진행되었다.

일제는 임야조사사업으로 1908년 「삼림법」 제19조에 따른 신고를 이행하지 않아 국유지가 된 땅의 원 소유자를 찾아냈다. 그 결과 국유림

〈표 2-4〉 1920~1932년 임야 국유, 사유 소유별 증감 현황

(단위: 1,000정보)

연도	국유림		사유림	합계
	요존국유림	불요존국유림		
1920	5,427	3,942	6,398	15,767
1921	5,395	3,973	6,399	15,767
1922	5,385	3,976	6,406	15,767
1923	5,317	3,923	6,527	15,767
1925	5,317	3,844	6,606	15,767
1927	5,275	3,895	7,300	16,470
1928	4,847	3,537	7,891	16,275
1929	5,076	3,235	8,132	16,443
1930	4,791	3,066	8,742	16,599
1931	4,764	2,250	9,474	16,488
1932	4,699	1,931	9,827	16,457

으로 편입된 지역의 거의 모두가 사유림으로 뒤바뀌거나 연고림으로 확인되었다.

1917년에 시작된 임야조사사업은 1924년에 측량과 임야대장 작성을 완료함으로써 대체로 마무리되었는데 그 진행 과정을 간단히 소개하면 〈그림 2-3〉과 같다.

먼저 신고서 제출 단계는 신고주의 원칙에 따라 어느 특정한 임야에 대해 그 연고자가 직접 성명과 주소, 임야의 소재 및 지적 등 관계 사항을 기재한 임야신고서를 작성해 해당 물건이 위치하는 곳의 부윤 또는 면장에게 제출하는 절차였다.

이 신고서를 제출할 수 있는 사람은 앞에서 소개한 연고자의 각 항에 해당해야 한다. 다시 말해 능원묘 기타의 유적이 존재하는 삼림산야에 연고가 있는 자, 사찰에 연고가 있는 삼림산야에 있어 그 사찰, 삼림에

〈그림 2-3〉 임야조사 절차

```
┌─────────────────────────────────────────────────────────────┐
│                   신고서 제출 및 접수                        │
└─────────────────────────────────────────────────────────────┘
                              ⬇
┌─────────────────────────────────────────────────────────────┐
│         신고지의 경계를 확인하기 위한 표시물 설치 작업        │
└─────────────────────────────────────────────────────────────┘
                              ⬇
┌─────────────────────────────────────────────────────────────┐
│             지적계(신고서)에 대한 서류 조사 작업              │
└─────────────────────────────────────────────────────────────┘
                              ⬇
┌─────────────────────────────────────────────────────────────┐
│                    도근도(圖根圖) 작성                       │
└─────────────────────────────────────────────────────────────┘
                              ⬇
┌─────────────────────────────────────────────────────────────┐
│                      실지 조사 시행                          │
└─────────────────────────────────────────────────────────────┘
                              ⬇
┌─────────────────────────────────────────────────────────────┐
│  동일한 지번에 다수의 신고자가 존재하는 경우, 그리고 국유지로│
│  확인되는 곳에 신고자가 존재할 때에는 분쟁지로 분류하여      │
│  분쟁지조사를 실시                                           │
└─────────────────────────────────────────────────────────────┘
                              ⬇
┌─────────────────────────────────────────────────────────────┐
│       도부(임야원도, 임야대장 등) 작성 열람 및 이의제기       │
└─────────────────────────────────────────────────────────────┘
                              ⬇
┌─────────────────────────────────────────────────────────────┐
│                  최종 사정 및 분쟁지 판결                    │
└─────────────────────────────────────────────────────────────┘
```

관한 '구법'(「삼림법」-필자)에 따라 지적계를 행하지 않아 국유에 귀속된 산야에 있어서는 종전의 소유자, 구 「삼림법」 시행 전 적법으로 점유한 삼림산야에 있어서는 그 점유자, 입회(入會)의 관행이 있는 삼림산야에 있어서 그 입회 당사자 등이 신고서를 제출할 수 있는 자격을 지닌다.

부윤 또는 면장은 신고서가 수납될 경우 해당 임야의 측량과 지적도 제작을 위한 사전 작업으로 해당 물건에 경계 표시물을 설치해야 했다. 이때는 신고자와 해당 임야가 위치한 지역의 지정된 지주총대, 임야조사반 관계자가 모두 현장에 나와 경계가 신고서와 맞는지 서로 맞춰 보도록 되어 있었다.

측량 시 입회하도록 되어 있던 지주총대는 신고자가 제출한 신고서의 기재사항이 불만스럽다고 생각될 경우 이에 이의를 표시할 수 있었다. 지주총대는 신고서의 진위에 관해 의견을 제시하는 일을 맡았다. 이 지주총대에 대해 어떤 사람은 "이장이나 구장직에 오랫동안 종사하던 자로서 일반의 실정에 정통하고 당국에 협조적인 자"라고 하면서 그들이 친일적 성향을 지니고 있었으므로 정당한 내용의 신고서를 아무런 합리적 이유 없이 반려하거나 조작하기도 했다고 말한 바 있다.[29]

하지만 오늘날 지주총대의 실명을 확인할 수 있는 전남 구례군 토지면의 사례에서 잘 나타나듯이 임야조사사업에 앞서 시행된 토지조사사업 당시에도 지주총대가 있었고, 그 지주총대가 대부분 임야조사사업 때에도 그 역할을 맡은 것으로 확인된다. 이 지주총대 중에는 구장이나 이장직을 한 인물은 거의 없었으며, 그들이 이웃집이 점유하고 있는 임야를 강탈하거나, 그에 관여할 능력을 갖고 있지도 않았던 것으로 파악된다.

한편 경계물 표시 작업이 완료되면 면이나 부 당국은 뒤이어 지적계 조사 작업을 시행했다. 지적계 즉 신고서에 대한 서류 조사 작업은 1908년 「삼림법」에 따라 지적 신고를 이행한 임야인지의 여부를 우선 조사하고, 그러한 임야가 발견될 때에는 그사이에 매매 등의 사유로 소유권이 이동하지는 않았는지도 같이 조사했다. 이렇게 파악한 결과는 임야조사부 각 필지의 비고란에 부기하게 되어 있었다.

이 작업이 끝나면 도근도(圖根圖)를 만드는 과정이 그 뒤를 이었다.

---

29 강영심, 1998, 「일제의 한국삼림수탈과 한국인의 저항」, 이화여대 사학과 박사학위논문.

이 작업은 본격적인 측량을 시행하기 전에 도근점을 설치하기 위해서였다. 도근측량은 지적을 측량할 때 가장 기초적인 측량에 해당하는 것으로, 측량의 기준이 되는 도근점 설치에 그 목적이 있다. 임야조사사업 당시에 도근도는 토지조사사업 때 만들어진 지적도를 바탕으로 축척 1/6,000의 지형도를 만든 다음, 이 지형도에 각 임야의 위치를 그려 넣고 측량 기준점을 표시하는 식으로 제작되었다. 도근도 작성이 끝나면 드디어 실지 조사 및 측량을 시행해 임야 각 물건의 면적과 위치가 담긴 임야원도를 만들게 되며, 이때에는 지주총대가 입회해 각종 증빙서류의 위조 여부를 판단했다. 증빙서류가 위조가 아니라는 점이 밝혀지면 실지 측량을 통해 축척 1/3,000의 지형도를 만들고 측량 결과 생산된 지형도의 오류 여부를 파악하고 교정하는 과정이 이어졌다.

이상의 과정이 끝나면 분쟁지를 조사하도록 했다. 한 개 필지의 임야에 소유권을 주장하는 자가 여럿 있거나, 국유임야로 편입된 곳에 대해 소유권을 주장하는 자가 나타날 경우 해당 임야를 분쟁지라고 불렀는데, 그 조사를 위해 소유권을 주장하는 사람이 제시하는 증거의 진위 조사와 함께 참고인 진술도 받았다.

이렇게 수집된 자료를 바탕으로 분쟁지 처리 방안에 관한 의견서가 작성되며 부와 면은 이를 도지사에게 제출해 최종 사정의 근거 자료로 활용할 수 있게 했다. 도지사는 부와 면이 제출하는 자료를 바탕으로 최종적으로 임야조사부와 임야도를 작성하고, 분쟁지조사서, 지적계산부, 지적원도 등을 같이 만들어 최종 사정 단계로 이월했다. 작성된 도부는 부윤, 면장이 관할 구역 주민에게 공개하는 것이 원칙이었으며, 분쟁지는 별도로 분쟁지심사위원회를 소집해 처리하도록 했다. 이러한 일련의 절차가 완료되면 이의 제기가 없는 임야의 경우 도지사가 주관하는 각

도의 임야사정위원회에서 최종 사정을 끝마쳤다.

그동안 임야조사사업에 대해 상당수의 사람들은 분쟁지 처리가 일제 당국에 유리한 방향으로 마무리되었을 거라고 생각하곤 했다. 하지만 확인된 실상은 그렇지 않았다. 자료에 따르면 당시 사정 결과에 불복해 불복신청을 제기한 건수가 11만 1,300여 건에 이르렀다.[30] 이미 언급한 바와 같이 사정 결과에 이의 제기한 임야를 분쟁지라고 부르는데, 분쟁지는 ①원래 연고자가 있음에도 임야조사위원회가 그 땅을 국유지로 편입한 곳, ②복수의 개인이 소유권을 주장하는 경우, ③다수의 주민 또는 단체와 어느 특정 개인이 소유권을 주장하는 경우 등으로 나누어 볼 수 있다. 연고자가 있음에도 임야조사위원회가 국유지로 사정한 곳은 대개 앞서 소개한 '임야 국유·사유구분표준'의 제8번 '영년(永年) 수목을 금양한 곳'이라는 기준에 미달해 소유권을 인정받지 못한 경우에 해당한다. 이러한 경우의 임야는 불복신청의 50퍼센트에 달했는데, 이에 대해 『동아일보』 1925년 1월 27일 자 보도에서는 다음과 같이 설명한 바 있다.

> 1918년(다이쇼7) 「임야조사령」의 발표에 따라 조사위원회제도를 특설하는 동시에 도지사가 전토의 임야조사에 착수한 바, 그 사정 필수는 350만여 필지에 달하고, 이에 대한 불복신청은 127만 5,000필지 즉 사정 대상지 100필에 대해 불복신청은 4퍼센트의 비율을 보인다. 제2종 불요존림 연고임야의 불복신청은 현재 그 신청 총수의 5할에 상당하며 약 70만 필지에 달했다. 원래 당국의 임야 사정은 관청 발

30　朝鮮總督府, 1932, 『朝鮮林野調査事業報告』, 74~75쪽.

급에 의한 소유의 확증을 가진 자 또는 점유 금양하여 상당히 성림을 이룬 자, 기타에 걸쳐 조건을 구비한 자에 한해 민유를 허락하고 법령에 의한 지적계 수속 미완료자 내지 삼림산야에 관행을 가진 자 등에 대하여는 연고임야로 조사위원회 심사에 회부되는 바인데, 심사는 기보한 바와 같이 위증 신청 등의 사례가 있어서 민유지의 확증을 필함에 적지 않은 곤란이 있어 사업 진척에 어려움을 겪고 있다.

임야조사사업에 따른 사정에 불복한 건수는 11만 1,300여 건에 이르렀다. 그런데 그 상당수는 곧바로 조림대부를 받도록 되어 있었다. 그렇기 때문에 불복한 사람의 상당수가 얼마 후 불복신청을 취하했던 것이다. 실제로 불복에 대한 심사가 이루어지는 과정에서 7만여 건이 본인에 의해 취하되었다.

물론 일부 불복신청의 경우에는 일제의 관련 부당한 처리가 그 원인으로 작용한 경우가 없지 않았다. 앞서 소개한 바와 같이 일제는 연고자의 자격 요건 중 하나로 "입회(入會)의 관행이 있는 삼림산야에서 그 입회 당사자"를 지정한 바 있다. 이 발표에 따르면 원칙적으로 입회의 권리를 가진 당사자는 임야 소유권을 주장할 수 있게 되어 있었다. 하지만 실제로는 이른바 입회권과 유사한 관행이 존재하는 산림의 처리 문제와 관련해 분쟁이 끊이지 않았다. 일반적으로 입회권이라는 것은 특정한 공유지에 들어가 땔감이나 풀을 채취하고 가축을 방목할 수 있는 권한을 말한다.

입회권은 몇몇 마을 사람들이 동일한 산에 들어가 땔감을 채취하는 권리(또는 관행), 문중 내 사람들이 종중재산에 속하는 산에서 나무를 채취할 수 있는 권리 등 그 종류가 다양했다. 그런데 실제 사정 과정에서는 소유 주체에 해당하는 종중이나 마을의 소유자 자격을 인정하지 않아 논란이 빚어지곤 했다. 종중재산의 경우, 당국이 종중을 소유권자가 될 수 있는 법인에 포함시키지 않았으므로 과연 누가 그 재산의 소유자가 될 것인가 하는 문제가 발생했다. 그렇기 때문에 종중재산에 해당하는 임야에 대한 신고 과정에서는 종손을 대표자로 한 공유재산으로 신고하거나 그 대표자에게 명의신탁하는 형식을 취할 수밖에 없었다.[31]

마을 주민이 공동으로 입회하는 산림의 경우에는 분쟁의 양상이 더 복잡했다. 조선총독부는 1912년에 「부면재산정리규정(部面財産整理規程)」을 공포한 적이 있는데, 그 주요 내용은 ①동리민이 공유하는 재산(산림과 토지 등)은 동리유(洞里有) 재산으로 처리할 것, ②동리유 재산은 동리장(洞里長)이 관리할 것 등이다.[32] 문제는 여기에서 '동리'라는 것이 전통적으로 이어져 내려온 동일한 생활권을 공유하는 자연촌락이 아니라 당국이 획정한 동리라는 점에 있었다. 오늘날에는 행정 처리의 편의를 위해 지방자치단체의 조례로 행정동을 구획해 행정을 펼치고 있다. 그런데 이 행정동 외에 법정동이라는 것이 있다.

이 법정동이란 법률(관습법)로 지정된 일정한 명칭과 영역을 지닌 구역인데, 1914년 일제의 행정구역 통폐합 조치로 만들어진 것이었다. 그런데 법정동 안에는 여러 개의 자연촌락이 있는 경우가 많았다. 전근대 시기에는 자연촌락이 하나의 마을 공동체를 형성하고 있었으며, 입회의 관행도 이 자연촌락을 단위로 이어져 내려오는 경우가 많았다. 일제는

---

31 강정원, 2015, 「1910년대 일제의 조선 사림 소유와 이용에 관한 인식-공동체적 소유와 입회권을 중심으로」, 『한국민족문화』 56.
32 「부면동리유 재산정리」, 『매일신보』, 1912.6.23.

이 자연촌락을 입회의 당사자로 받아들이지 아니하고, 행정구역 통폐합 조치에 따라 설정된 동리(이하에서는 '행정동리'라고 지칭함.)를 그 당사자로 간주했다. 이렇게 됨에 따라 어느 한 자연촌락이 점유하던 산지가 순식간에 행정동리의 재산으로 편입될 수 있게 되었다.

자연촌락의 점유지가 행정동리 관리하에 들어가게 됨에 따라 그에 대한 권리 행사 문제로 수많은 잡음이 발생했다. 1920년 조선고등법원은 동일한 행정동리 안에 있다는 이유로 어느 특정 자연촌락 사람들이 배타적으로 입산해 산물을 취득하던 산지에 그 행정동리 내 다른 자연촌락 주민이 들어가 임산물을 채취할 수 있는가 하는 문제에 대해 "행정동리가 재산을 소유할 수 있음은 조선관습이 인정하는 바로서… (중략)… 같은 동리 사람이 입회권을 행사하는 것은 합법"이라는 내용의 판례를 남겼다.[33]

이 판례에 따라 임야조사사업 과정에서 다른 자연촌락 사람들이 점유한 공유산림을 두고 그 소유권자를 누구로 할 것인지에 대한 문제가 불거졌고, 이와 같은 복잡한 문제를 피하려고 어느 한 자연촌락의 연장자 또는 대표자의 명의로 그 산림을 명의신탁하는 경우도 적지 않게 나타났다. 간혹 촌락 공유의 사실을 증명할 수 없는 경우도 있어 그 해결 문제를 두고 큰 소란을 겪은 곳도 있었다.[34] 하지만 촌락 공유림을 둘러싼 분쟁은 몇 만 건에 이를 정도로 그 수가 많지는 않았다.

앞서 언급한 7만 건 외에 불복신청을 철회하지 않은 경우는 복수의

---

33 朝鮮高等法院,「柴草共同採取確認請求の件(大正9年 民上127號)」,『朝鮮高等法院判決錄(7卷)』, 267~281쪽.

34 전영길·이성익, 2017,「토지조사사업을 통한 일제의 토지수탈 사례 연구-강원도 삼척시 임원리 사례를 중심으로」,『한국지적정보학회지』 19-3.

개인이 소유권을 주장한 사례 또는 다수의 주민이나 단체와 어느 특정 개인이 소유권을 주장한 사례에 해당하는 것으로서 신고자와 조선총독부 사이의 분쟁은 적었다. 이러한 분쟁은 권리를 주장하는 사람들 간의 민사소송으로 연결되어 별도의 판단을 기다려야 했다. 이와 달리 자신의 임야가 연고림으로 분류되어 소유권을 당분간 가질 수 없게 된 경우는 일단 국유림으로 간주되었지만 '연고림'으로 따로 분류되었고, 규정에 따라 연고자에게 조림대부 조치를 내리게 되어 있었다. 따라서 "원래 연고자가 있음에도 임야조사위원회가 그 땅을 국유지로 편입한 곳"의 연고자는 자신의 임야에 대한 조림대부를 신청한 후 불복신청을 철회하는 길을 밟아야 했다.

이처럼 1917~1924년 사이에 시행된 임야조사사업으로 연고자의 수는 늘어났고, 연고림의 면적도 이전보다 증가했다. 일제가 연고림의 연고자를 더 찾아낸 것은 앞서 간단히 언급한 것처럼 그들에게 조림사업의 의무를 지우고, 식목과 관련된 비용을 부담하도록 만들기 위해서였다. 실제로 임야조사사업이 완료된 직후인 1925년 일제 당국이 요존국유림으로 분류한 국유림은 527만 2,000여 정보였고 불요존국유림으로 분류한 임야는 389만 5,000여 정보였다. 이 불요존국유림의 상당 부분이 연고림에 해당했다.

그런데 〈표 2-4〉와 같이 불요존국유림의 규모는 1932년에 이르면 193만 1,000여 정보로 크게 줄어들었다. 반면 사유림의 규모는 1925년에 660만 6,000여 정보였다가 1932년에는 982만 7,000여 정보로 증가했다. 이와 같은 추세를 두고 어떤 사람은 조림대부를 받은 연고자들이 조림에 성공한 결과 해당 연고림의 소유권을 회복한 것이 아니냐고 보기도 한다. 하지만 일제의 조림 정책을 면밀히 살펴보면 연고림의 산림 상태가 그다지 크게 회복되지 않았다는 사실을 쉽사리 알 수 있다. 다시 말해 연고자들이 조림대부 형식으로 넘겨받은 임야에 조림을 했다고 하더라도 그 성적이 좋지 않았다고 볼 수 있다. 그럼에도 불요존국유림이 줄고 사유림이 늘어난 이유는 무엇인가?

2. 금벌 정책과 조선인의 저항

1) 금벌주의 정책의 추진

이는 일제가 연고림을 늘리고 해당 임야의 연고자로 하여금 조림을 한다는 당초의 계획에서 연고림과 사유림을 모두 강제 조림 정책의 대상으로 묶어 통제하는 방향으로 선회했기 때문이다.

이와 같은 정책 변화는 임야조사사업이 종료된 직후에 나타난 것으로 이해된다. 당시 일제는 연고림과 사유림을 막론하고 군을 단위로 한 삼림조합에 속하게 하고, 그 삼림조합으로 하여금 강제 조림을 독려하게 했다. 이처럼 삼림조합을 만들어 소유자와 대부자를 모두 통제하는 방식을 채택했기 때문에 일제로서는 연고림과 사유림을 따로 구분해 별도로 관리할 필요를 느끼지 못하게 된 것이다.

사실 일제의 산림정책은 몇 차례 변화를 겪었으며, 그로 인한 혼란도 만만치 않았다. 임야조사사업 직후 일제가 소유자와 연고자를 구분하지 않고 무차별적으로 조림을 강제하기로 한 후로는 임야가 어떤 특정 개인의 소유지인지 연고지인지 구분할 필요도 없어졌다.

이러한 상황 속에서 1926년 4월 조선총독부는 연고림에 대한 소유권을 해당 임야의 연고자에게 모두 양여하겠다는 내용의 「특별연고삼림양여령」을 공포했다. 이 조치로 일제 당국은 연고자로부터 '특별양여' 신청을 받아 그 대부분을 사유림으로 넘겨주는 절차를 밟게 되었다. 당시 당국에 접수된 특별양여 신청 건수는 117만 4,454건이었다고 하며, 그 면적의 총합은 341만 6,433정보에 이르렀다.[35]

분쟁지 처리와 관련해 상당수의 불복신청자가 자신의 임야를 조림대부로 넘겨받았으므로 결국 불복신청을 철회했다는 사실은 앞서 언급한 바와 같다. 그런데 연고자로서 불복신청을 제기한 사람 중 일부는 조림대부를 받는 데 만족하지 못하고 심사가 완료되기를 기다리기도 했다. 그와 같이 불복신청을 철회하지 않은 사람들도 1926년의 「특별연고삼림양여령」에 따라 자신의 임야가 연고림으로 더 이상 구분되지 않게 되었으며, 해당 임야에 대한 소유권을 인정받기에 이르렀다. 대다수 불복신청은 원인소멸 사유로 철회 처리가 되어 버렸던 것이다.

당시 일제는 「특별연고삼림양여령」에 대해 "조선특별연고삼림양여령의 공포를 보게 되어 1927년(쇼와2) 2월부터 동령(同令)에 따라 양여 사무를 개시해 연고임야를 모두 사유림으로 이전 처리했다"고 하면서, 이 조치야말로 조선총독부가 조선인을 선하게 다스리고자 하는 뜻에서 나온 거라고 선전했다.[36] 하지만 연고림 전부를 사유림으로 인정해주는 방침을 시혜라고 보아서는 안 된다. 대다수 임야 소유자가 재산권을 행사할 수 없었을 뿐 아니라 부담해야 하는 의무가 지나치게 많

---

35 朝鮮林業協會, 1941, 『朝鮮林業史』, 450쪽.
36 「林業二十週年の回顧」, 1929, 『朝鮮山林會報』 56.

왔기 때문이다.

일제는 임야조사사업 직후 삼림조합을 통해 임야 소유자 및 수대부 조림자의 입산 시기를 정해두고 그 기간 외에 입산해 벌채하는 행위를 금지하거나, 땔감 채취 허용 기간에 벌채 대상목을 지정·감독하는 방식으로 산림을 관리했다. 앞에서 잠깐 소개한 바와 같이 삼림조합이란 각 군(郡) 내 임야 소유자와 연고자(조림대부를 받은 자)를 구성원으로 삼아 만든 관제 조직으로서, 각 도(道)가 공포한 「사유림 벌채 취체규칙」을 실행하는 업무를 맡고 있었다.

「사유림 벌채 취체규칙」은 수령 20년 미만의 침엽수와 높이 10척 미만의 활엽수를 벌채할 수 없도록 하는 내용의 규정인데, 조선인이 이 규정을 지키는지 감독하기 위해 삼림조합은 입산 금지 기간을 설정하고 산림간수를 두어 그 업무를 맡겼다. 또 산림간수에게 지급할 급여와 기타 사무비를 마련하고자 조합원으로부터 조합비를 징수하기도 했다.

삼림조합은 임야조사사업이 완료되던 무렵에 만들어졌다. 원래 1910년대에는 민간이 자발적으로 만든 식림조합이나 산림보호조합 등의 조직이 많았는데, 일제는 이러한 조직과 별도로 군마다 새로운 조합을 임야조사사업이 종료될 즈음 만들어 두었다. 군의 삼림조합은 법인격을 가지지 못한 임의단체였고, 자유의사에 따라 가입과 탈퇴를 할 수 있는 것이 원칙이었다. 그러나 실제로는 군 내 임야 소유자와 연고자(조림대부를 받은 자)를 강제 가입시켜 삼림조합을 구성하는 방식을 취했다.[37]

---

37 「장성군민의 숙원-조합비징수에만 예의 식수양재에는 등한」, 『동아일보』, 1928. 6.23.

이 조합은 조합원이 벌목 제한 규정을 제대로 지키고 있는지 확인·감독하고, 난방용 땔나무 채취 시기와 채취량을 결정해 시행하는 역할을 했다.[38] 삼림조합은 조선총독부의 '금벌주의'를 실행하는 일선 기관이었던 셈이다. 이 조합은 산불방지활동, 송충이구제, 벌채제한 등의 여러 가지 사업을 한다면서 조합원에게 부역도 부과하고, 조합비도 징수했다. 도 임업시험장이나 민간 묘포에서 묘목을 구해 조합원에게 판매하는 일도 하고, 식목일을 지정해 나무를 심는 업무도 보았다. 땔나무를 채취할 시기가 되면 '임목벌채지도'라는 활동을 펼쳤다.

일제강점기에는 임목벌채지도 기간 외에는 땔나무 채취가 일제 금지되어 있었다. 또 묘목대금이나 삼림조합비, 그리고 '임목벌채지도' 기간에 조합에 납부해야 하는 입산료를 내지 아니한 자는 임목벌채기간이라고 하더라도 땔나무를 채취할 권리가 인정되지 않았다.

형편이 어려워 돈을 내지 못하는 사람들은 불가피하게 삼림조합 직원이나 경찰의 눈을 피해 몰래 땔나무를 마련하곤 했는데, 그러다가 체포될 경우에는 '삼림범죄'를 저지른 대가로 벌금을 내거나 체형을 받아야 했다.

2) 조선인의 저항

삼림조합은 일반인에게 희생과 불편을 강요하면서 산림을 보호하

---

38 각 도의 「사유림벌채취체규칙」에 따르면 한 평 안에 다수의 나무가 존재하고 있을 때에는 적당히 간벌을 시행할 수 있었다. 삼림조합은 이러한 경우에 해당하는 나무를 난방용 땔나무로 베도록 허용하기도 했는데, 그 수량을 임의로 제한하는 등 여러 가지 물의를 일으켰다.

〈표 2-5〉 1정보당 임목 재적 추이

(단위: m³)

연도	1927	1928	1929	1930	1931	1932	1933	1934	1935
임목 재적	16.7	16.5	15.6	15.0	15.0	15.0	15.0	13.7	9.9

출처: 『조선총독부통계연보』에 수록된 내용을 참고해 작성함.

겠다는 태도를 취했지만 그 결과는 그다지 긍정적이지 않았다. 강력한 금벌 정책에도 불구하고 단위면적당 임목 축적은 〈표 2-5〉에서 볼 수 있듯이 늘어나기는커녕 오히려 줄어들었다.

일제의 '금벌주의' 정책은 조선인 사이에 매우 악명이 높았다. 삼림조합이 지정한 임목벌채 기간에 조합 직원의 횡포가 지나쳐 과도한 입산료를 요구한다거나 '지게'세, '간벌검사료' 등 일종의 '무명잡세'를 부과하는 경우가 많았다. 이에 조선인이 항의하는 일이 빈번해졌고, 급기야 심각한 유혈사태가 벌어지기도 했다.

1930년 7월, 단천군 하다면 연대리에서 '단천 삼림조합 사건'이 벌어졌다. 오늘날 이 사건은 우리에게 잘 알려지지 않았지만, 당시에는 일제 당국도 전국적인 저항이 벌어지지 않을까 노심초사할 정도로 큰 여파를 몰고 왔다. 이 사건이 일어난 원인에 대해 『조선일보』는 다음과 보도한 바 있다.

단천 삼림조합에서 신탄용 재목 벌채의 단속이 너무 가혹하다고 불평을 품어오던 하다면 연대리(何多面 蓮臺里) 주민들은 삼림조합 출장원 주사 모(某)와 일본인 모(某)의 폭언에 분격함을 금치 못하야 면사무소에 힐문하고자 갔을 때에 출장원이 순사의 자전차를 내던지는 등 폭행이 무쌍함으로 여기에 반항하야 면사무소를 파괴하고 출장원 및 면직원, 순사 등을 난타하야 참상을 내었으며 군중은 만세를 고창하는 한편으로 주재소에서는 본서로부터 20여 명의 지원을 얻어 진압에 노력하던 바, 오늘 아침 4시부터 검속이 시작되어 40명이 압송되었으므로 남녀 수백 명은 경찰서에 몰려와 무조건 석방을 요구하면서 해산되지 아니하므로 사태가 위급하게 되었다.[39]

삼림조합 담당자는 군청에 속한 관리가 겸임하거나 삼림조합비를 이용해 채용한 군청 소속 직원이었다. 그 군 직원들이 관할 군의 마을을 돌아다니면서 조합비를 내지 않은 사람을 색출하고, 폭행을 가했다는 것이다.

일제강점기 군청 직원이 삼림조합비를 내지 않은 사람, 땔감을 구하러 산에 들어가는 사람을 찾아내 폭행하거나 벌금을 물리는 일은 빈번하게 발생했다. 위 기사는 바로 그와 같이 식민지 조선 전역에서 일상적으로 벌어지던 상황의 한 부분을 잘 보여준다.

1930년 7월 단천 주민들은 삼림조합 직원의 폭행을 참을 수 없다는 판단에서 면사무소와 경찰 주재소를 방문해 항의의 뜻을 전했다. 보도에 따르면 그때 경찰은 주민 수십 명을 체포했으며, 이에 분노한 사람들이 경찰 주재소를 찾아가 석방을 요구했다고 한다. 그런데 사태는 여기에서 끝나지 않았다. 경찰이 주민들의 요구를 들어주지 않자 군청으로 몰려가 "삼림조합은 우리에게 이익보다 해를 끼치는 것이니 해산해 줄 것"을 요구했고, 군수가 몰려든 군중과의 면담을 거부하자 급기야 격앙한 사람들이 군청 안으로 난입하는 바람에 아수라장이 벌어졌다.

---

39 「端川에서 面事務所襲擊, 數百群衆이 對抗」, 『조선일보』, 1930.7.21.

주민들을 더욱 분노하게 한 것은 이때 일제 경찰이 시위를 진압한다면서 사람들을 향해 실탄을 발사해 13명의 무고한 목숨을 빼앗고 26명의 중상자를 냈다는 사실이다.[40] 일제 경찰은 이 사건을 수습한다고 하면서 무장 경관을 다수 동원해 단천군 사회단체원을 비롯해 농민 70여 명을 검거하고 언론사의 보도를 통제하기도 했다.[41]

단천군에서는 이 사건이 일어나기 전에 이미 삼림조합의 금벌 조치가 지나치다는 여론이 높았다. 단천군 기자단은 그해 3월에 이미 삼림조합을 해체해야 한다는 논의를 제기한 바 있다.[42] 이와 같이 삼림조합에 대해 반대하는 분위기가 높았던 것은 그 지역 주민들 상당수가 숯을 구워 내다팔아 생계를 유지했기 때문이다. 숯 생산을 업으로 하는 사람들 입장으로서는 무조건적으로 임산물 채취를 금지하는 조치가 매우 불합리하다고 생각할 만했다. 사실 단천군과 같이 숯을 생산하는 사람이 많이 살던 곳에서는 예외 없이 사회단체를 중심으로 삼림조합 해체 결의가 이어졌다.

일례로 단천 삼림조합 사건이 일어나기 한 해 전에 함경남도 홍원에서는 청년동맹이 삼림조합 반대 결의문을 발표한 적이 있고,[43] 전라북도 남원에서도 비슷한 일이 있었다.[44] 두 지역의 사례는 극히 일부에 불과했다. 전라북도 순창, 전라남도 장성, 경상북도 경산 등 삼림조합 반대 시위가 벌어진 곳은 손을 꼽기 어려울 정도로 많았다. 일제는 그와 같은

---

40 「단천 민요 사건 진상-본사 특파원 박윤석 發電」, 『조선일보』, 1930.7.25.
41 「단천 사건으로 15명 검국 송치」, 『조선일보』, 1930.8.14.
42 「단천기자단 월례회 개최」, 『조선일보』, 1930.3.11.
43 「청맹반 설치회」, 『동아일보』, 1929.3.28.
44 「남원삼림보호계 군민 반대로 중지」, 『조선일보』, 1928.11.9.

반대 분위기를 가라앉히기 위해 인명 살상 행위까지 벌였으며, 그러한 폭행을 산림녹화 정책을 수행하기 위한 '어쩔 수 없는 조치'라며 정당화하기까지 했다.

단천 삼림조합 사건이 미친 파장은 매우 컸다. 이 사건이 전국에 보도되자 단천 인근의 원산과 청진에서는 '단천민요사건보고연설회(端川民擾事件報告演說會)'가 열려 일제 경찰이 비상사태를 선포하기도 했으며, 여러 지역에서 단천 삼림조합 사건의 진상을 적은 격문이 나돌기도 했다.[45] 격문은 경성 즉, 오늘날의 서울에서도 나돌았다. 심지어 신간회 경동(京東) 지회에 속한 홍영섭과 송경윤은 동대문 성벽과 인근의 공동화장실에 단천 사건 진상 보고문과 "백의동포에게 줌"이라는 내용의 격문을 붙여놓기도 했다.[46]

금벌 정책에 대한 조선인의 반응이 이처럼 나빴음에도 불구하고 일제는 1933년에 이른바 「민유림지도방침대강」을 발표해 금벌 조치를 더 강화하겠다고 밝혔다. "앞으로 치수(稚樹) 금양을 위주로 더욱 철저하게 산림을 관리하도록 하겠다"라는 것이었다.[47] 참고로 「민유림지도방침대강」의 주요 내용을 소개하면 다음과 같다.

가. 치수(稚樹), 맹아(萌芽), 지피물(地被物)을 보존하여 속성으로 임총(林叢)을 구성하겠다.

나. 임업 이외의 용도로 이용하더라도 지반(地盤) 유지에 큰 영향을

---

45 「단천격문 사건」, 『조선일보』, 1930.8.3.
46 「동대문 격문 진범이 판명」, 『동아일보』, 1930.9.10.
47 渡邊忍, 1933, 「民有林指導方針」, 『朝鮮』 214.

미치지 않는 곳은 농용목지(農牧用地)로 삼아 이용할 수 있도록 하겠다.
다. 적송(赤松)과 같은 나무는 주로 천연하종(天然下種) 방식으로 조림할 수 있도록 하겠다. 그 외의 수종도 가급적이면 천연조림(天然造林)의 방법을 채택하도록 하겠다.
라. 삼림의 보속성이 확보될 수 있도록 노력하겠다.

요컨대 낙엽과 같은 지피물(地被物)을 더 이상 긁어 사용하지 못하도록 하겠다는 것과 천연조림을 위주로 해 산림을 녹화하겠다는 것이다. 아울러 당시 일제는 그동안 조선인이 당국의 조림 강제 정책에 염증을 느끼기 시작했다고 판단해 앞으로는 당분간 '천연조림' 방식에 주안점을 두겠다고 밝혔다. 천연조림은 산림에 식생하는 나무가 자연적으로 씨앗을 뿌릴 수 있도록 하거나 맹아를 이용해 무성번식을 하도록 함으로써 숲을 회복하는 방식이다.

자연적으로 뿌려지는 씨앗을 이용해 천연조림을 하기 위해서는 종자 발아에 적합한 임상이 갖추어져 있어야 하고 치수 생육에 유리한 환경도 잘 갖추어져 있어야 한다. 또 택벌림 작업을 통해 그 생장을 북돋워 주는 작업도 병행되어야 한다. 그런데 천연조림을 위주로 산림 상태를 회복할 수 있도록 하겠다는 방침은 당시로서는 그다지 적합하지 않았다.

인공조림은 벌채적지 후계림 조성이 천연조림에 비해 신속한 편이지만, 비용이 상대적으로 더 많이 들었다. 천연조림과 인공조림의 비용을 비교한 연구 결과에 따르면 헥타르당 인공조림 비용이 동일 면적에 대한 천연조림의 비용보다 다섯 배나 많다고 한다.[48] 이런 수치 비교로 보아 천연조림이 더 좋다고 볼 수 있겠지만, 당시 한반도 산림에는 나무가 그다지 많지 않아 천연조림 방침을 채택하기란 쉽지 않았다. 아울러 천연조림은 임목 자체의 생물학적 재생산에 기대 산림을 가꾸는 것이어서 인간이 원하는 경제림을 조성하는 데에는 어울리지 않았다. 사실 「민유림지도방침대강」은 당시의 산림 상태를 전혀 고려하지 않은 미사여구에 불과했다.

「민유림지도방침대강」에서 주목을 끄는 것은 "삼림의 보속성"을 확보하겠다는 내용이다. 앞서 설명한 바와 같이 '보속 경영'이란 일정한 산림 자산을 축적해 두고 거기에서 나오는 임산물 생산량 범위 안에서 임산물을 이용할 수 있도록 산림을 관리해야 한다는 원칙이다. 보속성이 확보되기 위해서는 특별한 인공식림이 이루어지지 않는다 하더라도 천연 회복력에 의해 벌채 이후에 다시금 원래의 상태를 회복할 수 있을 정도가 되어야 한다. 이것이 가능하기 위해서는 균질적으로 수종이 혼효(混淆)되어 있어야 하고, 미입목지도 거의 존재하지 않아야 한다. 또 수목의 수확과 생장이 상당 기간 균질하게 유지되어야 한다. 그런데 당시 식민지 조선의 산림은 이와 같은 조건을 충족시킬 수 없는 상태에 놓여 있었다. 그야말로 당국자는 말로만 '보속 경영'을 외쳤을 뿐 그것을 가능하게 할 어떠한 조건도 충족시키지 못하고 있었다.

오늘날 일제강점기 산림 문제를 되돌아보면서 규제 일변도의 산림녹화 정책이 실제로는 그다지 효과가 없었다는 점에 주목해야 한다. 심어야 할 묘목의 수종을 당국이 임의로 정하고, 임야 소유자와 연고자들로 하여금 그 식재를 강요하면서 임산물 이용 통로를 봉쇄하는 정책으로는

---

48 유중원·원현규·한희·김현섭, 2020, 「소나무 천연하종갱신과 인공조림의 경영효율성 비교 분석」, 『산림경제연구』 27-2.

산림 상태를 복원하기 어려웠던 것이다.

3) 도시 난방 연료 공급의 위축

이처럼 삼림조합에 대한 여론이 악화되었기 때문에 지방 여러 도에서는 도정에 관한 자문 역할을 맡은 평의회가 열릴 때마다 삼림조합을 폐지할 수 없는가 하는 질문이 속출하고, 당국의 산림정책이 제대로 된 성과를 거두지 못하고 있다는 말이 나오곤 했다. 일례로 단천 삼림조합 사건이 일어난 그해 충청북도 도평의회에 출석한 어느 조선인 평의회원은 단천 지역에서 일어난 사태에 대해 간단히 언급한 뒤 "삼림조합은…(중략)… 치산에는 효과가 없고, 조합비만 거두어들이고 있다."면서 부정적 측면을 공격하는 발언으로 신문기자들의 주목을 끌기도 했다.[49]

요컨대 일제의 산림정책은 조선인의 출입을 금지하거나 식목에 필요한 비용을 임야의 연고자 또는 소유자로부터 염출하는 방식으로 추진되었다. 이로 인해 사람들은 일상생활을 영위하는 데 필요한 땔감을 얻지 못할 정도로 곤경을 겪었으며, 경제적으로 많은 부담을 지게 되었다. 『동아일보』는 1926년 6월 3일 자 기사에서 일제 산림 당국을 다음과 같이 비판했다.

벌채가 금지됨으로 말미암아 농민들이 막심하게 고통을 받게 되었다.… (중략)… 당국자들은 말하기를 '이와 같이 금일 고통을 당하는 것은 장래의 행복을 위한 것으로서, 삼림의 황폐화를 방지하고 임

---

49 「조합비만 강요하는 삼림조합을 폐지-금후 정면충돌 우려」, 『매일신보』, 1930.3.8.

상의 회복을 도모하고자 함이니 이만한 고통은 견뎌야 한다'고 말한다. 다시 말하면 '명일(明日)에 살기 위해 금일은 죽어도 좋다'는 말이 되겠다.… (중략)… 남벌을 막는다는 명분으로 나뭇가지 하나도 채취하지 못하게 하고, 채취하다가 발각되면 다액의 과태료를 과하고 만일 응하지 않으면 구타로 농민을 대한다. 또 묘목을 권장한다는 이유로 묘목대금 지출의 능력이 없는 농민에게 무리하게 묘목을 배부하고 대금 징수를 강제로 징수한다.… (중략)… 당국은 식림 장려 기관이라고 하면서 삼림조합을 설치하여 놓고 농민을 무리하게 가입케 하고 가혹한 행동을 공공연하게 연출한다. 이렇게 "좋은 일을 시켜도 듣지 않으니 때릴 밖에 없다"라는 식으로 정책을 펴야 하는가?[50]

일제의 금벌주의 정책은 산림녹화를 위한 효과적인 대책이 될 수 없었다. 금벌주의 정책이 제대로 된 효과를 거두지 못한 데에는 여러 가지 이유가 있을 것이다. 일제 당국자는 조선인이 삼림조합의 '지도'를 거부하고 도벌을 감행한 것이 주요 원인의 하나라고 말하기도 했다.[51] 그러나 그보다 근본적인 이유가 있었다.

식민 당국이 배부하는 묘목이 지역에 따라 알맞지 않은 경우도 많았고, 겨울철 난방이나 취사에 필요한 연료재로 땔나무를 대체할 에너지원을 구하기 어려워했던 주민들이 활착되지 않은 것으로 확인된 나무를 가져다가 연료로 사용하기도 했다. 묘목을 일괄적으로 배부하고 구입을 강요하다 보니 효과적인 조림이 되기 어려웠고, 주민들의 반발도 컸던

---

50 「식림과 민원」, 『동아일보』, 1926.5.3.
51 「山林令違反과 盜伐者 激增」, 『동아일보』, 1933.10.19.

것이다. 이런 상태에서는 아무리 금벌주의를 고수해도 뚜렷한 성과를 거두기 어려웠다.[52]

한편 삼림조합이 금벌이라는 방침을 고수함에 따라 도시 주민들이 소비하는 난방용 장작의 공급량은 〈그림 2-4〉에 나타난 것과 같이 눈에 띄게 줄어들었다.

이처럼 장작의 공급량이 줄어듦에 따라 도시민의 생활은 날이 갈수록 어려워졌다. 금벌 방침이 장작을 시장에 나가 구입해야 하는 평범한 도시 주민의 생활에 적지 않은 영향을 미쳤다.

일제가 금벌주의를 기본 방침으로 채택한 후 도시로 나가는 장작과 숯은 '조합을 통한 집단 출하 ⇨ 생산지 수집 상인 ⇨ 소비지 도매상 ⇨ 소매상 ⇨ 소비자'라는 단계를 거쳐 이루어지도록 되었다.

이전에는 장시 등을 통해 신탄 거래가 이루어지기도 했고, 농민들이 농한기를 이용해 시초나 신재를 우마차 등에 싣고 소비지로 직접 가서 파는 일도 있었다. 그 과정에서 신탄을 전문적으로 거래하는 상인도 등장했던 것 같다. 하지만 그때에는 신탄 수집 및 출하를 전문적으로 맡아

---

52 최근 아시아, 아프리카의 개발도상국 산림 지역에서 발생하는 산림전용 사례를 분석한 자료에 따르면 산림전용을 시도하는 사람들은 농경지 확보, 교통로 또는 거주지 마련, 목재 및 연료 확보 등을 목적으로 하고 있는 것으로 확인된다. 그런데 그 사례를 집계해 계산해 보면 농경지 확보를 위해 산림을 없애는 경우가 35.6퍼센트, 교통로 및 거주지 마련 목적이 26.8퍼센트, 나무 확보가 24.9퍼센트, 기타 12.7퍼센트의 비중을 각각 차지했다. 그런데 나무를 확보하기 위한 산림전용 사례 가운데 연료 확보를 목적으로 한 행위는 전체 사례의 6.8퍼센트를 차지한 것으로 나타난다. 현대에는 기름이나 천연가스, 석탄 등이 연료재로 사용되는 경우가 많아 장작이나 목탄 확보를 위한 산림전용의 비율은 줄어든 것으로 파악된다. 그러나 다른 지역과 동떨어진 원격지의 경우에는 연료재 확보를 위한 산림전용 사례가 더 많은 것으로 짐작된다.

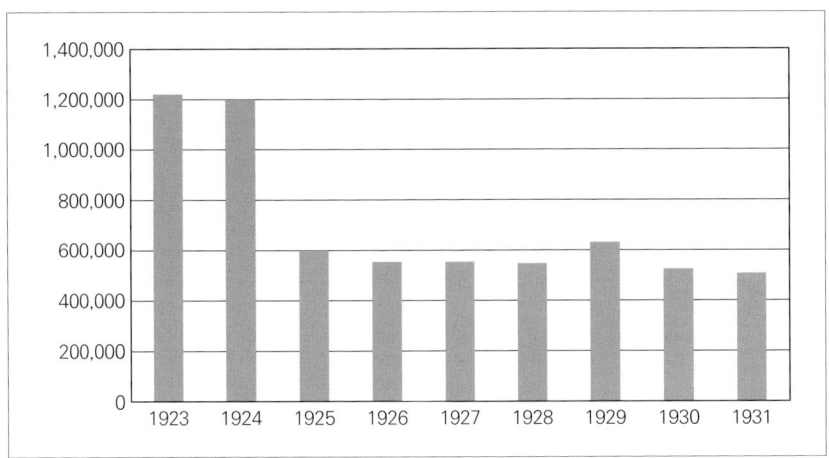

〈그림 2-4〉 1923~1931년 땔감용 장작 공급량 변동

(단위: 1,000관)

출처: 朝鮮總督府, 1932, 『朝鮮總督府統計年報』의 수록된 자료를 바탕으로 작성함.

보는 자, 도매상, 소매상의 구분이 그리 뚜렷하지는 않았다. 그런데 일제강점기에 이르면 신탄 도매와 소매상의 역할이 뚜렷하게 구분되면서 그들이 활동하는 범위도 확연히 구분되기 시작했다.

일제강점기에 도시에서 신탄 판매에 종사한 상인의 종류는 다양했다. 도시의 길거리에서 자유롭게 돌아다니면서 장작을 파는 행상도 있었고, 뚝섬이나 마포 등지에 점포를 둔 상설 도매상도 있었다. 또 경성 시내 각지에 개설된 신탄시장에는 신탄만을 다루는 중개인과 소매상이 있었다. 길거리에서 신탄을 직접 판매하고 돌아다니는 행상은 주로 인근 지역에서 드나드는 농민인 경우가 많았다.

종로 거리에서 소나무 신재를 판매하는 행상은 양주군에서 오는 농민으로, 농한기를 이용해 경성으로 소나무 신재를 가져와서 판매한다. 그는 자기가 소유한 산이나 동유산에서 나무를 벌채해 서울까지 가져와서 파는데 판매고는 1회에 4원 정도 된다고 한다.[53]

위에서 살펴볼 수 있는 것과 같이 경성과 같은 대소비지의 중심지 길거리에서 신재와 목탄을 파는 행상이 있었는데, 이들은 인근 지역의 농민으로서 농한기를 이용해 신탄 판매를 부업으로 삼았다. 이러한 종류의 행상은 경찰의 집중적인 단속 대상이 되기도 했다. 자유 행상인에 대한 단속은 날로 강화되어서 다음 인용문에서 볼 수 있는 바와 같이 도회지 내 일정한 장소에 신탄공설시장이 설립된 후에는 더 이상 행상을 할 수 없다는 말이 나올 정도였다.

목포는 해류의 편리로 각 방면에서 집산되는 신탄을 누구나 자유로이 매매하여 부민들이 아무 불편 없이 지냈으나 지난 8월에 부영 신탄시장이 설립된 이후로는 도로 정리와 방화 등 허울 좋은 명목을 붙여 부 당국에서 신탄 감시인이라는 것을 두고 취체를 엄중히 하므로 이에 생명을 걸고 살아가던 신탄 자유 행상 300명은 하루아침에 생활을 잃고 거리를 방황하다가 굶어 죽기는 마찬가지라고 하여 그대로 나무를 지고 거리로 돌아다니다가 감시인에게 구타를 당하고 짊어진 나무도 몰수당하는 등 시비가 날로 심해진다.[54]

한편 위에서 말한 것처럼 경성과 그 인근 지역의 경우 지금의 뚝섬

---

53 朝鮮總督府, 1925, 『朝鮮人の商業』, 326쪽.
54 「목포 신탄 정매로 부민생활 대위협」, 『동아일보』, 1932.9.22.

일대와 마포, 용산 등지에 신탄 도매상이 많이 점포를 개설해 활동하고 있었다. 이들이 뚝섬, 마포 등에 점포를 개설했던 것은 그 지역이 한강을 이용한 수운에 편리했기 때문이다. 당시 경성으로 들어오는 신탄은 수운이나 철도를 이용했는데, 철도가 확장되기 전까지는 수운을 통해 경성으로 들어오는 양이 압도적으로 많았다. 경성 안에 있는 소매상들은 이들로부터 물량을 받아다가 소매로 판매했다.

도시의 신탄 상인은 신탄 위탁판매, 도소매업자로 분류 가능한데 위탁판매는 일정한 수수료를 받고 원격지의 상인이 송부하는 신탄 판매를 대행하는 업종이었다. 위탁판매업자들은 목탄조합이나 삼림조합과 일정한 거래 관계를 맺고 그 물량을 받아 판매하던 사람들로서, 처음에는 그 숫자가 많았으나 신탄시장을 통한 거래가 활성화되면서 그 비중이 줄어들었던 것으로 이해된다.

한편 도매업자들은 철도와 수운을 통해 경성으로 흘러 들어오는 물량을 지정된 시장에서 바로 매입해 소매업자에게 팔아넘기는 일종의 '중개인'이었다. 경성으로 들어오는 장작과 숯은 시간이 갈수록 주로 철도로 운송되었다. 신탄 수송에 주로 이용되는 철도는 경의선으로서 남천, 금교, 신막, 서흥, 홍수, 청계역이 신탄의 주요 집산지였다.[55] 강원선과 함경선의 접속지인 원산의 문천역도 신탄이 다량으로 모여들었는데, 이곳에는 생산자로부터 장작과 숯을 받아 열차로 경성에 보내는 업자가 영업하고 있었다. 철도로 경성역이나 동경성역(청량리역)에 들어오는 물량은 역 구내 또는 그 인근에 위치한 상인들에 의해 소화되었다.

이 신탄상들은 '신탄시장 감독인'을 두고 불법적으로 채취되는 임산

---

55 朝鮮總督府, 1930, 『朝鮮に於ける公設市場』, 10쪽.

물의 유입을 단속하기도 했다. 또 입하량이 많을 때 물품을 구매했다가 조금씩 매도하는 방식으로 물량을 조절하기도 하는가 하면, 다음 인용문에서 볼 수 있는 바와 같이 표준가격을 정해 시세의 급격한 변동을 막기도 했다.

> 경성역 구내에 대여섯 명의 신탄업자가 조직한 조합이 협정 도매가로 표준을 삼아 1표(俵)당 15전 내의 이익을 붙인 것을 공설시장의 소매 가치로 했는데,… (중략)… 1922년(다이쇼11) 이후에는 생산지역의 취인(경의선의 남천, 금교, 신막, 서흥, 흥수, 청계역과 강원선의 문천, 전진역) 상장 및 강원도 금화군 읍내의 취인 상장을 조사해 그에 운임 등을 가하여 다시 15전 내외의 이익을 가산하는 것으로 소매가격을 정했다.[56]

1922년에 조사 집계된 자료에 따르면 경성부에는 '시탄시장'이라는 장작 거래 장터도 있었다. 시탄시장에는 목탄도 거래되었지만 주로 장작이 거래된 것으로 보인다. 동대문에 열린 시탄시장은 그 연원이 상당히 오래되었는데, 경성역을 중심으로 거래되는 신탄의 양이 많아지면서 조금씩 축소되어 나중에는 사라진 것으로 보인다. 1920년대에는 돈의동, 안국동, 죽첨정, 광희정에 공설시탄시장이 설립되기도 했다.[57]

시탄시장에서는 중개인이 장작이나 숯을 매입해 그 자리에서 곧바로 소매상에게 넘겨주는 식으로 거래가 이루어졌다. 그 중개인을 통해 신탄

---

56 朝鮮總督府, 1930, 위의 책.
57 朝鮮總督府, 1924, 『朝鮮の市場』, 85쪽.

을 구매한 소매상은 또 그 자리에서 일반인을 대상으로 장작을 팔았다. 이러한 거래 방식은 오늘날 도매청과시장 등에서 일상적으로 행해지는 상거래와 유사했다. 하지만 설비는 지금보다 상당히 열악했다. 일제강점기 신탄시장에는 특징적인 설비가 없었으며, 공터를 구획하고 그 안에 천막 등을 이용해 상점을 개설한 뒤 일정 구역에 상품을 적재해 두고 파는 수준에 머물렀다.

경성부는 정기적으로 직원을 파견해 불법적인 상행위가 벌어지고 있지 않은지 단속하고 그 가격도 일정 수준에서 정한 뒤 이를 준수하도록 했다. 또 매매 중개인을 거치지 않은 거래를 금지하는 방법으로 미등록 상인에 의한 장작 판매 행위를 단속했다. 신탄시장, 시탄시장에서 중개인으로부터 사들인 물량이 아니라면 함부로 이를 팔기 어려웠던 것이다. 하지만 경성 인근에 사는 농민들이 조금씩 장작을 채취해 길거리에서 파는 일이 완전히 근절되지는 않았다.

식민 당국은 신탄시장, 시탄시장을 통해 선상이나 행상의 형태로 소비자에게 신탄을 직접 공급하던 상인들의 활동을 제지하고, 다층적으로 연결된 유통망 구조를 정착시키는 데 노력했다. 철도역을 중심으로 활동 영역을 넓혀나간 상인들은 신탄 시세를 자기들끼리 협정해 정하기도 했고, 때에 따라서는 물량 공급을 자율적으로 조절하기도 했다.[58] 이러한 갖가지 관행은 농민들이 불법적으로 채취한 장작이 시장에 흘러 들어오는 것을 어느 정도 막는 역할을 하기도 했다.[59]

이상 살펴본 바와 같이 당국은 연료재 구입 경로를 신탄시장으로 되

---

58 朝鮮總督府, 1930, 앞의 책, 10쪽.
59 朝鮮總督府, 1924, 앞의 책, 85쪽.

도록 제한하려 했고, 아마도 그러한 노력은 소기의 성과를 거둔 것으로 보인다. 그런데 신탄시장이 도시에 설치되어 있었으므로 농촌 거주민에게는 그다지 관련이 없는 시설이었다. 신탄시장을 통해 도시 거주민의 연료재 구입 경로를 관리할 수는 있었겠지만, 대다수 인구가 거주하는 농촌에서는 당국이 지정한 날에 입산해 장작을 채취하는 방식만이 난방용 임산물을 확보할 수 있는 유일한 통로였다고 해도 과언이 아니다.

참고로 난방용 연료 문제는 산림녹화의 성패를 좌우하는 중대 사안이었다. 오늘날 다수의 연구자들이 지적하는 바와 같이 해방 이후 우리나라가 산림녹화에 성공한 주요 요인의 하나가 연탄, 도시가스와 같은 대체 연료재의 공급이었다. 그런데 연탄은 자동차 또는 철도 등 운송수단이 갖추어져 있지 않을 때 소비자에게 공급하기 쉽지 않다. 도로, 철도와 같은 교통 인프라가 갖추어져 있지 않았던 당시 일제는 연탄을 공급한다고 언급했지만 그 실효성은 낮았다.

> 조선에서의 연료용 목재의 소비고를, 그 산출고에 대비해 보면 현재 1개년 간 917만 척체(尺締)가 부족한 실정이다. 이러한 현상으로 조선에 있는 1,700만 민중이 일상생활의 필수품인 연료 목재를 구하기 어려운 지경에 놓여 생활상 위협을 시시각각 받고 있다. 현재 조선이라는 땅에서는 조선 자체 연료의 독립을 향해 노력을 다하고 있는데, 이용할 수 있는 것이라고는 석탄 외에 특별한 것이 없다. 총독부 당국에서도 조선 석탄의 조사 연구를 위해 5개년간 계속사업으로 300만 원을 계산하고 본년도에는 40만 원의 경비를 들여 조사를 개시했다. … (중략)… 이로써 연료 독립의 대계를 확립하고자 한다.[60]

위에 나타난 것처럼 일제는 장작과 숯 생산으로 산림이 쉽사리 파괴될 가능성이 크다고 보고, 연탄 등의 대체재 투입을 중시하겠다고 했다. 하지만 조선인 언론은 이 사안과 관련해 "석탄은 조선 주요 소비지로부터 원격지에 있으며 그 소비지까지의 운송은 비상히 불리한 입장에 있다"라고 하면서 철도 수송에 대한 투자가 없다면 연탄 소비도 증가하지 않을 거라고 주장하곤 했다.[61] 수송 인프라가 제대로 만들어져 있지 않은 상태에서 농어촌 각지에 구석구석 연탄을 공급하기란 사실상 불가능하다는 것이었다.

일제 당국자들도 이러한 상황을 잘 인지하고 있었으므로 결국에는 연탄 공급 확대보다는 온돌용 아궁이 개량, 온돌 칸수 제한, 냉반식(冷飯食) 문화 정착 등의 대책을 강구하는 것이 현실적인 대책이라고 언급하곤 했다.[62]

3. 사방사업과 일본인 청부업자의 부당 이익

1) 사방공사 시행의 지연

잘 알려진 것처럼 산림 상태가 악화될 경우에는 산사태의 위험성이

---

60 「京城における煉炭需給の情況(上)」, 1922, 『朝鮮經濟雜誌』.
61 「경성석탄수급상황」, 『동아일보』, 1936.2.25.
62 高橋喜七郎, 1923, 『溫突の築き方と燃料』, 49~50쪽.

높아진다. 나무가 없는 산에 폭우가 내리면 토사가 쉽사리 흘러내리고, 심지어는 흙이 대량으로 무너져 내려 인근의 마을을 덮칠 수 있다. 오늘 날에는 이러한 위험성을 줄이기 위해 사방공사를 시행하곤 한다. 사방공사란 지표 또는 지하에 구조물을 설치하거나 지표가 노출된 산에 풀이나 나무를 심는 작업이다. 사방공사에는 사방댐 조성, 비탈다듬기,[63] 선떼 붙이기,[64] 계류보전공사[65] 등 다양한 공법이 있다.

앞에서 설명한 것과 같이 조선 후기에는 산림 상태가 좋지 않았을 개연성이 크다. 실제로 산림 상태가 나빴다면 산지 주변에 산사태가 종종 일어났을 것이며, 그로 인한 피해도 적지 않았을 것이다. 철종 때 김좌근은 비변사 당상들과 함께 왕을 만난 자리에서 "매번 장마를 거치고 나면 저수지가 토사가 뒤덮이고 물길이 막혀서 수시로 터주어야 하는 일이 반복된다"고 말하면서 그에 대한 적절한 대책을 하루빨리 세워야 한다고 강조한 적이 있다.[66] 사실 조선왕조는 이 문제에 대해 효과적인 대책을 수립하지 못했다. 물론 토사유출로 산림의 지형이 변형된 경우가 발생하면 그곳에 흙을 보태어 원래 지형을 복원하는 작업이 이루어지기는 했다. 이와 같은 작업을 일컬어 '보토(補土)'라고 부른다.

---

63 비탈면의 붕괴를 막기 위해 비탈을 다듬고 표면침식을 받지 않도록 지면을 평활하게 하는 것으로서, 땅속 흙막이, 돌쌓기, 누구막이, 배수구 조성 등의 작업으로 구성된다.
64 비탈면의 붕괴를 막는 데 필요한 나무의 성장 공간을 확보하는 공사이다. 비탈 다듬기를 시행한 산지 비탈에 높이 1~2m 정도마다 수평으로 단 끊기를 한 후에 일정한 규모의 계단 형태로 메우기를 하고, 그 면에 흙떼를 세워 붙여 토사를 고정하는 방식으로 작업이 진행된다.
65 계류(溪流)의 유속을 줄이고 침식을 방지하기 위해 하천 바닥에 바닥막이 시설물을 만들거나 계곡 입구에 콘크리트나 돌로 기슭막이 시설물을 설치하는 공사이다.
66 『비변사등록』 240책, 철종 4년 7월 18일.

보토 작업은 산지 재해가 발생한 모든 곳에 실시하는 것이 아니라 능묘나 도성 주변의 주요 산지에만 실시되었다. 조정이 이 사업을 벌일 때에는 총융청, 훈련도감과 같은 군영 소속의 군인을 동원했으며, 작업이 끝난 후에는 그 군인으로 하여금 관리 임무를 수행하게 했다.[67] 이 작업을 할 경우에는 보토를 한 곳에 나무를 적당히 둘러쳐서 흙막이 기능을 하도록 조치하고, 가마니에 흙을 넣어 그 주변의 흙을 돋우어 주는 작업을 속행했다.[68] 흙이 심하게 무너진 때에는 견고한 석축을 추가로 쌓기도 했는데, 이때는 무거운 돌을 많이 옮겨야 하는 관계로 인력을 더 많이 동원해야 했다. 하지만 보토 작업은 사방공사와는 그 성격이 달라서 산사태를 완전히 방지할 수 없었다. 단순히 흙을 다시 쌓기만 하고, 나무를 심는다거나 잔디를 심는 일은 꾸준히 이루어지지 않아 다시금 무너질 가능성이 컸다.

일제는 1905년에 실시한 '한국토목사업조사'를 통해 한반도 여러 지역에서 토사유출로 인해 많은 문제가 발생하고 있다는 것을 잘 파악하고 있었다. 조선총독부는 이러한 조사 결과를 바탕으로 사방공사를 일찍부터 시행하고자 했다. 그러나 1910년대 일제 당국의 사방공사는 시행 개소가 경성 인근의 산지 등에 국한되어 있었고, 방식도 조선 후기의 보토 공사와 크게 다르지 않았다.

1910년대 식민 당국은 경성 주변의 산이 황폐해진 결과 토사가 지나치게 많이 유출되고 있다는 점을 언급하면서 이러한 현상을 완화하기 위해 대책을 마련하겠다고 말한 적이 있다.[69] 그런데 실제로는 일제가

---

67 『비변사등록』 167책, 정조 8년 11월 17일.
68 『비변사등록』 273책, 고종 29년 5월 6일.

적극적인 대안을 마련한 흔적은 나타나지 않았다. 일제는 통감부 시절 대한제국 정부에 '한국시정개선에 관한 사항'을 제시했는데, 여기에서 "한국의 산림은 극도로 황폐해져 있으므로 1907년(명년도)부터 경성, 평양, 대구 부근에 2,230정보 규모의 모범조림을 한다"며 조림 대상 면적과 그 개소를 밝혔다.[70] 그러나 경성 등 모범조림 예정지의 조림사업은 1910년 강점 직전까지 제대로 이루어지지 않았고 그저 계획만 세워졌을 뿐이었다.[71] 모범조림 예정지 인근에 사방공사를 시행한다는 계획도 수립되어 있었지만 강점 직후 그 관할 주체가 농상공부에서 도청으로 갑자기 이관되었고, 사업비 조달이나 인력 동원 문제에 관한 사항이 정리되지 않아 1911년까지 제대로 된 사업이 실시된 적이 없었다.[72]

사방공사를 시행하겠다고 계획한 구역의 면적은 효과를 나타내기에 미흡했다. 『매일신보』 1913년 9월 24일 자 기사에 따르면, 경기도 사방공사 예정지는 삼각산 일대 26정보, 수마동(水磨洞)[73] 5정보에 불과했다.[74] 그런데 이 지역은 조선 후기 도성래맥보토소가 보토 공사를 맡아 시행하던 곳이었다. 1784년(정조8) 11월에 발표된 「도성래맥보토소절목(都城來脈補土所節目)」에 따르면 도성의 주맥에 해당하는 삼각산 보현봉(현재의 서울 구기동, 평창동 북쪽 봉우리)으로부터 북악산 곡성(曲

---

69 「조림의 효과」, 『매일신보』, 1912.8.20.
70 1913년 무렵에 식민 당국은 조선 내 산림의 면적을 1,600만 정보로 파악하고 그중 1,300만 정보가 미입목지이거나 어린 나무만 존재하는 황폐지라고 판단했다. 「造林의 一大方針」, 『매일신보』, 1913.8.17.
71 「農部의 조림 계획」, 『황성신문』, 1910.2.27.
72 「京山 사방 기공」, 『慶南日報』, 1911.3.24.
73 오늘날의 서울시 종로구 세검정 일대에 해당함.
74 「경기도 사방공사」, 『매일신보』, 1913.9.24.

城)⁷⁵까지 이어지는 산은 보토소가 관할하는 곳인데,⁷⁶ 수마동 일대가 바로 그 권역 안에 위치해 있었던 것이다. 삼각산 일대를 대상으로 한 일제의 사방공사라는 것도 조선 시대의 보토 공사와 크게 다르지 않거나, 비탈을 다듬는 작업 없이 단순히 나무만 식재하는 데 그쳤다.

> 1919년(다이쇼8) 동경제국대학 교수 모로토 기타오(諸戶北郎) 박사를 초빙해 수원함양조림사업의 시공법에 대해 의견을 구했는데, 산복(山腹)공사를 조밀하게 하고, 계간(溪間)공사도 병행할 필요가 있음을 역설했다. 1921년(다이쇼10) 사업방침을 결정할 때, 이를 참작하여 산복·계간 공사를 병용하는 것으로 되었다.… (중략)… 독나지(禿裸地)에 대한 보통식재(普通植栽)는 거의 대부분 실패로 돌아가서 1922년(다이쇼11) 이후의 국비계속사방사업에서는 점차 그 그림자가 사라지게 되었다.⁷⁷

위 인용문에서 볼 수 있듯이 1919년에 일본의 사방사업 전문가 모로토 기타오는 조선에 건너와서 사방공사 지역을 둘러본 후 산복공사와 계간공사를 하지 않았다는 사실을 발견하고, 당국자들에게 이 공사들을 동시에 시행해야 토사유출을 제대로 막을 수 있다고 조언했다. 조선총독부는 이 지적을 받아들여 1922년부터 그동안 고수하던 '보통 식재'를 일체 포기하고 비로소 산복공사와 계간공사 중심으로 사방공사를 추진

---

75 오늘날의 서울 삼청동 서북쪽 산봉우리에 해당하는 곳임.
76 『비변사등록』1 67책, 정조 8년 11월 17일.
77 朝鮮總督府, 1937, 『朝鮮の砂防事業』, 35쪽.

했다.

오늘날의 산지 사방공사는 기초공사와 녹화공사로 구성된다. 기초공사란 산사태 또는 토사유출이 예상되는 산지의 비탈을 다듬는 작업이다. 이 공사에는 산비탈을 다듬고 단을 만드는 단끊기, 산비탈에 수로를 내어 강수를 유출하는 통로를 만드는 작업, 돌과 통나무, 콘크리트 등으로 흙막이를 하는 작업, 강우 및 유수에 의한 비탈 침식으로 발생되는 누구(淚溝)의 침식을 막기 위해 시설물을 그 누구의 횡단면에 쌓아 올리는 누구막이, 흙이 무너지거나 흘러내리는 현상을 막기 위해 공작물을 설치하는 흙막이 공사 등 여러 가지 공정이 있다. 기초공사는 산복에 시공하는 산복공사와 계간에 시공하는 계간공사로 구분되기도 한다.

녹화공사는 산복 지점에 조성된 비탈단 위에 떼를 심어 지표를 안정시키는 선떼붙이기, 짚 등으로 비탈면을 덮어 보호하는 비탈덮기, 단 위에 나무를 심어 식생을 회복시키는 식재 작업 등으로 구성되어 있다.[78] 이처럼 사방공사는 산지 재해를 방지하기 위한 복잡한 시설물을 다양하게 설치하는 일련의 작업인데, 1910년대 일제는 이러한 시공법들 가운데 민둥산의 비탈을 다듬어 지면을 계단식으로 평활하게 하는 비탈다듬기, 다듬어진 면에 떼를 세워 붙여 토사를 고정하는 선떼붙이기 공사에 집중했다.

> 경기도에서는… (중략)… 조림지근(造林地根) 사방식재(砂防植栽)를 연습할 수 있도록 만들기 위해 관내 부천군 외 11군으로부터 실습원 약 30명을 모집해 노량진 도유림 안에서 사방공사의 절지(切芝), 채

---

78 산림청, 2014, 『사방기술교본』, 53쪽.

취, 수평선근부(水平線筋付),[79] 계단 절부(切付)[80] 등의 제법(諸法)에 관한 실습을 행한다 하더라.[81]

위에서 보는 바와 같이 일제 당국은 산복공사 중에서도 떼붙이기 작업만을 시행하는 식으로 공사했다. 어떤 경우에는 나무만 심는 '보통 식재' 작업에 그치기도 했다. 이런 방식은 비탈다듬기를 제외하면 조선 후기 도성 인근 산지에서 실시되었던 보토 작업과 크게 다르지 않았다. 1910년대 일제 당국의 사방공사는 이처럼 그 시행 면적과 공법에 있어 조선 후기 도성 인근에서 시행된 보토 작업과 같았고, 효과도 크지 않았다. 그렇기 때문에 임정 당국도 이때의 사방공사가 실은 '풍치 조성'을 목적으로 했고, 재해 방지의 효과가 그다지 없는 사업이었다고 자인했다.

사방사업은 1907년(메이지40) 한국 정부 시대에 이토 통감의 명에 따라 경성 부근의 풍치 증진을 위해 먼저 창의문 내 백운동(현재의 청운동)에 식림 사업을 시행하고자 적묘공(積苗工)[82]을 시행한 것이 시초이다. 본 사업은 1910년(메이지43)에 총독부 성립과 함께 경기도에 이관되었다.··· (중략)··· 이 사업은 주로 풍치 증진을 위해 경성부근 국유림에 시행하는 것이었다.[83]

---

79 떼를 수평 방향으로 줄지어 심는다는 의미로, 비탈다듬기를 시행한 곳에 떼를 세워 붙여 토사를 고정하는 공법이다. 오늘날에는 '선떼붙이기'라고 부른다.
80 계단형으로 산비탈을 평평하게 만드는 '비탈다듬기' 작업을 이르는 말이다.
81 「경기도와 사방공사」, 『매일신보』, 1916.7.1.
82 선떼붙이기 공정을 의미하는 용어임.
83 朝鮮總督府農林局, 1937, 『朝鮮の砂防事業』, 7~8쪽.

요컨대 1910년대에 일제는 '산림녹화가 제대로 이루어지고 있다'는 이미지를 심기 위한 시각적 장치 마련에 주력했을 뿐 임업 공익을 확보하기 위한 실효적 조치를 취하지 못했다. 사방사업이라는 이름으로 몇 군데에 나무를 심었으나 어디까지나 '풍치'를 조성하기 위한 목적에 그친 것이었다.

이처럼 풍치에만 치중해 사방사업을 추진했으므로 아무리 시설물을 설비한다고 해도 반복되는 자연재해를 막을 수 없었다. 실제로 1916년, 1918년, 1919년 등 여러 차례에 걸쳐 장마철 집중호우로 큰 피해를 입었는데, 이때 여러 지역에서 산사태로 상당한 피해가 발생하는 일이 벌어졌다. 참고로 당시의 피해 상황을 수치로 표현하면 〈표 2-6〉과 같다.

〈표 2-6〉에 나타난 바와 같이 1916년에 토사로 매몰된 면적이 전년에 비해 7배 이상 많아진 것으로 나타났다. 실제로 이해는 "예전에 없던 큰 변"이라고 할 정도로 호우가 많이 내린 탓에 수해를 크게 입었다.[84] 이러한 가운데 조선총독부 토목과장이던 오카 게사오(岡今朝雄)는 "원래

〈표 2-6〉 1915~1920년 수해로 인한 피해 규모

연도	토사로 매몰된 하천의 용적 (단위: 입방미터)	결궤된 하천제방의 길이 (단위: 間, 1간=1.818182m)	수해로 인한 피해액 총계 (단위: 원)
1915	2,108	117,261	1,374,249
1916	15,819	301,491	1,519,428
1917	2,805	192,068	965,393
1918	36,145	282,823	1,677,237
1919	84,104	164,391	2,684,737
1920	13,804	354,248	8,668,409

출처: 朝鮮總督府, 1920, 『朝鮮總督府統計年報-4編』, 78쪽.

---

84 「한국 수재에 대하여」, 『신한민보』, 1916.7.13.

조선은 수해가 많이 발생하는 곳이므로 그 피해를 근절하기 위해서는 장기간의 재정 투입과 공사가 필요하다"고 말하면서 앞으로 제대로 사방사업을 추진해 나가겠다고 언급했다.[85]

조선총독부는 사방사업에 관한 계획을 수립하기에 앞서 공사가 필요한 곳을 확인하기로 하고, 1915년부터 시행하고 있던 조선하천조사사업을 통해 1919년부터 한강, 금강, 동진강, 섬진강, 영산강, 낙동강, 대동강, 성천강 유역 중 사방사업 필요 개소를 조사하는 작업에 돌입했다. 그 결과 이 하천 유역 면적 가운데 약 11만 7,000정보에 사방사업을 급히 실시해야 한다는 결론에 도달했다.[86]

일제는 이 결과를 바탕으로 1922년부터 국비를 투입, '국비계속사방사업'이라는 명칭으로 대대적인 사업을 실시하기로 계획을 짰다. 하지만 국비계속사방사업은 추진 단계부터 난항을 거듭했다. 먼저 일제는 1922년도 국비를 지원받으려고 1921년 하반기 무렵 일본 척식국과 대장성에 조선총독부특별예산 개산안(槪算案)을 제출했는데 여기에 사방공사비 100만 원이 계상되어 있었다.[87] 당시 일제는 사방사업 대상 지역에 대해 10개년 사업으로 모두 1,300만 원을 투입할 필요가 있다고 예상했다.[88] 그러나 일본제국의회를 통과하는 과정에서 이 계획은 30개년 사업으로 기간이 조정되었고 투입 예산도 일부 삭감되었다.[89]

이러한 상황에 대해 조선인 언론은 "총독부의 이른바 산미증식계획

---

85 「조선 수해와 修補」, 『매일신보』, 1916.6.17.
86 「제1기 치산사업」, 『동아일보』, 1922.2.21.
87 「명년 조선 예산 보급금증액곤란」, 『동아일보』, 1921.10.31.
88 朝鮮總督府(1929), 『朝鮮河川調査書』, 433~434쪽.
89 「제1기 치산사업」, 『동아일보』, 1922.2.21.

은 그네들의 자랑거리를 삼는 사업인데 일면 증수된 쌀이 일조의 대홍수에 밀치어 낭패되는 결과를 생(生)하는 것을 보면 총독부가 치수공사에 힘을 시(試)하지 아니하는 것은 정책의 모순"이라면서 사방사업이나 치수사업을 동반하지 않은 산미증식계획의 문제점을 지적한 적이 있다.[90] 이처럼 처음의 계획에 약간의 차질이 발생하자 조선총독부는 "사업 시행상 불리불편이 적지 않음으로써 사방공사를 요하는 황폐면적이 넓은 구역에 한정"해 우선적으로 사업을 실시하기로 결정했다.[91]

실제로 당국은 1923년부터 12개 군에서 모두 18개 면을 선정하고, 그 지역 내 임야 156정보를 골라 공사에 들어갔다. 당시 공사는 산복기초공사의 경우 국비로 시행하되, 기초공사 완료 후의 식재를 지방비 또는 해당 사업 대상 임야의 소유자가 담당하는 방식으로 전개되었다.[92]

이와 같이 국비계속사방사업은 재정을 투입할 여력이 부족해 난항을 겪었고, 그 영향으로 사업을 착수한 시기가 당초의 계획보다 2년 늦어지게 되었다. 사업비도 1개년에 최대 20만 원으로 조정되었다.[93] 그나마 1924년에 조선총독부가 작성해 제출한 사방사업비도 관동대지진 복구사업에 투입되는 비용의 증가에 영향을 받아 4만 원으로 대폭 조정되었다.[94] 재정 투입의 여력이 적어지게 되자 일제는 사업 대상 면적을 8,200정보로 대폭 줄이고 30년 동안 국비 7,396만 4,000원을 투입하는 것으로 계획을 조정했다.[95] 그러나 이것도 여의치 않아서 일본 대장성과

---

90 「당국자의 치수책 여하」, 『동아일보』, 1925.7.26.
91 「제1기 치산사업」, 『동아일보』, 1922.2.21.
92 「11년도 치산사업 개황」, 『동아일보』, 1924.4.13.
93 朝鮮總督府農林局, 1937, 앞의 책, 19쪽.
94 「산업시설 문제 서촌식산국장 담」, 『동아일보』, 1924.7.17.

협의해 책정된 초년도 사업비가 40만 원에 지나지 않았고 향후의 증액 여부도 불투명했다.

이러한 가운데 1925년에 '을축년 대홍수'가 발생해 농작물 피해 집계액만 2,413만여 원에 달할 정도로 막대한 피해가 발생했다.[96] 상황이 악화되자 신문들은 "총독부는 시정의 중심을 산업발달에 이(移)한다고 표방하면서도 산업시설의 기초 시설인 치수공사 하천공사에 대해서는 한갓 선전으로 할 뿐"이라고 비난하는 동시에 사방사업 관련 "시설 정도와 예산은 빈약하기 짝이 없다"라고 성토했다.[97]

을축년 홍수를 계기로 식민 당국을 향한 비난이 고조되자 조선총독부는 다음 인용문과 같이 국비계속사방사업 수정안을 또다시 개정해 중남부 지방을 중심으로 사방사업을 시행하기로 했다.

> 이 계획에 따라 사업을 실시해도 황폐면적에 비해 사업 예산은 적어 사업이 진척되지 않았다.… (중략)… 해를 이어 홍수 피해는 현저하게 증대하고 있어서 적어도 사방사업을 수리시설 보급 사업과 함께 병진해야 한다는 필요성이 인정되어 8만 정보를 1929년(쇼와4) 이후 20개년에 완료하기로 방침을 고치고 그에 따라 의회의 협찬을 경유했는데… (중략)… 곧 재정 긴축의 영향을 받아 1929~1931년의 사업비는 삭감되었고 또 계획을 바꿔 1932년 이후는 경기도 이남의 7개도에만 실시하는 것으로 되었다. 이상과 같이 본 사업은 여러 번

---

95 朝鮮總督府農林局, 1937, 앞의 책, 9쪽.
96 朝鮮總督府, 1929, 『朝鮮河川調査書』, 325쪽.
97 「당국자의 치수책 여하」, 『동아일보』, 1925.7.26.

변천을 거듭해 1935년(쇼와10)에 종료되었다.[98]

국비사방사업의 공정은 대부분 하나의 계곡을 흘러 내려오는 계류(溪流)와 그에 접속하는 물줄기를 공사 대상으로 하는데, 계획 단계에서는 각 계류마다 바닥막이와 골막이 공사를 모두 시행하는 것으로 되어 있었다. 골막이 공사는 산비탈 붕괴지와 이에 접속된 계류의 상류부에 소규모의 사방용 댐을 축설하는 작업이며, 바닥막이 공사는 황폐한 계천 바닥에 퇴적한 불안정한 토사와 자갈의 유실을 방지하기 위해 계류를 횡단해 사방 공작물을 설치하는 작업이다.

일제가 시행한 사방공사는 이러한 방식으로 시행되지 않았다. 당시 일제는 산복공사와 나무 식재에만 주력했으며, 그 외 시설물을 가설하는 데에는 그다지 신경을 쓰지 않았다. 실제로 『동아일보』 1924년 4월 13일 자 기사에 따르면 그때까지 사방공사를 실제로 시행한 곳은 10개 군 10개 면에 지나지 않았고, 사업 대상 면적 1,296정보 가운데 산복공사를 제대로 실시한 곳이 168정보에 미치지 않았다.[99] 사업 대상 구역에서 계간공사가 거의 실시되지 않았고, 비탈면에 나무만 식재하는 '보통식재'가 주로 이루어진 것이다.

이렇게 우여곡절을 거쳐 1935년에 종료된 국비계속사방사업의 시공 완료 면적은 1919년에 조선총독부가 조사한 사방사업 필요 지역 면적 11만 7,000정보의 10퍼센트 정도에 지나지 않은 1만 3,400여 정보였다.[100] 이 공사도 계획과 달리 산복공사에 그치는 정도였기 때문에 근

98　朝鮮總督府農林局, 1937, 앞의 책, 10~11쪽.
99　「11년도 치산사업 개황」, 『동아일보』, 1924.4.13.

본적인 치수 대책이 되기는 어려웠다. 한편 이 공사에 투입된 사업비 총액은 860여 만 원이었으며, 이 역시 당초 계획에 비해 훨씬 적은 것이었다.

2) 「조선사방사업령」의 시행

한편 이 사업비 중에서도 국비가 차지하는 비율은 상당히 낮았다. 조선총독부가 국비계속사방사업에 투입한 금액의 일정 부분을 민간에서 조달하는 것으로 정책을 바꾸었기 때문이다. 당시 조선총독부는 국비계속사방사업뿐만 아니라 한강, 낙동강, 대동강 등의 주요 하천 연안에 5,300만 원가량의 국비를 투입해 제방을 쌓는 국비지판하천개수공사를 실시하고 있었다. 이 두 사업은 수해 방지에 목적을 둔 것이어서 일반인들의 관심이 집중되었지만, 사업비가 많은 편이어서 계획대로 진척되지 못했다. 이처럼 예산 문제로 곤란을 겪던 조선총독부는 「조선사방사업령」을 제정해 사업 시행 지역 주민이 그 사업비를 부담하도록 하는 방침을 취했다.

일제가 「조선사방사업령」을 제정하기로 하고 구체적인 안을 마련하기 시작한 것은 1927년의 일이었다. 하지만 일본 대장성 등에서 사방사업을 추진할 것인지의 문제를 두고 논의가 거듭되었던 탓에 「사업령」 제정이 지연되다가 1933년 8월에 되어서야 겨우 공포될 수 있었다. 이 「사업령」의 주요 조항을 발췌해 제시하면 다음과 같다.

---

100 「11년도 치산사업 개황」, 『동아일보』, 1924.4.13.

제3조 사방사업은 '국(國)'이 이를 시행함. 공공단체는 조선총독의 면허를 받아 사방사업을 시행할 수 있음. 이에 따라 공공단체가 사방사업을 시행할 때에는 그에 요하는 비용은 당해 공공단체가 부담함.

제5조 제2조의 규정에 따라 조선총독이 지정하는 토지의 소유자 혹은 관계인은 그 토지에서 국 또는 공공단체가 사방사업을 시행하거나 사방시설 관리를 할 때에는 이를 거부할 수 없음.

제11조 국 또는 공공단체는 조선총독이 정하는 바에 따라 사방사업이 실시될 경우 현저하게 이익을 받을 자에 대해서 그 이익의 한도 안에서 사방사업 비용의 전부 또는 일부를 부담시키거나 사방사업 시행을 위해 필요한 노동력 또는 물건 제공을 하도록 할 수 있음.[101]

「조선사방사업령」을 제정한 이유에 대해 당국은 "사방사업 시행 구역 안의 민유지에 소유자의 허락 없이 국(國)이 관련 시설물을 설치할 수 있도록 강제하는 것이 주된 목적"이라고 설명했다.[102] 일반적인 시각에서 볼 때 이런 설명은 어느 정도 설득력이 있어 보인다. 하지만 당시 언론에서 가장 중시했던 문제는 이 법령으로 사업비의 전부 또는 일부가 부·면 지역 주민에게 전가된다는 점이었다. 이 법령이 제정되기 전에는 앞에서 언급한 바와 같이 사방기초공사 관련 비용을 국비로 투입하고 기초공사 후에 시행하는 식재는 소유자가 담당하는 것으로 되어 있었다.

---

101 「朝鮮砂防事業令」,『朝鮮總督府官報』, 1933.8.25.
102 朝鮮總督府農林局, 1937, 앞의 책, 3쪽.

앞서 설명한 바와 같이 국비 투입에 대해서는 일본 대장성과 척무성 등의 사전 동의가 있어야 했는데, 일본 내 사정으로 식민지 조선의 사방사업에 대한 재정 지원이 제대로 이루어지지 않았다. 조선총독부는 바로 이 사방사업 재정 문제를 「조선사방사업령」을 통해 일부 해결하고자 했던 것이다. 실제로 이 법령 제정 이후에 일제는 산복기초공사 또는 계간공사뿐만 아니라 원래 소유자가 부담하던 식목 비용을 사방사업의 수익자에 해당하는 지역 주민에게 부과했다. 일제 당국도 이러한 조치로 "임야 소유자의 식재 비용 부담이 경감되었다"라고 자평한 적이 있다.[103]

한편 1930년대에 접어들어 식민지 조선 곳곳에서 국비계속사방사업이 전개되고 있는 와중에 조선총독부는 그와 별도로 추가 사방사업을 실시하기로 했다. 일제 당국자는 1930년대 이후 추가로 사방사업을 시행하는 이유에 대해 다음과 같이 언급했다.

재계의 불황과 가뭄으로 농산촌은 극도로 피폐해지고 생계를 유지하기도 곤란해져 향리를 버리고 이주하는 자가 속출했다. 이에 산이 방치되었고, 그로 인한 사회문제 발생 우려가 높아졌다. 총독부는 이러한 점을 감안해 사방사업을 일으켜 노은(勞銀)을 살포할 필요성이 있다고 인정했다. 사방사업은 그 목적이 치산에 있지만, 공사비 대부분은 노은으로 사용되고 있다. 또 황폐 임야가 여러 곳에 분포하고 있는 특성상 노동자 응모가 쉬워서 궁민을 구제하는 데 좋은 사업이다.[104]

---

103 朝鮮總督府農林局, 1937, 위의 책, 39쪽.
104 朝鮮總督府農林局, 1937, 위의 책, 12쪽.

요컨대, 재계 불황으로 농민 생계가 어려워졌다는 점을 감안해 여러 토목사업 중에서 노임 살포 비율이 높은 사방사업을 실시해 민생을 구제하겠다는 것이다. 일제는 이 명분을 내세워 1931~1933년까지 도지방비사업으로 제1차 궁민구제사방사업(窮民救濟砂防事業)을 시행했다. 또 이 사업에 이어 시국응급시설국비사방사업, 수해이재민구제사방사업 등 여러 명목으로 사방사업을 시행했는데, 그 내용을 정리하면 〈표 2-7〉과 같다.

〈표 2-7〉에서 확인할 수 있듯이 1931년 이후 일제는 여러 차례에 걸쳐 사방사업 실시 계획을 입안해 실행에 옮겼다. 이 시기의 사방사업은 국비 사업인 경우도 있었지만, 도지방비 사업으로 시행된 것이 많았다. 사업 주체가 도(道)로 지정된 사방공사, 다시 말해 도지방비 사업으로 시행되는 사업의 경우에는 5년 거치 15개년 연부균등상환 조건으로 기채(起債)해 사업비를 마련하게 되어 있었다. 또 그 연부상환금의 8할을 국비에서 보조하되 매년 일정한 액수를 연부 지급한다는 지침이 내려져 있었다. 그러나 「조선사방사업령」 공포 이전과 같이 사업 시행 구역 안의 나무 식재에 관한 비용은 일체 그 임야의 소유자가 떠안는 방식을 취했다.

사방사업 관련 비용을 지방비에서 염출하는 것은 1920년대에도 흔히 있는 일이었다. 앞에서 말한 바와 같이 일제는 당시 국비계속사방사업을 실시했는데, 그 사업 과정에서 산복기초공사 후에 그곳에 나무를 심는 비용을 임야 소유자에게 부담시켰다. 이때 도에 따라서는 식재 명령을 받은 임야의 소유자에게 일정액의 식목 지원금을 지출할 수도 있었다. 요컨대 국비계속사방사업으로 시행되는 공사에는 다액의 도지방비 예산이 투입되었던 것이다.

〈표 2-7〉 1931년 이후 시행하거나 시행 계획이 수립된 사방사업 일람

사업명	사업(예정) 기간	사업 내용
제1차 궁민구제사방사업	1931~1934	1931년부터 3개년 동안(1934년 사업은 전년도 사업이 이월된 것임.) 749만 6,366원을 투입해 1만 7,249맥(陌)[105]에 사방공사 시공 완료.
제2차 궁민구제사방사업	1934~1935	1934년부터 2개년 동안 270만 1,062원을 투입해 6,620맥에 사방공사 완료.
시국응급시설국비사방사업	1932~1934	1932년도부터 3개년 동안 국비 197만 1,365원을 투입, 4,126맥에 사방공사 완료. 이 사업의 경우 국비 공사인 관계로 「조선사방사업령」의 적용을 받아 사업비의 일부분은 지역 주민에게 할당함.
수해이재민구제사방사업	1934	1933년에 발생한 낙동강 대홍수로 피해를 입은 이재민들을 투입해 낙동강 연안에 사방공사를 시행. 64만 9,353원을 투입해 1만 2,952맥에 시공 완료.
한해이재민구제사방사업	1935	1935년에 전라도 지역을 중심으로 발생한 가뭄으로 인한 이재민 지원대책으로 그해 1만 6,849원을 투입해 1,187맥에 시공 완료.
제2기 국비계속사방사업	1935~1949	1932년에 실시된 황폐지현황조사의 결과를 통해 확인된 긴급 사방사업 필요 대상 구역 19만 6,000정보 중에서 12만 7,180정보를 사업지역으로 선정해 1949년까지 5,800만 6,200원을 투입.
도비사방사업	1935~1949	제2기 국비계속사방사업에서 누락된 사방사업 필요 대상 구역 중 4만 2,000정보를 선정해 도비로 사방공사를 시행.
낙동강유역사방사업	1935~1945	1933년과 1934년에 연속적으로 발생한 낙동강대홍수의 사후 대책으로 입안된 사방사업으로서 경상남북도 지역에서 사방공사가 필요한 개소 5만 8,680정보를 선정해 도비 2,728만 6,000여 원을 투입, 공사 시행.
냉해한해자구제시설지반보호사방공사	1936	함경남도 일대의 냉해, 한해 피해자 구해를 명분으로 8만 2,000원을 투입해 장진군, 갑산군 일대 산지 350정보에 사방공사 실시.
강원도동해안철도노선보전사방공사	1937~1945	동해안철도 가설 예정지 인근 산지 중 2만 1,600정보를 선정해 사방공사 실시.
재해임지복구사방사업	1937~1939	1935년 발생한 수해로 무너진 산지 4,000정보를 복구하기 위해 실시. 총 54만 1,000원 투입.

출처: 朝鮮總督府農林局(1937), 『朝鮮の砂防事業』, 12쪽. 국가기록원 소장 문서 CJA0011226 「冷害旱害砂防事業費國庫補助書類」에 수록된 내용을 바탕으로 작성함.

---

105 1맥(陌)은 1헥타르에 해당함.

일제는 「조선사방사업령」 공포 후에 사업비의 전부 또는 일부를 공사 시행 지역 면에 전가하기도 했다. 하지만 사업비의 전부를 면으로 하여금 내게 하는 것은 현실적으로 어려운 일이었다. 면 재정이 그 정도로 충분하지 않았기 때문이다. 이에 일제는 면 주민들로부터 징수하는 면부과금의 일종인 특별호별할을 주민들에게 부과해 받아냈다. 어떤 지역에서는 특별호별할을 부과하고도 사업비를 충당하기 어렵다면서 별도로 부역을 부과했다.[106]

부역을 통보받은 주민들은 지정된 날짜에 현장에 나와 직접 노동을 하기도 했지만 대개는 현장에 나오지 않고 부역 노동력을 돈으로 환산한 부역환산금을 냈다. 부역이 부과되는 때가 농번기인 경우가 많았기 때문이다.[107]

1930년대 이후 시행된 도지방비 사방사업은 도가 면으로 하여금 부담금을 내게 하고, 그렇게 확보한 금액을 조선총독부특별회계가 아닌 도지방비로 귀속시켜 도가 직접 사업을 주관하도록 하는 방식이었다. 사실상 지역 주민들의 입장에서 볼 때에는 사업 추진 방식이 크게 다르지 않았던 셈이다. 도지방비 사방사업은 이전의 국비계속사방사업 때 사업 구역으로 편입되지 않은 곳 중에서 사방사업을 실시해야 한다고 판단되는 곳을 골라 도가 직접 사업을 이끌게 한 것이었다. 사업의 주관 단체가 달라졌을 뿐이었다. 1931년 이후 입안된 사방사업에 투입된 금액은 도합

---

106 국가기록원 소장 문서 CJA0003476 「昭和14年度洛東江流域外砂防工事のため賦役賦課の件」에 따르면 사방공사를 실시할 때 해당 사업 구역에 소재하는 면 주민에게 사방사업비의 10퍼센트에 상당하는 비용을 부역환산금으로 부과하는 것으로 규정되어 있었다.
107 「은폐된 官惡과 민원」, 『동아일보』, 1925.2.6.

1억 1,000만 여 원을 상회하는 규모로서, 제1기 국비계속사방사업에 투입된 금액 860만여 원에 비해 훨씬 많았다.

한편 이 시기의 사방공사 시공법은 이전에 비해 진일보한 측면을 보이기도 했다. 도(道)가 사업 주체가 되어 실시한 사방공사의 경우에는 산복공사에서 선떼붙이기 등의 기본적인 작업 외에 땅속 흙막이 공사가 시행된 것으로 확인되며, 계간공사의 일종인 바닥막이, 골막이 공사도 대개 시행되었다.[108] 이렇게 해서 예전보다 많은 비용이 투입되고 시공된 구조물도 많아졌지만, 그로 인해 과연 토사유출 피해가 줄어들었는지는 의문이다. 〈표 2-8〉, 〈표 2-9〉는 1930~1938년까지 발생한 수해로 매몰되거나 파괴된 하천과 도로, 제방의 규모를 나타낸 것이다.

〈표 2-8〉, 〈표 2-9〉에 나타난 바와 같이 사방사업이 확대 실시되었다고는 하지만 해마다 피해가 반복되었고, 1936년과 같이 피해 규모가 큰 때도 있었다. 통계상으로는 1932년이나 1935년에 피해가 적게 발생한 것으로 되어 있어 사방사업 확대 실시의 효과가 나타난 것으로 보일 수 있지만, 이는 당해 연도에 강수량이 적었기 때문에 나타난 일시적 현상이었다.

당시에는 장마가 끝날 즈음에 발생하는 집중호우와 태풍의 영향으로 8월에 수해가 많았다. 소우지에 해당하는 대구 지방의 1931년 8월 강수량이 313mm에 달했지만 다음 해 같은 지방의 강수량은 188mm에 지나지 않았다. 피해가 유난히 적었던 것으로 나타나는 1935년은 8월 강수량이 불과 5mm에 그쳤다. 요컨대 사방사업이 확대 실시되었지만,

---

108 국가기록원에 소장된 문서 중 CJA0010962~CJA0010967 등의 자료에 궁민구제사방사업의 실행보고서가 수록되어 있으며, 이 자료에는 대부분의 사업 시행 구역에서 다양한 산복공사와 계간공사 공법이 적용되었다는 내용이 있어 참고가 된다.

⟨표 2-8⟩ 1930~1932년 홍수로 인한 하천의 피해 상황과 수해 총 피해액[109]

연도	토사로 매몰된 하천의 용적 (단위: 입방미터)	결궤된 하천제방의 길이 (단위: m)	수해로 인한 피해액 총계 (단위: 원)
1930	12,422	508,120	12,353,929
1931	9,707	246,645	4,368,862
1932	35	423	714,480

출처: 『朝鮮總督府統計年報』 1939년도 발행자료를 참조해 작성함.

⟨표 2-9⟩ 1933~1938년 토사로 인한 도로 파괴와 하천제방 결궤 상황

연도	토사로 매몰, 파괴된 도로의 길이(단위: m)	결궤된 하천제방의 길이 (단위: m)	수해로 인한 피해액 총계 (단위: 원)
1933	121,893	253,279	10,149,576
1934	197,107	326,932	11,041,688
1935	56,726	47,252	6,237,324
1936	341,964	735,636	33,282,730
1937	79,786	87,781	5,816,958
1938	82,756	95,286	7,959,130

출처: 『朝鮮總督府統計年報』 1939년도 발행자료를 참조해 작성함.

수해로 인한 토사매몰이나 제방 결궤 피해가 현저히 줄어들었다고 볼 수 없다. 당국의 발표에 따르면 1916년도 홍수 피해 집계액이 1,287만 5,256원에 달했는데 1934년에는 3,431만 191원으로 크게 늘어났다. 그 사이에 일제가 국비계속사방사업을 실시하고, 궁민구제사방사업을 시행했지만 수해로 인한 재산 피해가 오히려 증가한 것이다.[110]

사방사업이 큰 효과를 거두지 못한 데에는 몇 가지 이유가 있었다.

---

109 조선총독부는 1932년 이전까지 토사로 매몰된 하천 용적을 조사, 발표하다가 1933년부터 해당 통계를 더 이상 집계하지 않았다. 이러한 점을 감안해 이 글에서도 1832년 이전의 통계와 이후의 통계를 분리하여 표로 제시했다.

110 朝鮮總督府, 1936, 『南鮮の洪水』, 5쪽.

먼저 1930년대 사방사업 시공 면적이 1920년대 일제가 반드시 사방사업이 필요하다고 판단한 개소의 총면적에 비해 아주 작았다. 앞에서 언급한 것과 같이 일제는 11만 7,000정보의 임야에 반드시 사방사업을 해야 한다고 파악하고 있었는데, 사방사업이 시행된 개소의 면적은 5만 8,000정보에 머물렀다.[111] 또 여러 지역에서 사방사업이 산발적으로 전개되다 보니 토사유출 방지 효과도 제한적이었다. 한 곳에 사방 시설물을 하면 바로 그 옆 지역에서 산사태가 나거나 토사가 흘러내리는 피해가 났기 때문에 하천 중하류 지역에서는 그 피해가 크게 감소되었다고 체감하기 어려웠다.

이렇게 사방사업이 소기의 성과를 내지 못한 이유를 이해하기 위해서는 산지 재해의 특징을 잘 이해해야 한다. 산사태나 토사유출과 같은 산지 재해는 발생 면적이 넓기 때문에 일부 개소에만 시설물을 설치할 경우에는 효과를 보기 어렵다. 사업 구역을 일정한 계곡과 하천 유역을 모두 망라할 정도로 넓힌 상태에서 상부에서 하부에 이르기까지 체계적으로 시설물을 배치해야 하고, 그 시설물로 흘러 들어오는 토사와 우수의 양을 줄이기 위해 떼를 붙이거나 나무를 심는 작업도 병행해야 한다.

일제강점기의 사방사업은 예산 문제 등으로 인해 사업 구역을 넓혀 체계적으로 시행되기 어려운 환경에 있었고, 산으로부터 흘러 내려오는 토사와 우수의 양에 비해 그 시설물의 규모도 작은 편이었다. 그런 까닭에 지속적으로 사방사업의 중요성이 언급되고 사업도 진행되었음에도 불구하고 재해가 근절되지 못했던 것이다.

111　朝鮮總督府農林局, 1937, 『朝鮮の砂防事業』, 114쪽.

3) 일본인 토목청부업자의 활동과 부정행위

이상 살펴본 바와 같이 1930년대 사방사업은 그 규모와 횟수가 확대되었지만, 수해 피해를 줄이는 데에는 큰 역할을 하지 못했다. 그럼에도 일제 당국은 1930년대에 들어 대규모 홍수가 날 때마다 언제나 새로운 명칭을 내건 사방사업을 실시하겠다고 뜻을 거듭 천명했다.[112] 이처럼 일제가 사방사업을 실시하겠다는 방침을 세운 것은 수해 방지라는 측면에서는 타당하게 보이기도 한다. 그러나 위에서 언급한 것처럼 일정 구역 전체에 대해 전면적으로 공사가 시행되는 것이 아니라 선별적으로 시공되는 식이어서 효과가 크지 않았다. 사방사업의 효과가 생각보다 적음에도 불구하고 일제가 사방사업을 지속적으로 시행하겠다고 한 이유는 무엇일까?

앞에서 소개한 것과 같이 조선총독부는 1931~1934년 사이에 제1차 궁민구제사방사업을 실시했는데, 당시 일제는 재계 불황으로 궁민들의 생활이 더욱 힘들게 되었다면서 이를 구제하기 위해 무엇보다 사방사업을 실시하는 것이 좋다고 했다. 사방사업은 다른 토목사업에 비해 고도의 기술력이 필요한 것이 아니라 인력 투입이 중시되는 사업이기 때문에 "노은(勞銀) 살포의 효과"가 크다는 것이다.[113] 실제로 공식 발표 자료에 따르면 이 사업에 투입된 사업비는 총 749만 6,000여 원으로서 그중에서 노은으로 사용된 금액은 약 508만 9,000원에 달했다. 또 동원된 노

---

112 「洛東江沿岸一帶에 砂防工事를 實施 慶南北聯合으로 本府補助 밧어 洪水慘害根本的退治」, 『매일신보』, 1933.11.27.
113 朝鮮總督府農林局, 1937, 『朝鮮の砂防事業』, 12쪽.

동자의 연인원은 1,100만여 명에 이르렀는데, 살포된 노은을 연인원으로 나눈 투입 연인원 1인당 하루 노임은 약 46전이었다.[114]

1930년대에는 사방사업뿐만 아니라 하천개수(제방축조), 도로 건설 등의 토목사업도 '궁민구제사업'이라는 이름으로 실시되었다. 일제 당국은 1930년 12월에 '궁민구제토목사업'이라는 명칭을 내걸고 사방사업을 비롯해 다양한 토목사업을 벌여 가난한 조선인 '궁민'을 구제하겠다고 공개적으로 밝혔다.[115] 궁민구제토목사업 중에서 가장 많은 비용이 투입된 것은 지방하천에 대한 국부(局部) 개수(改修)사업이었지만,[116] 사방사업도 5~6차에 걸쳐 실시될 정도로 자주 시행되었다.

궁민구제사방사업은 그 명칭만으로 볼 때에는, 경제적으로 어려운 사람들에게 노임을 주어 구제하겠다는 취지를 지닌 것으로 보인다. 또 그동안 지지부진하던 사방사업을 확대 실시할 수 있는 계기가 될 수도 있다는 점에서 일석이조의 성격을 띤 것으로 보인다. 그러나 아래에서 볼 수 있는 바와 같이 이 사업에 대한 대중의 시선은 그다지 곱지 않았다. 오히려 이 사업의 이면에 많은 문제점이 숨어 있다는 비판이 거셌다.

> 경북도에서 빈민구제의 사업으로 하는 영일군 달전면 사방공사에서는 매일 평균 11시간 노동에 그 임금은 겨우 17전밖에 안 된다고 한다. 세계의 문명국은 거의 다 8시간 노동제를 실시하고 있는 금일

114　朝鮮總督府農林局, 1937, 위의 책, 13쪽.
115　「窮民救濟 土木事業의 內容」, 『매일신보』, 1930.12.28.
116　朝鮮總督府內務局, 1931, 『朝鮮窮民救濟治水工事年報』, 2쪽.

에 11시간 노동이라는 것도 가혹한 사실이거니와 하루 노임이 겨우 17전이라는 것은 언어도단의 사실이다.… (중략)… 이렇게 가혹한 착취 방법은 오직 영일군 달전면의 사방공사에만 예외로 있는 것이 아니오 그와 유사한 교묘 가혹한 착취 방법이 거의 모든 공사장에서 공공연하게 행하고 있는 바이다.[117]

이와 같은 논란이 발생하게 된 데에 대해 『동아일보』는 "그 도급 맡은 자(청부업자)들이 관공서의 일을 맡아서 하는 것을 터무니없는 일종의 자세(藉勢)거리로 삼아가지고 노동자를 비상히 학대하며… (중략)… 구빈사업으로 한다는 것은 허명(虛名)이고 실제로는 도급 맡은 자의 증부(增富) 보조에 지나지 못한다"라고 지적했다.[118] 그 무렵 사방공사, 하천개수공사 등 궁민구제를 명분으로 내건 사업들에 대한 비판의 논점은 다음과 같았다.

궁민구제 사업비 6,500만 원 중 도로 개수비는 2,600만 원, 어항 수축 시구개정 상하수도 설비비 950만 원, 치수비 2,200만 원, 사방비 750만 원 등이라고 한다. 공사에 사용되는 인원도 매년 8만 명의 노동자가 8개월씩 3년간 사용되므로 연인원 576만에 달하고, 사무원 기술자, 고원(雇員)까지 약 1,000명이 채용된다고 한다. 어디로 보나 상당한 구제 사업이다. 그러나 실제로 노동자에게 가는 임금이 얼마나 되는가?… (중략)… 이 노임이 다 노동자에게 오면 다행이다. 그런

117 「11시간 노임 17전」, 『동아일보』, 1933.6.13.
118 「11시간 노임 17전」, 『동아일보』, 1933.6.13.

데 공사의 청부업제도는 이것을 실현하지 못하게 한다. 청부 제도는 2중, 3중의 중복적 청부 제도여서 중간의 착취가 심하다.[119]

위 인용문에 나타난 바와 같이 청부업자들이 사방공사를 도급으로 따낸 다음 노동자에게 지급할 임금을 줄이고 자신들이 가져가는 금액의 비율을 높이는 방식이 만연한 탓에 구제가 제대로 이루어지지 못한다는 목소리가 높았다. 어떤 논자는 1930년대 토목사업이 확대된다고 해도 ① 민간 부담의 증가, ② 실제 공사 추진 방식이 부적합하다는 문제점 등이 여전히 남아 있다면서 일침을 놓기도 했다.[120]

사방사업을 실제로 맡아 보던 일본인 토목청부업자들로서는 이 사업으로 얻을 수 있는 이윤이 다른 사업에 비해 컸다. 하천개수나 항구 수축 등의 공사에서는 총사업비 중에서 노임으로 지출하는 액수가 40퍼센트 정도를 차지했다고 하는데,[121] 앞에서 본 바와 같이 사방사업은 약 70퍼센트 정도였다. 총 사업비에서 노임으로 지출하는 금액의 비중이 높다는 사실은 청부업자들로서는 반가운 일이었다. 당시 청부업자들은 노임을 어느 정도 지불할 것인지 마음대로 정할 수 있는 입장이었다.

---

119 「궁민구제사업의 실효 검토」, 『동아일보』, 1931.2.28.
120 「朝鮮總督府豫算案檢討」, 『개벽』, 1935.3.
121 「궁민구제사업의 실효 검토」, 『동아일보』, 1931.2.28.

제3장
전시체제 시기 일제의 산림 침탈

1. 민유림 경영 방침의 변경

잘 알려진 바와 같이 1930년대에 일제는 대륙 침략전쟁을 확대했다. 1931년 9월 만주를 침략해 만주국이라는 괴뢰정부를 세운 일제는 1937년에 이르러 중일전쟁을 일으키고 전시체제를 수립해 인적·물적 수탈을 강화했다. 조선총독부는 이러한 흐름에 발맞춰 민유림 소유자들로 하여금 임산물 생산량을 늘리도록 하겠다는 방침을 밝혔다.

오늘날 사람들에게는 다소 낯설 수 있지만, 당시에는 나무, 목탄이 무척이나 중요한 군수물자로 취급되었다. 목재는 전쟁 수행에 여러모로 쓰임새가 많았다. 군사시설이나 군사용 참호를 만들 때 목재가 많이 투입된다는 것은 잘 알려진 사실이지만, 그 외에도 임산물의 용도는 다양했다. 병사들이 겨울철에 난방용으로 사용할 땔감도 군수물자의 하나로 여겨졌고, 항공유에 쓸 송진 생산에 필요한 송탄(松炭)도 무척 중요한 군용물자였다.[1]

목탄차를 움직이는 데 필요한 숯도 나름대로 중요한 물자였다. 목탄차는 나무(또는 숯)를 태웠을 때 발생하는 일산화탄소와 탄화수소 계열의 기체를 폭발시켜 얻은 추진력으로 움직이는 차량이었다. 이런 차량은 나무 또는 숯을 땔 때 발생하는 연기를 배출해야 하므로 연소통을 열어 두고 운행하는데, 이때 외부로 새는 가스가 많아 에너지 효율이 떨어졌다. 그렇기 때문에 전쟁과 같은 비상 시기가 아니면 목탄차를 잘 사용하지

---

1 송탄유는 소나무에 'V'자 모양의 상처를 낸 다음 여기서 송진을 받아내 끓여 만든 기름이다.

않았다. 일제는 침략전쟁을 확대하면서 기름이 부족해지자 목탄차를 도입했는데, 이 차량을 운행하는 데 필요한 숯을 확보한다는 이유로 나무를 베어 숯을 구워내는 데 힘을 쏟기도 했다.

이와 같이 전시에 다양한 용도로 나무를 쓰고자 하는 수요가 늘어나면서 일제는 목재와 숯, 땔감 생산을 적극적으로 늘려 나가겠다고 하면서 1938년에 기존의 「민유림지도방침대강」을 수정해 용재림의 적극적인 증산을 임업정책의 최우선적 고려 사항으로 내세웠다. 앞서 1933년에 발표된 「민유림지도방침」의 주요 내용을 살펴본 바 있는데, 1938년 8월에 조선총독부가 발표한 이 방침의 수정 방향을 소개하자면 다음과 같다.

> 종래에는 치산치수를 주안으로 하는 임업 구성에 중점을 두고 용재림(用材林) 조성에는 소극적인 태도를 취했지만, 앞으로는 목재 수요의 추이에 비추어 적극적으로 용재림 조성에 노력하여 민유 임업 본래의 성질을 감안한 임업 경영의 경제화를 도모하기로 개정한다. 과거에 조림 비용을 절약한다는 관점에서 벌채적지 갱신은 가급적 천연조림 방식을 취하기로 했다. 하지만 그 결과 인공조림의 감소를 초래했고, 자연적으로 방임의 폐단이 생겨 임상 개선에 지장이 있었다. 앞으로는 조림을 촉진한다는 의미에서 적극적으로 인공조림을 실시하기로 한다. 삼림 이용에 관해서는 목재 등 임산물의 이용 개선을 도모하고, 그 이용가치를 증진시키기 위해 노력하는 동시에 미 이용지 개발을 촉진하기로 한다.[2]

---

2 「용재림조성 민유림지도방침」, 『조선일보』, 1938.8.6.

조선총독부는 민유림의 상태를 회복하기 위해 그동안 조림을 '장려' 하는 방침을 채택했다고 말하면서 앞으로는 민유림의 경제성을 제고하기 위해 용재림을 생산할 수 있도록 방침을 바꾸겠다고 했다. 또 1933년에 「민유림지도방침대강」을 발표할 때에는 천연조림을 장려하겠다고 했지만, 앞으로는 방침을 바꾸어 인공조림을 주로 추진하고 이를 통해 임산물 이용가치를 늘리도록 하겠다고 했다.

일제는 위 개정 당시 "각종 산업의 급격한 발달에 수반해 각종 용재 충족의 필요성이 절실하게 되어 한층 더 임력(林力)의 함양을 기도하지 않을 수 없게 되었으므로 이미 제정되어 있던 「민유림지도방치대강」을 개정함과 동시에 특히 민유림시업의 합리화를 도모하기 위해 필요한 사항을 추가 보정"한다고 하여 이 개정의 목적이 '용재림조성'에 있음을 밝힌 바 있다.[3]

그렇다면 조선인 소유의 임야에 용재림을 조성함에 있어 일제는 어떤 방법을 동원했던 것일까? 이에 대해 농림국 임정과장 야마시타 신이치(山下眞一)는 1938년 12월 "임야 소유자의 공제조합을 조직시켜서" 용재림 조성을 이행할 거라고 하여 조선인 임야 소유자로 구성된 별도의 조합을 만들 것이라고 밝혔다.[4] 일제는 실제로 이 방침을 실행에 옮겼다. 용재림조성구역을 설정하고, 그곳에 삼림시업조합(森林施業組合)을 만들어 임야 소유자를 여기에 가입시킨 것이다.[5]

---

3 朝鮮林業協會, 1941, 『朝鮮林業史』, 19쪽.

4 「民有林野千萬町步에 造林事業實施計劃 明年度부터 卄個年 繼續事業」, 『동아일보』, 1938.12.12.

5 용재림조성구역으로 지정된 곳은 1937년 5월 道知事회의에서 '민유임야이용구분조사'를 시행하기로 결정함에 따라 이루어진 조사에서 결정되었다. 1937년 5월 도지

삼림시업조합에 편입대상이 된 조선인은 「삼림령」 제4조 "조선총독은 임정상 필요가 있다고 인정하는 때에는 삼림의 소유자나 점유자에 대해 영림방법을 지정하거나 조림을 명할 수 있다"라는 규정에 따라 의무적으로 가입해야 했다. 이렇게 강제 가입된 조합원들은 대개 영세한 농민이었다. 공주군 신상면의 경우 해당 지역 내 임야 400정보에 용재림 조성지로 편입하기로 결정되었는데 소유자가 모두 200명으로 이들 모두가 일제의 종용으로 삼림시업조합을 조직한 바 있었다.[6] 이 삼림시업조합에 편입된 사람들이 가진 임야 규모가 1~2정보에 지나지 않았다. 일제는 이 조선인을 통제하기 위해 4,000정보마다 보호 관리원 한 명을 두고 10년간 해당 지역을 관리하는 업무를 맡도록 하는 한편 조선총독부에는 이를 관리하기 위한 산림사무관을 특별히 배치하기도 했다.

2. 조선임업개발주식회사의 벌목사업

한편 국유림 등에서의 관행작벌은 1931년 일제가 만주사변을 일으켜 침략전쟁을 더욱 확대한 이후로 뚜렷한 증가세를 보였다.

이렇게 작벌량이 늘어나자 일제 당국자들 사이에서는 벌채적지에 대한 조림을 본격적으로 고려할 필요가 있다는 목소리가 대두했다. 조림을 등한시하는 태도가 오래 지속되면 언젠가는 목재를 생산할 수 없는 상

사회의 석상에서의 논의에 대해서는 「道知事會議」(1937), 『朝鮮』 264 참조.
6 「道知事會議」(1937), 『朝鮮』 264 참조.

〈표 3-1〉 1931~1939년 관행작벌의 벌목량

(단위: m³)

연도	1931	1932	1933	1934	1935	1936	1937	1938	1939
벌목량	583,508	822,327	898,610	967,291	921,381	998,935	1,090,463	1,198,546	1,282,280

출처: 朝鮮林業協會, 1941, 朝鮮林業史, 532쪽의 자료를 바탕으로 작성함.

황을 맞이할 수 있을 거라고 판단하는 당국자가 생겨난 것이다.[7]

일제는 1926년에 영림서 관행작벌 규모를 대폭 늘리겠다는 내용의 '조선임정계획서'를 발표한 적이 있는데, 당시 벌채적지에 대해서는 10개년간 조림을 시행하고 벌채적지에 대해서도 조림을 행하기로 계획했다. 하지만 그 계획은 어디까지나 선언적인 수준에 머무른 것이었다. 일제는 비용 절감을 내세워 천연조림 방식을 택하겠다고 했을 뿐 구체적인 식목 계획을 수립하지 않았다.[8] 그렇기 때문에 조선임업협회라는 단체 관계자도 "국유림 조림이라는 것은 거의 시행되지 않아 작은 규모의 것이라도 사실상 볼 것이 없다"라고 말했다.

이처럼 벌채적지에 대한 관리가 이루어지지 않고 있다는 점에 대한 부정적 견해가 커지는 가운데 일제는 민간 기업에 벌채적지 조림을 맡기는 방식을 채택했다. 1937년 초 일제 당국자는 이 구상에 대해 다음과 같이 밝혔다.

재정 관계상 부득이한 사정이 있기 때문에 국유림에 대한 전면적인

---

[7] 이러한 인식을 갖는 당국자가 늘어나는 가운데 1937년 말부터 관행작벌로 산림자원이 사라진 임야를 도유림으로 넘기고, 도(道)가 벌채적지에 대한 조림을 책임지게 하는 것이 어떠냐는 제안이 나오기도 했다. 「慶南道民有林野에 用材林造成을 計劃」, 『동아일보』, 1939.2.2.

[8] 朝鮮總督府, 1927, 『朝鮮林政計劃書』, 17~18쪽.

조림 계획은 세우지 못했었다. 그런데 지금 용재림에 대한 수요가 늘어나고 있는 상황을 감안해 보면 조림의 필요성이 있다는 점을 인정하지 않을 수 없다. 많은 사람이 알고 있는 같이 산림에 투자하는 자금은 장기 고정될 수밖에 없는데, 산림금융제도가 없기 때문에 투자가 불안하다. 그 외에도 여러 가지 조건들이 중소 규모의 조림 경영에는 불리하게 되어 있다. 하지만 최근 경제계의 영향을 받아 민유림에서도 식목이 점차 줄어들고 있어 앞으로 심히 염려가 된다.… (중략)… 이런 이유로 대규모 조림 기관의 출현을 바라는 마음 극히 절실하다.… (중략)… 식림을 진흥함에 있어서는 관(官)에서 그 조성 방법을 강구하는 외에도 임산물의 수이출, 임야의 수탁경영 제재 등 직접 개발에 관한 사업을 담당하는 기관이 필요하다.… (중략)… 이것이 금회「조선임업개발주식회사령」을 공포하게 된 이유다.[9]

조선임업개발주식회사는 대기업의 출자를 바탕으로 만든 이른바 '국책회사'였다. 이 회사에 출자한 기업을 살펴보면, 동양척식회사, 왕자제지(王子製紙) 미츠비시(三菱)제철, 미쓰이(三井)농림, 남조선철도주식회사, 조선화재해상보험, 북선제지 등이었다.[10] 일제는 이 조선임업개발주식회사에 국유림 50만 정보를 불하하고, 그곳에 대한 조림사업을 맡길 계획이었다. 그 조림 기간은 당초 15년으로 예정되어 있었으며, 그동안 발생하는 비용의 일부를 조선총독부가 보조하는 것으로 예정되어 있었다.[11]

---

9 「林業開發會社令 今二十六日附公布」,『동아일보』, 1937.6.26.
10 「임업개발회사 설립위원임명」,『동아일보』, 1937.7.2.

실제로 일제는 조선임업개발회사 출범 직후 함경남도 북청, 문천, 강원도 영월 등지의 국유림 22만 정보를 불하·대부하고[12] 20년 동안 보조금 1,600만 원을 지급하기로 결정했다.[13] 하지만 정작 조선임업개발회사는 조림에 그다지 적극적인 태도를 보이지 않았다. 도리어 이 회사는 출범 직후 사업내용을 조림에서 벌목으로 뒤바꿔 놓고, 대규모 인력을 동원해 벌목사업에 들어갔다. 또 이를 위해 영림서 등이 아직 관행작벌을 시작하지 않은 임야를 불하받기도 했다.

조선임업개발주식회사는 벌목사업으로 상당한 수익을 올렸다. 확인되는 바에 따르면 1939년 한 해 이 회사가 거두어들인 순이익은 8만여 원이었다. 주목을 끄는 것은 조선총독부가 당초 약속한 보조금을 약속대로 지급했다는 사실이다. 1939년에도 일제는 조림사업에 전혀 착수한 실적이 없는 이 회사에 7만 5,000원의 보조금을 지급했다.[14]

조선임업개발주식회사가 벌목사업으로 돈을 벌어들인다는 사실이 확인되자 그동안 이 회사 설립과 운영에 참여하지 않았던 다른 일본인 기업들도 벌목사업에 진출하려고 애를 쓰기 시작했다. 실제로 임업 관련 회사들의 이익단체 노릇을 했던 민유림갱생회는 1938년 6월 조선총독부에 '협의사항'이라는 제목의 문건을 전달한 바 있는데, 여기에는 아직 산림자원이 풍부하게 남아 있는 민유림을 민유림갱생회에 불하해 벌목할 수 있게 해 달라는 요구가 담겨 있었다.[15]

---

11 「임업개발회사 설립위원임명」, 『동아일보』, 1937.7.2.
12 朝鮮林業協會, 1941, 『朝鮮林業史』, 473쪽
13 「조림계획. 재무국 사정 관문 통과」, 『조선일보』, 1938.11.20.
14 「임업개발 총회」, 『조선일보』, 1940.4.16.
15 「造林國策要望 民有林更生會서」, 『동아일보』, 1938.6.12.

일본인 기업들이 이렇게 요구했던 것은 일제의 전쟁 확대와 함께 임산물의 가격이 폭등했기 때문이다. 임업관계 관료 및 자본가 등으로 구성된 임업관련 연구기관인 조선산림회(朝鮮山林會)가 조사한 바에 따르면 1939년 상반기 목재 가격은 1937년 전반기보다 140퍼센트 상승해 있었으며, 제철 및 목탄차 운행에 쓰일 수 있는 목탄(숯) 가격은 300퍼센트 올라 있었다. 『조선산림회보』 각 호에 수록된 「경성시장임산물상황(京城市場林産物商況)」이라는 기사를 살펴보면 적송(赤松) 판목(표준크기 1,800cm×24cm×1.8cm)의 경우, 그 가격이 3원에서 4.3원으로 뛰어올랐고, 목탄의 경우를 보면 10관당 60전에서 1원 15전으로 폭등했다. 이 가격은 이후에도 더 뛰어올라 1938년이 되면 2원으로 상승했다. 일본인 기업들은 이런 분위기에 편승해 돈을 버는 데 혈안이 되었다. 조선임업개발주식회사를 비롯한 임업회사들이 겉으로는 조림을 하겠다고 말하면서도 실제로 벌목에 모든 가용 자원을 투입한 것은 식민 지배하 산림녹화 정책이 얼마나 허술할 수밖에 없었는지 잘 보여준다.

요컨대 전쟁으로 군수물자의 수요가 급증하는 가운데 임산물 시장가격이 오르자 일본인은 벌목사업에 뛰어들기 시작했다. 그런데 산림자원에 대한 증벌이 멈추지 않으면 언젠가 산림이 황폐해질 것이 분명했다. 조선총독부 당국자가 계산한 바에 따르면 일제가 침략전쟁을 확대한 후로 매년 장작 10억 관, 목탄 5,000만 관이 고정적으로 필요한 것으로 나타났다. 그런데 이를 생산하기 위해서는 858만 3,400m³의 임목을 베어낼 필요가 있었다.[16] 이는 당시 한반도 내 민유림 임목 축적의 7.6퍼센트를 차지하는 규모였다. 단순하게 계산해 보면 목탄과 장작 생산을

16　朝鮮林學會, 1941, 『朝鮮に於ける林産燃料對策』, 1~3쪽.

위해 매년 민유림 임목 축적의 7.6퍼센트를 베어내야 했는데, 이러한 상황이 지속된다면 10년 안에 전체 민유림의 80퍼센트가 사라질 수 있었다.

일제도 문제의 심각성을 잘 알고 있었다. 일제 당국자도 1941년도 민유림 1정보당 입목축적은 13.4m3에 비추어 볼 때 매년 583만 3,978m³을 넘는 임목을 베어내면 산림자원의 지속성이 심각하게 훼손될 거라고 판단하고 있었다. 858만 3,400m3 정도의 나무를 벌채해야 한다면 적정 벌채량을 훌쩍 뛰어넘는 나무가 해마다 사라지는 셈이었다.[17]

3. '산림 공출'의 실시

일제는 1931년에 관행작벌을 통해 58만 3,787m³의 나무를 베어냈지만 1939년에는 128만 2,895m³로 그 규모가 크게 늘었다. 이와 같이 국유림 벌목사업이 강화됨에 따라 영림서 관할 국유림 1정보당 입목축적이 1934년의 30.91m³에서 1938년에는 24.55m³로 대폭 줄어들었다.

이렇게 관행작벌량이 급속히 증가했지만 조선총독부 당국자는 중일전쟁이 발발한 이듬해부터 "군수재, 철도용재와 종이 기근의 완화를 위한 펄프자원 획득을 위해 벌채량을 훨씬 증가하기로 결정"해야 한다면서 국유림만으로는 그와 같은 수요를 충족하기 부족한 만큼 민유림에서도 많은 양의 임산물을 생산할 수 있도록 하겠다고 언급했다.[18] 일제가

17　朝鮮林學會, 1941, 위의 책, 3~7쪽.

위와 같이 민유림지도방침을 수정한 것은 바로 이러한 분위기와 크게 관련되어 있다.

한편 일제가 벌목량을 늘려 나간다는 방침을 강화했던 당시에 일반인들의 생활은 곤경에 빠져 있었다. 겨울철 난방에 필요한 땔감의 시중 출회량은 줄었기 때문이다. 당시 일제가 베어낸 나무의 대다수는 군수용 목탄 생산에 투입되었다. 이렇게 되자 겨울철에 접어들면 땔감의 가격이 치솟고, 장작을 구하지 못해 곤란한 지경에 빠지는 사람이 늘었던 것이다.

알려진 바와 같이 일제강점기에 전통 가옥에서 생활하던 조선인은 주로 장작을 난방용으로 이용했고, 일본식 다다미방에서 생활하는 사람은 목탄(숯)을 주로 썼다. 경성을 비롯한 대도시의 주민이 소비하는 목탄은 생산지에 조직된 제탄조합(製炭組合)에서 주로 공급해 주었다. 이 조합은 1930년대 전반기에 각 지역 단위로 만들어졌는데, 경기도에만 54개가 있을 정도로 그 수가 제법 많았다.

장작은 안국동 시탄시장을 비롯한 여러 속의 소매시장에서 상인들이 장작을 수집해 판매하는 경우가 많았던 것으로 보인다. 1930년대 이전까지는 특히 지금의 뚝섬 일대와 마포, 용산 등지에는 장작과 숯을 전문적으로 거래하는 신탄 도매상이 많았다. 이들은 한강 수운이 편리한 곳에 점포를 개설하고, 강 상류에서 내려오는 나무를 포집해 보관했다가 시장에 내놓곤 했다. 신탄 상인들이 뚝섬, 마포 등에 점포를 개설했던 것은 그 지역이 한강을 이용한 수운에 편리했기 때문이다. 당시 경성으로

---

18 「咸鏡 平安等 六道의 國有林을 大量으로 伐採 軍需材와 팔프需要增加로 三百萬圓 經費計上」, 『동아일보』, 1938.2.10.

들어오는 신탄은 수운이나 철도를 이용했는데, 철도가 확장되기 전까지는 수운을 통해 경성으로 들어오는 양이 압도적으로 많았다. 경성 안에 있는 소매상들은 이들로부터 물량을 받아다가 소매로 판매했다.

도시에 자리 잡은 신탄장의 영업 규모는 그다지 크지 않았지만 1930년대에 접어들어 일제는 신탄 유통에 관한 통제를 강화함으로써 유사시에 그 공급을 제한하고 군수용 물자 생산에 필요한 원료로 쉽사리 전환할 수 있도록 하고자 했다. 1930년대에는 중앙선 철도 등의 부설로 뚝섬이나 마포에 자리 잡은 상인의 역할은 축소되고 철도역 인근에 새로 신탄시장이 들어섰으며, 그곳에 거점을 둔 상인이 신탄의 유통에서 차지하는 비중이 커졌다.

철도역을 중심으로 활동 영역을 넓혀나간 상인들은 신탄 시세를 자기들끼리 협정해 정하기도 했고, 신탄시장 상인들과 연계해 물량을 제공하기도 했다. 신탄시장의 상인들도 신탄상조합이라는 것을 만들어 자기들끼리의 협정 가격을 정했다. 식민 당국은 이에 대한 통제를 통해 연료용 임산물 가격의 급격한 상승을 막으려 했다. 또 임산물 유통에 대한 관리와 단속을 통해 불법적인 임산물 유통이 발생하지 않도록 하는 데에도 노력했다.[19]

목탄상조합이나 신탄상조합은 목탄 규격을 공동으로 검사하거나, 당국자에게 목탄 규격 취체를 강화하라는 압력을 넣기도 했다. 총독부가 1934년에 '목탄 규격에 관한 건'이라는 제목으로 발한 정무총감 통첩에 따라 시작된 목탄 생산 규격화의 보다 철저한 준수를 촉구하는 등 목탄

19　朝鮮總督府, 1924, 『朝鮮の市場』, 85쪽.

규격 단일화 철저 준수를 강하게 주문했던 것이다.[20]

요컨대, 일제강점기에 접어들어 생산지에서는 목탄조합과 삼림조합의 숯과 장작의 생산을 통제하고 있었다면, 소비지에서는 공설시탄시장, 신탄시장 등이 들어서 신탄 유통을 장악할 수 있을 정도로 영향력을 확대시켜 나가고 있었다. 행정 당국은 신탄시장을 통해 연료 가격이 급격히 변동하지 않도록 일정하게 통제하기도 했다.

일제는 1930년대 후반 전시체제에 접어들자 임산물의 생산과 유통에 보다 적극적으로 개입하기 시작했다. 일제는 먼저 조선인이 소유한 사유림에도 본격적인 임산자원 생산 명령을 내리고, 그동안 고수하던 금벌주의를 순식간에 폐기해 버렸다. 또 사유림 벌채에 관한 제반 절차를 간소화하는 등 더 이상 산림자원 벌채를 제한하지 않겠다는 의지를 드러냈다.

일제 당국은 "종래의 조선 임업정책이 치산제일주의에 연원하고 있는 만큼 내지(일본-필자)는 물론 선진 지역에 비교해도 극히 진보적"이라고 말하면서 더 이상 '치산제일주의'를 내세우지 않아도 될 만큼 산림자원이 늘어나 "이제는 증벌의 여력이 있다고 명백히 인정된다"라고 했다. 나아가 사유림에서 나무를 베어내 펄프 원료로 사용하는 것이 좋겠다고 말하기도 했다.[21]

이 당국자의 발언에는 믿기 어려운 내용이 담겨 있다. 조선총독부가 이른바 치산제일주의를 지킨 결과 획기적으로 임상이 개선되었다고 말한 부분은 오늘날 확인되고 있는 실제 통계 자료에 어긋난다. 당시 일제

---

20 「원산 목탄 타합회」, 『조선중앙일보』, 1936.8.24.
21 「朝鮮內民有林에 對한 增筏의 餘力은 尙存」, 『동아일보』, 1938.12.27.

는 "개인 소유 임야를 국유림과 마찬가지로 인식"해야 한다고 하면서 '국익을 위해서는 사적 이익을 희생해야 한다'라고 역설했다.[22] 이러한 방침은 그동안 표면적으로나마 조림을 강조하던 것과 그 방향이 크게 달랐다. 그렇기 때문에 일제 당국은 어떻게든 기존의 조림 정책이 어느 정도 성공을 거두었다고 강변해야 할 입장이었다. 조선총독부가 들어선 후 한반도 산림이 울창해졌다고 한 발언은 민유림에서도 조림보다 벌목을 더 중시하겠다는 방침을 합리화하기 위해 지어낸 거짓말이었던 셈이다.

이후 일제는 1942년 물자동원계획위원회를 통해 '벌채증재계획'이라는 것을 만들고, 각 지역마다 의무 벌채량을 지정했다. 이때 일제는 '산림 공출'이라는 표현을 사용해 가며, 산림에 가까운 곳의 주민들에게 벌목량을 할당하는 조치를 취했다.[23] 또 일제는 1942년에 목탄 자재와 기타 용재의 생산수량을 확대하고 그 생산을 철저히 감독하기 위해 원목 생산자를 조합원으로 한 원목생산출자조합까지 만들어 의무 생산량을 할당했다.[24] 또 1943년도부터는 국민총력조선연맹을 통해 각 농촌마을에 벌채할당량을 부과하고, 마을 인근 산에 들어가 할당량만큼 벌채하도록 강요했다.[25]

당시 국민총력조선연맹은 임업관계 관리 및 기업 등으로 구성된 조

---

22 植木秀幹(1941), 「産業の新體制と人的要素の擴充」, 『朝鮮山林會報』 191.
23 「산림축적량을 조사, 벌채증재계획 수행에 만전 기도」, 『매일신보』, 1942.9.4.
24 「목탄업자에 영향 다대, 강력통제조합결성, 원목배급조합사업계획발표」, 『매일신보』, 1942.10.2.
25 「벌재와 조림의 목표, 전년비 약 2할을 인상」, 『매일신보』, 1943.5.5.
    참고로 1942년도 일제가 결정한 목재 생산량은 300만 석(540만m³)이었고 1943년도에는 360만 석(648만m³)이었다.

〈표 3-2〉 1938~1942년 장작과 목탄의 생산량 추이   (단위 : 관)

	1938	1939	1940	1941	1942
장작	1,256,006,741	1,245,815,257	1,137,835,951	1,091,115,394	1,008,053,018
목탄	27,021,047	31,269,979	38,239,969	47,306,926	53,286,352

선산림회와 보조를 취해 매년 8월 1일부터 한 달 동안 '벌출촉진기간'으로 지정했다. 아울러 그렇게 하여 수집한 임산물을 수요처로 재빨리 보내기 위해 9월 한 달을 '수송촉진기간'으로 정하고, 철도 화차를 우선적으로 투입했다.[26] 참고로 전시하 벌채 공출을 통해 생산된 주요 임산물이 어떠한 것이었는지 살펴보면 〈표 3-2〉와 같다.

사실 일제의 목재 공출의 가장 중요한 목표는 바로 목탄을 확보하는 데 있었다고 해도 과언이 아니다. 목탄은 제철, 고철재생공업, 가솔린 대용의 자동차연료, 가스발생원료 등으로서 이른바 '시국관련 공업'을 운용하는 데 필수적인 자원이었다. 그 때문에 전쟁 발발과 함께 전시수요가 급격히 늘어나게 되었는데 전시 초기에는 그 공급량이 상당히 부족해서 시세가 급등했다.

목탄 가격의 급격한 상승은 군수물자 생산에 악영향을 미칠 수 있었다. 목탄을 수매하는 비용이 늘어나 부담이 될 수 있었기 때문이다. 이에 일제는 목탄 가격을 통제하기로 하고, 1938년 10월 "조선총독이 지정하는 물품을 판매하는 자는 조선총독이 지정하는 연월일의 판매 가격을 초과해 판매할 수 없다"라는 조항이 담긴 「조선물품판매가격취체규칙」을 공포한 후 목탄을 그 대상 품목으로 지정했다.[27] 조선총독부는

---

26 「목재증산운동 실시요강내용」, 『매일신보』, 194.5.29.
27 「朝鮮燃料販賣最高價格」, 『經濟月報』, 1938.10.

「조선물품판매가격취체규칙」을 목탄에 적용하기 위한 실행 방안으로 「목탄가격등귀억제응급대책」을 발표하고, 그 안에 목탄최고가격표준을 제시했다.

이 대책에 따라 일체의 목탄 값은 '최고가격'을 넘을 수 없게 제한되었다. 그런데 당시에 일제는 장작 가격을 통제하지 않았다. 장작은 목탄과 같은 군수물자로 볼 수 없었기 때문에 당장 최고가격제를 실시하지 않아도 된다고 보았던 것이다. 이런 분위기 속에서 장작 가격도 오르자 업자들은 목탄 제조를 위해 모은 자재를 장작으로 그대로 출하해 더 많은 이윤을 얻으려고 했다.[28]

이처럼 뜻하지 않게 '풍선 효과'가 발생하자 조선총독부는 다시 장작의 가격을 '협정가격'이라는 이름으로 통제하고, 장작 형태로 출하되는 벌목재를 목탄으로 출하하도록 '독려'했다. 업자들은 이런 당국의 '독려'에 응하는 듯했지만, 이면에서는 목탄의 생산을 늘리지 않고 장작을 최고가격 이상으로 팔아넘기는 '암거래'에 주력했다.

목탄 증산에 생산업자들이 호응하지 않는다고 판단한 일제는 1940년 7월 "도지사는 도내의 목탄 생산자, 대량소비자 등에 대해 배급통제에 필요한 명령을 발할 수 있다"는 내용이 담긴 「조선목탄배급통제규칙」을 발표하고, 이를 계기로 목탄 생산 생산명령제를 실시했다. 위 표에서 확인할 수 있는 바와 같이 1940년부터 목탄 생산이 눈에 띄게 늘어난 데에는 이러한 사정이 놓여 있었다.[29]

목탄 이외에 여타 산림산물의 쓰임새도 매우 컸다. 우선 용재는 광산

28 日本農林省山林局, 1942, 「薪の統制に就て」, 『木炭』 3.
29 「朝鮮木炭配給統制規則」, 『朝鮮總督府官報』, 1940.7.25.

〈표 3-3〉 1934~1940년 용재, 송지의 생산량 추이

연도	용재(m³)	송지(단위: 관)
1934	1,298,822	498
1935	2,265,246	476
1936	2,269,061	349
1937	2,436,214	564
1938	2,649,447	18,107
1939	2,781,597	126,422
1940	3,364,434	176,798

출처: 『朝鮮總督府統計年報』 각 연도 발행책자를 참조해 작성함.

용 침목으로 수요가 늘어났으며, 대나무도 철제를 대신해 각종 물품의 제조 원료로 사용되는 상황이어서 그 수요가 늘어났다. 도료와 방수포 등에 사용되는 송지(松脂) 등도 중요물자로 취급되었다. 따라서 전시에 들어와 산림산물에 대한 수요가 높아지는 가운데 이들 산물의 생산량도 급격히 늘어났던 것이다.

〈표 3-3〉은 1930년대 중반부터 1940년에 이르는 기간의 용재, 송지 생산량 추이를 소개한 것이다. 표에서 알 수 있듯이 송지의 경우 전시체제 돌입과 동시에 생산량이 급격히 증가해 1941년의 생산량이 1934년 생산량의 약 490배에 달했다. 용재의 경우도 마찬가지로 늘어나 전시체제에 접어들어 2.5배가량의 증가세를 보였다.

일제는 이와 같은 생산량 증가에도 불구하고 목탄, 용재 생산이 더욱 늘어나야 한다고 보았다. 전쟁이 장기화될수록 그 수요가 더욱 늘어났던 것이다. 이러한 판단에서 1943년 조선총독부는 전년보다 2배 이상의 공출량을 제시하기까지 했다.[30] 당연한 말이지만, 공출량의 급격한 증가는

---

30 「목재는 결전의 무기, 증산에 총력을 바치자」, 『매일신보』, 1943.8.20.

산림의 황폐화로 이어졌다. 일제의 계산에 따르면 전시하 장작의 수요가 매년 10억 관에 달하고 목탄은 5,000만 관에 이르는데 그 수요를 감당하기 위해 장작 용도로 약 697만 2,900m³, 목탄 용도로 약 161만 500m³, 합계 약 858만 3,400관 정도의 나무를 베어낼 필요가 있었다.[31] 이와 같은 벌채량은 각각 민유림 임목 축적량의 7.6퍼센트에 해당하는 것으로서, 이런 추세가 지속되면 10년 만에 한반도 안에 있는 모든 산림이 황폐화될 수 있었다.

문제가 이처럼 심각했음에도 불구하고 조선총독부 당국자는 1941년 일본제국의회에 나가 "임산물 생산이 여전히 부족하고 수요자에 대한 배급이 제때 이루어지지 않아 각종 광공업의 진전을 저해"한다고 하면서 식민지 조선에서 앞으로 더 많은 나무를 베어내겠다고 말했다.[32]

일제는 패배가 확실시되기 시작한 1943년 하반기부터 다음 인용문에 나타난 바와 같이 목재 공출을 더욱 강조하고 나섰다.

> 목재는 전투력을 증강하는 데 없어서는 안 될 뿐 아니라 군수공장은 물론 산업시설을 세우는 데 대단히 중요한 자원이다. 여기에 소용되는 목재를 많이 내놓는 것은 대동아전쟁을 이겨나가기 위하여 절대로 필요한 것이다. 어려운 일이 있더라도 이것을 공출하지 않으면 안 된다.[33]

---

31 朝鮮林學會, 1941, 『朝鮮に於ける林産燃料對策』, 1~3쪽.
32 朝鮮總督府農林局, 1941, 「木炭增殖竝に配給施設補助」, 『朝鮮總督府帝國議會說明資料』 7.
33 「목재는 결전의 무기, 증산에 총력을 바치자」, 『매일신보』, 1943.8.20.

이후 일제는 매년 20퍼센트가 늘어난 벌목량을 각 도에 할당했다.[34] 또 1943년부터는 "공출량을 달성하자"는 슬로건을 내세우고 '목재증산운동'을 추진해 목재 생산량 증가를 꾀했다.[35] 아울러 일제는 이렇게 생산한 원목과 땔감, 숯 원료가 민수용으로 흘러 들어가는 것을 막으려고 임산물 유통에 관한 통제를 강화하고자 했다. 이를 위해 조선총독부는 1940년 7월에 공포된 「조선목탄배급통제규칙」을 근거로 목탄생산자에게 공급할 자재를 일반인으로 하여금 마련해 관에 납부하도록 하는 제도를 만들었다.[36] 또 이듬해에는 일반인이 목탄을 일정량 이상으로 구입하는 것을 막기 위해 각지에 목탄배급조합을 설치하는 동시에 최소한의 물량을 제외하고는 모두 군수용으로 사용하도록 강제했다.

용재의 유통도 마찬가지로 통제 대상이 되었다. 일제의 대륙 침략과 함께 광산 및 철도용 침목, 건축용 등의 용도로 수요가 늘고 있었지만 1942년까지 그 생산량은 크게 늘어나지는 않았다. 조선총독부가 확인한 바에 따르면 당시 국유림 생산 목재의 76퍼센트가 건축, 철도 용재로 사용되었다고 한다.[37] 사유림의 경우, 아무래도 우량한 목재가 적은 편이어서 용재로 전용할 만한 것이 그리 많지 않았다.

이런 상태에서는 당국이 아무리 임산물 공출량을 늘린다고 해도 국유림이 아닌 곳에서 원하는 만큼 용재가 많이 생산될 수는 없었다. 일제는 이러한 현실을 감안해 우선 국유림에서 용재를 더 많이 생산하도록

---

34 「벌재와 조림의 목표, 전년비 약 2할을 인상」, 『매일신보』, 1943.5.5.
35 「목재증산운동 실시요강내용」, 『매일신보』, 1943.5.29.
36 「목탄의 출하통제, 도산림회에서 취급」, 『동아일보』, 1940.8.2.
37 「緊急! 燃料의 合理化 朝鮮林産物의 太半을 溫突의 燃料로 燒却 民有林産은 八十六％가 燃料로 消費」, 『동아일보』, 1938.5.10.

하되 그 사용처를 일정하게 통제해 민간으로 흘러 들어가는 용재의 양을 줄이고자 했다. 다시 말해 민간 부문의 용재 사용량을 줄이기 위해 통제 배급 제도를 채택했던 것이다.[38]

일제는 이와 같은 방침을 종합해 1942년 10월 「조선목재통제령」을 발표하고 일체의 용재는 조선목재주식회사가 매입하도록 했다. 또 조선목재주식회사가 민간인이 사용할 용도로 따로 지정한 것을 목재배급조합에 넘겨 시장에 내놓게 하고, 그 외의 물량은 모두 군수용품으로 돌리도록 했다.[39]

1930년대 후반부터 패망에 이르기까지 일제는 국유림과 기업림, 사유림을 막론하고 산림자원의 증산을 강요하고, 유통과정에도 강력히 개입했다. 식민지 조선의 임업정책은 이와 같이 식민 당국에 따라 금벌주의로부터 산림자원의 보속 기반마저 와해될 정도로 심각한 증벌 정책으로 전환되었다.

---

38 朝鮮總督府林政課, 1942, 「朝鮮木材統制令發表に就て」, 『朝鮮山林會報』 209.
39 高橋猛, 1942, 『朝鮮年鑑』, 292~293쪽.

맺음말

일제 당국자들은 한반도의 산림 상태가 무척이나 나쁘다고 지적하면서 '제국주의 일본의 힘'을 바탕으로 단숨에 산림을 녹화하겠다고 말한 적이 있다. 하지만 일제의 산림녹화 정책은 농업 및 정주 환경을 개선하는 데 목적을 둔 것이 아니었다. 일제는 일본인 지주들이 차지한 땅의 농업 경영 상태를 제고하고, 장래 목재 수탈을 극대화하기 위한 기초 작업으로서 산림녹화 정책이 필요하다고 생각했다.

일제의 임업정책은 요존국유림으로부터 목재를 생산하는 데 맞추어져 있었다. 일제는 이를 위해 영림창과 영림서 등을 설치하고 그를 통해 관행작벌을 해마다 늘려 나갔다. 요존국유림 내 벌목량의 증가는 해당 지역의 임상을 파괴시킨 주된 요인이었다. 특히 1930년대 요존국유림에서 생산된 용재의 양은 식민지 조선의 임목 생장량을 항상 웃돌았다. 이로 인해 산림의 지속성은 항상 마이너스 값을 기록했고, 임목 축적은 줄어들었다.

일제가 내세운 조림 방침은 어디까지나 조선인에게 자비(自費) 식목을 강요하거나 땔감 이용을 원천 봉쇄하는 방식으로 이루어졌을 뿐이었다. 일제는 1908년 「삼림법」을 공포한 뒤 여러 차례에 걸쳐 임야 연고자를 찾아낸 뒤 그들에게 식목 비용을 징수하는 정책을 고수했다. 본문에서 소개한 바와 같이 일제는 연고자가 점유한 임야를 국유지로 포함시켰다. 또 이 땅의 일부를 일부는 일본인 임업회사나 조선귀족원 보식원 등과 같이 전문적인 조림회사에 '조림대부'해 주었다. 하지만 대다수 연고지를 해당 연고자에게 조림대부해 주는 방침을 적용했다.

이런 사실을 표면적으로만 바라보고 일제의 임업 분야에 있어서만큼은 수탈적이지 않았다거나 나름대로 산림녹화를 위해 노력했다고 지레짐작해서는 안 된다. 일제의 임업정책은 식민 지배에 필요한 원자재 생산 과정에서 발생하는 비용을 어떻게 염출할 것이며, 식민지 지주제의 강화에 필요한 사회간접자본 비용과 노동력을 누구에게 전가하는가 하는 점에 맞추어져 있었다. 이처럼 구조적인 시각으로 일제강점기 임업 문제를 바라보지 않으면, 단순하게 일제가 조선인이 소유해야 할 임야를 강탈했는가 아닌가 하는 등의 협소한 논의 지형 속에 갇힐 수 있다.

혹자는 일제가 그나마 산림녹화를 지향한 덕분에 그나마 임목 축적이 늘어날 수 있었다고 말하기도 한다. 하지만 이는 전혀 사실이 아니다. 본문에서 설명한 바와 같이 일제강점기 내내 단위면적당 임목 축적은 줄어들었다. 일제는 임목 축적을 늘린다면서 조선인 임야 소유자들을 삼림조합에 밀어 넣고 묘목을 강매하거나 입산 제한 조치를 취하기도 했지만, 이러한 조치는 전혀 실효성이 없었다. 1930년대 후반에는 군수물자 동원 차원에서 마구잡이로 나무를 베어내는 바람에 임산물 공급 기반이 와해되기도 했다.

일제의 임업 침탈은 조선인들에게 큰 상처를 남겼다. 오늘날과 달리 난방과 가옥 건축에 필요한 자재를 임야에서 구하던 당시 사람들은 임야를 소유하고 그 산물을 이용하는 것을 무척이나 소중하게 여겼다. 하지만 일제 당국에게 이는 중요한 관심사가 아니었다. 조선인들을 이용해 식민 지배에 필요한 산림자원을 어떻게 확보해야 할지에 대해서만 우선적인 사항으로 삼았던 것이다. 그 과정에서 발생하는 피해는 모두 조선인들에게 돌아갔을 뿐이다.

참고문헌

1. 자료

『民有林統計』

『營林廠案內』

『朝鮮山林會報』

『朝鮮森林山野所有權ニ關スル指針』

『朝鮮林野調査事業報告』

『朝鮮の林政と林業』

『朝鮮土地調査事業報告書』

2. 단행본

김경숙, 2014, 『조선의 묘지 소송』, 문학동네.

김동진, 2017, 『조선의 생태환경사』, 푸른역사.

배재수 외, 2001, 『한국의 근·현대 산림소유권 변천사』, 임업연구원.

_____, 2002, 『조선 후기 산림정책사』, 임업연구원.

지용하, 1964, 『한국임정사』, 명수사.

3. 논문

강정원, 2014, 「일제의 山林法과 林野調査 연구: 경남지역 사례」, 부산대학교 박사학위 논문.

권순구, 2007, 「조선 후기 봉산정책의 분석」, 『한국정책과학학회보』 11-1.

김호종, 1999, 「조선 후기의 산림보호정책」, 『(안동대학교)인문과학연구』 1권.

배재수, 1994, 「일제강점기 조선에서의 식민지 산림 정책과 일본자본의 침투과정」, 『산림경제연구』 2-1.

_____, 1995, 「조선 후기 봉산의 위치 및 기능에 관한 연구-만기요람과 동여도를 중심으로」, 『산림경제연구』 3-1.

_____, 2000, 「임적조사사업(1910)에 관한 연구」, 『한국임학회지』 89-2.

_____, 2001, 「삼림법(1908)의 地籍申告制度가 日帝의 林地정책에 미친 影響에 관한 연구」, 『한국임학회지』 90-3.

이미경, 2016, 「일제하 신의주 목재업계의 변동과 목재상조합의 활동(1910~1936)」, 서울대학교 석사학위논문.

이종열, 2013, 「산림행정 패러다임의 역사적 변천과정에 대한 평가」, 『한국정책연구』 13-3.

주린원 외, 2007, 「산림부문의 추세 및 장기 전망」, 국립산림과학원연구보고서 07-19.

최병택, 2014, 「일제하 사찰 소유 임야 관리의 실태」, 『사학연구』 114.

제2부
일제강점기 수산업 정책

_이영학·류창호

머리말

제2부의 집필 목적은 일제가 개항 이후 조선 연해를 침탈해 오고, 1910년 조선을 병탄한 후 조선 어업을 식민지적으로 재편하면서 일본 어민과 자본가가 조선 어업을 장악해 가는 과정을 고찰하는 데 있다. 통감부에서는 1908년 「어업법」을 공포한 후 일본 어민에게 조선 연해의 어업권을 허가해 주었고, 1910년 조선을 병탄한 후 조선총독부는 1911년 「어업령」을 공포하고 본격적으로 일본 어민을 조선으로 이주시켰다. 아울러 일본 어민의 조선 연해 어업권 장악을 도와주고, 폭발물과 '트롤'어업을 사용하는 약탈적 어업을 금지하고 장기적 연속적으로 이익을 남기는 어업으로 전환하기 위한 방법을 모색했다.

일본 어민이 합법적으로 조선 연해에서 어업을 행하게 된 것은 1883년 「조일통상장정」 이후였다. 그들은 조선 어민보다 우월한 어구와 어선을 바탕으로 수산물을 채취해 갔다. 심지어 일본 어민은 조선 어민이 기존에 설치해 놓은 어기(漁基)나 어전(漁箭)의 영역 안에 들어와 어업을 행하거나, 또는 조선인이 소유하고 있는 어장 안에 들어와 종종 어업을 행했다. 일본 어민이 조선인 어장을 불법 침입하는 일은 자주 일어났는데, 일본인 수산전문가인 세키자와 아케키요(關澤明淸) 또한 이것을 인정했다. 그는 일본 어민이 조선 어민의 어로를 방해했기 때문에, 조선 어민이 저항하여 자주 충돌하게 되었다고 언급했다.

1883년 「조일통상장정」의 개정 작업이 진행되어, 1889년 11월에 「조일통어장정」이 조인되었다. 주요 내용은 일본 어민이 소정의 어업면허세를 납부하면 조선의 전라·경상·강원·함경의 4도 연해의 3리 이내에서 자유로이 어업 활동을 할 수 있으며, 아울러 잡은 어류도 매매할 수 있도록 허가한 것이었다. 또한 일본 어민이 이 규정을 어겨 범죄를 저지른 경우에는 조선 관리가 처벌하지 못하고 일본 영사관에 고소해 그 재판에 따르도록 했다. 조선 정부에서는 이전보다 면허어업세를 징수할 수 있다는 이익을 얻었지만, 일본 어민의 횡포를 효과적으로 규제하거나 어업 영역을 제한하는 주장은 관철시킬 수 없었다.

1889년의 「조일통어장정」에 따라 일본 어민은 부산 해관에 신고를 하고 면허장을 받은 이후에 어업을 행할 수 있었다. 면허어업세는 승무원 열 명 이상은 10원, 다섯 명 이상 아홉 명 이하는 5원, 네 명 이하는 3원이었고, 면허장은 1년마다 갱신하도록 했다. 1890년대에 일본 어선은 1년에 약 1,000척 이상 조선 연해에 진출해 왔지만,[1] 조선 정부에 신고하여 어업세를 납부하고 면허장을 받아 어업을 행하는 어선은 약 600~700척 정도였다.[2]

1889년 「조일통어장정」을 맺게 되자 일본 어민의 조선 연해 진출이 활발하게 되었다. 일본 정부는 일본 어민의 조선 연해 출어를 장려하기 위해 조선 연해 조사를 적극 추진했다. 일본 외무대신은 일본 수산 전문가에게 명령을 내려 조선 연해를 조사하게 했다. 일본 외무성은 1892년에 일본 수산전문가인 세키자와 아케키요에게 조선 연해를 조사·보고하도록 명령했다. 그리하여 그는 1892년 11월에 동경을 출발해 부산, 인천, 경성을 거쳐 경상도와 전라도의 연안 및 섬을 시찰하고, 다시 부산으로부터 원산까지 왕복하면서 동해안을 조사한 후 1893년 3월 중순에 귀국하는 과정에서 일본 정부에 보고서를 여덟 차례 제출했다.[3]

---

1 關澤明清, 1893, 『朝鮮近海漁業ニ關スル演說』 長崎, 2쪽(이영학, 2022, 『일제침탈사 자료총서, 수산업: 어업(1)-개항기 일제의 어업침탈』 동북아역사재단, 77쪽).

2 「二十八年中釜山港貿易年報」, 『通商彙纂』 55호 號外 二(1896.12.28).

3 이영학, 2023, 「개항기 일본정부의 조선연해 수산업 조사」, 『역사와 현실』 129, 269~275쪽.

그는 귀국한 후, 정부의 알선으로 각 현 지사에게 강연을 하면서 일본 어민의 조선 출어를 권장하기도 했다. 그 후 대일본수산회원인 다케나카 구니카(竹中邦香)와 함께 보고서를 종합 정리하여 『조선통어사정(朝鮮通漁事情)』을 발간했다. 이 책은 일본인의 조선 연해에 관한 최초의 종합적 수산업 보고서였으며, 일본 수산인에게 큰 영향을 미쳤다.

일본 정부가 일본 어민의 조선해 진출을 적극적으로 권장하고 장려하는 정책을 펼친 시기는 1897년 「원양어업장려법」 공포 이후였다. 수산국장 마키 나오마사(牧朴眞)는 1899년 6월에 관료들과 함께 조선을 시찰하고 7월에 후쿠오카로 귀국한 후, 조선해 출어에 관계하는 13부현의 수산주임관 및 대표자와 통어에 관한 회의를 개최했다. 그 결과 각 부현마다 한해통어조합(韓海通漁組合)을 조직하고 1900년 5월에 조선해통어조합연합회(朝鮮海通漁組合聯合會)를 설립하여 그 본부를 부산에 두고 조선해 수산업을 주도해 가도록 했다. 즉 일본의 각 부현에서 일본 어민의 조선해 진출을 조직적으로 지원하고 추진해 가도록 했다.

1908년 7월에 농상공부 수산국에서 전국의 수산을 조사해 가면서 어업의 현황을 파악하고, 이를 바탕으로 「어업법」 초안을 만들어 갔다. 그러나 「어업법」을 통해 일본 어민에게 조선 연해에서 어업할 수 있는 권리를 주기 위해서는 조선 어민과 똑같이 어업을 할 수 있는 기회를 보장해 줘야 했다. 그리하여 1908년 10월에 조선 정부에게 「어업에 관한 협정」을 강요하여 일본 어민도 조선 어민과 평등하게 조선 연해에서 어업을 할 수 있는 권리를 부여했다. 그것을 맺은 지 일주일 후에 「어업법」을 공포했다. 「어업법」을 통해 일본 어민과 조선 어민에게 조선 연해에서 어업을 할 수 있는 어업권을 부여한 것이었다. 대한제국에서는 토지와 마찬가지로 연해에서도 외국인은 어업권을 지닐 수 없었는데,

1908년에 「토지소유권증명규칙」에 따라 일본인도 토지소유권을 지닐 수 있었고, 아울러 「어업법」으로 일본 어민이 조선 연해에서 어업권을 점유하면서 어업을 행할 수 있도록 한 것이었다. 통감부에서 일본 어민에게 어업권을 부여하자 더욱 조선 연해로 몰려오게 되었다.

조선총독부는 1910년 조선을 병탄한 후 실제 1908년 「어업법」을 시행하면서 여러 가지 누락된 점이 발견되면서 1911년 6월에 제령 제6호로 「어업령」을 공포했다. 또한 일제가 조선을 병탄하면서 그 이전의 모든 법제와 제도를 무효화하면서 재정비하는 시도를 하게 되었다.

1911년 6월 3일에 공포하고 1912년 4월 1일부터 시행하는 「어업령」의 내용은 다음과 같다. 「어업령」은 1908년에 공포한 「어업법」을 계승하면서 그것을 정비하는 형태로 이루어졌다. 「어업령」의 주요 내용은 첫째, 면허어업 특히 수면전용면허제를 신설해 어장 인접 수면에서 어업을 방해하는 행위를 금지 또는 제한할 수 있게 했다. 둘째, 수산조합 및 어업조합의 설립을 규정했다. 이는 어업자의 이익 보호와 조선 어민의 생업을 안정시킨다고 표방했지만, 실제로는 일본 어민의 토착 영주를 목적으로 하는 한편 장차 야기될 일본 어민과 조선 어민의 충돌을 방지하고 조선 어민을 통제하기 위해서였다. 셋째, 보호구역을 설정하고 부정어업을 단속했다. 이제까지 만연되어 오던 혹어와 남획을 방지할 목적으로 어구·어법이나 어획물 어장 또는 어기를 일정하게 제한하고 특히 유독물, 폭발물 및 '트롤'어선의 사용을 엄격히 단속하고자 했다. 아울러 행정처분에서는 원칙적으로 총독의 권한 아래 두었으나 어업의 종류에 따라 수정하여 특정 종류를 제외하고 모두 지방장관인 도지사의 처리사항으로 권한을 위임했다.

일제는 1910년 조선을 병탄한 후 조선 어민을 통제하고 아울러 조선

어민과 일본 어민의 충돌을 막으려고 고민했다. 개항 이후 일본 어민은 조선 연해에 진출해 와 어업 활동을 하면서 조선 어민과 충돌이 매우 심했다. 한반도의 남해안과 서해안에서 충돌이 심했고, 특히 제주도에서는 일본 어민과 조선 어민이 충돌해 다수의 살인 사건과 집단적인 싸움이 일어나기도 했다.[4] 이는 일본 정부의 골칫거리가 되기도 했다.

일본 어민이 조선 연해에 와서 어업 활동을 하고, 나아가 한반도에 정착하기 위해서는 조선 어민과 잘 어울려 지내야 했다. 그리하여 조선총독부는 조선 병탄 이후 어업정책의 목적을 "일본인 어업자의 이주, 일본인과 조선인의 통일융화, 어촌의 유지 발달을 도모하는 데 있다"[5]고 했다. 즉 조선총독부는 어업 분야에서 일본 어민이 조선 연해에서 자유롭게 어업 활동을 하고 나아가 한반도에 일본인 어촌을 형성하면서 살아가는 식민지로 재편하고자 했다.

조선총독부는 어업조합(漁業組合)과 수산조합(水産組合)을 통해 조선 어민과 수산물 종사자를 통제하고자 했다. 일정한 지역 안에 거주하는 어업자로 하여금 어업조합을 만들게 하고, 그것을 통해 어업자를 금융적으로 지원해 가면서 조선 어민을 회유해 일제의 어업정책에 협조하도록 했다. 또한 어업자 또는 수산물 제조자 및 판매자가 수산조합을 만들어 그에 가입하게 함으로써 통제해 가고자 했다. 1912년 7월 「어업조합규칙」과 「수산조합규칙」을 공포함에 따라, 명칭을 조선수산조합(朝鮮水産組合)으로 고치고 조선인 어업자도 조합원이 되게 하여 일본 어민과 조

---

[4] 박찬식, 2008, 「개항 이후(1876~1910) 일본 어업의 제주도 진출」, 『역사와 경계』 68; 강만생, 1986, 「한말 일본의 제주어업 침탈과 도민의 대응」, 『제주도연구』 3.

[5] 朝鮮總督府, 1915, 『朝鮮施政ノ方針及實績』, 357쪽.

선 어민이 융화되고 일본 어민이 조선 어민을 통제할 수 있도록 모색해 갔다.

일본 정부는 일본 어민으로 하여금 조선의 연해 어업을 영구히 안정적으로 장악하도록 계획했다. 이를 위해 단순히 어업 영역의 확대, 어업권의 보장뿐만 아니라 일본 어민의 가족을 함께 이주시켜 조선에 어촌을 건설하여 영구히 어업권을 확보하고자 했다. 1905년에 일본인 관리는 "일본인의 한국 어업은 오래되었지만, 근래 현저히 발달하게 되었다. 현재 통어자는 단순히 성어기에 어업의 이익이 있는 곳을 좇아 옮겨 다닐 뿐 영구히 어업 이익을 도모하지 않기 때문에, 장래 영원한 이익을 증진하기 위해서"[6] 이주를 하여 조선에 일본인 촌락을 조성할 것을 주장했다. 즉 어업자를 이주시켜 가능한 한 모든 절기에 각종 어업을 경영하도록 함으로써 경제적 이익을 극대화하는 것은 물론 견실한 근거지를 확보한다는 목적을 지니고 있었다.

일본 어민이 조선으로 이주하면서 부수적 효과도 가져왔다. 하나는 일본의 자본주의 발달 과정에서 몰락한 일본인을 방출할 수 있었다. 즉 일본자본주의의 발달 과정에서 탈락하는 계층을 방출함으로써 일본자본주의의 구조적 모순을 해결하는 하나의 방법이 되었다. 다른 하나는 일본의 이주민으로 하여금 한국민을 동화시키도록 하는 목적이 있었다. "한국 연해에 우리(일본) 어촌을 조직하여, 어민으로 하여금 점차 한국의 풍습에 익숙해짐과 동시에 한국민을 우리 풍습에 동화하도록 노력한다"[7]고 했다. 즉 일본 어민의 조선 이주는 일본의 입장에서 보면 여러 가지

---

6   日本 農商務省, 1905, 『韓國水産業調査報告』.

7   韓國政府財政顧問本部, 1904, 『韓國水産行政及經濟』京城.

효과를 거둘 수 있는 중요 사업이었다.

1908년 「어업법」과 1911년 「어업령」을 통해 처음으로 근대적 어업 제도가 도입된 이후, 수산 당국과 일본인 어업자에 의해 선진 어업 장비와 기술이 점차 보급되면서 조선의 수산업은 실로 괄목할 만한 성장을 이루었다. 1911년과 1936년을 비교할 때 어획고(금액)에서는 13.2배, 제조고(금액)에서는 35.2배로 성장했으며, 조선의 산업별 총생산액에서 차지하는 수산업 비중은 1911년 2.6퍼센트에 불과했던 것이 1939년에 이르러서는 8.4퍼센트까지 증가해 농업(39.7퍼센트)과 공업(38.4퍼센트)의 뒤를 잇는 제3위의 산업이 되었다.[8] 이와 같은 조선 수산업의 급속한 성장은 만주사변 이후 만주와 중국으로 향하는 새로운 소비시장 개척과 군수품 공급 및 일본 본국의 식량문제 등을 동시에 해결해야 한다는 식민 당국의 요구에 부응하는 것이어서 결국 과대소비와 과소투자가 발생하고 마는 수산자원 '남획'의 위험을 내포하고 있었다.

이러한 문제에 대처하기 위해 조선총독부는 1929년 1월, 전문 84개 조로 구성된 「조선어업령」(제령 제1호)을 공포하고 이듬해 5월 1일부터 시행토록 했다. 기존의 「어업령」(1911, 제령 제6호)만으로는 동력어선 도입 등 변화하는 어장 환경과 수산물 남획 및 조업 분쟁 등을 해결할 수 없었기 때문이다. 「조선어업령」은 어업제도의 정비를 통한 어업 경영의 안정과 남획 규제, 그리고 중소어업자 보호를 위한 어업조합의 기능 확대에 목적을 둔 것이었다. 그중에서도 가장 핵심적인 개정은 재산권으로서의 '어업권(fishery right)'의 가치를 강화시킨 어업제도의 정비에 있었다. 「조선어업령」에서 '어업권'을 옛 「어업령」과 비교할 때에는 다음

---

8 박구병, 1966, 『한국수산업사』, 태화출판사, 330~331쪽.

과 같은 특징이 있었다.

첫째, 「조선어업령」 제15조에 "어업권은 물권으로 토지에 관한 규정을 준용한다"는 규정을 삽입함으로써 소유자의 자유로운 재산권을 보장하고, 그 권리 및 제한 사항을 어업권원부(漁業權原簿)에 등록하게 했다. 둘째, '어업권'의 존속기간을 종래 10년에서 20년으로 연장해 기존의 갱신제도를 연장제도로 바꾸었다. 셋째, 일정한 지구 안에 거주하는 어업자의 어업 경영상 공동의 이익 증진이 필요한 경우 '어업권'의 분할 및 처분을 제한했고, 동시에 공유지분의 '어업권'을 자유롭게 처분하거나 담보로 제공하지 못하도록 하여 '어업권'을 선취하거나 저당하고 있는 권리자와 공유자들까지도 함께 보호했다.

1929년 「조선어업령」 제정을 계기로 조선총독부는 본격적인 자본제적 어업 경영의 발판을 세우는 동시에 보호 및 금어 구역의 설정, 어업감독의 강화, 보상 및 재정제도의 창설과 같은 일련의 수산자원 보호정책을 펼칠 수가 있었다. 아울러 「조선어업령」은 현재의 대한민국 「수산업법」에까지 그대로 계승되고 있는 '어업권'의 권리 사항을 정립했다는 점에서 커다란 의의가 있다. 하지만 이러한 '어업권' 제도가 진정으로 한국의 수산업 발전에 공헌을 했는지, 그리고 어민들의 권리 신장에 실질적인 도움을 주었는지는 여러모로 고민해 볼 필요가 있다. 식민지기 '어업권' 제도에 대해서는 여전히 지금도 그 평가가 엇갈리고 있기 때문이다. 어촌공동체를 공유자원의 새로운 소유주체로서 창출시켰다는 긍정적 평가[9]와 함께 소수 어업재벌이 기존에 선점한 어장의 권리를 거의

---

9 송경은, 2013, 「한국에서의 근대적 어업권 형성과 법제화」, 서울대학교 경제학부 박사학위논문.

영구적으로 보호받게 되었다는 부정적 평가[10]가 서로 공존하고 있다.

한편 「조선어업령」 제정 이후 1930년대부터는 일본인 어업자 인구가 계속 감소하고 조선인 어업자 인구가 급속히 증가하는 현상이 나타났다. 1933년에 4,424호에 달했던 일본인 어업자의 호수(戶數)가 1942년에는 3,232호로 되어 27퍼센트나 감소한 반면에 조선인 어업자의 호수는 14만 1,931호에서 19만 6,814호로 28퍼센트 증가했다. 이를 인구수로 환산하여 추정하면 1942년 49만 명에 달하는 조선의 수산업자 중에서 일본인은 1만 명도 되지 않았다. 이는 19세기 말부터 일제의 어업이민장려책으로 이주해 온 일본의 영세어민이 조선의 환경에 적응하지 못하고 파산하거나 농업과 상업 등으로 전업한 결과로 보인다. 반면에 소수 재력가들의 어장 독점이나 기선저예망어업 등 일부 허가어업에서의 어업 재벌의 이권화, 독점화 경향은 시기가 지날수록 점차 심해졌다.

식민지기 조선의 수산업은 주요 어종에 따른 지역 구분, 그리고 이주어촌과 전통어촌의 민족적 구별에 따른 차별적이고 불균등한 발전을 특색으로 한다. 특히 1920년대 중반 이후 폭발적으로 증가한 정어리 어업의 성장은 조선 수산업의 기형적 발전 형태를 보여주는 대표적인 사례이다. 1923년 함경북도 성진항 근해에 대규모 정어리 어군이 몰려든 것을 계기로 일본인이 본격적인 어장을 개발하는 데 착수했고, 1939년에는 120만 톤의 어획량을 올리며 총 어획량의 50퍼센트 이상을 차지하는 조선 최대의 단일 어업이 된 것이다.[11] 이를 통해 근대 자본제어업인 기

---

10 김정란, 2017, 「1930년대 조선총독부의 어업정책과 어업조합의 활동: 함경도 지역을 중심으로」, 한양대학교 대학원 석사학위논문.

선유자망 및 기선건착망 어업이 발달하게 되고, 이들 어선의 원활한 정박과 하역을 위해 함경남북도와 강원도에 성진항, 청진항, 주문진항 등의 항만시설이 확충되었다. 아울러 이곳에서 어획된 정어리는 조선 안에서 소비되기보다는 통조림, 비료, 어유, 어분 등으로 가공해 주로 일본으로 이출되었다.

이에 비해 동해, 남해, 서해에 각각 광범위한 어장을 형성하고 있던 명태, 고등어, 조기 어업은 전통 시대부터 이어진 고유의 어법을 계승·발전시키면서 성장해 나갔다. 또한 명태와 조기는 적어도 조선 후기 이후로는 제사상 차림에 빠질 수 없는 제물이었기에 전국적인 유통망이 형성되는 등 소비량과 소비시장이 시기가 지날수록 늘어났다. 반면에 이들 두 어종은 일본인의 기호에 맞지 않았으므로 식민지 당국자의 관심을 제대로 끌지 못했다.

'석수어(石首魚)'라고도 불리는 서해안 조기는 동해안의 명태와 더불어 가장 오랫동안 조선인에게 사랑받았다. 식민지기 조선의 주요 수산물 중 정어리, 명태, 고등어 다음으로 많이 잡혀서 1937년에만 연간 어획량이 5만 5,000톤, 금액으로는 476만 엔에 달했다. 주요 어장은 전라남도의 흑산도와 위도, 황해도의 연평도, 평안북도의 대화도 등 서·남해 연안 일대에 있었다. 이곳에는 '파시(波市)'라고 불리는 어업기지가 있었지만 방파제 축조나 준설공사, 배후시설 건립 등 근대 항만 시설이 갖추어지지 않았다. 1920년대까지 조선총독부가 조선 어업이 아직 영세하다는 이유로 일본인 이주어촌을 제외하고는 어항 수축에 소극적인 태도를 보였기 때문이다. 따라서 서해안의 주요 파시들은 태풍 등의 재난이 닥칠

---

11 김수희, 2015, 『근대의 멸치, 제국의 멸치』, 아카넷, 171~172쪽.

때마다 수많은 인적·물적 피해를 받아야 했다. 1923년 굴업도, 1931년과 1934년의 연평도, 1931년과 1936년의 덕적도 등에서 일어난 대참극은 이들 파시에 방파제 등 어항의 기본적 시설조차 갖추지 못했기 때문에 발생한 재해였다. 따라서 조선의 어민은 스스로 조난선을 구조하고 사재를 털어 방파제를 축조해야 했다. 식민지시기 오로지 '자조(自助)'하고 '공조(共助)'해야 할 뿐, 국가가 제도 정비와 인프라 구축을 해야 하는 '공조(公助)'는 보이지 않았던 것이다.

「일제강점기 수산업 정책」은 두 명의 필자가 공동집필했다. 제1·2장은 이영학이, 제3·4·5장은 류창호가 집필했으며, 머리말과 맺음말은 공동집필했다. 아울러 이 책은 필자들의 연구와 기존 연구성과를 바탕으로 서술한 개설서이다.

제1장
통감부의 조선 어장 조사와 「어업법」 제정

1. 개항 이후 일본 어민의 조선 연해 침탈

일본 어민이 조선 연해에 와서 어업을 행한 것은 개항 이전 시기부터였다. 일본 도쿠가와(德川) 막부(幕府)의 해금책(海禁策)에도 불구하고 일본 어민은 조선 연해에 와서 밀어(密漁)를 행했다.[1] 그 후 일본 어민이 합법적으로 조선 연해에서 어업을 행할 수 있었던 것은 1883년의 「조일통상장정」에 의해서였다. 일본은 1883년 「조일통상장정」 제41관에서 일본 어민이 조선 연해에 와서 어업을 할 수 있는 규정을 획득하게 되었다.

"일본국 어선이 조선국의 전라, 경상, 강원, 함경의 4도 해안에서, 조선국 어선이 일본국의 히젠(肥前), 치쿠젠(筑前), 이와미(石見), 나가도(長門), 이즈모(出雲), 쓰시마(對馬)의 해변에 왕래하면서 어획함을 승인한다"[2]라고 하여, 일본은 4도의 연안어업권을 획득한 반면에 조선은 일본의 일부 해안에 통어권을 획득했다. 그러나 당시의 상황에서 조선 어민은 외국에 출어할 수 있을 만한 여건을 갖추지 못했기 때문에, 일본이 일방적으로 조선 연해에서의 어업권을 획득한 셈이었다.

아울러 일본은 「조일통상장정」이 조인되던 날인 1883년 6월 22일에는 조선해에 통어하는 일본인의 범법 행위에 대한 처벌규정을 정함으로써 범법 행위를 저지른 일본 어민을 보호하는 제도적 장치를 마련했다.[3] 반면에 조선 어민은 일본 연해로 갈 일이 없었으므로 조선 어민에 대한

---

1 關澤明淸·竹中邦香, 1893, 『朝鮮通漁事情』, 團團社書店, 7~9쪽(이영학, 2022, 『일제침탈사 자료총서, 수산업: 어업(1)-개항기 일제의 어업침탈』, 동북아역사재단, 93쪽).

2 「조일통상장정」(1883.6.22) 제41조.

3 「處辦 日本人民 在約定 朝鮮國 海岸 漁採 犯罪條規」(1883.6.22. 조인).

규정은 정하지 않았다. 일본 어민이 조선 연해에 와서 법규를 위반했을 때는 "조선국 관리가 그 범죄 증거를 상세히 기록하여 해당 일본인과 함께 부근 항구의 일본 영사관(領事官)에게 넘겨 처리할 것을 요구한다. 일본 영사관은 속히 심사하여 법률에 따라 처리한다"[4]고 규정했다. 즉 조선 정부는 조선 연해에서 일본 어민이 범죄 행위를 저질렀을 때 그를 처벌하지 못하고, 그 범죄자를 일본 영사관으로 압송해 일본 영사의 재판에 맡긴다는 것이었다. 조선 정부는 조선 연해에서 일본 어민이 범죄를 저지를 경우 처벌할 수 있는 권한을 방기했다.

1883년의 「조일통상장정」 이후, 일본 어민은 조선 연해로 진출해 왔다. 당시 일본 연해의 어장은 고갈되었고, 일본 정부는 일본 연해에서 어족을 보호하기 위해 잠수기 사용을 금지했다. 반면에 조선 연해는 어족이 풍부하고 잡아도 끝이 없는 어장의 보고로 전해지면서 일본 어민의 진출이 활발해졌다.

1887년 1월에 무로타 요시아야(室田義文) 부산 영사가 일본 본국에 보고한 문건에는 "1886년 야마구치(山口), 오이타(大分), 에히메(愛媛)현 등에서 200여 척의 일본 배가 경상도와 전라도에서 활동하면서 많은 이익을 올리고 있다"[5]고 전하고 있었다.

그들은 조선 어민보다 우월한 어구와 어선을 바탕으로 수산물을 채취해 갔고, 심지어 조선 어민의 어장과 어전 등의 어업 영역을 침입·훼손시키면서 침입해 왔다. 일본 어민이 조선 어민보다 우세한 어구와 어

---

4 「處辦 日本人民 在約定 朝鮮國 海岸 漁採 犯罪條規」 제2조.
5 機密第壹號 [韓國 全羅 慶尙 兩道 沿海에서의 漁獲實況 調査 件](1887.1.28); 機密第七號 「日本漁船ノ巨利」, 『韓日漁業關係』(日本 外務省 外交史料館 史料), 국사편찬위원회, 10~16쪽.

선을 바탕으로 수산물을 채취해 감으로써 조선 어민의 생계를 크게 위협했다. 일본 어민은 일본과 가까운 경상도와 전라도 남해안 지역에서 주로 활동했고, 멀리 제주도 연해의 어장이 주목받았다.[6]

일본 어민은 조선 어민이 기존에 설치해 놓은 어기(漁基)나 어전(漁箭)의 영역 안에 들어와 어업을 행하거나, 또는 조선인이 소유하고 있는 어장 안에 들어와 종종 어업을 행했다. 그러한 행위는 조선 어민의 기득권이 크게 손상받거나 침해받는 것을 의미했다.

예를 들면, 1888년에 부산항 근처에서 "일본 어민 이시야마 히로시(諫山廣)가 어로(魚路) 요충 130여 곳의 어장에 휘리망(揮罹網)을 설치해 2,000여 어민이 살아갈 뜻을 잃고, 일본 어민에게 어업의 이익을 빼앗겨 부산항 수천 어호(漁戶)가 실업하게 되었다"[7]고 했다. 즉 조선 어민의 어기 수백 곳을 설치한 지역에 휘리망을 설치해 조선 어민이 파산하게 되었던 것이다.[8] 이 일로 인해 조선 어민이 통리교섭통상사무아문(통리아문으로 약칭)에 상소를 올리자, 통리아문에서는 일본 공사에게 협조를 당부하는 공문을 발송했다.

이곳은 몇백 년 동안 어민들이 어망을 설치하여 대구와 청어를 잡는 어전으로, 130곳이나 되고 어민 2,000여 명이 생업을 유지하면서 세금을 납부하는 곳이다. 갑자기 근래에 일본인 이시야마(諫山)가 7~8척의 어선을 이끌고 와 조선인들이 어망을 설치한 요로(要路)에 휘리망

---

6   『통서일기』 1887년(고종 24) 2월 13일.
7   『통서일기』 1888년(고종 25) 11월 17일.
8   『통서일기』 1888년(고종 25) 11월 14일; 11월 24일.

(揮罹網)을 설치해 물고기 한 마리도 어전에 들어오지 않고 모두 일본의 어망에 들어가서 백여 어기(漁基)가 모두 혁파되고 수천 명의 조선 어민이 생업을 잃게 되었다. 이에 일본 어민으로 하여금 조선 어민이 어망을 설치한 곳에서는 어업을 행하지 못하게 해 달라.⁹

이 공문의 내용은 1888년 11월부터 1889년 초까지 논전을 벌였지만, 일본 공사는 조약에 규정되어 있지 않다는 이유로 조선 정부의 요청을 끝내 거절했다.¹⁰

일본 어민이 조선인 어장을 불법 침입하는 일은 자주 일어났는데, 일본인 수산전문가인 세키자와 아케키요(關澤明淸)도 이것을 인정하고 있었다.

일본인 어부들이 조선인 어부가 가설해 놓은 어장(魚帳)에서 망(網)을 내려 고기가 어장에 들어가는 것을 방해하거나, 조선 어민이 어업을 행하는 장소에서 어업을 하여 고기잡이를 방해하거나, 또는 해조(海藻)를 채취할 때 방해하는 일 등으로 인해 일본 어민과 조선 어민이 충돌을 일으키기도 했다.¹¹

그는 일본 어민이 조선 어민의 어로를 방해했기 때문에, 조선 어민이

---

9 第三三號(1888.11.2)「釜山 沿岸에서의 日本人 網羅 使用 捕魚 禁止 促求照會」, 『韓日漁業關係』(日本 外務省 外交史料館 史料), 국사편찬위원회, 62쪽.
10 「朝鮮國釜山港沿岸ニ於テ本邦人網羅ヲ以テ捕魚スルヲ禁止方東萊府伯ヨリ我領事へ請求拒絶件」, 『韓日漁業關係』(日本 外務省 外交史料館 史料), 국사편찬위원회 62~71쪽.
11 關澤明淸·竹中邦香, 1893, 앞의 책, 104쪽.

저항하여 자주 충돌하게 되었다고 언급했다.

특히 제주도에서 일본 어민의 침탈이 두드러졌다. 제주도민은 어업으로 생계를 유지하고 있었는데, 1883년 이후 일본 어민이 본격적으로 몰려오자 제주 어민의 피해는 막심했다. 이에 제주 어민은 통리아문에 일본 어민의 조업을 금지해 달라는 집단적인 상소를 수시로 올렸고, 1891년과 1892년에는 제주 어민이 집단적으로 서울에 상경해 일본인의 만행을 규탄하는 상소를 올리면서, 조선 정부에 대해 일본 어민의 제주도 연안 어업을 금지시켜 줄 것을 강력히 요구하기도 했다.[12]

1887년에 제주목사가 중앙정부에 올린 보고서를 살펴보자.

> (정부는) 일본인이 전복을 채취하는 것을 허락했는데, 그들의 기구는 우리보다 훨씬 월등하여 1년 동안에 (바다 속의 해산물을) 모두 채취해 버려서 전복과 어류의 종자가 멸종될 처지에 있다. 모든 사람이 입을 모아 일본인의 어채 허가를 못하도록 결사적으로 거부하고 있다.[13]

보고서에서 알 수 있듯이, 제주 어민은 일본 어민이 우세한 어구로 제주 연해의 어류를 독점해 조선인의 생계가 위태로워지자 일본 어민의 어업 활동을 거부했다. 그 과정에서 충돌이 심해져 조선 어민과 일본 어민 사이에 폭행이 발생해 상해를 입거나 살인이 벌어지기도 했다.[14]

---

12 박찬식, 2008, 「개항 이후(1876~1910) 일본 어업의 제주도 진출」, 『역사와 경계』 68; 강만생, 1986, 「한말 일본의 제주어업 침탈과 도민의 대응」, 『제주도연구』 3.
13 『통서일기』 1887년(고종 24) 2월 13일.
14 이영학, 2022, 앞의 책, 541~558쪽.

이와 같이 일본 어민은 조약에 따라 합법적으로 조선 연해로 진출할 수 있었지만, 그들은 폭력적인 방법으로 어업을 행하거나 조약 규정 이외의 지역까지 불법적으로 어업을 행하면서 조선 어민의 생계를 위협했다. 이에 조선 어민은 일본 어민에 강하게 저항하여 충돌을 일으키거나, 정부에 호소하여 일본 어민의 진출을 방지해 줄 것을 요청하기도 했다. 또한 조선 어민은 선진적인 어구나 어선을 구입해 근대적인 어업으로 전화해 가면서 일본 어민과 경쟁을 시도해 가기도 했다. 예를 들면, 1889년 10월에 조선인 영장(營將) 안후선(安厚善)과 김우선(金友善) 및 강진우(姜鎭友), 이봉언(李奉彦) 외 한 명이 일본 나가사키로 가서 어구를 구입하여 일본 어민의 어업과 경쟁하기도 했다.[15]

「조일통상장정」이 체결된 지 5년 후인 1888년에는 인천 연안도 일본인에게 개방되었다.[16] 1883년에 개항된 인천항에 거류하는 일본인의 인구가 늘어남에 따라, 일본인은 그들이 필요로 하는 수산물을 공급하기 위해서는 인천 연안에도 일본 어선을 출어시키지 않을 수 없다고 하면서, 1887년부터 인천 연안도 통어구역에 포함시켜 달라는 교섭을 조선 정부에 요청해 왔다. 처음에 조선 정부는 이를 거절했으나, 거듭된 일본 측의 요구로 1888년 6월에 조선 정부는 15척의 어선에 한정하여 일본 어선의 인천 연해 조업을 허가했다.[17] 규정상에 인천 해면(海面)이라고 되어 있는 일본 어선의 조업 허가 영역은 실제로는 인천 연안에만 국한된 것이 아니었다. 남쪽으로 남양부터 북쪽으로 강화까지 이르는 경기도

---

15 『鎭西日報』 1889년 11월 1일; 『통서일기』 1889년 10월 5일.
16 朴九秉, 1968, 「한국어업기술사」, 『한국문화사대계』 Ⅲ, 239쪽.
17 「仁川海面暫准日本漁船捕魚額限規則」(1888.6.4).

대부분의 연안 어장이었다. 어업허가는 매년 갱신해야 했고 어선 척수도 제한되었지만 실제로는 경기도 연안의 대부분이 1888년부터 일본인에게 개방되었던 것이다.

1883년 「조일통상장정」의 개정 작업이 진행되어, 1889년 11월 독판교섭통상사무 민종묵(閔種黙)과 일본대리공사 곤도 마스키(近藤眞鋤) 사이에 「조일통어장정」이 조인되었다. 주요 내용은 일본 어민이 소정의 어업세를 납부하면 조선의 전라·경상·강원·함경의 4도 연해의 3리 이내에서 자유로이 어업 활동을 할 수 있으며, 아울러 잡은 어류도 매매할 수 있도록 허가한 것이다. 또한 일본 어민이 이 규정을 어겨 범죄를 저지른 경우에는 조선 관리가 처벌하지 못하고 일본 영사관에 고소하여 그 재판에 따르도록 한 것이다. 조선 정부에서는 이전보다 어업세를 징수할 수 있는 이익을 얻었지만, 일본 어민의 횡포를 효과적으로 규제하거나 어업 영역을 제한하는 주장은 관철시킬 수 없었다. 특히 조선 정부에서는 제주도를 일본인의 통어구역에서 제외시키려고 노력했지만 이루지 못했다.[18] 이제 일본 어민은 어업세를 납부하고 면허장을 얻으면, 조선 연해에서 어업 행위를 할 수 있을 뿐만 아니라 잡은 고기를 판매할 수도 있었다.

당시 한국의 바다에는 어족이 다양하고 풍부했다. 그리하여 배 한 척이 하룻밤 동안 고기를 잡으면 수천 마리를 낚았고,[19] 고기 떼의 길이가 수백 미터나 될 정도였다. 1893년의 일본인의 보고에 따르면 조선 바다

---

18 김희연, 2015, 「1892년 조일어업관련 조약개정교섭과 국제관계」, 『한국사연구』 170.
19 「朝鮮沿海漁業ノ景況」, 『通商彙纂』 2호(1893.12).

에는 어족이 다양하고 풍부했다.

> 지금 일본 어민이 이익을 얻는 지역은 조약상 일부분의 지역에 불과하므로, 허락된 지역에 전부 간다면 이익은 몇 배나 될 것이다. 조선해(朝鮮海)에서 어류가 풍부한 것은 조선 연해 토인(土人)의 어업이 졸렬하여 그것을 잡는 것이 많지 않기 때문이지만, 지세상(地勢上) 조류 등으로 인하여 어류가 많이 모이기 때문이다. 몇 가지의 어류를 제외하고는 잡아도 끝이 없어서 실로 우리들의 보고(寶庫)이다.[20]

이와 같이 조선 바다에 어족이 풍부하다는 사실이 알려지면서 1890년대에는 일본 어민이 몰려오기 시작했다. 그들은 조선인보다 발달된 어선과 어구로 조선 연해에서 고기잡이를 하여 조선 어민보다 훨씬 많은 고기를 잡을 수 있었다.

일본 어민은 지역적으로 경상도와 전라도에서 많이 활동했고, 점차 함경도와 강원도까지 활동무대를 넓혀 나갔다. 1889년의 「조일통어장정」에 따라 일본 어민은 부산 해관에 신고를 하고 면허장을 받은 이후에 어업을 행할 수 있었다. 어업세는 승무원 열 명 이상은 10원, 다섯 명 이상 아홉 명 이하는 5원, 네 명 이하는 3원이었고,[21] 면허장은 1년마다 갱신하도록 했다. 1890년 이후 부산 해관에서 조선 정부의 면장(免狀)을 받아 어업 활동을 하는 일본인 어선수는 〈표 1-1〉에서 보듯이 매년 700척 정도였고, 어민수는 약 3,000명 내외가 활동했다. 그러나 실제로

---

20 關澤明淸·竹中邦香, 1893, 앞의 책, 총론.
21 「조일통어장정」 제2조.

〈표 1-1〉 부산 해관에서 면장(免狀)을 받은 일본 어선수와 세금 징수액

연도	새로 받은 자(新受)	서면 교환한 자(書換)	세금액(圓)
1890	715척 3,616인		2,749
1891	605척 2,533인	161척 770인	2,582
1892	555척 2,542인	126척 576인	2,327
1893	656척 2,926인	89척 398인	2,485
1894	556척 2,842인	69척 304인	2,287
1895	1,085척	106척	3,358
1896	819척	86척	4,156

출처: 1890~1895년은 「二十八年中釜山港貿易年報」『通商彙纂』 55호 號外 二 (明治 29년 12월 28일); 1896년은 「二十九年中釜山港貿易年報」『通商彙纂』 86호 號外 (明治 30년 12월 25일)

〈표 1-2〉 부산항 총영사관 경유 어업면허증 발급 어선수

연도	어선수	10인승 이상	5인승 이상	4인승 이하
1890	718척(100%)	10척(1.4%)	364척(51%)	344척(48%)
1891	611척(100%)		97척(16%)	514척(84%)
1892	683척(100%)	2척(0.3%)	135척(20%)	546척(80%)

출처: 關澤明淸 竹中邦香, 1893, 『朝鮮通漁事情』, 106쪽.

는 일본 어민이 면장을 받지 않고 조선 연해에 출어하는 이가 많았으므로 이보다는 훨씬 많은 수였으며, 1892년을 전후해서 활동한 일본 어선수는 1,000척 이상이라고 했다.[22]

이 시기 조선에 진출한 일본 어선의 크기는 작았다. 〈표 1-2〉에서 보듯이 4인승 이하의 소규모 어선이 전체 어선수의 70퍼센트를 차지했고, 10인승 이상의 규모가 있는 어선수는 극소수에 불과했다. 즉 이 시기에는 일본 어선이 모험적이고 시범적인 형태로 조선 연해에 오는 경우가 일반적이었다.

---

22   關澤明淸, 1893, 앞의 책, 2쪽(이영학, 2022, 앞의 책, 77쪽).

그러나 이 시기에 일본 어민이 올린 수익은 예상보다 큰 성과를 거두고 있었다. 1891년에는 117만 원의 수익을 올렸고, 1892년에는 160만 원의 수익을 올렸다.[23] 그에 비해 조선 정부에서 거두어들이는 어세(漁稅)는 〈표 1-1〉에서 보듯이 3,000원 정도였으니 어획량의 0.2퍼센트에 해당할 정도의 매우 약소한 금액이었다. 이렇게 적은 어세인데도 일본 어민이 어세를 납부하지 않고 밀어를 행하는 사례가 많았다.

나아가 일본 어민이 어류의 판매에 관심을 가지기 시작해 어로 행위뿐 아니라 어류의 판매 분야까지 영역을 넓혀갔다. 일본 상인이 어류 매매에 참여해 어물전 상인들이 상권을 잃고 도산하기도 했다.[24] 일본 어민은 잡은 고기를 일본으로 가져가기도 했지만, 조선에서 머무르는 일본인과 조선인에게 판매하기도 했다. 일본에 가면 어류 가격이 비쌌지만, 가는 데 필요한 시간·보관 등의 부담이 있었으므로 웬만큼 규모를 갖춘 어선이 아니라면 조선에서 생선 그대로 처리하는 것이 경제적·시간적으로 이익이었다. 그리하여 조선에서 판매하는 방법을 강구하게 되었다.

일본 거류민들은 부산항에서 1889년 8월에 돈을 모아 자본금 5만 원의 부산수산회사(釜山水産會社)를 창설했다.[25] 그 회사는 두 가지 업무를 맡았다. 하나는 일본 어민의 면허장 청구 등의 수속을 대리해 주는 등 일본 어민의 편의를 돕는 일이었다. 다른 하나는 구내에 어시장을 설치

---

23 關澤明淸·竹中邦香, 1893, 앞의 책, 108쪽.
24 『통서일기』 1888년(고종 25) 11월 20일; 1891년(고종 28) 4월 27일; 1891년(고종 28) 8월 10일.
25 「부산수산회사」, 『大阪每日新聞』, 1889.3.13(이영학, 2022, 앞의 책, 173쪽).

해 일본 어민이 잡은 고기의 판매를 알선하는 일이었다.[26] 즉 부산수산회사는 일본 어민이 잡은 고기를 거류지 일본인과 조선인에게 효과적으로 팔도록 알선했다. 심지어는 그 고기를 청나라에 수출하는 데 중개 역할을 하기도 했다.

조선해 출가어업자(出稼漁業者)가 주로 잡는 상어, 마른 전복, 해삼 등은 종래 그 어업자가 곧바로 나가사키(長崎)로 가져가서 그곳에서 판매상의 손을 거쳐서 거류지의 청국 상인에게 판매했는데, 근래에는 부산수산회사에서 스스로 제조하거나, 또는 어부로부터 구입해서 직접 청국 천진(天津)에 수송하는 길을 열기 때문에 출가어업자는 이 물품을 나가사키로 가져갈 필요가 없고 부산에서 판매하는 길을 얻어 한층 편리했다.[27]

부산수산회사에서는 일본 어민이 잡은 고기를 청나라에 수출하는 데 중개 역할을 하면서 어류의 판매에 관여했다. 이제는 일본 어민이 고기를 잡는 것뿐만 아니라 잡은 고기를 조선인이나 거류지 일본인에게 판매했고, 나아가 청나라에 수출까지 했다. 조선인은 어류의 생산 분야는 물론 유통 분야에서도 잠식당하고 있었던 것이다.

---

26 關澤明淸·竹中邦香, 1893, 앞의 책, 第4 地理, 慶尙道.
27 關澤明淸·竹中邦香, 1893, 위의 책, 第9 漁獲物의 販賣 및 製造.

2. 일제의 조선 연해 어장 조사[28]

일본은 1868년 명치유신을 단행한 이후 근대국가 체제를 만들어 가면서 대외 팽창 정책을 추진해 갔다. 1869년에 홋카이도를 개척해 갔고, 1879년 류큐(琉球)왕국을 몰락시키며 오키나와현으로 편입시켰다. 아울러 일본 본토 주변의 오가사와라 제도를 일본 본국으로 편입해 갔다.

한편 일본은 조선으로의 진출을 추진했다. 1876년 병자수호조약을 조선에 강요해 문호를 개방시킨 후, 조선에 영국의 면제품 및 의류제품을 중개 수출하고, 대신 조선의 쌀, 콩, 수산물, 소가죽 등을 수입해 갔다. 1883년 「조일통상장정」을 맺으면서 합법적으로 경상도, 전라도, 강원도, 함경도의 연해에서 어업을 행하게 되었다. 그 후 1889년에 「조일통어장정」을 맺게 되자, 일본 어민은 조선 연해로 활발하게 전출할 수 있었다. 일본 어민의 조선 연해 진출이 활발해지자 일본 어민의 출어를 적극 장려하기 위해 일본 정부에서는 조선 연해 조사를 적극적으로 추진했다.

일본 어민이 조선 연해에 와서 어업 활동을 하는 일이 빈번해지자, 1882년에 설립한 반관반민 단체인 대일본수산회에서는 조선 연해에 대한 정보를 제공하면서 일본 어민의 조선 통어를 권장했다.[29] 대일본수산회에서는 일본 어민의 조선 통어를 장려하고자 조선 연해에 대한 정보

---

28 이 부분은 이영학, 2023, 「개항기 일본 정부의 조선 연해 수산업 조사」, 『역사와 현실』 129를 중심으로 요약했다.

29 여박동, 2002, 『일제의 조선어업지배와 이주어촌 형성』, 보고사, 73~78쪽.

를 그들의 기관지인 『대일본수산회보고』와 『대일본수산회보』에 게재했다. 먼저 조선 연안의 지도와 해도의 종류를 소개하고 구입방법을 안내했다. 영국과 프랑스 및 러시아뿐 아니라 일본에서 측량한 조선 연안의 전도를 비롯해 조선의 동해안과 남해안 및 서해안의 지도와 해도를 소개하고 그 구입처 및 가격을 알려주었다. 일본 어민이 조선 연안에 출어하기 위해서는 일본에서 얼마나 떨어져 있으며, 연안의 모양이 어떻게 생겼는지 알고 갈 필요가 있었다.

1889년에 「조일통어장정」 체결 이후 일본 어민의 조선 연해 진출이 활발해지자, 일본 정부는 조선 연해에 대한 정보를 파악해 일본 어민에게 제공할 필요가 있었다. 이에 일본 외무대신은 일본 수산전문가에게 명령을 내려 조선 연해를 조사하게 했다. 일본의 외무성 통상국은 1892년에 일본 수산전문가인 세키자와 아케키요(關澤明淸)[30]에게 조선 연해를 조사·보고하도록 명령했다. 그리하여 그는 1892년 11월에 동경을 출발해 부산, 인천, 경성을 거쳐 경상도와 전라도의 연안 및 섬을 시찰하고, 다시 부산으로부터 원산까지 왕복하면서 동해안을 조사한 후 1893년 3월 중순에 귀국하는 과정에서 보고서를 여덟 차례 일본 정부에 제출했다.[31] 그는 보고 내용을 바탕으로 『조선통어사정』(1893)이라

---

30 세키자와 아케키요(關澤明淸, 1843~1897)는 명치 초기 일본의 대표적인 수산 관료 및 전문가였다. 그는 1843년에 가가번(加賀藩)의 번사 세키자와 로쿠자에몬(關澤六左衛門)의 차남으로 출생하여 어려서 에도(江戶)에 나와 난학과 항해기술을 배우고, 나아가 나가사키(長崎)에 유학하여 난학과 항해술을 습득했다. 그는 1882년 대일본수산회의 창립에 기여했으며, 대일본수산회가 개설한 수산전습소의 초대 소장으로 활동했으며, 인공부화, 양중포경, 건착망의 신법 등의 신기술을 소개해 일본 어업 근대화에 큰 기여를 했다(여박동, 2002, 『일제의 조선어업지배와 이주어촌 형성』 보고사, 25~35쪽).

31 外務省通商局, 1894, 『朝鮮近海漁業視察槪況報告』 第1回~第8回(報告者: 關澤明淸),

는[32] 책을 발간해 조선 연해에 진출하려는 일본 어민에게 정보를 제공하면서 조선 연해에 진출하도록 독려했다. 이 책은 일본 어민에게 큰 영향을 미쳤다.

『조선통어사정』의 영향을 받아, 1894년에 원산의 일본인 유지들이 만든 원산상업회의소에서 일본 농상무성에 세키자와 아케키요를 다시 한번 원산에 파견해 함경도의 연해 조사를 맡아 달라고 요청했다. 일본 정부는 세키자와 아케키요에게 다시 한번 원산항을 중심으로 한 함경도와 강원도의 연해 조사를 의뢰했는데, 세키자와는 당시 원양어업을 위한 40톤급 어선 개량 작업을 하고 있었고, 배의 진수식을 앞두고 있어서 원산상공회의소의 요청에 응할 수 없다고 회신했다.[33] 이에 일본 외무성에서는 농상공부 기수인 가부라키 요미오(鏑木餘三男)를 파견했다. 그는 1894년 8월 21일에 동경을 출발해 함경도 원산, 길주지방을 시찰한 후에 12월 12일에 귀국해 1895년 2월에 일본 외무성에 보고서를 제출했다. 가부라키는 조선의 원산항을 근거지로 하여 3개월 동안 함경도와 강원도 연해를 면밀히 조사했다. 그는 함경도와 강원도 연해의 어업상황, 일본인 어업의 현황과 수익 정도, 함경도와 강원도 연해의 어족 종류, 어획물의 제조 상황 등을 조사해 보고했다.

일본 정부가 일본 어민의 조선해 진출을 적극적으로 권장하고 장려하는 정책을 펼친 시기는 1897년 이후였다. 1897년 4월 내무성 수산국장 아시하라(葦原) 시절에 「원양어업장려법」이 공포되었는데, 이는 일본

96쪽.
32 關澤明清·竹中邦香, 1893, 앞의 책.
33 이근우, 2012, 「명치시대 일본의 조선 바다 조사」, 『수산경영론집』 43(3), 7쪽.

정부가 일본 어민에게 보조금을 지급해 연해주, 조선, 대만 등 해외 연해로 진출하는 것을 장려하기 위한 법안이었다. 그런데 이를 실시하는 데 여러 가지 복잡함과 어려움이 있었다. 그해 11월에 내무성 수산국장으로 부임한 마키 나오마사(牧朴眞, 1854~1934)는 당시 현황을 조사해 그 규정을 대폭 개정함으로써 장려금의 교부대상인 어업의 종류를 늘리고 선박톤수 제한과 승무원의 자격 정원을 완화해 지원을 확대함으로써 원양어업을 적극 권장했다.

또한 수산국장 마키 나오마사는 1899년 6월에 관료들과 함께 한국을 시찰하고 7월에 후쿠오카로 귀국한 후, 조선해 출어에 관계하는 13부현(府縣)의 수산주임관 및 대표자와 통어에 관한 회의를 개최했다. 그 결과 각 부현마다 한해통어조합(韓海通漁組合)을 조직하고 1900년 5월에 조선해통어조합연합회(朝鮮海通漁組合聯合會)를 설립해 부산에 본부를 두고 조선해 수산업을 주도해 가도록 했다. 즉 일본의 각 부현에서 일본 어민의 조선해 진출을 조직적으로 지원하고 추진해 가도록 했다. 그 연합회는 일본 어민과 한국 정부 사이에 발생하는 행정상의 문제를 해결해 주고, 어업을 행하는 데 필요한 부문을 알선하고, 또한 어획물 판매를 중개하는 등의 중요한 역할을 담당하도록 했다.[34]

이 시기에 이르러 일본 정부는 일본의 각 부현에게 한국 진출에 도움을 주는 한해통어조합을 조직하도록 하고, 그를 바탕으로 한국에 진출하거나 이주해 가도록 적극 후원했다. 이에 힘입어 일본 어민의 한국 연안으로의 진출이 크게 확대되었고, 일본 어민은 한국 연해에서 어업 활동

---

34 葛生修亮, 1903, 『韓海通漁指針』, 黑龍會 東京(본부를 부산에 두고, 지부를 마산, 목포, 원산에 두었다).

을 주도할 수 있게 되었다.[35]

아울러 지방정부에서도 어민을 한국 연해에 출어시키면서 한국 연해에 대한 정보를 제공할 필요가 있었다. 그리하여 일본 부현의 지방정부에서는 한국 연해의 어업 상황 또는 항구의 사정 등을 조사해 일본 어민에게 알려주고자 했다.

1898년 이후 일본 지방정부에서는 내무부와 수산시험장에 명령을 내려 한국 연해에 대한 시찰보고서를 작성해 보고하도록 했다. 그리하여 1898년부터 1904년까지 후쿠오카(福岡), 오이타(大分), 사가(佐賀), 나가사키(長崎), 가가와(香川), 히로시마(廣島), 오카야마(岡山), 지바(千葉)현에서 관료를 파견해 한국 연해를 시찰하게 하고 그 보고서를 제출하도록 했다. 1898년에 후쿠오카현에서 명령을 내려 『조선해어업탐검복명서』를, 1900년에 오이타현에서 『한해어업시찰복명서』를, 사가현에서 『한해어업시찰복명서』를, 나가사키현에서 『강원함경양도어리조사서』를, 1902년에 가가와현에서 『한국어업시찰복명서』를, 1903년에 히로시마현에서 『한해어장조사』를, 1904년에 오카야마현에서 『한해시찰보고』를, 지바현에서 『한해어업시찰보고』(연도 미상)를 발간하도록 하여 각 지방에서 한국 연해로 출어하는 어민에게 그 정보를 제공했다.[36]

한편 1897년 2월에 부산 영사 이주인 히코키치(伊集院彦吉)와 부산에 있던 일본 어민이 발기하여 조선어업협회를 부산에서 창립했다. 일본 외무성과 농상무성은 일본 어민이 한국 연해에서 활발하게 조업하고 또

---

35 이영학, 1995, 「개항 이후 일제의 어업 침투와 조선 어민의 대응」, 『역사와 현실』 18, 170~171쪽.

36 이영학, 2023, 앞의 글, 281쪽.

그들의 이익을 보장하기 위해 다양한 방식으로 어민의 조직을 관할하고자 했다. 그런 점에서 일본 외무성 등이 한국에 와 있는 일본 어민의 조직인 조선어업협회를 곁에서 후원해 주면서 조직을 만들도록 도와주었다. 아울러 일본 정부는 보조금을 지급하면서 조선어업협회로 하여금 한국 연해를 조사한 뒤 보고서를 제출하도록 했다. 조선어업협회는 한국 연해에서 조업하는 일본 어선을 시찰하면서 어업 현황을 파악하고 한국 연해에서 많이 잡히는 어류 등을 조사했고, 나아가 한국인과의 분쟁 조정, 일본 어민이 직면한 문제 해결, 우편 사무 등을 처리하면서 일본 어업자의 편의를 도모했다. 이 과정에서 작성된 순라보고서는 부산 영사관을 통해 일본 외무성에 보고되었고,[37] 이는 다시 농상공부로 회람되면서 일본의 대 조선 수산업 정책을 기획하는 데 기초 자료로 사용되었다.

한편 일본의 우익단체인 흑룡회 창립 회원인 구즈우 슈스케(葛生修亮)가 1899년 2월에 조선에 건너와 육로로 부산부터 원산까지 동해 연안의 어업을 시찰하고, 다시 1899년 6월에 부산에서 조선어업협회와 조선해통업조합연합회에 가입하여 1년 동안 한국 연해를 시찰했다. 그 조사 내용을 '한국연해사정'이라는 제목으로 흑룡회의 『회보』 및 잡지 『흑룡』에 연재했다가, 이 연재기사를 바탕으로 1903년에 『한해통어지침』이라는 책으로 흑룡회 출판회에서 출판했다. 구즈우는 당시 3,000척 이상의 어선과 1만 5,000명 이상의 일본 어민이 한국 연해에서 어업 활동을 하고 있었는데, 당시의 상황을 개선하면서 한국 연안 각지에 근거항을 정해 이주하고 영주하면서 어업을 행한다면 일본 국가와 일본 어민이 모두 실리를 얻을 것이라고 언급했다. 이를 위해 당시의 한국인 수산

---

37 이영학, 2023, 위의 글, 283~288쪽.

업과 일본의 통어 상황 등을 상세히 기록하여, 일본 어민에게 도움을 주기 위해 이 책을 편찬한다고 했다.[38]

1905년 일본 정부가 러일전쟁에 승리하면서 일본 어민의 한국 연해 어업정책은 변하기 시작했다. 일본 정부는 일본 어민이 한국 연해에서 출어를 하여 어업을 하는 것은 이익이 제한적이라고 평가했다. 즉 일본 어민이 한국 연해로 출어하는 데 시간과 경비가 많이 들고, 나아가 1종 1기로 어업을 하러 한국 연해로 가는 데 어획을 하지 못하면 다른 어획으로 전환하는 제2의 계획을 실행하기 어려웠다. 이에 일본 정부는 이러한 불이익을 해결하면서 어업 이익을 확대하는 방법은 일본 어민이 한국 연해에 이주어촌을 건설하고 생활하면서 어업을 한다면 안정적이면서 더 많은 이익을 얻을 수 있다고 판단했다.

그리하여 일제는 한국에 설치한 한국재정고문본부에게 한국의 수산행정 및 상황을 조사하게 하여 『한국수산행정급경제』(1905)를 발간하도록 했다.[39] 아울러 일본 농상무성에서는 소속 관료로 하여금 한국의 수산업을 조사하게 하여 『한국수산업조사보고』(1905)를 발간했다.[40] 두 책 모두 일본 어민이 한국 연해에서 어업 이익을 극대화하고 지속적으로 획득하기 위해서는 한국 연해로 이주해 이주어촌을 건설하고 생활하면서 어업 활동을 해야 한다고 주장했다. 이를 위해 일본 정부는 어업근거지를 마련하고, 감독자를 두어 이주어민을 보호·감독하며, 수산전문가를 파견해 한국 어장을 조사하며, 통어자와 이주민 조합을 결성하게 하

---

38 葛生修亮, 1903, 『韓海通漁指針』, 黑龍會 東京, 總論.
39 韓國政府財政顧問本部, 1905, 『韓國水産行政及經濟』, 京城.
40 農商務省 水産局, 1905, 『韓國水産業調査報告』(報告者: 下啓助 山脇宗次).

는 등의 방법을 실시해야 한다고 했다.[41]

일본 지방정부에서도 한국 연해를 더욱 자세히 조사하면서 일본 어민이 이주해 어촌을 형성하기에 적합한 곳을 제시했다. 예를 들면 후쿠오카현에서는 이전에 어획하지 않았던 조선 서해안의 고군산도, 군산포, 강경 등을 조사하고 전라도 지역에서 일본 어민이 이주하기에 적합한 어업근거지를 제시하는 『한국서남연해어업시찰서』(1906)를 발간했다.[42] 이 책에서는 목포수산조합지부에서 선정한 전라도 연해의 어업근거지를 5등급으로 나눠 제시했다. 1등지로는 각 어장의 중심지이면서 대규모 경영에 적합한 소안도(완도군)를 제시했고, 2등지로는 소규모 경영에 적합한 안도, 국도, 거문도(돌산군), 성산포, 한림포, 서귀포(제주도), 흑산도, 위도, 고군산도(지도군)를 제시했다.[43] 후쿠오카현뿐 아니라 히로시마현, 오카야마현, 고치현, 시마네현, 야마구치현에서 그동안 조사하지 못했던 충청도, 황해도, 평안도의 어장을 조사했고, 아울러 일본 어민이 어업근거지로서 이주하기에 적합한 곳을 제시했다.

통감부 시기에 들어와 통감부는 당시까지 한국 연해 조사를 총정리하면서 그를 바탕으로 일본 어민의 한국 연해 침탈을 조직적으로 지원하고, 나아가 한국 어업을 재편하고자 했다. 먼저 통감부는 조직 개편을 단행했다. 통감부의 한국 연해 조사를 총괄한 사람은 농상공부 수산국의

---

41 農商務省 水産局, 1905, 『韓國水産業調査報告』, 1~2쪽.
42 福岡縣 水産試驗場, 1906, 『韓國西南沿海漁業視察書』.
43 3등지는 어장과의 관계에서 어선이 집합하기에 적합하지 않지만 사계절 내내 돛배의 모습이 그치지 않는 곳이다. 4등지는 어획시기에 임시 어선이 집합하기에 적합한 곳이다. 5등지는 4등지 다음으로 어획시기에 어선이 약간 집합하는 곳이다(福岡縣 水産試驗場, 1906, 『韓國西南沿海漁業視察書』, 29~31쪽).

과장이었던 이하라 분이치(庵原文一)⁴⁴였다. 이하라 분이치는 1907년부터 통감부에 여비를 지원받아 조선 연해를 조사했지만, 이 조사사업은 1908년에 본격화되었다. 1908년 1월에 농상공부 분과 규정을 정비하면서 수산국 산하에 수산과, 염무과, 조사과를 설치했다.⁴⁵ 그중 조사과에서는 "수산업과 염업의 경제조사에 관한 사항"⁴⁶을 담당하도록 하고, 그 이전에 조사한 자료를 정리하고 한국 연해의 사정을 직접 답사하며 조사했다. 이하라 분이치는 1908년과 1909년에는 임시수산조사비로 거액을 지원받아 한국 연해를 본격적으로 조사했다.⁴⁷ 한국 연해의 조사사업은 수산국 관료들이 주도해 가면서, 일본 이사청 및 수산조합 소속의 일본 기술자를 총동원하여 진행했다. 그들은 전국 13도 연안의 도서 하천에 대해 수산에 관한 실상을 직접 답사하면서 조사했다.⁴⁸

---

44 이하라 분이치(庵原文一, 1864~1935)는 통감부와 조선총독부 식산국 수산과의 수산과장으로 재직하면서 「어업법」(1908) 제정과 일제시기 수산업 정책 추진의 중심적 역할을 했다. 그의 본적은 시네마현(島根縣)이다. 그는 도쿠시마현(德島縣)에서 태어났고, 도쿠시마현 부강중학교(富岡中學校)와 도쿠시마현사범학교(德島縣師範學校) 고등사범과(高等師範科)를 졸업하고 도쿄수산전습소(東京水産傳習所)에서 수산 분야 실습(實習)을 수료한 후 도쿠시마현 기사와 권업과장, 수산시험장장(水産試驗場長)으로 12년간 근속했다. 그 후 일본 농상무성 수산조사소장(水産調査所長), 이시카와현(石川縣) 기사, 이시카와현 수산강습소소장을 역임했다. 1906년 10월 통감부기사(統監府技師)의 자격으로 조선으로 건너와 한국농상공부 어정과장(漁政課長)과 수산과장으로 재직했다. 1907년 통감부 수산과장으로 조선 연해 수산업 조사를 총괄하여 『한국수산지』 4권(1908~1911)을 발간했다. 1908년 「어업법」 제정에 참여했으며, 일본인 수산단체인 대일본수산회의 『대일본수산회보』에 기고하여 일본 어민이 조선 연해에 와서 면허어업을 신청하도록 독려했다. 1910년 일제가 조선을 병탄한 이후 농상공부 식산국의 수산과장이 되어 일제의 수산업 정책을 추진하는 데 주요한 역할을 담당했다.

45 「농상공부 분과규정」, 『관보』, 1908.1.28; 『한말근대법령자료집』 6권, 255~259쪽.

46 「농상공부 분과규정」 제24조, 『한말근대법령자료집』 6권, 259쪽.

47 농상공부 수산국, 1908, 『한국수산지』 제1권, 本書의 由來, 3쪽.

조사 방법은 전국을 14구역으로 나누고 구역마다 담당 조사원을 정했다. 하천 어업 및 염업조사원도 약간 명을 두어 조사하게 하고, 편집원을 용빙하여 조사 결과물을 편찬하게 했다. 〈표 1-3〉에서 보듯이 조사원으로는 농상공부와 통감부의 기수와 함께 민간기관인 조선해수산조합의 기수를 동원해 조사사업을 추진했다. 일본인이 절대다수였으며, 한국인으로는 유일하게 엄태영이 참여해 한강 유역을 조사했다.[49] 조사 지역 중 전라남도와 경상남도는 더 세밀히 조사했다. 전라남도는 전라남도 서남부(제7구)와 제주도(제8구) 및 전라남도 동남부(제9구) 등 세 지역으로 구분하여 조사했으며, 경상도는 경상남도 중앙부(제10구)와 경상남도 동부 및 경상북도(제11구) 등 두 지역으로 구분해 조사했다.

그러나 조사사업이 계획대로 순조롭게 진행된 것은 아니었다. 당시 한국 국내의 상황은 군대 해산 이후 의병 전쟁의 발발과 일제의 조사사업에 대한 반발로 저항이 심했다. 한국 연해 조사의 과정에서 황해도 방면을 담당하고 있었던 조선해수산조합 기수이며 예비육군보병 중위 마쓰이케 이사오(松生猪三男)가 현지 답사 조사 중에 연안군 증산도에서 한국인의 습격을 받아 살해당하기도 했다.[50]

〈표 1-3〉에서 보는 바와 같이 농상공부 수산과장인 이하라 분이치가 한국 연해 조사사업을 총괄하고 편집까지 맡았으며, 농상공부 기수와 통감부 기수 등 일본인 관료뿐 아니라 1903년에 시모노세키에서 창립된 조선해수산조합 기수까지 참여시켜 한국 연해의 조사사업을 철저히 행

---

48 농상공부 수산국, 1908, 앞의 책, 序, 2쪽.
49 농상공부 수산국, 1908, 위의 책, 本書の由來, 6쪽.
50 농상공부 수산국, 1908, 위의 책, 本書の由來, 7쪽.

〈표 1-3〉 한국 연해 조사 구역과 조사원

조사 구역	직위	조사원
조사 및 편집 총괄	농상공부기사 수산과장	庵原文一
제1구 평안북도 및 부속도서	농상공부 기수	池內猪三郞
제2구 평안남도 및 황해도 북서부	조선해수산조합 기수	樋口律太郞
제3구 황해도(북서부 제외) 및 부속도서	조선해수산조합 기수	松生猪三男 正林英雄
제4구 경기도 및 부속도서	통감부 기수	下村省三
제5구 충청남도 및 부속도서	조선해수산조합 기수 통감부 기수	高妻政治 大野潮
제6구 전라북도 및 부속도서, 전라남도 서북부	통감부 기수	大庭弘雅
제7구 전라남도 서남부 및 부속도서	조선해수산조합 기수	富樫恒
제8구 제주도 및 부속도서	농상공부 기수	吉崎建太郞
제9구 전라남도 동남부 및 부속도서 경상남도 서부	농상공부 기수	遠山龜三郞
제10구 경상남도 중앙부 및 부속도서	통감부 기수	木村廣三郞
제11구 경상남도 동부 및 경상북도	통감부 기사	林駒生
제12구 강원도 및 부속도서	조선해수산조합 기수 통감부 기수	正林英雄 中西楠吉
제13구 함경남도 및 부속도서	조선해수산조합 기수	大坪與一
제14구 함경북도 및 부속도서	조선해수산조합 기수	佐藤周次郞
함경남북도 하천	농상공부 사무촉탁 통감부 기수	岡田信利 中西楠吉
낙동강	농상공부 사무촉탁	岡田信利
한강	농상공부 서기관 농상공부 주사	嚴台永 堀部良七

출처: 농상공부 수산국, 1908, 『한국수산지』 제1권, 4~6쪽.

했던 것이다. 이 조사사업은 통감부 이전의 한국 연해 조사를 총정리한 것이었다. 1907년 말에 농상공부 관제를 개정하여 수산국을 설치하고, 그 산하에 조사과를 두어 한국의 수산 상황을 철저히 조사하게 했다.[51]

---

51 「칙령 57호 농상공부관제 개정」(1907.12.13); 「농상공부분과규정」(1908.1.28).

수산국 조사과에서는 행정력을 동원하여 한국 연해의 수산업 현황을 철저히 조사하고, 그 결과물을 책으로 발간했다. 5년에 걸쳐 조사하면서 전국의 수산업 현황을 4권의 방대한 분량으로 종합 정리한 것이 『한국수산지』(1908~1911)였다.[52] 『한국수산지』는 전국의 수산업 현황을 종합 정리한 완결판에 속하는 것이었으며, 일제는 이것을 통해 한국 수산업의 현황을 파악하고, 재편할 계획을 세울 수 있었던 것이다.

3. 「어업법」 제정과 조선 어업 침탈

일제는 1904년 러일전쟁을 일으키고 1905년 러일전쟁에서 승리한 후, 미국과 영국 및 러시아 등 세계열강으로부터 한국을 독자적으로 지배하는 것을 인정받았다. 그러자 1905년 11월 한국에 을사조약을 강요하여 한국의 외교권을 강탈했다. 그해 12월에는 통감부를 설치하면서 한국을 본격적으로 침략해 들어갔다.

통감부는 대한제국에 법률을 공포하게 하여 합법적으로 한국의 산업 분야를 잠식해 들어왔다. 그리하여 「광업법」(1906.9), 「국유미간지이용법」(1907.7), 「삼림법」(1908.1), 「토지가옥소유권증명규칙」(1908.7), 「어업법」(1908.10) 등을 대한제국에게 공포하게 하면서 일본이 합법적으로

농상공부 산하에 수산국을 신설하고, 수산국에는 수산과, 염무과, 조사과를 설치했다.

52　農商工部 水産局, 『韓國水産誌』 4권, 京城, 1908~1911.

그 분야에 잠식해 들어왔다.

1905년 이후 일본의 권력 장악과 어업의 재편은 한국 어민의 근대화를 좌절시키는 결정적 쐐기가 되었다. 특히 1908년 「어업법」 공포는 일본 어민에게 한국 연해의 어업권을 점유하게 함으로써 합법적으로 한국 연해의 어업을 장악하도록 했다. 일제는 러일전쟁 전후 한국으로의 어업 침투를 본격화했다. 일본 어민의 어업 활동 범위를 충청도, 황해도, 평안도까지 확대함으로써 한국 연해의 전 지역에서 어업 활동이 가능해졌다(1904). 나아가 한국 연해의 수산업에 대한 전면적인 조사사업을 실시해 1905년의 『한국수산행정급경제』, 『한국수산업조사보고』, 1910년의 『한국수산지』를 발간함으로써 한국의 수산업 현황을 파악했다. 이러한 조사사업을 바탕으로 일제는 한국의 어업을 일제에 유리하게 재편해 갔다.

일제는 1908년의 「어업에 관한 협정」으로 일본인이 한국 연해에 와서 한국인과 똑같이 어업을 행할 수 있도록 했고, 곧이어 「어업법」을 공포함으로써 일본인도 한국에서 어업권을 점유하게 되었으며, 1911년에 「어업령」을 공포함으로써 일제에 유리하게 한국의 어업에 대한 재편을 마무리했다.

1) 통감부의 수산국 신설과 어업 침탈의 준비 작업

일제는 1906년 2월에 통감부를 개청하고, 이토 히로부미(伊藤博文)가 통감으로 부임하면서 본격적으로 한국의 내정에 간섭해 들어오기 시작했다. 3월부터 주한영국공사 등의 외국 공사들이 철수하고 한국의 외교권을 실질적으로 일본이 장악했다. 1907년에는 헤이그밀사 사건을 핑계로 고종을 강제 퇴위시키고, 7월 말에 한일신협약(일명 정미칠조약)을 한국 정부에 강요해 차관정치를 실시했다. 이토 통감은 일본인 차관을 중심으로 통할하면서 한국의 내정을 실질적으로 장악해 가기 시작했다. 아울러 통감부는 7월 31일에 한국 정부의 군대를 해산하면서 한국 정부의 무력적 저항을 원천적으로 제거하고자 했다.

한편 일제는 한국의 산업 분야를 침략해 들어오려고 관제를 개편했다. 1906년 7월 농상공부 관제를 개편하고, 농상공부 산하에 농무국, 상무국, 광무국, 공무국, 철도국을 설치했다.[53] 그 후 1년 반만인 1907년 12월에는 칙령 57호로 농상공부 관제를 개정하고,[54] 그 산하에 농무국, 상공국, 산림국, 광무국, 수산국을 설치했다. 이전과는 달리 산림과 수산에 대해 정리할 일이 많았으므로 산림국과 수산국을 신설했다. 즉 「삼림법」과 「어업법」을 제정해 그 분야를 합법적으로 침탈해 가고자 했다.

즉 통감부는 그들이 한국에 침략해 들어오면서 장악해야 할 분야를 중심으로 국(局)을 설치해 사전 조사 및 법률을 제정해 가면서 한국의 산업 분야를 잠식해 들어왔다. 1906년 9월에는 「광업법」을, 1907년 7월에는 「국유미간지이용법」을, 1908년 1월에는 「삼림법」을, 같은 해 7월에는 「토지소유권증명규칙」을, 1908년 11월에는 「어업법」을 대한제국에게 공포케 하면서 일본은 그 분야를 잠식해 나갔다. 아울러 법률 공포에 따른 집행을 담당하기 위해 농상공부 산하에 담당 국(局)을 신설했다.[55]

1908년 7월에 농상공부 수산국에서 전국의 수산을 조사해 가면서 어업의 현황을 파악하고, 그를 바탕으로 「어업법」 초안을 만들어 갔다.[56]

---

53 「칙령제53호 농상공부관제 개정」(1906.7.27), 『한말근대법령자료집』 V, 53쪽.
54 「칙령제57호 농상공부관제 개정」(1907.12.13), 『한말근대법령자료집』 VI, 145쪽.
55 「광업법」의 시행은 광무국에서, 「국유미간지이용법」은 농무국에서, 「삼림법」은 산림국에서, 「어업법」은 수산국에서 담당했다.

그러나 「어업법」을 통해 일본 어민에게 조선 연해에서 어업할 수 있는 권리를 주기 위해서는 한국 어민과 똑같이 어업을 할 수 있는 기회를 보장해 줘야 했다. 그리하여 1908년 10월에 한국 정부에게 「어업에 관한 협정」을 강요하여 일본 어민도 한국 어민과 동등하게 한국 연해에서 어업을 할 수 있는 권리를 부여했다. 그것을 맺은 일주일 후에 「어업법」을 공포했다. 「어업법」을 통해 일본 어민과 한국 어민에게 조선 연해에서 어업을 할 수 있는 소유권을 부여한 것이었다. 대한제국에서는 토지와 마찬가지로 연해에서도 외국인은 소유권을 지닐 수 없었는데, 1908년에 「토지소유권증명규칙」에 따라 일본인도 토지소유권을 지닐 수 있었고, 아울러 「어업법」으로 일본 어민이 한국 연해에서 어업권을 점유하면서 어업을 행할 수 있도록 한 것이었다.

1909년 2월에 어업권을 신청할 수 있는 양식을 공포하고, 1909년 4월부터 「어업법」을 직접 실행하도록 했다. 「어업법」을 실행하면서 「어업법」의 시행 사무가 급격히 증가하게 되자 수산국의 직제를 개편했다. 농상공부 수산국 산하에 수산과, 염무과, 조사과의 3분과가 있었는데, 염무는 탁지부로 이속시키고, 수산국 산하에 수산과와 어정과(魚政課)의 2과를 두었다. 조사과의 사무를 마무리하고, 조사과 대신에 어정과를 설치해 어업권의 등록, 어업 청원의 처리, 어업자의 쟁론 재결, 어업의 보호 및 단속, 어업 청원에 관한 특별수수료의 결정, 지방 어정의 감독 등을 수행했다. 수산과에서는 수산업의 개량 및 장려, 수산회사와 어시장, 수산조합, 수산물의 제조 및 판매, 수산의 시험 및 조사, 수산에 관한 통계와 보고 등의 업무를 수행하도록 했다.[57]

---

56 「漁業法脫稿改正」, 『大韓每日申報』, 1908.7.24.

또한 법률을 집행해 이권을 허가하는 과정에서는 심의가 필요했다. 농상공부에서는 1909년 11월에 '중요사무심사회'를 신설하여 새로운 이권 허가를 위한 심의를 시작했다. 그 내용을 『황성신문』에서 다음과 같이 보도하고 있다.

> 농상공부에서는 성격이 다른 부서와 달라 산업상 특허 청원에 관한 사무가 많다. 이 사무는 권리 관계가 있을 뿐 아니라 인민의 안락과 근심에 지대한 관계가 있기 때문에 이를 극히 신중하게 처리하지 않으면 산업 발달에 지대한 영향을 미친다. 며칠 전에 농상공부 내에 중요사무심사회(重要事務審査會)라는 한 조직을 신설하고 상공국장 국지(菊池)는 위원장으로, 서기관 학강(鶴岡), 인견(人見), 대총(大塚), 생전(生田) 네 명은 위원으로 임명해 면허어업, 국유미간지 및 국유산야 대부의 허가, 기타 중요 사무의 처리에 관한 심사를 행하기로 정했는데, 어제 오후 1시에 제1회 회의를 열었다더라.[58]

즉 농상공부에서는 산업상 특허 청원에 관한 일이 많아져, 그것을 심사할 특별기구인 중요사무심사회를 설치하고, 상공국장 기쿠치(菊池)를 비롯해 일본인 네 명이 위원으로 참석해 면허어업과 국유미간지 및 국유산림의 대부 등을 심사했던 것이다. 실제로 11월 29일에 중요사무심사회에서 면허어업을 심사하기도 했다.[59]

---

57 「廢三設二」, 『황성신문』, 1909.4.30.

58 「農部의 重要審查」, 『황성신문』, 1909.11.26.

59 「免許漁業審查」, 『황성신문』, 1909.11.30.
"農商工部重要事務審查會는 昨日午後一時에 開會ᄒ고 免許漁業二百三拾件을 審查

2) 통감부의「어업에 관한 협정」강요

일본 어민의 한국 이주를 효과적으로 수행하기 위해서는 일본 어민의 한국 통어가 활발히 이루어져야 했다. 한국 통어자들이 많아져야 그것을 기반으로 조선 연해의 이주를 추진하기 때문이었다. 일본 어민의 한국 통어는 간단하지 않았다. 1889년의「조일통어장정」에 따라 일본 어민이 처음으로 한국 연해에 와서 통어를 하려면 부산에 있는 해관에 가서 신고를 하고 수수료를 내고 면허증을 받아 어업을 행했는데, 보통 5~7일이 소요되었다.[60] 그 절차도 복잡해 부산수산회사를 거쳐서 한국 정부에 신고하도록 했다. 그 과정에서 빈한한 어민은 갖고 온 식량과 자금이 떨어지자 한국 정부의 허가를 받지 않고 어업을 행하다가 밀어자로 몰려 파산하기도 했다. 그리하여 일본 어민은 그 제도가 폐지되기를 원했다. 1904년에 일본 농상무성에서 의뢰한 한국 연해 조사에서도 그 절차의 폐지나 개선을 요구했다.[61] 일본 정부는 이 요구를 수용하여 통감부 시기에 한국 정부에 폐지해 달라고 요구하기에 이르렀다. 다른 하나의 문제는 일본 어민이 한국 연해에 와서 범죄를 저질렀을 경우, 그 처리 권한을 일본 정부가 갖도록 하는 일이었다.

1908년 9월에 이토 히로부미 통감은 일본 외무대신 고무라 주타로(小村壽太郎)에게 "일한 양국 어민의 이익을 증진시키기 위해 어업에 관한 협정을 개정할 필요가 생겼다"[62]라고 이야기하면서 4개조의 신협정

ᄒᆞ얏다더라."
60　日本 農商務省 水産局, 1905,『韓國水産業調査報告』(報告者: 下啓助 山脇宗次), 11쪽.
61　日本 農商務省 水産局, 위의 책, 11쪽.
62　『일본외교문서』제41권 제1책, 773쪽(박구병, 1983,「어업권제도와 연안어장소유 이

초안을 제시했다. 이에 고무라 주타로 외무대신은 "본건의 결정은 일한 양국 현재의 관계상 특별히 협약적 형식을 취하는 것은 좋지 못하므로 통감과 한국 정부 사이에 단순한 공문의 왕복으로써 결정하게 하자"[63]고 제안했다. 일본의 가츠라 타로(桂太郎) 총리대신은 이를 받아들여 협약안은 일본 각의의 의결을 거쳐 한국 정부에 요구했고, 한국 정부는 이를 수용해 1908년 10월 31일에 「어업에 관한 협정」이 성립되었다. 당시 대한제국 정부는 독립적 실권을 갖고 있지 못했으므로 일본의 요구를 반대하지 못하고 그대로 수용했다. 일본 정부도 그들의 요구를 한국 정부에 강요하는 것이기 때문에 조약이라는 형식보다는 협정이라는 형식으로 협의의 형태를 취했다.

1908년 이토 히로부미 통감은 일본 어민의 한국 연해 진출을 크게 진작시키기 위해 한국 정부에 「어업에 관한 협정」을 강요했다. 1908년 그 협정은 한국 내각총리대신 이완용과 일본 통감대리부통감(統監代理副統監) 소네 아라스케(曾禰荒助)가 체결했다. 「어업에 관한 협정」 내용은 다음과 같다.

1. 일본국 신민(臣民)은 한국의 연해·강만(江灣)·하천 및 호수[湖池]에서 한국 신민은 일본국의 연해·강만·하천 및 호수에서 어업을 영위할 수 있다.
2. 양국의 한쪽 신민으로서 다른 한쪽의 판도(版圖) 안에서 어업을 영위하는 자는 그 어업을 영위하는 지역에서 시행하는 어업에 관한

용형태의 변천에 관한 연구」, 『부산수산대 논문집』 30, 4쪽).
63 『일본외교문서』 제41권 제1책, 773쪽(박구병, 1983, 위의 글, 4쪽 재인용).

법규를 준수해야 한다.

3. 한국의 어업에 관한 법규 중 사법재판소의 직권에 속한 사항은 일본국 신민에 대하여는 당해 일본 관청에서 이를 집행한다.

4. 개국 498년(1889) 10월 20일, 메이지 22년(1889) 11월 12일에 조인한 한일양국통어규칙 및 기타 양국 통어에 관한 모든 협정은 폐지한다.[64]

제1항에서 일본인은 한국 연해에서 어업을 행하고, 한국인은 일본 연해에서 어업을 영위하도록 규정했지만, 이 조항은 일방적으로 일본 어민에게 유리한 것이었다. 당시 일본 연해는 어족 자원이 고갈되었고, 반면에 한국 연해는 한류와 난류의 교차로 어족 자원이 풍부했다. 굳이 한국 어민이 멀리 일본 연안에서 어업 행위를 할 필요가 없었다. 아울러 한국 어민이 소유한 어선으로는 일본 연해에 접근하여 어업을 행하기 어려웠다. 이 조항은 일방적으로 일본인이 마음대로 한국의 연해, 강안, 하천, 호수 등 어느 곳에서나 어업 활동을 하도록 허가하는 규정이었다.

제3항에서는 일본 어민이 한국 연해에 와 어업 활동을 하면서 한국 법규를 위반하는 경우, 그 재판을 한국 사법재판소에서 하지 못하고 일본 관청에서 행할 수 있도록 했다. 일본 어민이 한국에서 죄를 저지르더라도 한국 사법재판소에서 판결할 수 없도록 한 것이다. 일본 어민은 일본 정부의 대표자인 외교관처럼 치외법권을 인정받는 특권을 누린 것이다. 일본 어민은 한국 연해에 와서 마음대로 활동하도록 협정으로 허용한 것이다. 반면에 한국 어민이 일본 연해에 가서 죄를 저지르는 경우

---

64 「漁業에 關한 協定」(1908.10.31), 내각고시 제23호, 통감부고시 제186호.

는 특별조항으로 규정하고 있지 않아 일본 정부에서 재판받아야 했다.

제4항에서는 1889년에 일본 정부와 조선 정부 간에 체결한 「조일통어장정」 등의 조약을 폐기함으로써 일본 어민이 그동안 받았던 제약을 해지한 것이다. 「조일통어장정」에 따라 일본 어민은 조선 정부의 해관에 신고서를 제출하고 면허세를 납부한 후, 면허증을 발급받아 어업 행위를 행했다. 이제 새 협정으로 말미암아 일본 어민은 통어에 관한 제반 수속과 어업세 등을 납부할 필요 없이, 한국 어민과 마찬가지로 한국 연해와 내수면에서 자유롭게 아무런 제약 없이 어업 행위를 할 수 있게 된 것이다.

이와 같이 1908년 「어업에 관한 협정」으로 일본 어민은 한국 어민과 동등한 자격으로 한국의 연해뿐 아니라 내수면에서도 어업할 수 있는 권리를 확보했다. 1889년의 「조일통어조약」이 폐기됨으로써 일본 어민은 제반 수속과 어업세를 납부할 필요 없이 한국 어민과 동등하게 마음대로 한국 연해에서 어업 행위를 할 수 있게 되었다. 나아가 일본 어민이 한국 연해에서 범죄를 저질러도 그것의 재판권을 일본 관청이 갖도록 함으로써 일본 어민이 멋대로 행할 수 있는 특권을 지니게 되었던 것이다.

1908년 10월에 「어업에 관한 협정」을 맺고 일주일 뒤(1908.11.7) 일본 정부는 한국 정부에게 「어업법」을[65] 강요해 일본 어민이 어업권을 획득하게 함으로써 영속적으로 어업의 이익을 지닐 수 있는 법적 발판을 확보하게 되었다. 이것은 이미 1908년 초부터 통감부가 기획하고 있었던 것이었다.

---

65 「漁業法」(1908년 11월 7일 法律 제29호, 明治 41년 11월 統監府告示 제187호).

3) 통감부의 「어업법」 제정과 어업권 장악

(1) 「어업법」 제정의 경과 및 내용

일본에서는 1901년에 「어업법」이 제정되고, 1902년부터 시행되었다. 이 법률에서 근대적 어업권을 처음 부여했으며, 어업권을 부여받기 위해서 행정관청의 면허를 받도록 했다.[66] 1906년에 일본이 한국에 통감부를 설치하면서 일본 어민의 한국 이주를 돕는 정책을 실시했다. 그리하여 일본 어민의 한국 이주를 장려하도록 한국에서 어업권을 부여하고자 했다. 통감부에서는 이를 위한 사전 준비를 했고, 일본의 「어업법」을 모방해 한국에서 「어업법」을 제정하고자 했다.

1906년 7월에 농상공부 관제를 개정했다가, 다시 1907년 12월에 변경했다. 1907년 농상공부 관제를 개편하면서 농상공부 산하에 수산국을 새로 신설했고, 한국 수산업에 대한 재편을 시도했다. 새로운 「어업법」의 법률안 기초는 1908년 초부터 진행되고 있었다.[67] 『황성신문』에서는 그 경과를 설명해 주고 있다. 1908년 2월 8일에 "농상공부에서 이번에 어업법안을 반포할 터인데, 현재 안을 마련 중이라더라"[68]라는 기사로 당시 진행 상황을 알려주고 있다.

「어업법」 법안의 기초는 농상공부 수산국의 수산주임으로 근무하고

---

66 박구병, 1983, 「어업권제도와 연안어장소유 이용형태의 변천에 관한 연구」, 『부산수산대 논문집』 30, 9~11쪽.

67 일제는 1905년부터 한국에서 새로운 어업법 제정의 필요성을 제기했다. "현재의 일한관계에 적응할 신법규를 創定할 필요가 있다"고 언급했다(韓國政府財政顧問本部, 1905, 『韓國水産行政及經濟』 京城, 3~4쪽).

68 「漁業起草」, 『황성신문』, 1908.2.8.

있었던 일본인 요네하나 요시다로(米花芳太郞)이 담당했다. 그는 1906년 1월 통감부속(統監府屬)에 임명되어 농상공부 수산과에서 근무했고, 1907년 9월에는 수산과장인 이하라 분이치 밑에서 수산주임으로 근무하면서 법안을 기초했다.[69]

1908년 7월에는 「어업법」이 어느 정도 정리된 것 같다. 그 내용이 『황성신문』과 『대한매일신보』에 전해진다. 『황성신문』 1908년 7월 23일에 전해진 내용을 보면 1908년 11월에 공포된 「어업법」과 큰 차이가 없다. 『황성신문』에는 어업을 면허어업, 허가어업, 신고어업으로 구분한다는 내용이 전해진다. 1908년 8월 초에는 「어업법」의 법안이 어느 정도 완성되었던 것 같다.[70]

그러나 일본 측에서 우선 해결해야 할 문제가 생겼다. 첫째, 1889년에 맺은 「조일통어장정」을 폐지하고 일본 어민이 한국 연해에 와서 아무런 제약 없이 마음대로 어업 활동을 하도록 하는 것이었다. 둘째, 일본 어민이 한국 연해에 와서 한국의 법률을 어기는 경우 만약 한국인의 사법적 판단에 맡기면 활동에 큰 제약을 받게 된다. 그리하여 그 판결권을 일본 관헌이 갖도록 하는 것이었다. 이토 통감은 위 두 문제를 1908년 10월에 한국 정부에 요구해 「어업에 관한 협정」으로 해결했다. 한국 정부는 협정을 맺은 지 일주일 후 「어업법」을[71] 공포했다.

통감부는 일본인이 작성한 「어업법」의 법률 초안을 대한제국으로 하여금 공포하게 했다. 그 주요 내용은 한국의 어업을 면허어업, 허가어업,

---

69　朝鮮水産會, 1925, 『朝鮮之水産』 제20호(박구병, 1983, 앞의 글, 2쪽 재인용).
70　「內閣會議」, 『황성신문』, 1908.8.4.
71　「漁業法」(1908.11.7. 法律 제29호).

신고어업으로 구분하고, 민간인이 어업권을 관청에 신청하면 관에서 권한을 허락한다는 내용이었다. 구체적으로 면허어업, 허가어업, 신고어업을 살펴보면 다음과 같다. 먼저 어업 행위를 하는 데 어업권을 허용하는 면허어업을 예시했다.

> 제2조 다음에 열거한 종류의 어업은 농상공부대신의 면허를 받지 않으면 행할 수 없다.
> 1. 일정한 수면에 어구를 건설 또는 부설하고 일정한 어업 기간에 정치(定置)하여 행하는 어업(제1종 면허어업)
> 2. 일정한 구역 안에서 포패(捕貝) 채조(採藻) 또는 양식을 하는 어업(제2종 면허어업)
> 3. 육지 또는 암초 등에 지점을 정하여 어망을 예양(曳揚) 또는 예기(曳寄)하는 장소로 하고 일정한 어업 기간에 자주 사용하는 어업(제3종 면허어업)
> 4. 일정한 수면을 어망의 건설 또는 부설하는 장소로 하고 일정한 어업 기간에 자주 사용하는 어업(제4종 면허어업)[72]

위와 같은 종류의 어업은 청원서를 제출해 농상공부대신의 면허를 받도록 했다.[73] 어업의 면허 기간은 10년 이내로 정했다.[74]

두 번째, 다음 종류의 어업은 농상공부대신의 허가를 받도록 했다.

---

72 「漁業法」(1908) 제2조.
73 「漁業法시행세칙」(1908.11.21. 농상공부령 제72호) 제11조, 제12조.
74 「漁業法」(1908) 제3조.

제9조 다음 종류의 어업은 농상공부대신의 허가를 받지 아니하면
영업할 수 없다.
1. 육지 또는 암초 등에 어망을 예양(曳揚) 또는 예기(曳奇)하는 어업으로 제2조 제1항 제3호의 어업에 속하지 아니한 것
2. 풍력·기력 또는 조류에 따라 주머니가 있는 그물을 수중에서 인양하는 어업
3. 인력이나 또는 기력(機力)을 응용하여 어망으로써 어류를 포위하여 어선에 끌어 올리는 어업
4. 잠수기계를 사용하는 어업
5. 제2조 제2항의 어업으로서 면허를 받지 않은 것[75]

위와 같은 종류의 어업은 "어업 구역, 어업의 종류, 어구의 명칭 또는 어법, 채포물의 종류, 어업의 시기"를 적은 청원서를 제출해 농상공부대신의 허가를 받도록 했다.[76]

세 번째, 다음 종류의 어업은 농상공부대신에게 신고해 감찰 증명을 받도록 했다. "제2조 제1항 및 전조(前條)에 규정한 어업 이외의 어업을 영위하려고 하는 자는 군수 또는 부윤에게 신고해 감찰(鑑札)을 받아야 한다"[77]고 명시했다. 위 사항에 해당하는 사람은 "어업의 종류, 어구의 명칭 또는 어법, 어선을 사용하는 어업에 존재하는 탑승인원"[78]을 적은 신고서를 제출해 신고 증명서를 받도록 했다. 위와 같이 통감부는 「어업

---

75 「漁業法」(1908) 제9조.
76 「漁業法시행세칙」(1908) 제18조.
77 「漁業法」(1908) 제10조.
78 「漁業法시행세칙」(1908) 제19조.

법」을 공포하여 면허어업, 허가어업, 신고어업 세 종류로 구분하여 어업을 통제했다.

일본 정부는 「어업법」 공포로 인해 다음과 같은 이권을 얻을 수 있었다. 첫째, 일본 어민도 한국 안에서 어업권을 확보할 수 있었다. 대한제국에서는 외국인에게 토지 또는 연해에서 소유권을 인정하지 않았다. 즉 외국인은 토지소유권이나 연안에서 어장권 및 어업권을 확보할 수 없었다. 그러나 일본인은 한국에 진출하여 생활을 영위하고 경제 활동을 통해 이익을 얻으려면 소유권이 필요했다. 그들이 소유권을 확보해야만 한국에서 안정적인 생활을 할 수 있었다. 그리하여 한국에 와 있는 일본인은 이토 히로부미(伊藤博文) 통감에게 일본인 소유권을 확보해 달라고 청원했다. 이토 통감은 이를 위해 1906년에 부동산법조사회를 설립하고 동경제대 교수인 우메 겐지로(梅謙次郎)를 초빙해 한국의 부동산 권리, 매매 관행 등을 조사하게 했다. 이토 통감은 조선에서 부동산에 관한 권리와 그것의 행사 및 관행을 모두 조사하도록 했다. 이를 바탕으로 일제는 1908년에 「토지가옥소유권증명규칙」을 공포해 일본인에게 토지소유권을 법적으로 허가해 주었다. 그 이전까지 한국 정부는 외국인에게 토지소유를 인정하지 않았는데, 이 법률에 따라 일본인이 토지소유를 보장받게 되었다.[79] 이를 계승해 어업에서도 일본인에게 소유권을 인정해 주었다. 일본 정부는 「어업법」을 통해 일본인에게도 어업권을 허가했다.

둘째, 통감부에서 어업권의 면허제도를 빌미로 한국 어업제도를 재편해 갈 수 있는 제도적 장치를 확보할 수 있었다. 「어업법」에 따라 어업

---

[79] 최원규, 2022, 『한말 일제초기 토지조사와 소유권 분쟁』 동북아역사재단; 정연태, 2014, 『식민권력과 한국농업』 서울대 출판원, 57~87쪽.

권의 종류를 면허어업, 허가어업, 신고어업 세 가지로 구분했다. 이 법률을 근거로 면허어업과 허가어업 등의 권한을 부여하면서 한국 어업을 재편해 갈 수 있었다.

조선 시대에는 어민이 어업을 행하는데, 그동안 연해에 어구를 설치하거나 또는 일정한 어업 기간 동안 어망을 설치하는 어장과 어전 등의 지역에서는 어업권을 인정했다. 그리하여 어민은 어장과 어전을 매매하여 그들의 권리를 인정받았다. 그 권리는 조선 시대에 남아 있는 많은 어장 매매 문기로 살펴볼 수 있다.[80]

(2) 「어업법」 제정의 시행과정

1908년 11월 7일에 「어업법」을 공포했는데, 농상공부 수산과장인 이하라 분이치(庵原文一)는 그 이전에 원고를 작성해 11월 10일에 발간하는 『대일본수산회보』에 그 법안의 목적을 알기 쉽게 소개했다. 즉 「어업법」을 공포하기도 전에 일본 어민과 수산전문가 및 관계자들이 구독하는 잡지에 「어업법」의 제정 목적을 소개했던 것이다. 그 주요 부분을 소개하면 다음과 같다.

> 종래 한국의 좋은 어장 60~70퍼센트는 궁내성유(宮內省有)라고 칭하고 주로 황실유(皇室有)였다. 그 외 궁가(宮家)의 것이라 하여 마치 육상의 전답을 소유하고 있는 것과 같이 궁내성의 무리들이 소유하고 있었고, 궁내성과 관계가 있는 고귀한 사람이 소유하고 있었다.

---

80 「漁場文記」(서울대 고문서 No 155816)[최승희, 1995 『증보판 한국고문서연구』, 지식산업사, 416~420쪽].

그러나 금년 6월 이후에는 그런 것은 모두 궁내성의 고귀한 패거리가 소유할 것이 못 된다는 이유로 드디어 조선 정부는 우리들이 지배하고 있는 수산국에 모두 관리를 이양했다. 그 장소는 1,500개 이상으로 크고 작은 것을 모두 합한다면 3,000개 이상의 장소가 되나 가장 가치가 있는 곳은 1,500개소이다.

이러한 장소는 종래 한인이 경영하고 있는 곳도 있지만 한인이 관계하지 않는 곳도 있기 때문에 이러한 곳은 일한인(日韓人)이 새로 그 권리를 얻을 수 있는 신규의 어장이라고 인정할 만한 곳이다. 그것은 한인에도 허락하고 일본인에도 허락할 방침을 갖고 있기 때문에 60~70퍼센트 궁내성유로 있었던 좋은 어장을 이제 일한 어민에게 그 권리를 향유케 할 시대라고 그 목표를 이루는 데「어업법」의 법률에 따르려고 한다.

이러한 방침으로 각 어장의 현상으로부터 어떻게 해도「어업법」을 실시하여 대부분의 어업에 질서를 부여하고 그것으로부터 권리의 설정을 인정하고 또한 이「어업법」은 수축적(收縮的)이 아니라 개발적이기 때문에 약간이라도 주고 싶은 것에는 권리를 준다. 또한 그것에 따르는 보호도 부여한다는 취지로 마무리할 것이다. (중략)

이와 같은 정신을 갖고「어업법」을 만든 상태이기 때문에 그 정신을 참작하고 이용하여 일본 어업자의 이주를 왕성히 하고 또한 통어를 왕성히 하여 어떤 경우에는 그것이 이민의 재산이 되고 또는 당업자(當業者)의 가장 큰 이익을 얻는 장소가 되어서 더욱 일본 어업의 개발기관으로 합해질 것이다."[81]

---

81 庵原文一,「韓國漁業法制定の要旨」,『大日本水産會報』314호(1908.11.10).

위 글의 주요 내용은 다음과 같다. '한국의 좋은 어장 60~70퍼센트는 궁내부에서 소유하고 있었는데, 이 어장들은 육상의 전답 소유권과 동일하게 행사되었다. 그런데 1908년 6월에 이 소유권을 농상공부 수산국에 이양했다. 그중 가치 있는 어장은 1,500개소 이상 되는데, 1908년 11월에 「어업법」을 공포하여 민간인에게 불하하고자 한다. 그것은 한국인은 물론이고 일본인에게도 동등하게 허가할 방침이다. 이러한 취지로 「어업법」을 제정했으니, 장차 일본인 어업자의 이주를 왕성히 하고, 통어를 왕성히 하여 그것이 일본인 이민의 재산이 되고, 당업자(일본인 어업자)의 가장 큰 이익이 될 것'이라고 예견한 것이었다.

즉 「어업법」을 통해 궁내부가 소유하거나 한국인에게 소유되지 않은 어장을 먼저 신청한 어민에게 어업권을 부여하고자 했다. 그 과정에서 이주하거나 통어하는 일본 어민이 어업권을 신청하면 어업권을 부여해 그들이 자립할 수 있는 기반을 마련해 주고자 하는 의도가 있었던 것이다. 기존에 어장을 소유하고 있었던 한국인도 자신의 소유임을 증명하는 서류를 제출해야 했다.

이러한 「어업법」 제정의 목적을 일본인은 파악하고 있었다. 『조선산업지』(1910)의 저자인 야마구치 세이(山口精)는 1908년의 「어업에 관한 협정」과 「어업법」의 의미에 대해서 다음과 같이 언급했다.

1908년에 이르러 종래의 통어규칙을 폐지하고 새로이 일한양국어업협정서(日韓兩國漁業協定書)를 체결해 일본 신민은 조선의 연해·강안·하천·호지에서 어업을 영위하고, 한국어업법에 따라 그 나라 사람(조선인- 필자 주)과 똑같이 어업권(漁業權)을 향유·행사하고 그것을 처분할 수 있게 되었다.[82]

즉 1908년 「어업에 관한 협정」으로 일본인이 한국의 전 연해와 하천에서 어업을 할 수 있게 되었고, 「어업법」에 따라 일본 어민이 한국 어민과 똑같이 어업권을 소유하게 되었다고 파악했다.

「어업법」은 1909년 4월 1일부터 시행했다. 1909년 4월부터 8개월 동안 농상공부 수산국에 출원한 건수와 허가한 어업 건수를 한일 간에 비교해 보면 다음 〈표 1-5〉와 같다.

위 자료를 보면 허가어업과 면허어업 부문에서 일본인의 출원 건수와 허가 건수가 한국인에 비해 압도적으로 많았다. 「어업법」이 발효되는 1909년 4월 1일부터 1909년 12월까지 허가어업의 출원자 수가 일본인은 301명, 한국인은 68명이었으며, 면허어업의 출원자 수도 일본인은 3,200명인데 반해 한국인은 2,115명에 불과했다. 한반도의 연해에서 한국 어민에 비해 일본 어민의 출원자 수가 많았고, 허가자도 출원 건수에 비례해 일본 어민에 허가한 사람이 많았던 것이다. 반면에 계출어업(신고어업)에서는 한국인의 출원이 일본인보다 많았다.[83] 이는 한국인은 처

〈표 1-5〉 한일 간 어업 출원 건수 (1909.4~1909.12)

국별 인명	허가어업		면허어업	계출어업
	출원수	허가수		
일본인	301(81.1%)	284(83.8%)	3,200(55.3%)	1,278(35.7%)
한국인	68(18.3%)	53(15.6%)	2,115(36.6%)	2,305(64.3%)
한일공동	2(0.6%)	2(0.6%)	469(8.1%)	-
합계	371(100%)	339(100%)	5,784(100%)	3,583(100%)

출처: 농상공부수산국, 1910, 『조선해수산조합월보』 제14호, 29쪽.

---

82 山口精, 1910, 『朝鮮産業誌』 中, 141쪽.
83 장수호, 2011, 『조선시대말 일본의 어업 침탈사』, 블루앤노트, 114쪽.

음 실시되는 허가어업과 면허어업에 대해 제대로 된 정보가 없었으며, 반면에 일본인은 당시 일본인 동업조합 및 그들의 통신망에 따라 정보를 잘 인지하여 신청했기 때문이다.

이 사실은 당시 신문기사에서도 확인된다. 1909년 4월 1일부터「어업법」이 시행된 후, 5월 17일까지 허가어업을 신청한 자가 모두 일본인이었다.

> 신어업법(新漁業法)에 기인(基因)하여 허가어업의 출원을 17일까지 허가한 것은 70건인데 이것은 모두 일본인이라더라.[84]

즉「어업법」이 시행된 이후에 허가어업의 신청자가 모두 일본인이라는 사실을『황성신문』에서 고발하고 있었다. 그리하여 한국 연해에서 어업을 행하는 일본인은 나날이 증가했다.[85] 나아가 일본 어민과 한국 어민의 경쟁은 날로 치열해 갔다.

> 저들이 한편으로 장려를 급하게 하고, 한편으로 분투가 심하여 날로 어업계의 승리를 독점하거늘, 한국 동포는 기술이 저들에 미치지 못하고 세력이 저들에 미치지 못해 날로 패퇴의 지경에 떨어지니 애석하도다! 이 수산물이 무진장한 한국 바다가 필경 저들의 사냥터가 될 뿐이라.[86]

---

84 「許皆日人」,『황성신문』, 1909.5.19.
85 『대한매일신보』, 1909.11.14; 1910.1.28; 1910.5.15.
86 「실업계의 한일인 경쟁」,『대한매일신보』, 1910.5.3.

일본 어민이 몰려옴에 따라 한국 어민은 경쟁에서 이겨내지 못하고 몰려나고 있었던 것이다.

통감부의 「어업법」 실시에 따라 어업권이 주로 일본인에게 돌아가 한국 어민은 기존의 어업권을 빼앗기거나 어업의 근거지를 잃어 생계를 유지하지 못하게 되자 일본 어민과 충돌하는 일이 잦아졌다. 게다가 한국 어민은 일본인을 습격하거나 관아를 습격하기도 했다.[87] 심지어 일본 어민을 살해하는 일이 발생하기도 했다.

칠산바다에서 매년 한인들이 조기잡기로 생계를 유지했는데, 금년에는 일본인들이 농상공부 인가를 얻었다 하면서 그 어업을 빼앗고자 하는 고로 한국 어민이 죽을 지경에 이르러 결사대를 조직하고 일본인을 많이 살해했다더라.[88]

한국 어민이 일본 어민을 살해했을 뿐 아니라, 1907년 의병항쟁이 격렬해지면서 의병이 일본 어민을 살해하는 일이 빈발했다. 1909년에는 강진군 해변에서 의병이 일본 어선을 습격해 일본 어민 여섯 명 중 두 명을 살해했고,[89] 거문도에서도 의병이 일본 어선을 습격해 두 명이 즉사하고 두 명이 중상을 입는 일도 발생했다. 초도와 열도에서도 일본인 세 명이 탑승한 어선을 습격해 두 명이 즉사하는 일도 생겼다. 1908년 9월 11일부터 1909년 3월 1일까지 의병에 의해 피살당한 일본인이

---

87 「제주 불온」, 『대한매일신보』, 1909.10.15; 「궁도극처」, 『대한매일신보』, 1909.10.16.
88 「어민결사대」, 『대한매일신보』, 1909.5.10.
89 「일본어선 피습」, 『대한매일신보』, 1909.4.6; 「일본어선 피습」, 『황성신문』, 1909.4.6.

26명이고, 가옥이 소실된 것이 36호라고 했다.[90] 이와 같이 한국 어민과 의병이 일본 어민을 살해하는 일이 빈발했다.

한편 한국 어민은 좌절하거나 자살하는 사람들도 있었다. 평소에 어업을 행하던 어장을 빼앗기게 되자 비분강개하면서 억울함을 이기지 못하고 자살하는 사람도 생겼다.

> 제주도에는 일대 참극을 연출하여 보통학교 학생은 동맹휴교하고 인민은 비분격앙하여 혹 생업을 버리고 방황하거나 혹 통곡하며 눈물을 흘리거나 혹 가구 등을 매각하여 술에 취해 살거나 심한 경우에는 산꼭대기에 올라가 하늘을 보고 통곡하다가 절벽에 떨어져 자진하는 자도 있다고 하더라. (중략)
> (근래) 몇 년 동안 일본 연해의 어민이 다수 몰려와 이원(利源)을 빼앗아 감이 날로 심하더니, 올해에 들어와 「어업법」이 반포된 이후 일본 어민의 수가 격증할 뿐 아니라 어기(漁基)를 점령함에 끝이 없어 우리 (제주)도민은 법령에 어둡고 나아가 그것을 알려주는 관리가 없어 어구(漁區)를 청원할 줄 전연 알지 못하고 앉아서 다른 사람에게 준 후에 생활방도는 전연 없고 궁핍이 점차 커져 최후수단으로 위와 같은 참극을 연출한다고 한다.[91]

이 기사는 제주 어민의 상황을 전하고 있다. 「어업법」이 반포된 이후 일본 어민이 몰려와 어장을 차지하게 되자, 제주 어민은 억울함을 호소

---

90 「일본 어민 피살」, 『대한매일신보』, 1909.4.29.
91 「哀我島民呼訴無處」, 『황성신문』, 1909.10.15.

할 곳이 없었다. 제주 어민은 법령에 어둡고 그것을 알려주는 관료들도 없으니 어구(漁區)를 청원할 줄 몰라 앉아서 생활방도를 잃고 있으니 이와 같은 참극이 어디 있느냐 통곡하면서 너무 억울하여 자살하는 자들이 생겼다.

1909년 「어업법」이 시행되면서 일본 어민의 이주가 본격화되고, 일본 어민은 한국 연해에서 어업권을 확보하면서 어업 행위를 할 수 있게 되었다. 「어업법」의 시행으로 일본 어민은 한국 어민과 똑같이 한국 연해에서 어업권을 합법적으로 인정받으면서 어업을 안정적으로 할 수 있게 되었다. 일본 어민이 한국 연해에서 어업을 합법적으로 장악할 수 있었던 것이다. 그리하여 일본 어업계에서는 1908년 「어업에 관한 협정」과 「어업법」의 실시를 "일한 양국민의 어업에 관한 신협정 및 어업법의 발표는 일한 수산업의 신발전으로 우리(일본-필자 주) 수산상에 대서특필할 신기원을 이루게 되었다"[92]고 자평했던 것이다.

---

92 「韓國漁業法」, 『大日本水産會報』 315호(1908.12.10).

제2장
조선총독부의 「어업령」 제정과
일본인 어촌 건설

1.「어업령」제정과 식민지 어업제도 구축

일제는 1910년 한국을 병탄한 후 통감부와 대한제국의 두 계통으로 분리된 중복 통치기관을 통합하여 조선총독부를 출범시킨 뒤, 1912년 3월에 전면적인 관제 개편을 실시했다.[1] 행정기구의 개편으로는 첫째, 본부의 총무부를 관방총무국으로 축소시키고, 각 부의 서무과를 폐지하여 그 사무를 총무국 총무과에 이속 통일시켰다. 둘째, 관방에 토목국을 신설하여 종래 각 부서에 분속되어 있던 항만 구축, 신작로 개설, 치수, 건축물의 신축과 수리 등에 관한 토목공사를 주관하게 했다. 셋째, 종래 본부 소속이던 취조국, 전매국 및 인쇄국을 폐지하고 그 사무를 본부의 각 관서에 이속시켰다. 넷째, 내무부에서 주관하던 위생사무 및 탁지부 소관의 검역, 이출우 검역, 밀어(密漁) 단속 등에 관한 일체의 사무를 경무총감부로 이속시켰다.[2] 그러면서 수산행정은 농상공부 식산국 수산과를 그대로 두면서 이전의 수산행정을 계승했다. 이러한 총독부의 기구 개편은 1919년까지 지속되었다.[3]

조선총독부는 1910년 한국을 병탄한 후 1908년「어업법」을 실제 시행하면서 여러 가지로 누락된 점이 발견되자 1911년 6월에 제령 제6호로「어업령」을 공포했다. 또한 일제가 한국을 병탄하면서 그 이전의 모든 법제와 제도를 무효화하면서 재정비하는 시도를 하게 되었다.

---

1 조선총독부, 1914,『조선총독부시정연보(1912년도)』, 10쪽.
2 조선총독부, 1914, 위의 책, 11쪽.
3 수산사편찬위원회, 1968,『한국수산사』, 수산청, 244~245쪽.

1911년 6월 3일에 공포하고 1912년 4월 1일부터 시행하는 「어업령」은 「어업법」(1908년 공포)을 계승하면서 그것을 정비하는 형태로 이루어졌다. 주요 내용을 정리하면 다음과 같다. 첫째, 면허어업 특히 수면전용면허제를 신설해 어장에 인접한 수면에서 어업방해행위를 금지 또는 제한할 수 있게 했다.[4] 즉 면허어업의 독립적 경영을 보호하기 위해 어장에 인접한 수면에서 어업을 하는 것을 금지하거나 제한할 수 있도록 함으로써 면허어업의 독점적 권한이 강화되었다. 둘째, 수산조합 및 어업조합의 설립을 규정했다. 이 조항은 어업자의 이익을 보호하고 조선 어민의 생업을 안정시킨다는 취지에서 마련된 것이었지만 실제로는 일본 어민의 토착 영주를 목적으로 하는 한편 장차 야기될 일본 어민과 조선 어민의 충돌을 방지하면서 조선 어민을 통제하기 위한 조처였다.[5] 셋째, 보호구역을 설정하고 유독물 폭발물을 사용하는 어업을 금지했다. 이제까지 만연해 왔던 혹어와 남획을 방지할 목적 아래 '트롤'어업의 사용 금지 구역을 설정하고, 유독물과 폭발물을 사용하는 어업을 단속했다.[6] 일제는 1910년 한국을 병탄하기 이전에 일본 어민이 한국 연해를 통어할 때 혹어와 남획을 묵인했지만, 병탄 이후에는 어족을 보호하며 영속적 이익을 추구하기 위해 폭발물과 '트롤'에 의한 남획을 방지하고자 했다.

한편 1905년 이후 1910년대 전반기에 일본 정부는 일본 어민의 이주정책을 적극 추진했다. 1905년 러일전쟁의 승리와 1908년 「어업법」

---

4 「어업령」(1911.6.3) 제3조.
5 「어업령」(1911.6.3) 제16조~제19조.
6 「어업령」(1911.6.3) 제23조; 「어업취체규칙」(1911.6.3) 제2조, 제3조.

의 공포에 따른 일본 어민의 어업권 부여 및 1910년 조선 병탄은 일본 어민의 이주를 적극 독려하는 계기가 되었다. 이 시기에 일본 지방 부현과 조선수산조합이 이주어촌을 건설하는 데 적극적으로 나섰고, 동양척식주식회사와 통감부 및 조선총독부도 적극적으로 후원했다. 조선총독부는 "올해(1911) 「어업령」의 실시는 한층 어업의 질서를 확실히 하고, 내지 어민의 토착 이주를 촉진시켰다"[7]고 평가했다.

1) 면허어업의 허가와 조선인의 저항

통감부의 「어업법」과 총독부의 「어업령」 공포에 따라 조선 연해의 어업은 면허어업과 허가어업 및 신고어업으로 재편되었다. '어업권'이란 「어업법」(1908)의 제2조에 따라 면허를 받은 어업을 행하는 권리를 뜻하며,[8] 어업권은 상속·양도·공유·담보 및 대부를 할 수 있었다.[9] 이 어업권의 개념은 조선총독부에서 실시한 「어업령」(1911)에서도 그대로 적용되었다. 어업권으로 인정하는 면허어업은 면허 기간이 10년 이내인데 반해,[10] 허가어업과 신고어업은 허가 기간이 1년이었다.[11] 그러므로 면허어업의 어업권은 점유권의 개념에 해당하는 권리였다. 통감부와 조선총독부는 면허어업을 허용할 때 일본인에게 유리하게 처리했다.

〈표 2-1〉에서 보듯이 조선총독부의 「어업령」 실시 이후에 일본인은

---

7   조선총독부, 1914, 앞의 책, 7쪽.
8   「어업법」(1908) 제1조.
9   「어업법」(1908) 제5조.
10 「어업법」(1908) 제3조.
11 「어업법시행세칙」(1908) 제22조.

〈표 2-1〉 어업출원 및 처분 건수

연도	출원 및 처분 건수	면허어업				허가어업			신고어업			합계
		일본인	조선인	내선공동	계	일본인	조선인	계	일본인	조선인	계	
1912	출원 건수	562	752	33	1,347	1,134	1,593	2,727	3,453	3,819	7,272	11,346
	처분 건수	454	552	24	1,030	770	1,587	2,357	3,453	3,819	7,272	10,659
1913	출원 건수	500	1,385	52	1,937	1,187	2,041	3,228	2,263	6,803	9,066	14,231
	처분 건수	425	1,499	39	1,963	1,072	2,039	3,111	2,263	6,803	9,066	14,140
1914	출원 건수	424	1,095	113	1,632	1,307	1,323	2,630	2,821	6,718	9,539	13,801
	처분 건수	185	599	32	816	1,110	1,296	2,406	2,821	6,718	9,539	12,761
1915	출원 건수	321	572	22	915	1,229	1,123	2,352	2,707	6,717	9,424	12,691
	처분 건수	47	182	1	230	1,079	992	2,071	2,707	6,717	9,424	11,725
1916	출원 건수	129	174	4	307	1,491	2,197	3,688	3,171	9,437	12,608	16,603
	처분 건수	57	224	1	282	1,313	2,023	3,336	3,171	9,437	12,608	16226
1917	출원 건수	304	510	41	355	1,731	2,770	4,501	3,383	10,783	14,166	19,522
	처분 건수	95	321	2	418	1,457	2,342	3,799	3,383	10,783	14,166	18,383

출처: 조선총독부, 1919, 『수산편람』, 184~185쪽.

면허어업을 더욱 적극적으로 출원했고, 허가를 받는 과정에서도 일본인이 유리했다. 일본 지방 부현에서 1905년 이후 원양어업단을 조직해 일본 어민의 조선 이주를 권장했고, 그 원양어업단에서 면허어업을 출원해 부여받았다. 예를 들면 1910년에 나가사키현 원양어업단에서 조선에서 어업권을 취득하기 위해 면허출원 중인 것이 114건이었고, 이미 면허 지령을 받은 것이 청진항 안에 잡어 걸망(桀網) 어장 3개소였으며 나머지는 진행 중이었다.[12]

조선 연해에서 훨씬 다수의 조선 어민이 어업에 종사했지만, 면허어업을 신청한 어민은 인구수에 비례하면 일본 어민의 출원 건수가 매우

---

[12] 日本 拓植局, 1911, 『植民地における內地人の漁業及移民』, 11쪽.

높았다. 1912년에 면허어업을 신청한 일본인 수는 562명이었고, 조선인은 752명이었다. 그중 일본인은 454명이 허가를 받았고, 조선인은 552명이 허가받았다. 그 후 면허어업에 관한 정보가 조선인에게 알려지자 조선인의 출원자가 점차 증가했지만, 조선 어업의 종사자 수에 비하면 출원자의 비중이 적은 편이었다. 반면에 일본 어민의 면허어업 신청자는 많은 편이었다.

허가어업에서도 비슷한 현상이 나타났다. 1912년에 일본 어민의 출원 건수는 1,134건이었는데 반해 조선 어민의 출원 건수는 1,593건이었다. 약 1.5배 정도로 조선 어민의 출원이 많았지만, 인구수에 비하면 훨씬 적은 편이었다. 당시 조선 연해에서 어업 활동을 하는 인구가 조선인은 17만 902명이었고, 일본 어민은 1만 1,417명이었다.[13] 출원 건수에 비해 허가 건수도 비슷했다. 일본 어민은 무작위로 출원했기 때문에 허가 건수가 적은 편이었고, 반면에 조선 어민은 현지 상황을 잘 알고 있었으므로 허가의 비율이 높았다.

신고어업의 경우는 일본 어민과 조선 어민이 출원한데 대해 대체로 승인했다. (신고어업의 감찰 발급은 허용 기간이 1년이었다.) 신고어업에서는 1912년에는 일본 어민과 조선 어민이 비슷했지만, 1913년에는 일본 어민은 2,200건, 조선 어민은 6,800건에 이르렀다. 1914년부터 1915년까지는 일본 어민은 2,700건, 조선 어민은 6,700건이었지만, 1916년과 1917년에 이르러 일본 어민은 3,100여 건 내외, 조선 어민은 9,000~1만여 건에 이르렀다.

조선총독부에서는 "면허어업의 출원 처분은 단순히 어업자의 이익과

---

13 조선총독부, 1913, 『조선총독부통계연보』, 188~189쪽.

손해에 관한 것이 아니라 공익상 큰 관계를 가지고 있어 신중한 심의를 해야 한다"[14]고 하면서 면허어업을 부여하는 원칙을 제시했다.

① 오로지 관행을 중시한다. 종래 점용(占用)해 온 어장은 그 관행자에 면허한다. ② 토착 어민의 생계 및 수산상 장래 필요하다고 인정되는 장소는 오로지 당해 어민에 면허하거나 또는 그것을 유보한다. 부질없이 다른 출원자에 면허하지 않는다. ③ 개인 독점의 폐단을 만들지 않기 위해 동일인의 출원에 관계되는 다수의 어장은 관행 또는 기득권리를 가진 자 외는 그것을 면허하지 않는다. ④ 관행이 없는 어장에서 다수의 경쟁출원자가 있는 경우에는 경쟁출원자 중 자격이 우월한 자에게 면허를 준다. 합동 또는 사용의 순서를 정하는 등 장래 분쟁을 피하는 적절한 방법을 정해 처분한다. ⑤ 내지의 부현(府縣) 수산조합 기타 단체 조직에 의한 출원과 개인 출원이 경쟁하는 경우 단체의 조직자를 우월하게 인정한다. ⑥ 종래 촌민(村民) 공동으로 종사하는 어업 또는 해조(海藻) 채수(採收) 같은 것은 그 땅의 원래 어민 일동에게 면허하는 취지를 채택하고, 일부 어민의 독점을 배격한다.[15]

즉 조선총독부는 점용해 온 어장은 관행자에게 면허를 주며, 토착 어민의 생계에 필요한 곳은 당해 어민에게 면허하며, 가능하면 개인보다는 단체에게 허용하라는 원칙을 제시했다. 특히 ⑤항에서 제시한 바와 같이

---

14 朝鮮總督府, 1915, 『朝鮮施政ノ方針及實績』, 제17장 수산업.
15 朝鮮總督府, 1915, 위의 책, 358~359쪽.

일본의 부현 수산조합 기타 원양어업단 등에서 면허어업을 신청한 경우에는 우선적으로 허용했다.

조선총독부는 면허어업을 부여하는 원칙으로 점용해 온 어장은 관할자에 면허를 부여하고 가능한 한 당해 어민에 부여한다고 원칙을 정했지만 실제로는 일본인에게 면허어업을 부여했다. 이러한 사실은 〈표 2-1〉에서도 드러나듯이 실제로 일본인의 어장 독점으로 인해 조선 어민은 기존에 해왔던 어업 행위를 부정당하거나 어업 경영에 어려움을 겪고 나아가 생계를 유지하기 곤란할 지경에 처했다.[16]

조선총독부가 면허어업을 발급할 때 절대 권력을 행사했으므로 일본인이 많이 신청했고, 조선인도 일본인과 결탁해 면허어업을 신청하며 조선인의 기존 어업권을 탈취했다. 예를 들면, 1910년에 제주도에서 조선인이 일본인과 결탁해 조선 어민이 수십 년 동안 공동 영업으로 어업했던 제주군 구좌면 월하리의 어기권(漁基權)을 탈취해 가 조선 어민이 생계를 잃게 되자 전라남도 광주부의 관청에 가서 호소하기도 했다.[17] 또한 같은 해에 경상남도 거제군에서는 군 협잡배 10여 명이 어기조합회를 창설하고 해당 어기를 경매해 그들이 판매금액을 나눠 가져서 각 포구의 빈한한 어민이 옛 어업을 잃고 생계를 유지하기 어려울 지경에 이르렀다.[18]

「어업법」과 「어업령」이 실시되는 초기에는 면허어업이 일본인에게 유리하게 허가되었다. 1920년대 『동아일보』에서는 당시의 수산정책을

---

16 「水産行政과 朝鮮人漁夫」, 『동아일보』, 1923.4.24.
17 「어장을 빼앗다」, 『황성신문』, 1910.8.3.
18 「어기(漁基)로 인하여 어민들이 원성을 호소하다」, 『매일신보』, 1910.9.20.

다음과 같이 언급했다.

> 총독부에서는 「어업령」과 「동령시행규칙」을 제정하여 면허어업 중 특히 수면전용면허제도를 만들어 어촌의 유지 경영을 돕고 면허어장의 인접 수면에서는 어업에 방해가 되는 행위를 제한 또는 금지했다. 그 「어업령」의 근본정신이 어디 있었는지는 지금 다시 논의할 필요가 없다. 오직 현재의 상황이 명확한 실상이요 그를 표시하는 웅변이다. 당국자는 개인적 독점의 폐단을 피한다고 하지만, 어업령에 의하여 정당한 권리를 얻은 자가 독점적 지위에 있는 것은 숨기지 못할 것이다. 그 권리의 허가를 받은 자는 일본인이 될는지 조선인이 될는지는 말하지 아니하여도 독자는 이해할 수 있을 줄 믿는다.[19]

「어업령」을 실시하면서 어촌의 유지 경영을 돕고, 개인적 독점의 폐단을 피한다고 하면서 면허어업을 부여했지만, 면허어업을 부여받은 사람은 독점적 권리를 행사하고 있으며 그 권리를 허가받은 사람은 일본인이라는 사실을 은유적으로 표현했다.

면허어업의 허가 문제는 허가 기간이 종료되는 1920년 무렵에 다시 불거져 나왔다. 10년의 허가 기간이 끝나는 1920년경에는 3.1운동으로 조선인의 민족의식과 권리의식이 고양되면서, 조선인이 면허어업을 되찾으려는 의욕이 강해지면서 사회문제화되기도 했다. 예를 들면 전라남도 추자도에는 3,000여 명의 인구가 어업으로 생활을 유지하고 있었는데, 1910년 무렵에 일본인에게 어기(漁基) 전부를 10년 동안 빼앗겨 생

---

19 「水産行政과 朝鮮人漁夫」, 『동아일보』, 1923.4.24.

활이 매우 곤란했다. 1919년 5월에 추자도 어업조합에서 조선총독부에 제3종 면허어업을 출원하자, 이러한 사정을 알고 있었던 이마무라(今村) 도사(島司)는 어업권이 만기되는 때는 본토 주민에게 면허하겠다고 공언했다. 그런데 1920년 5월 11일에 전 일본인 어업자에게 다시 면허어업이 허가되자 추자도 어민이 매우 실망해 어민 600여 명이 단결해 섬 대표자를 선발하여 제주도청에 가서 출원하게 하고, 만일 제주군청에서 해결되지 못하면 전도 인민이 총독부까지 몰려가 호소할 예정이라고 했다.[20] 즉 추자도 어민은 이러한 사정을 그대로 받아들일 수가 없었다.

또한 일본인 어업조합이 조선 어민이 어업하던 지역에 어업권을 장악하면서 조선 어민의 어업 활동을 금지하자 조선 어민이 저항하기도 했다. 예를 들면, 전라남도 완도군 국산리 조선 어민은 1920년 8월에 일본인 어업조합이 면허어업구역 안에 출입하면서 고기를 잡지 못하게 하자, 일본인 어업조합 궁기조(宮崎組)를 에워싸고 폭행을 하니 궁기조 조원 다섯 명이 완도경찰서로 피난했다. 그 후 조선 어민이 군청에 진정을 하러 가자 경찰서원이 조선인 어민 22명을 체포해 완도경찰서에서 취조했다.[21]

조선 어민이 수백 년 동안 어업하던 어장이 일본인에게 어업권이 넘어가서 어업을 할 수 없게 되자 그 갈등은 1910년대 내내 지속되었다. 그중 대표적인 두 곳의 사례를 살펴보자. 하나는 조선의 대표 굴 생산지인 함경남도 영흥만 저도 지역이고, 다른 하나는 경상남도 통영 거제 지

---

20 「추자도 동포의 호소, 어장 문제로」, 『매일신보』, 1920.6.2.
21 「일본인 어업조합을 포위-전남 완도군에서 일본인은 경찰서로 피난을 갔다고-」, 『매일신보』, 1920.8.27.

역의 이강공가 어장이다.

함경남도 영흥군의 진평면, 고녕면, 호도면에는 400여 호의 2,000명에 해당하는 조선 어민이 수백 년 동안 영흥만에서 굴을 따면서 생계를 유지해 오고 있었다. 그곳은 토지가 척박하여 농사보다는 굴을 채취하여 생활해 가고 있었다. 그런데 1909년에 요코야마 기타로(橫山喜太郞)[22]라는 일본인이 영흥군 진평면 저도(猪島)에 들어와 통감부에 청원하여 1919년 12월 말까지 10년 동안 영흥만의 굴 따는 권리를 독점하게 되었다.[23] 나아가 1910년에는 함경남도 문천군 명효면(明孝面) 반도(半島) 굴 어장 113만평의 면허어업을 취득하기도 했다.[24]

그 후 함경남도 영흥군 영흥만 부근의 조선 원주민들도 굴 양식할 곳을 측량해 총독부에 허가를 신청했으나 응답을 주지 않았는데 반해, 총독부에서는 1913년 3월에 요코야마에게 원주민들이 신청한 지역까지 굴 양식의 면허를 주고 4월에는 헌병출장소에서 주민들을 불러 모아 요코야마의 허가를 받지 않으면 굴을 채취하지 못한다고 공지했다.[25]

영흥만 원주민들은 조상 대대로 굴을 채취해 생계를 유지해 오던 곳에서 마음대로 굴을 채취할 수 없게 되었고, 요코야마의 허가를 받아 굴을 채취하는 경우에는 채취한 굴을 전부 요코야마에게 헐값으로 넘겨야 했으므로 억울할 수밖에 없었다. 주민들은 굴을 한 초롱 가득 담아와도

---

22 요코야마 기타로(橫山喜太郞, 1865~)는 1884년에 조선으로 건너와 부산에서 곡물상을 경영했고, 1892년에는 함경남도 원산으로 이사하여 무역상을 경영하다가 폐업하고 굴 양식업에 적극 참여했다.

23 「虎島漁民騷擾事件」, 『매일신보』, 1916.3.8.

24 「民怨이漲天한文川牡蠣漁場」, 『조선일보』, 1925.10.20.

25 「虎島漁民騷擾事件」, 『매일신보』, 1916.3.8.

50전의 헐값으로 요코야마에게 팔았으므로 품삯을 받는 일꾼으로 전락할 수밖에 없었다. 이에 조선 어민도 그들의 억울함을 군청에 진정서를 제출하고 총독부에 민원을 제기했지만 받아들여지지 않았다. 그 후 원주민과 요코야마의 갈등은 1910년 내내 지속되었다.

그러한 갈등은 1915년에 폭발했다. 1915년에 마을 주민인 이승봉(49세)은 한재형, 이봉진 등과 공모해 의도적으로 요코야마와 그의 고용인들을 공격했고, 그 와중에 헌병경찰이 진압하면서 조선 어민 두 명이 죽고 여덟 명이 중상을 입었으며, 20여 명의 징역자와 100여 명의 검거자가 생겼다.[26]

그러다가 1919년 12월에 요코야마 기타로의 제2종 면허어업의 10년 허가 기간이 종료되는 시기가 도래하자 조선 어민의 청원 움직임이 빨라지기 시작했다. 영흥만의 원주민들은 각 면의 대표자를 선발해 군 당국과 총독 당국에 청원했다.

그러나 1920년 3월에 어업권이 그대로 요코야마에게 돌아가자, 조선 어민은 계속 당국에 청원했고, 그 결과 총독부는 주민들을 회유하는 방책을 제시할 수밖에 없었다. 즉, 80척의 굴 따는 배를 반씩 나누게 하고, 산출량을 반씩 나누게 했다. 지방 인민들은 굴 한 초롱에 55전 내지 75전의 고가(雇價)를 받았는데, 요코야마는 그 금액을 주면서 많다고 했지만 주민들은 자신들이 시가로서 판매할 때는 한 초롱에 3원 이상 4원의 수입을 올릴 수 있던 것이었다. 그리하여 어민들이 40척 되는 자신의 배를 가지고 자기들끼리만 굴을 따고 요코야마의 일을 하지 않게 되자

---

26 「二千漁民의死活問題 永興灣漁場問題」, 『동아일보』, 1920.9.11;「咸南道民大會 決議及宣言(續)」, 『동아일보』, 1923.9.11.

요코야마는 이전처럼 헌병대와 경찰서에 요청해 무력적 수단을 동원했으나 주민들은 그에 응하지 않았다. 이에 요코야마는 총독부 당국에 청원해 어장을 반분하자는 의견을 제시했다. 2,000여 명의 원주민들도 대표자를 선발해 13도의 도지사와 총독 당국에 청원하고 경성에 올라가 식산국장을 방문하여 원주민에게 어업권을 대부해 주기를 청원했다.[27]

이에 1920년 12월에는 총독부는 어장을 3등분하여 3분의 1은 요코야마에게 주고, 3분의 2는 2,000여 명의 원주민에게 주기로 회유하면서 타결했다. 형식상으로는 이전보다 지역 어민에게 혜택이 간 것처럼 보이지만, 요코야마 한 명이 3분의 1을 부여받고, 지역 어민이 3분의 2를 부여받은 것은 기괴한 현상이었다. 더욱이 실질적 내용을 살펴보면 조선 어민이 불리하게 배분받은 것이었다. 요코야마가 부여받은 3분의 1 지역은 동리의 인근으로 교통이 편리하고 비옥한 곳으로 굴이 많이 생산되었고, 주민이 점유한 3분의 2 지역은 동리와 떨어져 있으며 척박한 곳이었다. 주민이 점유한 면적은 요코야마의 두 배였지만 굴의 생산이 거의 없으며 교통이 불편하고 작업이 곤란하여 유명무실한 곳이었다.[28] 이에 주민 2,000명은 최후의 수단으로 영흥군채려민탄원단(永興郡採蠣民嘆寃團)을 조직하고 윤주환, 탁성만 두 명을 경성에 파견해 직접 총독부에 진정케 하기도 했다.[29]

1920년대에 영흥만 굴 채굴장의 제2종 면허어업 허용 문제의 불합리성은 원주민의 주장과 조선의 언론지인 『동아일보』와 『조선일보』에도

---

27 「二千漁民의死活問題 永興灣漁場問題」, 『동아일보』, 1920.9.11.
28 「四千名의 死活問題」, 『동아일보』, 1921.4.9.
29 「生産도不能 할慘境」, 『동아일보』, 1921.6.7.

여러 차례 보도되었기 때문에 인구에 회자되었다. 나아가 일본인이 조선 통치의 불합리함을 지적하면서 일본 의회에서 보고해 논의되기도 했다.[30] 그러나 영흥만 굴 양식의 면허어업 문제는 개선되지 않고 지속되었으며, 지역사회에서 계속 문제가 제기되었다. 1923년에는 함경남도 도민 대회에서도 영흥만 굴 양식의 면허어업 문제를 해결해 달라고 주장했다. 그 대회에서 함경남도는 토지가 척박해 생업이 어려우나 해안선이 다른 도에 비해 길고 우수하여 어업이 생계의 중요한 바탕인데 근래 귀족이나 소수 일본인에게 면허어업을 허가해 줘 원주민의 생활이 크게 위협받고 있으니, 이후로는 절대로 원주민에 한해 면허권을 부여하고 원주민이 아닌 이에게는 허가 기간이 만료된 후 다시 권리를 부여하지 않음은 물론 기한 중이라도 속히 행정처분으로 중지시키고 원주민에게 권리를 부여해 주라고 결의했다. 그러한 문제를 내포하고 있는 함경남도 대표적 지역이 영흥군 영흥만 저도의 굴 어장과 문천군 송전만의 굴 어장이었다.[31] 두 지역 모두 일본인 개인에게 면허어업을 허가해 줘 원주민이 수백년 내려온 생업을 잃게 되는 문제가 발생했다.[32]

영흥만을 중심으로 한 굴 어장의 면허어업 문제는 면허 기간이 다시 종료되는 1930년 12월을 전후하여 문제가 불거졌다. 1930년 초부터 저도 주민은 저도포개포어조합(猪島捕介捕魚組合)을 만들고 이번에는 굴 어

---

30 「議會의朝鮮關係問答(二)」, 『동아일보』, 1922.2.1; 「議會의朝鮮關係問答(四十七)」, 『동아일보』, 1922.5.14.

31 함경남도 문천군 송전만 내의 굴 어장도 일본인 중촌국태랑(中村國太郞)에게 제2종 면허어업이 부여되어 그 지방 원주민들이 이전부터 해왔던 생업을 잃고 계속 청원해 왔다(「民怨이漲天한文川牡蠣漁場」, 『조선일보』, 1925.10.20; 「日人漁場主의暴利」, 『조선일보』, 1925.10.25).

32 「咸南道民大會 決議及宣言(續)」, 『동아일보』, 1923.9.11.

장의 면허어업을 주민에게 부여해야 한다고 강하게 주장하면서 군청과 도청뿐 아니라 총독부와 식산국에 청원했고, 중앙 언론지인 『동아일보』와 『조선일보』에서도 주요 이슈로 다룸으로써 1930년 말에는 조선총독부의 정무총감과 식산국장 등도 원주민의 의견을 반영하도록 노력하겠다는 의사 표시를 언론에 제시하기도 했다.[33] 그러나 1930년 12월에 총독부에서 영흥만을 현지 답사한 후에[34] 영흥만 저도 굴 어장의 면허어업권을 요코야마 기타로에게 다시 부여했다.

총독부 식산국 수산과는 첫째, 어장은 광대하나 양식이 적합한 지역은 밀집해 분할할 수가 없고, 둘째, 원주민에게 면허하고 싶으나 자본력이 부족한 주민의 힘으로는 시설 경영할 수가 없어 증산할 수가 없으며, 셋째, 이 어업권은 현재 시설 중에 있어 그 권리를 빼앗을 수가 없으며, 넷째, 현업자는 장차 대자본의 주식회사를 창립하려고 하여 새로운 양식법을 사용하고 부대공업을 일으켜 해외 수출도 계획하고 있으므로 주민들이 얻는 이익은 어장을 차지하는 이익보다 크므로 원주민의 양보가 타당하다고 하면서 요코야마 기타로에게 다시 면허어업을 부여했다.[35]

그러나 요코야마는 면허어업을 다시 부여받은 뒤 대자본의 주식회사를 창립한 것이 아니라, 1931년 5월에 수산흥업주식회사에 이권을 팔아넘겼다.[36] 1929년 「조선어업령」의 공포는 면허어업을 소유권으로 인정하고 재산권으로 매매를 할 수 있도록 했다. 그리하여 요코야마는 자신

---

33 「猪島굴漁場 委員등陳情」, 『동아일보』, 1930.11.29; 「地元住民에게 有利하도록 努力」, 『동아일보』, 1930.12.21.
34 「猪島굴漁場을 總督府에서 調査」, 『동아일보』, 1930.12.28.
35 「利權은 資本에로」, 『조선일보』, 1931.1.13.
36 「猪島 굴漁場을 水産興社에 讓渡」, 『동아일보』, 1931.5.19.

의 면허어업권을 매매했던 것이다. 두 차례의 면허어업 기간인 1909년부터 1930년까지 20여 년간은 영흥만의 2,000여 주민과 일본인 요코야마의 격렬한 분쟁의 기간이었다.

다음으로 경상남도 통영 거제지역의 이강공 전하의 어장 문제이다. 이 지역은 이강공 전하가 진해와 통영 및 거제 일원의 71곳의 어장을 점유하고 있었다. 그런데 이 어장을 일본인 가시이 겐타로(香椎源太郞)가 1906년 이토 히로부미(伊藤博文)의 후원으로 이강공 전하의 진해와 통영 및 거제 일원의 71곳의 어장을 모두 불하받아 어장을 직접 경영하기도 하고, 일부는 다시 불하를 주면서 큰돈을 벌었다.[37] 이것을 계기로 큰돈을 벌어 부산의 3대 유력인사가 되었다. 당시 가시이는 20년 기한으로 불하를 받았지만, 1920년에 만기에 돌아오게 되었다.

진해 수면에 대한 이강공 전하의 진해 수면에 대한 어업권이 1920년 5월 19일에 만기가 되는데, 조선 어민과 가시이 겐타로의 충돌이 심해지고, 조선이 3.1운동으로 민족의식과 민권의식이 고양되게 되자, 1920년 면허어업의 기간이 종료되는 시기에 이르러 가시이가 일정 정도 양보하면서 조선 어민과 타협하는 방식으로 해결했다. 그때까지 가시이 겐타로가 71개소의 어업권을 가지고 있었는데, 그중 3분의 1에 해당하는 27개소는 가시이가 대부하고, 나머지 44개소는 이강공가에 반납해 현지에 거주하는 조선 어민에게 돌아가게 되었다.[38]

1930년에 다시 10년의 만기가 끝나게 되면서 이강공가는 어업권을

37　藤永壯, 1987,「植民地下日本人漁業資本家の存在形態-李堈家漁場をめぐる朝鮮漁民との葛藤-」,『朝鮮史硏究會論文集』 24, 朝鮮史硏究會.

38　「진해 어업권 문제, 무사히 해결 낙착」,『매일신보』, 1920.5.26;「이강공 전하 소유인 어장 임차 문제」,『매일신보』, 1920.7.4.

다시 돌려받게 되었다. 이에 이강공가는 71곳의 어장을 모두 100만 원에 판매하려고 했다. 그러나 조선총독부가 나서서 54만 원에 가시이 겐타로에게 돌아가도록 판정을 내렸다. 이강공가는 이에 불만을 가졌지만 뚜렷한 대응방법이 없어서 헐값에 가시이 겐타로에게 매각할 수밖에 없었다.

2) 부정어업의 단속

일제는 1910년 조선 병탄 이전에 일본 어민이 조선 연해에 와서 통어를 할 때, '트롤'어업[39]과 잠수기어업을 행하거나 또는 유독물·폭발물을 사용하는 약탈적 어업을 묵인했다가, 1910년 조선 병탄 이후에는 어족을 보호하면서 영속적 이익을 추구하기 위해 '트롤'어업과 유독물·폭발물 어업을 금지했다.

조선총독부는 1911년에 「어업령」을 공포하면서 포경업 또는 '트롤'어업은 조선총독의 허가를 받도록 규정하면서 통제하고자 했다.[40] 아울러 「어업단속규칙」(1911)을 공포해 '트롤'어업과 폭발물 및 유독물을 사용한 어업을 금지했다.[41] 당시에는 '트롤'어업과 폭발물을 사용한 어업이 매우 빈번했기 때문이다. 그리하여 조선총독부는 조선을 병탄한 후 「어업령」을 공포하면서 '트롤'어업을 금지했다.

> 대마해협 수로(水路)부터 북방 울릉도, 남방 제주도에 이르는 바다에서 종래 자주 '트롤'어업선이 출몰해 금지구역을 침해하고 어장을 황폐화

39　바다 밑바닥으로 끌고 다니는 저인망을 사용해 깊은 바닷속의 물고기를 잡는 어업.
40　「어업령」(1911.6.3) 제12조.
41　「어업단속규칙」(1911.6.3) 제2조, 제3조.

시켜 어족의 번식을 막고 나아가 어민의 생업을 위협할 우려가 있었다. 폭발물 사용 어선과 함께 경계·단속하여 1911년에 해상경비기관의 확장에 따라 한층 그 효과를 거두었지만, 해상 경비 기능이 아직 불충분하여 그들이 활동한다면 그 피해가 어쩔 수 없음은 유감이다.[42]

즉 조선 연해 안에서 '트롤'어업을 행하는 것을 금지했다. 제주도 앞바다에서 흑산도를 거쳐 압록강에 이르는 서해안과 울릉도를 거쳐 두만강에 이르는 동해안과 남해안에서는 '트롤'어업을 행하는 것을 금지했다.[43] 다만 포경업과 '트롤'어업은 조선총독의 허가를 받아 행하도록 규정했다.

다음으로 조선총독부는 폭발물과 유독물을 이용해 어업을 행하는 것을 금지했다. 1910년대는 폭발물을 이용한 어업이 성행했다. 러일전쟁이 끝나면서 다이너마이트 등을 손쉽게 값싼 가격으로 구입할 수 있었기 때문이다. 특히 일본 어민은 경상남도와 전라남도에 와서 성어기에 어군에 폭발물을 터뜨려 어업을 행하는 일이 빈번했다. 당시 상황이 1913년의 『매일신보』에 기록되어 있다.

거문도, 능라도, 여수, 마산, 진해, 부산, 울산 등 각지 근해에서 근래 폭탄을 어군에 던져 죽은 고기가 떠오르는 것을 채취하는 어법이 성행해 일반 어업자를 방해한다는 이야기를 들었다. 숭어, 고등어 등 계절에는 이 어법을 사용하는 어선이 80~90척의 무리를 이루고 위

42　朝鮮總督府, 1913, 『朝鮮總督府施政年報(1911년도)』, 제129절 수산업의 보호·장려
43　「도로루 禁漁區域」, 『매일신보』, 1912.10.24.

의 각지 근해에 출몰하여, 그 결과 고등어 저망, 박망 등의 대규모 어업의 어군 감소와 함께 자연 쇠약을 면치 못한다. 작년에는 도처의 어업자가 실패하여 손해를 입은 것은 대부분 폭탄을 사용하여 어장이 황폐화된 탓이다. 각지의 어시장에서 어류를 조사해 보니 대부분 폭탄 사용으로 어획을 보고도 어떻게 사용했는지 살피기 어렵고 또한 이 어법의 자본은 폭탄 한 발의 대금이 겨우 30전 내외로 족해 극히 간단하나, 실제 어획은 죽은 고기가 10분의 3에 불과하고 나머지는 해저에 가라앉아 폐기물에 돌아갈 뿐이라. 어군을 흩어지게 하여 어업의 건전한 발달을 방해함이 실로 크다고 하더라.[44]

당시 폭탄 한 발이 30전에 불과했고, 어획기에는 폭발물을 사용하는 어선들이 80~90척이나 몰려다니면서 어군에 폭발물을 터뜨려 성어뿐 아니라 치어들도 모두 몰살하게 되었다. 더욱이 죽어서 해저에 가라앉는 고기가 70퍼센트였고, 겨우 30퍼센트만을 건져 올려 어획의 효과도 없으면서 어족의 씨를 말려 어업의 건전한 발달과 영속적 어업을 위협한다고 걱정했다.

그리하여 1911년에 일본 구이사청령에서 일본 어민이 조선 근해에서 폭발물을 사용한 어업을 금지했다.[45] 그러나 일본 어민이 '다이너마이트'를 가지고 어업을 행하는 일은 멈추지 않았다. 예를 들면 1912년 1월에는 경상남도 통영경찰서에서 다이너마이트를 사용해 어업하는 이를 단속하는 와중에, 거제도에서 구마모토현 사람 후루야 쇼조(古谷升三)

---

44 「폭탄어업의 피해」, 『매일신보』, 1913.4.9.
45 「밀어업자의 단속」, 『매일신보』, 1911.2.18.

외 네 명과 오이타현 사람 야마네 다이고로(山根大五郎) 외 세 명을 체포했는데 그들은 모두 많은 다이너마이트를 지니고 있었다.[46]

조선총독부 당국은 1910년대 내내 폭발물을 터뜨려 어업을 행하는 어법을 엄격하게 단속했지만, 그 어법은 사라지지 않았다. 바다 포유류(고래, 물개 등)를 잡을 때는 폭발물 사용을 허가했고, 폭발물을 사용하면 일본 어민이 손쉽게 어획할 수 있었으므로 쉽게 사라지지 않았다.

그러자 1914년에는 폭발물 어로에 관한 처벌이 강화되었다. 종래는 폭발물을 사용한 어로자는 어구와 어획물을 몰수하는 규정이었는데, 이후 어구와 어획물 외에 어선까지 몰수하도록 했다.[47] 그럼에도 폭발물 어로자는 줄어들지 않았다.

1916년 1월에는 경북 영덕경찰서에서 순사 16명이 어부로 위장하여 어선을 나누어 타고 폭발물 어업선을 단속했는데, 세야 시게다로(瀨谷繁太郎) 외 15명을 체포하고 그들이 사용하던 '다이너마이트' 206개와 뇌관(雷管) 210개 및 도화선 1장 9척 2촌을 압수했다.[48] 또한 총독부는 1918년 상반기에 폭발물 어업선을 단속해 검거 건수가 54건, 인원은 198명이었고, 몰수한 어구는 어선 12척, 어구 91점이었다. 아울러 몰수한 폭발물과 다이너마이트가 1,003개, 뇌관 1,168개, 도화선 1,329척이었다.[49] 1918년 10월에는 울산경찰서와 조선수산조합 합동으로 울산군 앞바다에서 폭발물 어업을 단속했는데, 울산에 사는 김석주(23세)외 네 명이 배 한 척에 폭발약 6개, 장근수 외 네 명이 배 한 척에 폭약 1개, 뇌

---

46 「범칙어부체포」, 『매일신보』, 1912.1.26.
47 「폭발 어로 엄벌」, 『매일신보』, 1914.2.1.
48 「부정어업 단속」, 『매일신보』, 1916.1.15.
49 「부정어업자 검거 상황」, 『매일신보』, 1918.9.10.

관 1개, 최을묵 외 세 명이 폭약으로 잡은 고등어 300마리, 최지두 외 세 명이 고등어 60마리를 실은 부정어업자를 일시에 잡아서 경비선으로 압송했다.[50] 1918년 이전에는 폭발물을 사용해 어업을 하는 어부들이 주로 일본 어민이었는데, 조선 어민도 그를 모방하여 어업을 행하게 되었다. 1919년 1월에는 경북 경찰서에서 총독부 소속의 배에 나누어 타고 1월 20일부터 1월 31일까지 폭발물 어선을 단속해 검거 인원이 40여 명이고, 압수 어선이 5척, 뇌관 110개, 도화선 3척에 이르렀다.[51]

이와 같이 1910년대는 일본 어민이 값싸게 구입한 다이너마이트를 이용해 어업에 종사했는데, 1910년대 후반이 되자 조선 어민이 이를 모방하여 다이너마이트를 활용해 어업에 종사하다가 적발되기도 했다. 이와 같이 1910년대는 다이너마이트를 활용한 어업이 성행했다. 조선총독부가 폭발물을 사용하는 어업을 단속했는데도 근절되지 않았다.

조선총독부에서는 1910년대 어업단속에 대해 다음과 같이 평가를 내리고 있다.

> 수산물의 번식, 보호에 대해서는 「어업령」과 동시에 부령을 통해 「어업단속규칙(漁業取締規則)」을 발포했다. 남획, 혹어(酷漁)에 관계되는 어구, 어법(漁法)을 금지하고 또한 남획 우려가 있는 어패류에 대해서는 어장, 어기(漁期) 및 몸길이에 관하여 채집상 일정한 제한을 두었다. 유독물, 폭발물을 사용하는 어업은 어족(魚族)의 번식을 저해하고 정당한 어업자의 조업을 심하게 방해하므로 1912년부터 1914년

---

50 「부정어업자를 일망 타진-한번에 네 배를 잡아-」, 『매일신보』, 1918.10.25.
51 「부정어업단 대검거-40여 명을 잡아-」, 『매일신보』, 1919.2.9.

에 이르기까지 「어업단속규칙」을 개정해 점차 위반자 제재를 엄격하게 했다. 1921년 4월 현재 배치된 경비선은 기선(汽船) 3척, 140톤, 발동기선(發動機船) 22척, 224톤에 지나지 않아 해상의 경비는 아직도 완전하지 못하므로 단속에 철저를 기하는 것이 어려워 유감스럽다.[52]

1921년에도 어업단속에 배치한 경비선이 기선 3척, 발동기선 22척에 불과해 부정어업을 철저히 단속하기에는 한계가 있었다. 1920년대에도 폭발물을 사용하는 어업이 완전히 사라지지 않았던 것이다. 폭발물을 사용한 어업과 남획으로 동해 울릉도와 독도에서 번식하던 강치가 멸종되었고, 남해안의 상어도 거의 소멸되었다.

2. 어업조합·수산조합의 신설과 어민의 편제

1) 어업조합의 설립과 조선 어민의 대응

일제는 1910년 조선을 병탄한 후 조선 어민을 통제하고 아울러 조선 어민과 일본 어민의 충돌을 막기 위해 고심했다. 개항 이후 일본 어민이 조선 연해에 진출해 와 어업 활동을 하면서 조선 어민과 충돌이 매우 심했다. 한반도의 전 해안에서 충돌이 심했고, 특히 제주도에서는 일본 어

52　朝鮮總督府 殖産局, 1921, 『朝鮮の水産業』, 제2장 제10절 어업처분 및 단속.

민과 조선 어민의 충돌로 다수의 살인 사건과 집단적인 싸움이 일어나기도 했다.[53] 이러한 충돌 상황은 일제가 조선을 병탄한 식민지시기에도 계속 이어졌다. 예를 들면 1914년 5월에는 황해도 해주군 연평도에서 조기와 도미를 잡으러 온 일본 어민과 조선 어민 수백 명이 패싸움을 벌여 일본 어민 두 명이 피살되고 많은 사람이 부상당하는 사건이 발생하기도 했다.[54] 1918년 9월에는 경상남도 고성군에서 조선인 어부가 삯전을 올려달라고 요구하면서, 내선인 어부 200명이 서로 싸워 10여 명이 부상당하기도 했다.[55]

일본 어민이 조선 연해에 와서 어업 활동을 하고, 나아가 한반도에 정착하기 위해서는 조선 어민과 잘 어울려 지내야 했다. 그리하여 조선총독부는 조선 병탄 이후 어업정책의 목적을 "일본인 어업자의 이주, 일본인과 조선인의 통일융화, 어촌의 유지 발달을 도모하는"[56] 데 있다고 했다. 즉 조선총독부는 어업 분야에서 일본 어민이 조선 연해에 와서 자유롭게 어업 활동을 하고 나아가 한반도에 일본인 어촌을 형성하면서 살아가는 식민지로 재편하고자 했다.

1908년에 통감부는 「어업법」을 공포하면서 일본 어민이 조선 연해에 와서 자유롭게 어업 활동을 할 수 있도록 어업권을 부여했다. 나아가

---

53 박찬식, 2008, 「개항 이후(1876~1910) 일본 어업의 제주도 진출」, 『역사와 경계』 68; 이영학, 1995, 「개항 이후 일제의 어업 침투와 조선 어민의 대응」, 『역사와 현실』 18; 강만생, 1986, 「한말 일본의 제주어업 침탈과 도민의 대응」, 『제주도연구』 3; 박구병, 1967, 「韓國近代漁業關係研究(1876-1910)」 『釜山水産大學研究報告』 (사회과학편) 7-1.

54 「일선 어민 분요 상보」, 『매일신보』, 1914.6.3.

55 「내선인 어부 수백 명의 쟁투-부상자가 십여 명」, 『매일신보』, 1918.9.4.

56 朝鮮總督府, 1915, 『朝鮮施政ノ方針及實績』, 357쪽.

일본인 어업자의 이주를 장려하고, 일본인과 조선인의 갈등을 완화하면서 일본 어민이 조선에 효과적으로 진출할 수 있도록 돕는 정책을 추구했다. 이에 조선총독부는 조선의 어민과 수산물 종사자에 대한 통제를 어업조합(漁業組合)과 수산조합(水産組合)을 통해 행해가고자 했다. 일정한 지역 안에 거주하는 어업자로 하여금 어업조합을 만들게 하고, 그것을 통해 금융적으로 지원해 가면서 조선 어민을 회유하여 일제의 어업정책에 협조하게 하고자 했다. 또한 어업자 또는 수산물 제조자 및 판매자가 수산조합을 만들게 하여 그에 가입하게 함으로써 통제해 가고자 했다. 1912년 2월 「수산조합규칙」과 「어업조합규칙」을 공포함에 따라, 명칭을 조선수산조합(朝鮮水産組合)으로 고치고 조선인 어업자도 조합원이 되게 하여 일본 어민과 조선 어민의 융화 및 일본 어민에 의한 조선 어민의 지도를 모색해 갔다.[57]

일제는 1910년 조선을 병탄한 후, 일본 어민뿐 아니라 조선 어민도 어업조합에 가입하도록 했다. 조선총독부는 어민을 어업조합에 가입하게 하여 정부의 보조금을 대여해 주면서 일제의 정책에 협조하도록 했다. 그리하여 조선총독부는 조선 어민과 일본 어민이 조선 연해에서 어업을 행하며 싸우지 않도록 했고, 아울러 조선식산은행과 농공은행(農工銀行)을 통해 조선 어민에게 어업자금을 싼 이자로 대여해 주면서 일제의 정책에 협조하도록 했다. 구체적으로 "농공은행으로 하여금 어업조합에 대해 20년 이내의 연부상환 및 5년 이내의 정기상환 방법에 의해 무담보대부를 하여"[58] 금융적인 지원을 하도록 했다. 나아가 어업조합에

---

57   朝鮮總督府, 1915, 위의 책, 373쪽.
58   朝鮮總督府, 1915, 위의 책, 372쪽.

대해서는 어업권을 부여하고 또한 조합사업으로는 어획물의 판매·처리, 어구의 구입, 조난자의 구제, 부업의 경영 및 저축 등을 공동으로 하도록 했다.[59]

일본 어민과 조선 어민은 어업조합을 만들고, 일본 어민뿐 아니라 조선 어민도 참여시켜 어업조합에 참여한 어민에게 면허어업 등의 권리를 부여해 주면서 어업 활동을 하도록 했다. 나아가 조선총독부는 은행을 통해 조합에 가입한 어민에게 어업자금을 싼 이자로 대여해 주면서 어민을 회유하고 통제해 일제의 정책에 협조하도록 했던 것이다.

1911년에 「어업령」을 공포하면서 어업조합을 설립하도록 했는데,[60] 남해안의 큰 어장인 거제도(통영군 거제면)에서 처음으로 1912년에 거제어업조합이 창립되었다. 초창기에는 얼마나 참여했는지 알 수 없지만, 1921년에는 조선인 어부만 2,963명이 참여했고 소유한 어업권 수는 121건이나 되었다. 공동사업의 내용은 발동기선의 구입과 이용, 어업 시험과 조사 등이었다(〈표 2-2〉 참조). 총독부는 거제어업조합에 면허어업을 많이 부여함으로써 조선 어민이 많이 참가해 어업 이익을 얻도록 했으며, 발동기선의 구입에[61] 어업자금을 대여해 줌으로써 다른 지역에서 어업조합을 창설하도록 유도했다. 어업조합에 121건이나 되는 어업권을 부여해 주는 것은 특별한 혜택이었다.

어업조합에 면허어업 등의 어업권이 부여되고, 어선·어구 구입 등에 필요한 어업자금을 싼 이자로 대부해 준다는 사실이 알려지자 1913년

59　朝鮮總督府, 1915, 위의 책.
60　「어업령」(1911.6.3) 제16조, 제17조, 제19조.
61　朝鮮總督府, 1919, 『水産便覽』, 202쪽.

부터는 경상남도를 비롯해 함경북도와 평안북도에서도 어업조합이 설립되기 시작했다. 1913년에 울산군과 동래군에서 어업조합이 설립되었고, 어업조합의 구성원들은 어업권을 행사하는 데 관심을 두고 있었다.[62] 즉 공동사업의 주 대상은 어업권 행사였다. 어업조합이 소유한 어업권도 울산군 어업조합은 5건 내지 15건으로 많은 편이었다. 울산군 어업조합의 조합원은 약 300명에서 500명의 규모였다. 반면에 동래군 기장면의 기장어업조합은 조합원이 1,040명이나 되었다. 반면에 평안북도의 어업조합은 어선·어구의 구입과 제조에 필요한 어업자금을 대부하는 데 관심을 두고 공동사업으로 진행했다. 평안북도 정주군의 장도어업조합은 소유한 어업권 수가 19건이나 되었다(〈표 2-2〉 참조). 평안북도와 함경북도 어업조합의 조합원 수는 약 100명 내외였다. 특기할 만한 현상은 함경북도 청진부의 청진어업조합에서는 일본인 31명과 조선인 62명이 합해 93명이 조합을 구성하고 있다는 사실이다. 다른 어업조합은 모두 조선 어민만으로 어업조합을 구성하고 있었는데, 청진어업조합만이 일본인과 조선인이 같이 참여했다.

〈표 2-2〉에서 보듯이 1914년에는 경상남북도, 전라남도, 평안북도, 함경북도, 강원도에서 어업조합을 설립했다. 경상남도에서는 어업권 행사를 공동사업의 중심으로 잡고 있었으며, 조합원 수도 100명에서 200명 내외였다. 어업조합이 소유한 어업권 수도 10~20건에 해당할 정도로 많은 편이었다. 경상북도의 울릉도어업조합과 영일어업조합은 일본인과 조선인이 공동으로 창립했으며, 조합원 수는 500명 정도로 많은 편이었다. 영일어업조합은 소유어업권 수가 36건에 이를 정도로 많은

---

62 朝鮮總督府, 1919, 위의 책, 202쪽.

〈표 2-2〉 연도별 어업조합의 설립

설립연도	도별	소재지	조합명	조합원 일본인	조합원 조선인	조합원 계	소유 어업권 수	공동사업
1912	경상남도	통영군 거제면	거제어업조합	--	2,963	2,963	121	발동기선의 구입 및 이용, 어업시험과 조사
		울산군 강동면	강동면어업조합	--	338	338	9	어업권의 행사
		울산군 대현면	대현면어업조합	--	488	488	11	동
	경상남도	울산군 온산면	온산면어업조합	--	324	324	15	동
		울산군 서생면	서생면어업조합	--	288	288	5	동
		울산군 동면 전하동	동하상면어업조합	--	388	388	8	동
		동래군 기장면	기장어업조합	--	1,040	1,040	2	동
1913	함경북도	청진부 청진	청진어업조합	31	62	93	1	냉장고 설치와 공동구입, 표지 설치
		경주군 해산면	장도어업조합	--	97	97	19	어업자금 대부와 회수, 공동구입
		웅천군 부내면	소호포어업조합	--	35	35	5	어선·어구의 대부, 어구 공동 제조
	평안북도	인주군 구읍면	관해동어업조합	--	105	105	8	
		경주군 아이포면	아이포어업조합	--	62	62	14	
		철산군 부서면	이화포어업조합	--	76	76	--	공동판매와 어업자금의 대출
		경주군 갑산면	애도어업조합	--	184	184	11	공동구입 어업자금의 대출
		창원군 웅동면	웅동면어업조합	--	205	205	16	어업권의 행사
1914	경상남도	통영군 산양면	남포어업조합	51	20	71	--	어업권의 행사와 자녀 교육비의 기부
		창원군 천가면	눌차리어업조합	--	114	114	11	동
		창원군 웅읍면	웅천어업조합	--	219	219	20	동
		통영군 한산면	한산면어업조합	--	250	250	12	동
	경상북도	울릉도 남면 도동	울릉도어업조합	264	245	509	2	오징어 제품검사, 공동판매
		영일군 포항면	영일어업조합	39	490	529	36	청어자망어선의 제한 표지의 설치

연도	도	면	조합명			수	사업 내용
1915	전라남도	영광군 나월면	나월리어염조합	--	120	1	공동판매사업자금대부, 망염부의 공용 노대의 축설과 정호 수축
	평안북도	선천군 신미도	신미도어염조합	--	185	7	어염 자금의 대부와 회수
	평안북도	용천군 신도리	신도어염조합	--	38	--	어선·어구의 대부
	함경북도	경성군 어대진	어대진어염조합	--	57	1	어부림경영, 어구의 공동구입, 건붕(乾棚)의 건설
	강원도	삼척군 조국진	조국진어염조합	--	46	2	해조 채취권의 주점 결정, 우뭇가사리의 이식, 어부림 조성, 조합원의 구휼사업, 저축 장려
		삼척군 소호진	소호진어염조합	--	36	3	동
		삼척군 덕산진	덕산진어염조합	--	39	2	동
		삼척군 갈산진	갈산진어염조합	--	55	3	동
		삼척군 초천진	대진어염조합	--	59	3	동
		삼척군 임원진	임원진어염조합	--	30	2	동
		삼척군 노곡진	노곡진어염조합	--	47	3	동
		삼척군 장호진	장호진어염조합	--	31	2	동
		삼척군 정라진	정라진어염조합	--	62	5	동
		삼척군 냉천진	부산면어염조합	--	126	2	동
	함경북도	성진군 일신리	일신리어염조합	--	193	1	공동창고의 설치, 공동판매
		경흥군 서수라동	서수라동어염조합	--	60	6	공동판매, 계선장(繫船場)의 설치
		성천군 장항진	장항진어염조합	--	100	1	공동창고의 설치, 공동판매
		명천군 동호동	동호동어염조합	--	68	1	공동제조와 판매
		경흥군 황어포	황어포어염조합	--	42	1	공동창고의 설치와 공동판매
1916	경상남도	통영군 이운면	장승포어염조합	86	--	1	어염권의 행사와 매매 중개
	함경북도	명천군 장호동	하가면어염조합	--	110	3	공동창고의 설치
		명천군 매탕화동	매탕화어염조합	--	150	2	공동창고의 설치

연도	도	군면	조합명					비고
1917	전라남도	제주도 구좌면	월정리어업조합	--	237	237	3	제품 통일의 공동판매, 처리자금의 차입
	평안북도	용천군 부라면	괴곶포어업조합	--	67	67	--	
	평안북도	선천군 함산면	접도어업조합	--	38	38	3	어망의 공동사용, 일용품의 공동구입
	함경북도	부령군 이진동	이진동어업조합	4	40	44	1	
	경상남도	통영군 통영면	창호리어업조합	--	143	143	--	
	경상남도	사천군 읍남면	읍남·읍서면 공동어업조합	--	465	465	--	
	경상남도	통영군 장수면	송진리어업조합	36	--	36	7	
	전라북도	옥구군 어청도	어청도어업조합	18	83	101	3	
	평안북도	정주군 관주면	관산동어업조합	--	90	90	2	
	함경북도	성진군 체평리	체평리어업조합	--	120	120	--	
	함경북도	명천군 다진동	다진동어업조합	--	54	54	4	
1918	함경남도	이원군 남면·용항리	남면어업조합	--	1,300	1,300	7	해조 채취권의 주청 결정, 우뭇가사리의 이식, 어부림 조성, 조합원의 구출수입, 저축 장려
	평안남도	평원군 감물리	한천리어업조합	5	381	386	--	
	강원도	강릉군 주문진	주문진어업조합	--	109	109	1	
	전라남도	여수군 남면	연도어업조합	18	149	167	1	
	전라남도	여수군 남면	안도어업조합	2	156	158	1	
	전라남도	여수군 삼산면	거문도어업조합	80	10	190	6	
	충청남도	보령군 녹도리	녹도리어업조합	--	49	49	--	
	경기도	부천군 영종면	영종면어업조합	--	237	237	1	
				634	13,375	14,109	417	

출처: 조선총독부, 1919, 『수산편람』, 200~204쪽.

비고: 1918년에 설립된 전라남도 여수군 거문도어업조합은 조합원 수의 합계가 잘못 기재되어 있다.

편이었다. 이 해에는 강원도 삼척군에서 10곳의 어업조합이 창립되었다. 모두 조선인만 참여했으며, 조합원 수는 50~150명 내외였다. 공동사업으로는 해초 채취권의 추첨 결정, 우뭇가사리의 이식, 어부림 조성, 조합원의 구휼사업 등이었다.[63]

1915년에는 함경북도 성진군, 경흥군, 명천군에서 5곳의 어업조합이 창설되었으며, 조합원 수는 100명 내외였고, 공동사업으로는 주로 공동창고의 설치, 공동제조와 판매를 중심으로 했다(〈표 2-2〉 참조). 1916년에는 전라남도 제주도의 월정리어업조합이 설립되었으며, 어업제품의 공동판매와 저리자금의 차입을 공동사업으로 했고, 평안북도 선천군의 접도어업조합이 설립되어 어망의 공동사용과 일용품의 공동구입을 공동사업으로 했다. 그 후 점진적으로 어업조합의 설립이 추진되었다.

조선총독부는 조선 어민을 통제하고자 하는 의도로「어업령」을 공포해 1912년부터 어업조합을 설립하도록 유도했다. 총독부는 면허어업을 개인이 아니라 어업조합을 통해 부여했고, 아울러 어업조합에 가입한 조선 어민이 부족한 어업자금을 은행을 통해 값싼 이자로 차입할 수 있도록 해줌으로써 조선 어민을 어업조합에 참여시켜 총독부의 수산정책에 협조하게 했다.

〈표 2-2〉에서 특기할 사항은 일본인이 단독으로 또는 같이 참여해 어업조합을 창립하는 경우였다. 이 경우는 대부분 일본 어민의 이주어촌이 건설되어, 그곳에 거주하는 일본 어민이 참여해 어업조합을 설립했다. 예를 들면 1914년 경상남도 통영군 산양면의 남포어업조합은 오카야마현(岡山縣)에서 1908년에 창설한 이주어촌인 오카야마촌(岡山村)

---

[63] 朝鮮總督府, 1919, 앞의 책, 201쪽.

의 일본 어민과 조선 어민이 합동으로 세운 어업조합이다. 오카야마촌은 오카야마현의 적극적 지원과 동양척식주식회사의 경지 대부, 총독부의 후원 등이 어우러져 정비된 이주어촌으로 자리 잡았으며, 1915년에는 조선총독부 시정5년기념 공진회에서 이주어촌의 실적이 출품되어 금패를 수상할 정도로 도내 모범 이주어촌으로 불렸다.[64]

1915년에 설립된 경상남도 통영군 장승포어업조합은 일본 어민만으로 구성되었으며, 어업권 행사와 매매 중개를 공동사업으로 행하고 있었다. 장승포는 통영군 이운면(거제도)에 있는 곳으로 일본의 조선해수산조합이 1904년부터 일본 어민 이주어촌인 이리사촌(入佐村)을 조성했고, 1910년대 중반에는 고등어·전갱이 어업의 중심지로 호황을 누렸으며 성어기에는 매일 수십만 마리의 어획량을 거두고 있었다. 이리사촌은 일본인 이주어촌으로 번성했으며, 1921년에 이주민은 이주호수가 138호, 이주민은 698명에 이를 정도였고, 일본 후쿠오카현을 중심으로 10개 현의 이주어민이 모여서 만든 곳이었다.[65]

1917년에 설립된 송진어업조합도 일본 어민 이주어촌인 송진포 지역에서 설립한 것이었다. 이곳은 원래 일본이 1904년에 해군기지로 개발했는데, 1912년 진해로 해군기지를 이전하자 조선수산조합이 이주어촌 건설을 계획하고 일본 어민을 조직적으로 이주시켜 이주어촌으로 개발했다. 이주어민이 도미연승과 외줄낚시 어업으로 성공을 거두고 토지 개간과 경작을 하면서 안정적으로 어촌을 유지경영하게 되었고, 그를 바탕으로 일본 어민이 1917년 9월에 송진어업조합의 설립허가를 받았던

64　慶尙南道, 1921, 『慶尙南道に於ける移住漁村』, 岡山村.
65　慶尙南道, 1921, 위의 책, 入佐村.

것이다.[66] 1917~1918년에 설립된 전라북도 옥구군의 어청도어업조합과 전라남도 삼산군 거문도어업조합도 일본 어민 이주어촌이 발달된 곳이었다.

　조선총독부가 어민에게 어업조합을 신설하도록 권장하고, 어업조합의 참여자들에게 어업권을 행사하도록 하고, 조선총독부는 은행으로 하여금 어업조합의 공동사업에 대해 자금을 대여하도록 함으로써 어업조합에 참여한 어민은 총독부의 어업정책에 협조할 수밖에 없었고, 아울러 일본 어민과의 충돌도 훨씬 줄어들었다. 조선총독부는 그러한 현상을 어업정책의 효율로 적시하고 있었다.

　조선총독부가 어업조합에 가입한 어민에게 은행을 통해 어업자금을 값싸게 빌려준다는 소식이 전해지면서 조선 어민의 어업조합 설립이 점차 증가하게 되었다. 그리하여 1920년대 중반이 되면 어업조합의 수가 증가하게 되었다. 1924년에는 공동판매하는 어업조합이 94개에 이르렀고, 그 취급액은 612만 원에 달해 총 조합의 조합원 어획고 1,349만 원의 45퍼센트에 해당할 정도였다.[67] 1925년 12월 말에 어업조합은 147개에 이르렀는데, 그중 조합원 수가 가장 많은 것은 전라남도 제주도해녀어업조합으로 조합원 수가 7,077명에 이르렀다.[68]

　그러나 어업조합은 조선 어민이 기대한 만큼 순조롭게 운영되지 못했다. 조선 어민은 어업조합에 가입하면 어업자금을 저리로 대여받을 수 있다는 기대감으로 어업조합에 가입했지만 기대한 만큼 어업자금을 저

66　慶尙南道, 1921, 위의 책, 松眞浦.

67　朝鮮水産會, 1926, 『朝鮮水産大要』, 제8장 수산단체, 제2절 어업조합.

68　朝鮮水産會, 1926, 위의 책, 54쪽.

리로 대부받기가 어려웠다. 예를 들면 1923년 10월에 경상북도 영일군 청하면에 있는 조선 어민 370명 전부는 어업자금을 대여해 준다는 권유에 설복되어 청하어업조합을 신설하고 참여했다. 그러나 어업자금 대부가 이루어지지 않아 중개상인에게 어업자금과 생활비를 대부받으면서 생활의 어려움을 겪게 되었다.[69]

다음으로 어업조합이 추진하는 공동사업 중에 공동판매에서 폐단이 드러나게 되었다. 공동판매제는 어민이 판매의 어려움을 도우려는 취지에서 설립했지만 어민이 경제적으로 손해를 보는 폐단이 드러났다. 조선 어민이 잡은 어획물을 공동판매소에 지정상인에게 판매함으로써 판매가 수월해졌지만 어민은 반드시 공동판매소의 지정상인에게 판매해야 했고, 나아가 지정상인이 정한 가격으로 판매해야 했으므로 조선 어민은 시가보다 저렴한 가격으로 판매하는 경우가 대다수였다. 이 경우에 지정상인인 자본가 또는 조합 간부들이 중간에서 이익을 챙기는 경우가 많았다. 나아가 판매하는 과정에서 어민들은 수수료를 공제당하기도 하고 조합비 또는 장세(場稅) 등 세금을 공제당하면서 적은 물건을 판매하는 경우에는 도리어 세금이 부족해 어민들이 빈손으로 돌아가는 경우도 있었다.[70]

예를 들면 경상북도 영일군 청하면에서는 어업조합에서 빈궁한 어민에게 어업자금을 저리로 대부해 준다고 권유해 청하면에 있는 370명 어민 전부가 회원이 되어 1923년 10월에 청하어업조합이 설립되었다. 일반 어민은 어업조합을 믿고 어업조합에 부속한 공동판매소에 잡은 어획

---

69 「淸河漁業組合橫暴와 四百漁民의 窮境」, 『동아일보』, 1924.3.14.
70 최재성, 2014, 「1910~20년대 일제의 어업조합 방침과 운영」, 『사림』 47, 117~119쪽.

물을 판매했는데 청어가 시가 80원 하는데 어업조합의 공동판매소에서는 최고 가격이 45원밖에 되지 않았다. 그뿐 아니라 어업자금도 대부해 주지 않아 종래 중개상인에게 어업자금과 생활비를 차입해 와서, 중개상인에게 방매하는 것이 관례여서 그 사람에게 방매했더니 무수히 폭행을 당했다.[71] 뿐만 아니라 공동판매소에서 어획물을 판매하는 경우에는 어민의 입장에서 손해가 막심할 뿐 아니라 조합비 및 장세 등 기타 잡세를 강제 징수당하기 때문에 오히려 어획물이 적은 경우에는 세금이 부족해 빈손으로 돌아가는 경우도 있었다.[72] 그리하여 청하어업조합에서는 어민들이 대회를 개최하여 조합 임원을 교체하도록 요구하는 결의를 두 차례나 열기도 했다.[73]

경상북도 동래군에서도 1913년에 기장·일광·장안면의 조선 어민 300여 명이 기장어업조합을 설립했다. 당시 공동판매를 하면서 과다한 수수료를 공제해 1년 만에 폐지했는데, 다시 1922년에 공동판매제를 도로 설치해 중개상인들이 입찰매매를 실시하면서 시가보다 저렴한 가격으로 매입을 할 뿐만 아니라 7퍼센트의 수수료를 공제하는 제도를 실시하자 기장어업조합의 어민이 집단적으로 공동판매와 중개상인제도를 폐지하라는 탄원서를 군청에 제출하기도 했다.[74]

1920년대 후반이 되면 어업조합의 운영에 폐단이 드러나게 되었다. 특히 어업조합의 공동사업으로 추진되었던 공동판매에서 문제가 드러났다. "과거 어업조합은 일반 어민의 어려운 처지를 구제하기 위해 창립

---

71 「淸河漁業組合橫暴와 四百漁民의 窮境」, 『동아일보』, 1924.3.14.
72 「淸河漁業組合橫暴와 四百漁民의 窮境」, 『동아일보』, 1924.3.14.
73 「淸河漁民大會」, 『동아일보』, 1924.5.5.
74 「機張漁民의 憤起」, 『동아일보』, 1922.11.30.

된 것인데, 어업조합이 창립된 후 현재까지 이중 삼중으로 어민의 고혈을 착취하여 어민으로서는 신뢰할 수 없게 되었다"[75]고 하면서 1927년에 함경남도 홍원군에서 1927년 6월 29일에 칠진어민대회를 열어 공동판매를 하되 누구든지 입찰하게 할 것, 공동수수료는 비율을 낮출 것, 지정중개상인제는 폐지할 것, 어업허가제 운영도 개선할 것 등을 결의하고, 당국에 요구했다.[76]

나아가 어민의 운동이 경제적 투쟁에서 정치적 투쟁으로 나가기도 했다. 예를 들면 1927년에 함경남도 어민이 '함남어민청년동맹'을 조직해 어업뿐 아니라 사회문제를 해결하려고 하는 운동을 펼치기도 했다.[77] 또한 1927년에 울산군 동면에서도 '어민동맹'을 결성해 어업조합, 어구상점(漁具商店)에 관한 문제를 해결하고자 했다.[78] 즉 어업조합의 운영의 모순을 개선하고, 어구상점에 대해 물품대금에 이자를 첨부하는 일을 개선하려고 했다.

그중 대표적인 경우가 제주도해녀어업조합의 경우였다. 제주도해녀어업조합은 1920년에 설립되었고,[79] 조합원 수가 7,077명에 이르렀다.[80] 1932년·1933년에 제주해녀어업조합에서는 지정판매제에 항의하는 대규모 폭동이 일어났다. 1930년대에는 제주 해녀와 제주해녀어업조합 사이에 충돌이 일어나 큰 사회적 문제가 되기도 했다. 제주도에서도 가장

---

75 「어업조합문제로 칠진어민대회」, 『중외일보』, 1927.7.3.
76 「어업조합문제로 칠진어민대회」, 『중외일보』, 1927.7.3.
77 『중외일보』, 1927.3.13; 3.31; 4.2.
78 『중외일보』, 1927.3.29; 4.8.
79 『매일신보』, 1920.5.5; 5.28.
80 朝鮮水産會, 1926, 『朝鮮水産大要』, 제8장 수산단체, 제2절 어업조합, 54쪽.

해산물이 많이 나고 다수의 해녀가 살고 있는 구좌·정의 양면에서는 1930년 이래 정의면 우뭇가사리 부정판매사건을 비롯해 여러 차례 해녀 측과 제주해녀어업조합 간에 충돌이 계속되던 중 1931년도 구좌면 하도리에서 생복과 감태재를 판매하는 데 지정상인이 지정가격을 감하하거나 지정등급을 변경해 제주 해녀들이 큰 손해를 입게 되자 해녀조합주재원과 상인을 상대로 대여섯 차례나 항쟁했으나 결국 수포로 돌아갔다. 격분한 해녀들은 해녀조합에 항의문을 보내서 무책임한 처리를 성토하고 기한부로 확답을 요구했으나 조합에서는 그래도 고치지 아니하므로 1932년 1월 7일 제주도 해녀 300여 명이 장시에서 대시위까지 했던 것이다.[81] 1월 24일에는 1,000여 명의 제주 해녀들과 제주도 경찰들이 충돌하기도 했다. 이 시위는 사회적 문제로 크게 비화했다.

2) 수산조합의 설립과 활동

조선수산조합은 조선 연해를 영업구역으로 하면서 조선에 거주하는 일본 어민과 수산업자로 조직된 단체인데, 1911년 「어업령」이 공포되면서 1912년 10월부터 조선 어민도 참여할 수 있도록 했다.

개항 이후 조선에 거주하는 일본인이 만든 수산단체는 1889년 부산수산회사가 있다. 부산수산회사는 일본인 수산업 관계자들이 만든 단체로서 친목도모와 어민이 어획한 어물을 판매할 수 있도록 부산에 어시장을 개설하고 운영했다. 또한 조선에 통어하는 일본인이 부산세관에 면허서류와 세금을 내고 면허장을 받는 절차를 도와주기도 했다.

---

81 『조선일보』, 1932.1.14; 1.15; 1.24; 1.26; 1.27; 2.7; 3.5.

그 후 1897년에 부산 영사가 주도하여 일본인 수산인을 구성원으로 한 조선어업협회를 구성했다. 조선 연해에서 일본인 어업이 발달함에 따라 일본 정부가 부산 영사 이주인 히코키치(伊集院彦吉)에게 명령을 내려 조선 연해에서 활동하던 일본 어민과 수산업자를 구성원으로 한 조선어업협회를 구성했다. 일본 정부는 조선어업협회에 보조금을 지급하면서 조선 연해를 조사하여 보고하도록 했고, 조선인과의 분쟁 조정, 일본 어민의 당면 문제 해결 등을 처리하면서 일본 어민의 편의를 도모하도록 했다.[82]

일본 정부는 1897년 4월에 「원양어업장려법」을 공포해 일본 어민에게 원양어업을 장려했다. 1899년 6월에 당시 수산국장 마키 나오마사(牧朴眞)가 조선을 시찰한 다음, 통어와 관련된 각 부현(府縣)과 의논하여 각 부현마다 조선통어조합을 조직하여 조선으로 통어를 활발히 하도록 독려했다. 1900년 5월에 부산에 조선통어조합연합회를 조직하여 부산 주재 영사의 감독에 속하게 했다. 조선통어조합연합회는 일본 어민의 조선 연해 통어를 적극적으로 장려하면서 보호하는 과제를 수행했다.

1902년에 일본 정부는 「외국영해수산조합법」을 공포하면서 "조합의 구역 안에서 조합원과 동일한 업(業)을 영위하는 자는 그 조합에 가입해야 한다"라고 하여 강제로 가입하게 했다. 그리하여 1903년 일본 시모노세키에서 창립총회를 열어 이전의 조선통어조합연합회를 해산하고 조선해수산조합를 발족하게 했다. 일본 정부는 매년 '어업자보호취체비' 명목으로 1만 원 이상의 보조금을 지불하고 일본인 통어민의 어획 및 어

---

82 이영학, 2023, 「개항기 일본 정부의 조선 연해 수산업 조사」, 『역사와 현실』 129, 283~288쪽.

획물 판매에 편의를 제공하고 조난자를 구호하는 것을 주요 업무로 삼았으며 특히 일본 어민의 이주를 안정적으로 할 수 있는 이주어촌을 건설하는 데 힘을 기울였다.[83]

1907년부터 통감부가 조선해수산조합을 관리했으며, 1908년에는 조선 정부에게 조선 어민의 보호를 구실로 교부금 지출을 강요해 매년 1만 5,000원의 보조금을 지불하도록 했고, 일본 정부도 2만 5,000원의 보조금을 지급해 재정적 기초를 갖추도록 했다.[84]

조선해수산조합은 1902년 11월에 부산에 본부를 설치하고, 원산, 목포, 인천에 지부를 설치해 수산물의 판매 등 분배에 노력을 기울였다. 그 후 해안을 끼고 있는 각 지역에 지부를 설치했다. 1908년에 평안남도지부를 진남포에 설치했고, 1909년에는 함경북도, 전라남도, 황해도, 평안북도에 지부를 설치했으며, 1912년에 충청남도와 강원도에 설립함으로써 전국적으로 지부 설치를 완결지었다(〈표 2-3〉 참조).

그 후 수산조합의 본부와 지부를 설치한 지역 이외에 수산물의 제조와 판매의 필요성이 증대하게 되자 출장소를 설치하기 시작했다. 1902년에 경상남도 마산에 출장소를 설치하기 시작해 1908년에 경상남도 통영에 출장소를 설치했고, 1909년에는 그 외 여러 지역에 설치했다. 아울러 특별한 종류의 수산물에 대해서 수산조합을 설립했다. 1917년에 목포와 부산에 해조수산조합을 설립했고, 광양과 완도 및 장흥에는 해태수산조합을 설립했다(〈표 2-3〉 참조).

---

83 최병택, 2008, 「대한제국시기~1920년대 일제의 수산조합 운영과 수산업침탈」, 『역사와 담론』 51, 112~113쪽.

84 農商工部 水産局, 1908, 『韓國水産誌』 권1, 조선해수산조합 본부.

〈표 2-3〉 수산조합의 지부와 출장소 및 특수조합

	명칭	소재지	설립일
조선	수산조합 본부	경상남도 부산 본정 1정목	1902년 11월
	함경북도 지부	함경북도 청진항	1909년 4월
	함경남도 지부	함경남도 원산 동정 2정목	1902년 11월
	강원도 지부	강원도 강릉군 주문진	1912년 10월
	경상북도 지부	경상북도 영일군 포항	1909년 4월
	전라남도 지부	전라남도 목포항	1902년 11월
	전라북도 지부	전라북도 군산 각국거류지	동 상
	충청남도 지부	충청남도 오천군 오천	1912년 10월
	경기도 지부	경기도 인천항	1902년 11월
	황해도 지부	황해도 옹진군 용호도	1909년 5월
	평안남도 지부	평안남도 진남포	1908년 4월
	평안북도 지부	평안북도 용암포	1909년 4월
조선	성진 출장소	함경북도 성진항	1909년 4월
	신포 출장소	함경남도 북청군 신포	1913년(?)
	장전 출장소	강원도 통천군 장전	1914년 5월
	죽변 출장소	강원도 울진군 죽변	1909년 4월
	방어진 출장소	경상남도 울진군 방어진	1910년 4월
	송진포 출장소	경상남도 통영군 거제도	1914년 5월
	진해 출장소	경상남도 창원군 진해	1912년 10월
	통영 출장소	경상남도 통영	1908년 8월
	장승포 출장소	경상남도 거제도 이리사촌(入佐村)	1909년 4월
	마산 출장소	경상남도 마산부 신마산 신정	1902년 11월
	삼천포 출장소	경상남도 사천군 삼천포	1911년 4월
	여수 출장소	전라남도 여수군 좌수영	1909년 4월
	제주도 출장소	전라남도 제주도 성내	동 상
	추자도 출장소	전라남도 추자도	동 상
	어청도 출장소	전라북도 어청도	1910년 6월
	안흥진 출장소	충청남도 서산군 안흥진	1914년 5월
조선	목포해조수산조합	전라남도 목포부 항정	1914년 7월*
	경남해조수산조합	경상남도 부산부 본정 1정목 1번지	1917년 10월
	광양군해태수산조합	전라남도 광양군 골약면 황암리	1917년 11월
	완도군해태수산조합	전라남도 완도군 군내면 군내리	동 상
	장흥군해태수산조합	전라남도 장흥군 대덕면 회진리	동 상

출처: 조선총독부, 1919, 『수산편람』, 198~199쪽.
*비고: 조선총독부, 1921, 『조선의 수산업』, 41쪽.

1911년 6월에 총독부 제령 제6호로 「어업령」을 개정 발포하고 그 결과 본 조합은 해당 「어업령」에 따라 설립된 수산조합으로 간주되어 처음으로 본 조합은 조선에서 유일한 수산조합이라는 기초를 확립하기에 이르렀다. 1912년 2월 총독부령 제13호로 발포된 「수산조합규칙」에 기초하여 같은 해 6월 조합 정관을 변경하고 총독부의 인가를 받아 「어업령」과 「수산조합규칙」의 취지에 적합한 일본인과 조선인 어업자 협동조직의 수산조합에 이르게 되었다.[85]

조선수산조합은 조선총독부 관리하에서 관의 정책에 협조하며 조선의 수산업 제조와 판매를 재편하는 역할을 담당했다. 조선총독부와 각 도에서 조합장과 부조합장 및 감사뿐 아니라 각 도의 총대를 선임하도록 했으므로 조선수산조합은 총독부의 관리하에 있었다고 할 수 있다.[86] 조합장 오하라 쇼타로(大原庄太郎)는 자본가였으며, 부조합장 정진홍은 통감부 시기에 농상공부 수산국장을 지낸 인물이었다. 각 도의 총대는 각 도에서 수산업에 종사하는 재력가였다.

본 조합의 목적은 「어업령」에 다음과 같이 규정했다. 어업자 또는 수산물 제조 혹은 판매를 업으로 하는 자는 "수산업의 개량 발달, 수산동식물의 번식 보호 기타 수산업에 관한 공동의 이익을 도모하기 위해 조선총독의 허가를 받아 수산조합(水産組合)을 설립할 수 있다"[87]고 규정하고 있다. 수산조합의 구체적 업무로는 어로, 양식, 제조, 판매에 관한 조사, 어구 등의 공동구매와 제품의 공동판매, 조합원의 분쟁 중재, 이주어업

85　朝鮮水産組合, 1915, 『朝鮮水産一斑』附錄 朝鮮水産組合業務成績一斑, 3~4쪽.
86　朝鮮水産組合, 1915, 위의 책, 5~6쪽.
87　「어업령」 제18조.

의 장려 시설 설치 등을 추진하도록 했다.[88] 수산조합의 업무는 관제적 성격을 지녔으며, 특히 일본 어민을 위한 이주어촌을 건설하는 데 주도적 역할을 담당했다. 조선수산조합의 이주어촌 건설정책은 다음 절에서 살펴볼 것이다.

조선총독부는 수산조합으로 하여금 수산물의 제조와 판매를 관장하게 함으로써 일본인을 중심으로 한 수산조합이 조선의 수산물 제조와 판매를 장악할 수 있도록 했다. 조선 시대에는 수산물의 유통은 객주가 장악하고 있었다. 어민은 객주에게 어업자금을 빌린 후에 잡은 생산물을 객주에게 판매했고, 객주는 해산물을 판매하는 구조였다. 이러한 판매구조를 어업조합과 수산조합이 공동판매제를 통해 관여함으로써 객주의 중개판매 활동 영역이 점차 축소되게 되었다. 더욱이 수산물의 수이출이 증가하면서 1918년 5월에는 「수산제품검사규칙」이 공포되어 수산물제품의 검사가 강화됨으로써 객주 등 조선인 상인의 역할은 약화되고 수산물제조업자 및 자본가의 활동영역은 확대되어 갔다.

조선수산조합의 활동은 일본 상인을 중심으로 한 어물 유통의 재편에 중점을 두고 있었다. 통감부 시기 이래로 수산조합을 통한 수산물의 제조와 판매 장악 의도는 총독부 시기에 들어와 관철되어 가고 있었다. 1910년대 조선 내 일본인 수산물제조업자와 판매업자는 계속 증가했으며, 일본인이 조선 내 수산물 유통시장을 지속적으로 확대해 가며 장악해 갔다고 볼 수 있다.[89]

---

88 朝鮮水産組合, 1915, 앞의 책, 6~8쪽.
89 최병택, 2008, 앞의 글, 129~130쪽.

1912년 10월부터 조선어업자를 조합에 가입시켰는데, 총독부는 지방관리를 통해 조선인을 조합원으로 끌어들이려고 노력했다. 조선인을 조합원으로 끌어들이려는 이유는 조선인 조합원으로부터 조합비를 징수해 재정적 기반을 확충하고 조선인 어물유통업 종사자들을 통제하려는 두 가지 목적을 이루기 위해서였다.[90] 지방관리를 동원한 수산조합의 강제 가입으로 조선인 가입자 수는 1912년에 1,100명, 1913년에 7,069명, 1914년에 8,907명으로 급격히 늘어났다.[91] 그러나 수산조합의 활동은 일본인을 위해서였고, 조선인을 위한 것이 아니었으므로 조선인의 조합비 납부는 매우 저조했다. 뿐만 아니라 일본인도 조합비를 제대로 납부하지 않았다. 조합원은 조합비뿐 아니라 수산물검사수수료 등의 비용을 납부해야 했는데 그것은 경제적으로 큰 부담이었다.

수산조합은 어물 제조 판매에 대한 조사, 일본 어민 이주자의 정착 지원, 수산물 검사 등에 소요되는 경비를 확보하기 위해 조선인을 회원으로 포섭하고 조합비를 징수하고자 했는데, 조합비 징수가 어려워지자 업무 활동을 제대로 수행할 수 없게 되었다.

이에 총독부는 1921년 9월에 산업조사위원회를 개최하면서 조선수산조합의 변혁을 논의했다. 그리하여 1923년 1월에 「조선수산회령」을 공포하고 조선수산조합을 해체하고 조선수산회로 새로 출범했다. 종래에는 수산조합이 수산업자만 가입시킨 데 비해 수산물판매자, 수산물운반업자 내지 중개업자도 회원으로 하고, 회비는 강제 징수로 변경했다.[92]

---

90 최병택, 2008, 위의 글, 128쪽.
91 朝鮮水産組合, 1915, 앞의 책, 22쪽.
92 「新水産會法實施와 水産組合」, 『매일신보』, 1922.12.22.

1924년에는 기관지로서 『조선지수산』을 월간으로 발간해 조선수산회의 목적과 활동 등을 제시했다.

3. 일본 어민의 이민 장려와 일본인 어촌의 건설

1) 일제의 어민 이주정책

1910년대 조선총독부 수산업정책의 주요 과제 중 하나는 일본 어민의 이주 문제였다. 일본 어민을 조선으로 이주시켜 어업을 안정적 영속적으로 추구하는 것이 어업 이익을 극대화하고 다른 한편으로 일본의 잉여 인구를 방출하는 이중적 효과를 거두는 것이었다. 그리하여 조선총독부가 제시한 주요 수산정책의 내용은 "일본인 어업자의 이주, 일본인과 조선인 어업자 사이 통일 융화 및 어촌의 유지 발달"[93]이었다.

일본 어민의 조선 이주가 개별적으로 이루어진 것은 1897년 「원양어업장려법」 실시 이후였지만, 집단적·본격적으로 이루어진 것은 1905년 러일전쟁의 승리와 1908년 「어업에 관한 협정」에 기초한 「어업법」의 공포 및 1910년 8월 29일의 조선 병탄이라고 할 수 있다. 1905년 러일전쟁에서 일본이 승리하면서 종군자 또는 사업가로서 조선 산업에 진출해 이익을 노리는 자들이 많아졌고, 「어업법」 실시에 따라 종래 단지 왕래하며 어획하는 데 그쳤던 이들에게 어업권을 확보해 주자 정착

---

93 朝鮮總督府, 1915, 앞의 책, 357쪽.

에 따른 이익이 커지게 되었다. 면허어업권을 획득하면 일본에서 조선에 왕래하면서 어획하는 것보다 조선에 정착해 행하는 어업 이익이 컸다. 나아가 조선에 대한 병탄이 이루어지면서 조선총독부는 이주어민과 일본인 자본가를 적극 후원해 주어 일본 어민의 이주가 증가하게 되었다. 실제로 통감부와 조선총독부 관리는 일본 각 부현에 관리를 파견하여 조선 어업의 유망함과「어업법」을 선전하여 일본 어민의 이주를 장려했다. 예를 들면 통감부 수산국 수산과장인 이하라 분이치(庵原文一)는 일본 주요 부현을 시찰하면서 선전 강연했고, 일본 수산인 단체의 기관지인『대일본수산회보』에 조선 어업의 유망함과「어업법」공포에 따른 어업권 획득에 대한 정보를 여러 차례 기고했다.[94]

한편 일본 정부는 1905년 당시 일본 인구가 매년 50만 명 이상 증가했고, 정부 안에서 만주와 한국으로 이민을 집중해야 한다는 '만한이민집중론'이 부각되면서 한국으로의 농업이민과 어업이민을 적극 고려하게 되었다. 이를 위해 일본 농상무성에서는 소속 관료를 조선 연해에 파견해 일본인 어촌을 건설하기 위해 필요한 사항과 이주근거지를 조사하도록 했다. 1904년 12월 일본 농상무성은 소속 관료인 시모 게이스케(下啓助)와 야마와키 소지(山脇宗次)를 파견해 조선 연해에서 일본 어민이 이주하기에 적당한 근거지와 이주에 필요한 사항을 조사하도록 했다. 그들은 3개월 동안 조선 연해를 조사한 후 일본 어민의 일시적 출가어업으로부터 조선 연해에 이주어촌을 만들어 어업 활동을 하는 것이 장래 영원한 이익을 도모하는 것이라고 보고했다. 그를 위해서는 일본 정부와

---

94 「韓國漁業法制定の要旨」,『大日本水產會報』314호(1908.11.10);「韓國水產業と漁業法」,『韓國中央農會報』제2권 제11호(1908.11.25).

지방정부가 조선에 어업근거지를 마련하고, 감독자를 두어 이주어민을 보호·감독하면서 질서있는 어촌을 건설해야 한다고 주장했다. 나아가 조선 연해에 적합한 이주근거지를 제시했다.[95]

1905년 이후 일본의 지방정부는 일본 어민의 통어단체를 만들고 현의 비용으로 통어와 이주를 장려하는 규정을 신설했으며, 나아가 직접 조선에 이주근거지를 매입하여 가옥을 신축하고 경지를 정비하여 이주어민에게 무상으로 대여하는 정책을 실시했다. 일본 지방정부가 통어단체를 설립하여 조선 연해의 통어를 장려하고 1910년 부산에 조선통어조합연합회를 설치하면서 일본 어민에게 편의 사항을 지원하고 점차 통어 구역을 확대하면서 일본 어민의 이주어촌 건설이 확대되었다.[96] 나아가 일본 지방정부에서 매년 부현비(府縣費)를 들여 조선 연해에 이주근거지를 마련하면서 이주어촌을 건설하는 데 노력하자 조선으로 이주하는 일본 어민이 증가하게 되었다.[97]

조선의 통어와 이주에는 후쿠오카현, 나가사키현, 시마네현, 야마구치현, 히로시마현 등이 적극적으로 추진했다. 이 중에서 후쿠오카현, 나가사키현, 시마네현의 이주어민 장려정책 추진 내용을 살펴보겠다. 후쿠오카현에서는 1897년 「원양어업장려보조규정」을 제정하고 주로 조선해 통어를 장려했다. 현 소속의 어업조합에 명하여 조선 연해 시찰조사를 수행하거나 강습선을 파견하면서 출어를 장려해 1910년 당시 200척 내외의 출어선에 이르렀다. 나아가 1905년부터 조선으로 이주출어를 장

95　日本 農商務省水産局, 1905, 『韓國水産業調査報告』(이영학, 2022, 『일제침탈사 자료총서, 수산업-어업(1)-개항기 일제의 어업 침탈』, 동북아역사재단, 481~486쪽).
96　朝鮮總督府, 1922, 『朝鮮總督府施政年報(1918~1920年)』, 196쪽.
97　朝鮮總督府, 1913, 『朝鮮總督府施政年報(1911年)』, 336~337쪽.

⟨표 2-4⟩ 후쿠오카현 원양어업 장려비

연도	보조금액(원)	비고
1905	4,200	통어, 조사, 전습, 조선(造船), 이주출어
1906	7,900	통어 4,200, 조선 800, 이주출어 2,400, 수산조합 원양어업장려비 500
1907	11,400	통어 4,200, 조선 800, 이주출어 2,400, 수산조합 원양어업장려비 500, 출어감독비 2,500
1908	11,700	통어 3,000, 조선 2,000, 이주출어 2,400, 수산조합 원양어업장려비 500, 한국어업근거지 경영 및 감독비 보조 3,800
1909	27,800	조선 4,200, 이주출어 6,000, 수산조합 어업협회 한국근거지 경영비 보조 14,300, 어업권 획득비 보조 3,300
1910	13,800	조선 3,000, 이주출어 6,300, 수산조합근거지 경영비 7,500

출처: 日本 拓植局, 1911, 『植民地における內地人の漁業及移民』, 福岡縣.

려해 이주출어비(매년 2,400원)를 책정했고, 1908년에는 이주출어비 (2,400원) 이외에 한국어업근거지 경영비(1908년 3,800원, 1909년 14,300원, 1910년 7,500원)를 지원했다(⟨표 2-4⟩ 참조). 그리하여 후쿠오카현에서는 1910년에 경상남도 통영군 이리사촌(入佐村)에 71호, 울산군 방어진에 29호, 동래군 태변포와 다대포에 각각 15호, 14호를 이주시켰다(⟨표 2-5⟩ 참조).

나가사키현에서는 1908년부터 현 경비로 경상남도 거제군, 경상남도 용남군, 전라남도 여수군, 전라북도 옥구부 등의 연안에 어업근거지를 구입해 택지와 경지를 마련하고 해당 현의 원양어업단에게 무상 대

⟨표 2-5⟩ 후쿠오카현 조선이주어촌

이주지	호수	경영자	이주지	호수	경영자
이리사촌(入佐村)	71	풍전(豊前)수산조합	군산	18	산문군(山門郡)어업 장려협회
다대포	14	축풍(筑豊)수산조합	인천	3	
태변포	15		기타	4	
방어진	29		합계	154	

출처: 日本 拓植局, 1911, 『植民地における內地人の漁業及移民』, 福岡縣.

〈표 2-6〉 나가사키현 조선의 이주근거지 구입 내역

도명	군명	면명	동명	지목	면적(평)
경상남도	거제군	장목면	관포동	논	37
				밭	506
		이운면	도모포동	황무지	87
			장승포동	밭	412
			장승포원해	밭	380
	용남군	사량면	서변동	밭	421
				밭	352
				밭	294
				밭	244
				밭	331
				밭	370.8
		산양면	원항동	택지	588
	동래부	사중면	노선동	택지	180
전라남도	여수군	현내면	국포동	논	284
			항두평	밭	207
				밭	60
전라북도	옥구부	북면	죽성리	택지	489
합계					5,244

출처: 日本 拓植局, 1911, 『植民地における內地人の漁業及移民』, 長崎縣.

여하여 조선에 정착하면서 어업을 행하도록 후원했다. 〈표 2-6〉에서 보듯이 나가사키현이 1910년까지 구입한 택지와 경지는 5,244평이었으며 이 중 택지는 이주 가옥을 건설해 무상 임대할 계획이며,[98] 휴어기에는 논과 밭을 경작하여 생계를 유지해 가도록 후원했다. 출어자와 이주어업자에게는 개별적으로 현비(縣費)를 지원했으며, 1909년 3월에 나가사키

---

98 1910년 당시 거제도 이리사촌(入佐村) 토지에 이주 가옥 11동, 통영근거지에 창고 1동을 건축하고, 미륵도 당포에 합숙소 1동, 헛간 1동을 신축하여 이주자를 수용할 계획이라고 했다(日本 拓植局, 1911, 『植民地における內地人の漁業及移民』, 10쪽).

현 원양어업단을 설립하고, 그 단체에 현의 경비를 보조하면서 주로 조선 연해에서 어업을 행하도록 후원했고, 1909년 이후에는 〈표 2-6〉 이외의 영일만, 일산진, 통영, 옥포 등에 근거지 설치 계획을 세우고 있었다. 나아가 나가사키현 원양어업단이 1910년 당시 조선에서 어업권 취득을 위해 면허출원 중인 것이 114건이고, 이미 면허를 받은 것이 청진항 내 잡어걸망(桀網) 3개소이며, 나머지는 면허 처분이 진행 중이어서 어업권 취득 후에는 원양어업단이 어업 경영을 할 계획이라고 했다.[99]

시마네현에서도 1905년에 현비로서 조선 연해를 조사하고, 「수산조합보조규칙」을 공포해 이주 출가를 장려했으며, 1906년에는 「원양어업보조규칙」을 제정해 통어를 장려한 결과 각 군 수산조합과 어민이 호응하여 출어자가 증가했다. 1908년 통감부가 「어업법」을 발포한 후부터 1908년과 1909년에 현비로서 조선에 어업근거지와 어업지로 토지를 매수하여 시네마현의 출어자와 이주자를 후원했다.[100] 1909년에 시마네현에서 이주근거지로 개발할 예정 지역은 강원도 울진군의 죽변포, 경상남도 울산군의 일산진 등이 있었다.[101]

일본 어민의 조선 이주정책은 일본 지방정부의 노력만으로 이루어진 것은 아니었다. 조선해수산조합, 동양척식주식회사, 통감부와 조선총독부의 주도와 협력으로 이루어졌다. 일본인 수산단체인 조선해수산조합은 조선에서 어업 활동을 하면서 얻은 정보를 바탕으로 이주어촌을 건설하는데 적극 참여했다. 조선해수산조합의 업무 규정에는 "이주어업의

---

99 日本 拓植局, 1911, 『植民地における內地人の漁業及移民』, 6~11쪽.
100 日本 拓植局, 1911, 위의 책, 44~45쪽.
101 「韓國の移住漁業地」, 『大日本水産會報』 319호(1909.4.10).

장려시설을 설치하고 편의를 제공할 것"[102]이라는 조항이 있어 조선에서 계획적인 이주어촌 건설을 주도했다. 1904년에는 경상남도 통영군 장승포 이리사촌(入佐村)에 이주근거지를 마련해 일본 어민이 정착하도록 터를 닦았으며,[103] 그 후 경상북도 기장군 대변포와 전라남도 완도군 소안도에 이주근거지를 마련하려고 했다.[104] 1912년에는 경상남도 통영군 송진포에서 일본 해군기지가 진해로 옮겨가자 총독부와 협의하여 이주어촌을 건설하고 일본 어민이 정착하도록 유도했다.[105] 또한 1912년에 일본 해군기지가 건설되는 진해에 항구가 개설되자 총독부와 협의하여 군용지 8만 6,000평에 진해어포라는 이주어촌을 건설하여 각 현의 어민을 이주시켰다.[106]

동양척식주식회사(약칭 동척)는 국유지를 불하받아 일본 농민의 이주를 추진하면서 그 부대사업으로 반농반어적 이주어촌 경영을 후원했다. 오카야마현에서 1908년에 통영군 산양면에 오카야마촌을 창설하고 어민 35호를 이주시키면서 1912년에 동양척식주식회사에 경지 대부를 요청해 경지 9정보를 연부상환으로 승인받아 이주어민 부업의 길을 열었다. 1913년에는 이민을 희망하는 부현이 적지 않아, 2월에 후쿠오카에서 규슈 각 부현 연합 어업대회를 개최했는데 동양척식주식회사에서는 어업 이민에 대한 수속 및 토지 연부 상환의 방법 등에 관해 설명하기 위해 식민과(植民課)의 직원이 이 대회에 참석했다.[107] 1914년 이후부

---

102 朝鮮水産組合, 1915, 『朝鮮水産一斑』附錄 朝鮮水産組合業務成績一斑, 8쪽.
103 慶尙南道, 1921, 『慶尙南道に於ける移住漁村』, 入佐村.
104 「韓國の移住漁業地」, 『大日本水産會報』 319호(1909.4.10).
105 慶尙南道, 1921, 앞의 책, 松眞浦.
106 慶尙南道, 1921, 위의 책, 鎭海漁浦.

터 1919년까지 경남·전남 두 도에 85호를 건설했는데, 에히메현의 주민 26호를 모집해 전남 완도군 군내면에 이주시켰고 나머지는 조선 각지로부터 재이주시켰다. 동양척식주식회사가 자금을 대여해 지원한 것은 통영군 산양면의 오카야마촌 외에 창원군 구마모토현 아사쿠사군 이주단, 사천군 가고시마현 출수(出水)단체, 오이타현 코우시마(香島)단체 등이었다.[108]

통감부에서도 적극적으로 일본 어민의 이주를 독려했다. 먼저 1908년 「어업법」을 공포하여 일본 어민에게 어업권을 부여했으며, 통감부 수산국 수산과장인 이하라 분이치(庵原文一)와 기수 하야시 코마오(林駒生)가 일본 지방을 시찰하면서 조선 연해의 어업 전망이 밝고 어업권 부여에 대한 설명을 하면서 조선 이주를 권유했다.[109] 아울러 일본인 단체의 기관지인 『대일본수산회보』와 『한국중앙농회보』에 여러 차례 기고해 어업권의 내용과 조선 어업의 유리함을 설명하면서 일본 어민의 이주를 장려했다.[110] 다음으로 일본 부현에서 조선 연해에 이주근거지를 확보하는 데 적극적으로 지원했다. 일본 부현에서 조선 연해에 이주근거지를 마련하기 위해 토지를 매입하기도 했지만, 근거지 부근에 있는 국유미간지를 대여하고자 하면 적극적으로 허가했다. 예를 들면 후쿠오카현 축풍수산조합이 방어진에 후쿠오카현 이주어촌을 건설하는데 어사(漁舍)를 건설

---

107 「東拓과 漁業移民」, 『每日申報』, 1913.2.7.
108 吉田敬市, 1954, 『조선수산개발사』, 朝水會(박호원·김수희 번역, 2019, 『조선수산개발사』, 민속원, 381쪽).
109 吉田敬市, 1954, 위의 책, 朝水會(박호원·김수희 번역, 2019, 위의 책, 360쪽).
110 「韓國漁業法制定의 要旨」, 『大日本水産會報』 314호(1908.11.10); 「韓國水産業과 漁業法」, 『韓國中央農會報』 제2권 제11호(1908.11.25).

함과 동시에 근거지 부근의 국유미간지 약 3만 평의 대여를 출원하자 1910년 4월에 통감부에서 허가를 해줘 일본 어민이 밭으로 개간해 경작할 수 있도록 도와주었다.[111]

조선총독부에서는 제도적 정책적 측면에서 일본 어민의 이주를 장려했다. 면허어업권을 일본 부현의 어업단체에 유리하게 부여했으며, 일본 이주어촌의 어항 수축과 학교 설립에 도움을 주기도 했다. 예를 들면 나가사키현 원양어업단이 1910년 당시 총독부에 114건의 면허어업을 출원했는데, 그중 세 건을 허가하고 나머지는 심의 중이었는데, 주로 일본 부현의 원양어업단 등에 많이 허가했다.[112] 또한 경상남도 통영군 오카야마촌에서 1914년에 어항을 축설하는데 경비를 지원하거나 심상소학교 설치를 허가하고 교원 급여와 비품 구입비를 지급했다. 나아가 학교 조합의 기본 재산으로 기간지 14정보를 대여해 주었다.[113]

일본 지방정부의 보조금 지원과 통감부의 「어업법」 실시로 인한 어업권의 부여에 따라 1908년부터 일본 어민의 이주가 증가하기 시작했다. 그리하여 1909년에는 이주호수 1,320호이고, 이주민이 4,949명이 되었고, 1910년과 1911년에는 통감부 관료들의 선전으로 조선 연해에 어족이 풍부하다는 소문이 퍼지고 지방 부현의 장려금 지급에 환호하며 조선 연해의 이주가 급격히 증가했다. 1910년대 전반기는 이주호수와 이주 인구수가 급격히 증가했다. 1912년에는 정착 어민만 계산하여 감소했다가 그 후 점진적으로 증가했다.

---

111 大橋淸三郞, 1915, 『朝鮮産業指針』, 제2편 제3장 제9절 후쿠오카현 어업단.
112 日本 拓植局, 1911, 『植民地における內地人の漁業及移民』, 6~11쪽.
113 大橋淸三郞, 1915, 앞의 책, 제2편 척식, 제3장 제4절 오카야마어업단체; 慶尙南道, 1921, 『慶尙南道に於ける移住漁村』, 岡山村.

〈표 2-7〉 일본 어민의 연도별 이주호수

연도	호수	인구수	비고
1909	1,320	4,949	
1910	1,656	6,277	
1911	2,486	9,236	
1912	2,618	7,110	작년에 비해 인구가 감소한 것은 어획기를 따라 옮겨온 자를 제외하고 정착이주자만을 계산한 것이다.
1913	2,109	7,862	
1914	2,262	7,741	

출처: 朝鮮總督府, 1915, 『朝鮮施政ノ方針及實績』, 378쪽.

그러나 일본 어민의 이주가 순조롭게 진행된 것만은 아니었다. 일본 어민이 「어업법」에 의한 어업권 부여와 지방 부현의 장려금 지급에 환호하여 조선 이주에 동참하기도 했지만 조선 연해 어업에 대해 준비가 되어 있지 않고 자본이 없는 이주어민은 일시적인 흉어와 무절제한 생활로 인해 생활이 곤란해지자 일본으로 귀국하기도 했다. 즉 일본 어민이 어업에 대해 무지하면서 공동작업에 대한 개념도 없고 자본도 없이 이주했다가 한때 물고기가 잡히지 않으면 생활고를 견디지 못하고 본국으로 돌아간 것이다. 나아가 한때 어업 이익으로 돈을 번 경우에는 무절제한 생활로 탕진하여 파산하기도 했다. 그리하여 이주어촌 건설이 실패로 돌아가기도 했다. 그리하여 일본 지방 부현에서 건설한 이주어촌으로 1921년에 폐절된 곳이 10곳이나 되었다. 예를 들면 사천군 삼천포면 신수도에 있었던 오이타촌(大分村), 사천군 삼천포면 서리에 있었던 야마구치촌(山口村), 통영군 통영면에 있었던 나가사키촌(長崎村), 통영군 통영면에 있었던 시마네촌(島根村), 통영군 산양면 신전리에 있었던 도사촌(土佐村), 통영군 원량면 노대도에 있었던 시마시마촌(敷島村), 창원군 구산면 가포리에 있었던 지바촌(千葉村), 동래군 사하면 다대포리에 있었던 다대포, 울산군 대현면 용잠리에 있었던 이시카와촌(石川村), 울산군 동면 방어리에 있었던 후쿠이촌(福井村) 등이 그러한 사례였다.[114]

2) 이주어촌 사례

1917년의 일본 어민의 이주호수와 인구수를 살펴보면 〈표 2-8〉과 같다. 전체 이주어민의 수가 1만 2,356명이었는데 그중 가장 많은 곳이 경상남도로 7,537명이고, 다음으로 경상북도와 전라남도가 1,300명대로 비슷했다. 그다음으로 동해안에 있는 강원도와 함경남북도가 각각

〈표 2-8〉 일본인 이주어업자 도별 호구(1917)

도별	호수	인구
함경북도	129	413(3.3)
함경남도	152	425(3.4)
강원도	88	460(3.7)
경상북도	477	1,339(10.8)
경상남도	1,612	7,537(61.0)
전라남도	331	1,324(10.7)
전라북도	77	300(2.4)
충청북도	26	89(0.7)
충청남도	-	-
경기도	12	47(0.4)
황해도	36	222(1.8)
평안남도	38	147(1.2)
평안북도	10	53(0.4)
계	2,996	12,356(100)

출처: 조선총독부, 1919, 『수산편람』, 194쪽.
*비고: 원문에는 충청남도의 호수, 인구수가 빠져 있다.

---

114 慶尙南道, 1921, 위의 책, 附錄.

400명대로 비슷했고, 전라북도가 300명이었다. 경상남도와 경상북도 및 전라남도의 어민 수가 전체 이주어민의 82.5퍼센트를 차지할 정도로 일본의 이주어촌이 세 도에 몰려 있었다. 그중 경상남도는 압도적 비중을 차지했다. 이곳은 일본에서 가까울 뿐 아니라 1883년 「조일통상장정」 이후 일본 어민의 통어가 허용되면서 일찍부터 진출한 지역이기 때문이었다.

경상남도에서 1921년에 조사하여 발간한 자료가 『경상남도의 이주어촌』이다. 이 자료에 따르면 1921년 당시 경상남도에 현존하는 이주어촌은 24곳이었고, 이전에 존재했다가 폐지된 이주어촌은 10곳이었다. 〈표 2-9〉는 1921년 당시 현존하는 이주어촌의 호수와 이주인원수를 제시한 것이다. 이 표에서는 이주어민의 호수가 3,023호, 이주인구수는 1만 3,255명이다. 〈표 2-8〉에서 경상남도의 이주호수는 1,612호, 이주인구수는 7,537명과 비교하면 매우 많아졌음을 알 수 있다. 그 이유 중 하나는 이주어촌의 인구 계산에서 1921년 자료는 이주어민뿐 아니라 어촌에 살고 있는 잡화상, 목수, 석공, 교사, 경관 등의 업종이 포함되었기 때문이다.[115]

〈표 2-9〉에서 보듯이 경상남도에서 이주어민이 가장 많은 곳은 목도(현재의 영도)로 이주호구수는 1,138호이고 이주인구수는 4,214명이었다. 이곳은 일본과 가깝고, 개항 이후 일찍부터 일본인이 몰려들었으며, 아울러 모든 부현의 어민이 모여드는 곳이라 이주어민이 가장 많았다. 다음으로 많은 곳이 통영이었다. 통영은 남해안 어업의 근거지였으며, 교통이 편리한 어업의 중심지였다. 그리하여 일본 어민이 모여드

115　慶尙南道, 1921, 위의 책.

<표 2-9> 경상남도의 이주어촌의 호수와 인원수

번호	이주어촌명	호구수	인원수	번호	이주어촌명	호구수	인원수
1	신미조	59	212	13	봉곡촌	54	207
2	에히메촌(愛媛村)	37	167	14	진해어포	29	129
3	장좌	29	155	15	하단	43	174
4	통영	552	2,282	16	목도	1,138	4,214
5	히로시마촌(廣島村)	13	91	17	용당	23	100
6	오카야마촌(岡山村)	63	282	18	대변	35	114
7	욕지도	82	292	19	신암	34	220
8	구조라	42	163	20	세죽포	7	35
9	지세포	32	149	21	방어진	496	3,073
10	이리사촌(入佐村)	138	698	22	일산진	9	31
11	송진포	26	125	23	전하리	15	45
12	성포	55	246	24	정자	12	51
				계		3,023	13,255

출처: 慶尙南道, 1921, 『慶尙南道に於ける移住漁村』.

는 곳이었다. 모든 부현이 이곳을 어업근거지로 주목하고 이주어촌을 건설하는 곳이었다. 다음이 방어진이었다. 방어진은 울산만에 위치하여 남해안과 동해안을 이어주는 곳으로 고래잡이와 대구, 고등어잡이로 유명하여 일본 어민이 몰려들었다. 다음으로 통영 미륵도의 이리사촌(入佐村), 통영 앞바다의 욕지도, 거제도의 오카야마촌, 구조라, 지세포 등이었고, 삼천포의 에히메촌 등이 유명했다.

이 절에서는 이주어촌 중 가장 모범적인 사례로 여겨지는 오카야마촌(岡山村)과 1904년 조선해수산조합이 개설하고 1906년에 후쿠오카현 수산조합이 발전시켰던 이리사촌 및 에히메현에서 개발한 에히메촌(愛媛村)을 조금 더 자세히 살펴봄으로써 이주어촌의 건설 양상을 엿보고자 한다.

(1) 오카야마촌(岡山村)

오카야마촌은 통영군 산양면(미륵도) 도남리에 위치하고 있으며, 통영 바깥만의 남쪽 연안에 위치하고 있었다. 이곳은 오카야마현의 장려 보조에 따라 1908년에 창설되고 1920년대 중반까지 도내 모범 이주어촌으로 불렸다.[116] 오카야마촌의 설립과 정착은 오카야마현의 적극적 지원뿐아니라 조선총독부의 후원과 동양척식주식회사의 경지 대부 출원이 큰 역할을 했고, 나아가 오카야마현이 파견한 감독관 하다 카네하루(波田兼晏)의 헌신이 배경이 되었다.

오카야마현에서는 1899년 「원양어업장려금 지급 규정」을 만들어 원양어업 종사자에게 장려금을 지급하면서 조선으로 통어를 권장했다. 그러다가 1905년 이주어업을 장려하기 시작해 1906년 「원양어업장려규정」을 개정하면서 특수어업의 장려와 함께 조선 이주어업 장려에 힘을 기울였다. 그리하여 현에서 통영군 미륵도에 이주근거지를 지정하고, 이주자에게는 1호당 300원을 지급해 100원은 지참금으로 주고, 200원은 토지구입비와 가옥건축비로 교부했다.[117] 이주민의 자격은 오카야마현에 적을 두고 반드시 부인을 데리고 오는 사람에 한해 5개년 동안 다른 곳에 이주하지 않는 자로 했다.[118]

1907년도부터 이주를 시작해 1907년 13호, 1908년 12호, 1909년 10호, 1910년도 10호를 이주시켜, 1910년 말에 이주호구수 45호, 이주어민이 158명이 되었다.[119]

---

116 慶尙南道, 1921, 위의 책, 岡山村.
117 日本 拓植局, 1911, 앞의 책, 岡山縣.
118 大橋淸三郞, 1915, 앞의 책, 제2편 제3장 이민.
119 日本 拓植局, 1911, 앞의 책, 64~65쪽.

1911년에 다시 14호의 이주민을 수용하고 같은 해 11월에 길비단(吉備團)을 조직해 동양척식주식회사에 경지 대부를 출원해 1912년 3월에 경지 9정보를 연부상환 승인을 받아 반농반어의 이주어촌으로 출발했다. 같은 해 7월 조선총독부에서 배후의 임야 5정보를 학교의 기본재산으로 차용하여 소나무 8만 그루를 식목했다.[120]

"어촌의 발달은 어민의 일치협력"이라는 하다(波田)의 주장에 따라 1914년 8월 조선인과 일본인을 구성원으로 한 남포어업조합을 설립했다. 이 조합에서는 공동사업으로 방파제와 매립공사를 실시했다. 어선의 출입 정박이 불편하여 매립방파제 축설을 출원하고, 1914년 6월에 인가를 받아 오카야마현으로부터 4,000원, 총독부로부터 1,200원, 경상남도로부터 300원 합계 5,500원의 보조를 받고 나머지는 조합원의 노동력으로 그해 8월에 공사에 착수하여, 1915년 12월에 준공하여 어선의 출입 정박이 편리해졌다.[121] 조합 구성원은 1918년에 일본인이 51명, 조선인이 20명이었으며 공동사업으로 어업권의 행사와 자녀 교육비의 기부를 행하였다.[122]

문화·교육 시설로는 공립소학교와 학교조합을 조직했으며, 동시에 오카야마신사를 세웠다. 그리고 1912년 3월에는 우체국을 개설했다. 1911년에 오카야마현에서는 신축비로 850원을 지급해 심상소학교를 설치했고 총독부는 교원 급여와 비품 구입비로 555원을 지급했다.[123]

---

120 吉田敬市, 1954, 『朝鮮水産開發史』, 朝水會 (박호원·김수희 번역, 2019, 『조선수산개발사』, 민속원, 372쪽).

121 慶尙南道, 1921, 앞의 책, 岡山村.

122 朝鮮總督府, 1919, 『水産便覽』, 202쪽.

123 大橋淸三郞, 1915, 앞의 책, 제2편 제3장 이민.

〈표 2-10〉 오카야마촌 어선과 어구수

분야	수량	분야	수량	분야	수량
어선	45척	멸치지예망	1장	새우그물	26장
호망(壺網)	8장	조타뢰망	5장	해삼조망	10장
갯장어 연승	400발	바다장어 연승	200발	도미연승	120발
문어 호망	100조				

출처: 大橋淸三郞, 1915, 『朝鮮産業指針』, 제2편 제3장 이민.

1915년 3월에는 이주어민의 호수 52호, 어민 198명이고 그중 남자는 111명, 여자는 87명이었다. 어민 외의 거주호수는 15호, 인구는 60명이었다. 소유한 어선수는 45척이었고, 호망(壺網) 8장, 갯장어 연승 400발, 문어 호망 100조, 멸치지예망 1장, 조타뢰망 5장 등이었다.

또한 면허어업을 부여받은 곳이 멸치망 어장은 6곳이었고, 호망 어장은 35곳이었다. 어민들의 생활은 여유로워 저축액이 1914년 3월 현재 550원이었고, 인구수 170명이 매월 50전씩 저금을 하고 있었다.[124]

본 어촌은 창설 이래 해를 거듭하면서 1915년 이주어촌으로 설비가 대략 완성되고 자치적 사업 성적이 볼 만하게 되어, 당시 경상남도 도내 이주어촌 중 가장 정비가 잘된 곳으로 여겨져, 1915년 조선총독부 시정 5년기념 공진회에서 본 이주어촌의 실적이 기술 출품되어 금패를 수상했다.[125]

1920년대 중반까지 모범 이주어촌으로 자리 잡았다. 그렇게 된 것은 오카야마현의 적극적인 지원과 조선총독부의 후원 및 동양척식주식회사의 지원 등이 합쳐서 이루어진 것이었다. 나아가 오카야마촌이 모범

124　大橋淸三郞, 1915, 위의 책, 제2편 제3장 이민.
125　慶尙南道, 1921, 앞의 책, 33쪽.

이주어촌으로 자리 잡을 수 있었던 것은 이주어민의 열정과 더불어 감독자인 하다의 경영 덕택이었다. 그는 이주어촌에서 어민을 독려하면서 근면하게 생활하도록 솔선수범한 인물이었다. 그 때문에 오카야마촌의 구성원들은 온전하게 자리 잡을 수 있었고, 1921년에는 이주호수 63호, 이주어민 282명으로 어촌이 번성했던 것이다.[126] 나아가 15세 이상 30세 이하 남자와 군적에 있는 주민으로 청년단을 조직하여 공공사업에 참여하고 풍속의 교정에 힘쓰며 정신수양을 목적으로 하면서 마을의 근면한 분위기를 유도해 갔다.[127]

1920년대에 들어서 하다는 어촌 어민의 어업 경영에서 어류운반업으로 바꿀 계획을 세웠다. 우선 10인조를 결성해 각자가 출자하게 하고, 동척으로부터 1만 6,000원을 저리로 융자받아 동력 운반선 두 척을 갖추고 활어 수송에 착수했다. 이곳은 갯장어의 산지이고, 활어 수송의 성과가 좋아서 다시 1923~1924년에 다시 7만 원을 기채(起債)하여 조선 남부 일대의 활어 수송에 진출했으며, 1925~1926년에는 수송선 5척에 판매고가 50만 원을 돌파했다. 이외 어획량 65만 원과 농업 수입 1만여 원을 합산하여 어촌의 연간 수입 총액은 100여만 원에 이르렀고, 1호당 평균 약 1만 원에 이르러 어촌 경제가 융성하게 되었다.[128]

(2) 이리사촌(入佐村)

이리사촌은 통영군 이운면 장승포에 있었다. 현재 거제도 장승포항

126　慶尙南道, 1921, 위의 책, 33~34쪽.
127　朝鮮總督府, 1924, 『朝鮮に於ける內地人』, 제4편 수산업 제3장 이주어민의 상황.
128　吉田敬市, 1954, 앞의 책, 朝水會(박호원·김수희 번역, 2019, 『조선수산개발사』, 민속원, 373~374쪽).

이 있는 곳이며, 거제도 동남쪽의 지세포에서 북쪽으로 8km(2리) 떨어져 있었다. 이리사촌은 1904년 조선해수산조합이 개설했고, 1906년에는 후쿠오카현이 중심이 되어 개발하면서 고등어와 전갱이어업이 번성한 곳으로 발전했고, 그 후 후쿠오카현을 중심으로 10개현의 이주어민이 몰려오면서 이주어촌으로 정착한 곳이었다.

조선해수산조합이 1903년에 이곳을 모범 이주어촌으로 지정하여 계획을 세우고, 1904년 택지용으로 밭 1,900평, 어망 건장용(乾場用)으로 간사지 2,433평, 야채밭 개간용으로 3만 5,922평을 구입했다. 해안에 조류 제방으로 120간의 돌담을 쌓고 주택 5동 55호분과 공동물치장 1동, 사원 겸 학교 1동, 감독사무소 1동을 건설하고 임시 수산조합장 이리사 기요시즈(入佐淸靜)의 성을 차용해서 이리사촌(入佐村)으로 명명했으며, 같은 해 12월 1일에 이주어촌을 개장했다.

경영자인 조선해수산조합은 일본 각 부현에 이주어업을 권유한 결과 후쿠오카와 에히메 양현으로부터 13호, 와카야마현으로부터 1호, 도쿠시마와 나가사키 양현으로부터 각 1호가 이주했다. 이들은 지방장려보조금만에 의지한 자로 조선 연해 어업에 경험이 없고 어구·어선은 실지에 맞지 않고, 휴대해 온 어구는 노후하여 약간의 어획을 할 정도였으며, 판매지인 부산과 마산이 멀기 때문에 염장하거나 부근의 조선인에 헐값에 판매하여 이주어민이 생활을 영위하기 곤란한 상황이었다. 이에 수산조합은 이주어촌의 감독자를 18개월 동안 세 번이나 교체하고 온갖 구제책을 강구했지만 효과가 없었다.[129]

1906년 7월 후쿠오카현 수산조합 통어장려소장 오타 다네지로(太田

---

129 慶尙南道, 1921, 앞의 책, 入佐村.

種次郞)가 향리 어민 14호를 인솔하고 이곳에 이주해 온 것을 계기로 네 번째 경질을 행하여 오타를 본 이주어촌의 감독으로 임명하고 동시에 그 발전책도 일임하고 조선해수산조합은 경영에서 손을 뗐다. 오타는 실패 원인을 조사하고, 1907년에 부산 가시이 겐타로(香椎源太郎)에게 거제도 근해에 어업이 유망하다고 권유하면서 투자를 요청했다. 가시이의 찬성을 얻어 가시이어업단을 조직하고 멸치건착망, 멸치분기망, 멸치지예망 등과 제조부 운반부와 어시장을 계획해 일부 어업을 시험적으로 개시했다. 열심히 종사한 1개년 뒤 대부망을 가시이 직영으로 하고, 석조망(石繰網)을 이리사촌 이주민의 경영으로 분속시켜서 이리사촌 발전의 디딤돌이 되었다.[130]

1908년 봄에 양조망(揚繰網)을 사용해 숙련된 후쿠오카현 마에다 히데요시(前田秀吉)을 권유 이주시켜 투자를 하도록 하고 4월부터 6월에 이르는 3개월 동안 양조망을 사용했더니 어군의 포위가 뜻대로 되지 않아 몇 차례 어망을 개량하여 6월 27일과 6월 28일에 이르러 6만 마리의 고등어를 어획했다. 이곳에서 처음으로 고등어 그물어업의 개막을 열기에 이르렀다. 이것은 조선 연해에서 고등어 그물어업의 효시이고, 이리사촌이 고등어 그물어업의 근거지로서 당시 발전하게 된 원인이 되었다.[131]

1909년 나가사키, 후쿠오카, 히로시마 기타 각 부현 영업자들의 시찰이 계속 이어졌고, 건착망, 박망 등의 어업자가 매년 증가하고 1921년에 이곳을 근거로 한 그물수는 100여 조(組)에 이르렀다. 매일 고등어, 전갱이 10만 마리의 어획을 육상에서 성황리에 보게 되었다.[132]

---

130 慶尙南道, 1921, 위의 책, 62쪽.
131 慶尙南道, 1921, 위의 책, 62쪽.

어획이 성황을 이루면서 일본 어민만 86명이 어업조합을 신청하자 1915년 5월에 허가를 받아 장승포어업조합을 설립했다. 그들은 포어(捕魚)전용어업권을 향유하고, 조합원의 어획물 공동판매사업을 실시했다.[133] 즉 어업권을 점유하고, 어획물의 공동판매를 위해 어업조합을 설립했던 것이다.

1921년 당시 이주호수 138호이고, 이주민은 700명으로 호황을 이루었으며, 후쿠오카현민이 중심이었고, 그 외 10개현의 어민이 이주해 왔다. 매년 고등어 성어기에는 본 어촌 앞 장승포만에 집합하는 건착망과 박망이 100여 통이고, 어선은 약 500척, 종업원은 4,500명이나 되었다. 어선의 내역을 살펴보면 고등어 건착망 360척(나가사키 300척, 에히메 12척, 후쿠오카 6척, 히로시마 6척, 경상남도 36척), 고등어 박망 78척(에히메 12척, 후쿠오카 6척, 경상남도 54척), 고등어 유망 27척(사가 18척, 나가사키 8척, 야마구치 1척) 합계 465척이었다.[134] 그중 조선 어민의 어선은 90척으로 20퍼센트의 비중을 차지할 정도로 일본 어선이 압도적이었다.

그 외 운반선으로 선어(鮮魚) 수송에 종사하는 발동기선이 140척, 염어(鹽魚) 수송에 종사하는 범선이 150척에 이르렀다. 어획물의 처리 판매방법은 고등어와 전갱이는 계약에 따라 발동기선에 매각하고, 그 고장 상인에 직접 또는 장승포어업조합의 공동판매소를 거쳐 판매했다. 어획물은 곧바로 얼음에 얼려 선어(鮮魚)로 발동기선에 실려 시모노세키, 모지(門司) 등으로 수송하고, 그 고장 상인은 배를 갈라 바닷물에 씻어서

---

132 慶尙南道, 1921, 위의 책, 62쪽.
133 慶尙南道, 1921, 위의 책; 朝鮮總督府, 1919, 『水産便覽』, 202쪽.
134 慶尙南道, 1921, 앞의 책, 入佐村.

소금을 뿌려 염어(鹽魚)로 범선(속칭 鹽切船이라 부른다)에 적재하여 시모노세키, 하카다, 히로시마, 오카야마 등으로 수송했다. 드물게 어업자 스스로 소금에 절여 범선으로 일본으로 수송하기도 했다.[135]

이리사촌이 자리를 잡는 데 제4대 감독관인 오타 다네지로(太田種次郎)의 역할도 컸다. 오타는 이전에 후쿠오카현 미사키촌(岬村)의 촌장이었지만, 조선 통어에 관심이 많아 퇴임 후 후쿠오카현 선출 조선수산조합 대의원을 비롯해 수산관계 간부직을 역임하고, 1906년 7월에 고향 지노시마(地島)의 어민 14호를 이끌고 이리사촌의 재건에 착수했다. 그 후 많은 고난을 겪고 1921년에 호수 138호, 인구 약 700명의 이주어촌으로 정착시켰고, 건착망과 박망이 100여 통이고, 어선은 약 500척, 종업원은 4,500명이며 선어(鮮魚) 수송에 종사하는 발동기선이 140척, 염어(鹽魚) 수송에 종사하는 범선이 150척에 이르는 남한 최대의 고등어 어업기지로 발전시키는 데 기여를 했다.[136]

(3) 에히메촌(愛媛村)

에히메촌은 경상남도 사천군 수남면 동금리 팔장포에 있었다. 현재의 삼천포항 부근에 있고, 당시 삼천포읍에 접속해 있었으므로 교육, 위생, 교통, 물자구입, 어획물 처리 등에 지극히 편리하며, 또한 부근에 조선인 부락이 있어 노동력 공급원이 있는 등 좋은 입지조건이 발전의 원인이 되었다.[137] 이곳은 오카야마촌과 비견될 정도의 모범 이주어촌이며,

---

135 慶尙南道, 1921, 위의 책.
136 여박동, 2002, 『일제의 조선어업지배와 이주어촌 형성』, 보고사, 257쪽.
137 吉田敬市, 1954, 앞의 책, 朝水會(박호원·김수희 번역, 2019, 앞의 책, 민속원, 379쪽).

이리사촌과 함께 남한 굴지의 고등어 어업근거지였다.[138]

에히메현에서는 1905년 「원해어업장려보조규정」을 만들고, 원해어업을 장려하기 위해 신용조합과 출어조합을 설립했다. 현에서는 한 조합당 350원의 보조금을 지급하고 원해출어단체연합회를 설립했다. 1909년도에 원해출어단체연합회에 보조금을 주고 거제군 칠천도에 근거지를 설정하고, 가옥 12호를 건설하여 어민을 수용했다.

1906년부터 1909년까지 현지 이주어민에게 직접 보조금을 지급했는데, 1910년부터는 원해출어조합에서 이주 희망자를 모집하고 조합에 보조금을 지급하면 이주어민 1호당 50원을 지급하도록 했다. 이주보조금을 받을 자격은 가족을 동반하고 어업 목적으로 3년 이상 이주하고 어구·어선을 소지한 사람에게 있었다. 1910년까지 현에서 보조금을 지급받고 이주한 사람은 73호 260여 명에 이르렀다.[139]

1911년 에히메현 원해출어단원 야마모토 모모기치(山本桃吉)가 조선 바다에 통어할 때 이곳을 시찰하고 이주어촌 후보지로서 에히메현과 현 원해출어단체연합회에 상세히 보고한 결과, 에히메현의 보조를 받아 이주어업단을 조직해 이곳에 이주어촌을 건설하기 시작했다.[140]

에히메현 원해출어단연합회는 1911년 6월 12호분의 이주가옥, 1호 평균 6평과 창고 1동을 건설했다. 1912년 7월 이주가옥 12호분을 건설하고 그것을 무상으로 대부했다. 특별히 1호당 25원의 이주도항비를 보조했다. 그러나 가옥이 협소했기 때문에 보조비 25원을 더해 다시 75원

---

138 여박동, 2002, 앞의 책, 411쪽.
139 日本 拓植局, 1911, 앞의 책.
140 慶尙南道, 1921, 앞의 책, 11쪽.

씩을 각자 갹출해 4평씩 늘어나 1호당 10평식의 가옥이 되었다. 이주민은 1911년 11월에 11호, 1912년 3월부터 1913년 4월까지 6호, 1915년 5월에 5호가 이주해 1915년 당시 총호수 25호가 되었다.[141] (2호분은 사무소 겸 감독 주택으로 충당한다.)

그러나 1912년과 1913년에는 물고기가 잡히지 않아 성적이 좋지 않았고, 이주어민이 생계의 곤란을 겪게 되었다. 그러자 이주어촌 설립을 주도했던 야마모토 모모기치가 자기의 향리에 있는 산림을 매각해 이주어민에게 대여해 주었다. 1914년에는 물고기가 많이 잡혀 채무를 상환했고, 1915년에 또다시 풍어를 맞이해 1916년에는 그물 수 한 통을 늘려 3만 원의 수익을 올렸고, 1917년에는 다시 한 통을 증설해 세 통으로 4만여 원의 수익을 냈다.[142]

에히메촌에서는 건착망을 통해 고등어와 전갱이를 전업으로 하고 있었으며, 고등어 건착망은 길이가 몇백 미터, 높이가 몇십 미터가 되어 큰 자본이 필요했다. 이에 그물 한 통마다 20주 주식 조직으로 삼아 1주의 출자(出資)를 200원으로 하고 이주자 각자에게 1주 이상을 소유하게 하여 공동으로 경영했다. 그리고 어획물 판매대금은 주(株) 수에 따라 배분하는 것으로 정했다.[143]

이주어민 전원이 합자조직에 따르고 이주어민은 업주로서 어획에 따른 이익을 배당받는 외에 어부로서 임금의 급여를 받았으므로 1915년 이후 연속적인 풍어로 생활에 여유가 생겼다. 1924년 당시 한 집의 소유

---

141 大橋淸三郎, 1915, 『朝鮮産業指針』, 제2편 제3장 이민.
142 朝鮮總督府, 1924, 앞의 책, 155쪽.
143 朝鮮總督府, 1924, 위의 책, 155쪽.

지가 많은 자는 논밭이 1정 2반보이고, 가장 적은 자는 1반보 이상을 소유하고 있었다. 장성한 자는 어업에 부지런히 힘쓰고, 가족은 경작에 종사하여 부유하게 되어 부근의 조선인에게 대금업을 하는 자가 적지 않았다.[144] 1924년에는 어민이 공동출자하여 고등어 건착망 2통을 소유하고 있고, 매년 수익으로 토지를 구입해 당시 수십 정보의 전답을 소유하고 있으며 각호의 생계는 안정적이며 상당한 자금을 소유하고 있는 자가 적지 않다고 했다.[145]

1921년에는 이주민의 호수 37호, 인구는 167명으로 건착망 3통과 어선수 15척, 경영자 34명, 연간 생산량 50~60만 관이나 되어 당시 한 사람당 평균 최고이윤을 올리고 있었다. 어획기에는 수백 척의 운반선이 출입해 이리사촌과 함께 조선 남부 굴지의 고등어 어업근거지가 되어 파시 경기에 활력을 불어넣었다.[146]

에히메촌 어민의 생활은 매우 건실했는데 이는 지도자인 야마모토 모모기치의 영향이 컸다. 그는 이주어촌 초창기에 물고기가 안 잡혀 어민의 생계가 어려워지자 향리에 소유하고 있던 산림을 매각해 그 자금으로 어민에게 대여해 주었으며, 앞장서서 생활을 건실하게 하면서 어민과 어려움을 같이 했다. 그리하여 1915년에는 에히메현 지사로부터 공적상을 수상하기도 했다.

일본 어민의 이주정책은 1905년 러일전쟁의 승리와 1908년 「어업법」의 공포 및 1910년 일제의 조선 병탄이 이루어지는 시기에 집중적으

144　朝鮮總督府, 1924, 위의 책, 155쪽.
145　朝鮮水産會, 1926, 앞의 책, 32쪽.
146　吉田敬市, 1954, 앞의 책, 朝水會(박호원·김수희 번역, 2019, 앞의 책, 민속원, 379쪽).

로 추진되었다. 1905년 이후 일본의 지방 부현과 조선수산조합 및 동양척식주식회사는 일본 어민의 이주를 적극 추진했다. 이에 통감부는 「어업법」의 공포로 일본 어민에게 어업권을 허가해 주면서 일본 어민의 조선 연해 진출을 유인했다. 1910년 조선총독부는 「국유미간지이용법」을 활용해 일본 지방부현이 조선 연해에 이주근거지를 마련하는 데 적극 후원하고, 「어업령」을 공포하면서 면허어업의 전용적 독점권을 보장해 주면서 일본 어민의 조선 연해 어업활동을 격려했다. 이러한 바탕 위에서 일본 어민의 이주어촌 건설이 순조롭게 진행되었다. 그러다가 1914년부터 1918년까지 제1차 세계대전이 발발하자 일제의 해외시장이 동남아시아까지 확대되면서 일본 경기가 크게 활성화되었다. 이에 이주어민들이 본국으로 돌아가면서 1910년대 말에는 일시적으로 이주어민의 수가 감소하기도 했지만, 1920년대에 들어서 점진적으로 증가했다.[147]

---

147 朝鮮總督府, 1924, 앞의 책, 141쪽; 朝鮮水産會, 1926, 앞의 책, 30쪽.

제3장
「조선어업령」 제정(1929)과 수산정책의 재편

1. 『조선수산통계』로 본 1920~1930년대 조선의 수산업

조선의 수산업은 1908년 「어업법」과 1911년 「어업령」을 통해 처음으로 근대적 어업제도가 도입되고, 또 선진 어업 장비와 기술이 점차 확산되면서부터 실로 괄목할 만한 성장을 이루었다. 특히 동력어선이 본격적으로 도입되기 시작한 1920년대 중반 이후의 성장이 주목되는데, 이는 조선총독부가 발간한 『조선수산통계』의 기록에 잘 나타나고 있다.[1] 〈표 3-1〉은 『조선수산통계』에 나오는 1926~1941년까지의 수산업 생산고를 정리한 내용이다. 수산업 생산의 3대 지표인 어획고, 양식고, 제조고의 총계가 수량에서는 2.4배, 금액에서는 4배가 증가한 것을 알 수 있다. 아울러 수산업 통계가 처음 시행된 1911년의 지표와 비교할 때는 각각 17.5배, 38배가 증가했다.

이러한 조선 수산업의 성장은 식민 본국인 일본의 수산업 증가율마저 훨씬 상회하고 있어서 조선총독부 당국자를 흥분시킬 만했다. 1911년과 1936년을 비교할 때 일본이 어획고(금액)에서 3.9배, 제조고(금액)에서 5.6배 성장한 것에 비해 조선은 각각 13.2배, 35.2배의 성장을 보이고 있다며, "조선 어업의 진보 속도가 오히려 내지(일본)보다 우수하다"는 자랑을 늘어놓았던 것이다.[2] 1940년 당시 조선총독부 식산국의 수산

---

1 『조선수산통계』는 현재 국립중앙도서관에 1935년(소화10)부터 1941년(소화16)까지 7개년간의 기록이 남아 있다. 각 판의 발행연도는 모두 통계연도의 2년 후이다.

2 朝鮮總督府 水産局, 『朝鮮の水産業(昭和十三年)』, 1939.3, 3쪽.

과장이던 오카노부 교스케(岡信俠助)는 조선의 수산업이 이미 세계적인 반열에 올랐음을 밝히며 다음과 같이 말하고 있다.

> 각국의 수산통계로 1936년(쇼와11) 세계 수산액에 대해서 보면 세계의 어획고 1만 7,448천 톤 중, 일본은 그 33.8퍼센트를 차지하여 세계 제1위에 있고, 미국이 7.5퍼센트의 어획고로 그다음이다. 하지만 조선만으로도 1,506천 톤, 즉 세계 총 어획고의 8.6퍼센트를 보이어 미국의 것을 능가하고 있다. 또한 1935년(쇼와10), 즉 시정25주년의 수산액 1억 3,000만 엔에 비해 작년 1939년(쇼와14)는 실로 3억 2,000만 엔으로 약 두 배 반으로 격증했다. 이것은 1911년(메이지 44) 시정 당초의 900만 엔과 비교하면 약 35배에 달해 그 약진의 모습은 누구든지 경이롭다고 하는 바이다.[3]

실제로 조선의 어획량이 미국을 앞지르며 세계 제2위의 순위까지 올라섰는지는 다른 여타의 통계 자료와 비교해 면밀히 검토할 필요가 있겠지만, 분명한 사실은 1930년대 조선 수산업의 약진으로 인해 식민지기 산업 구조마저 변동되는 등 그 변화의 폭이 매우 컸다는 것이다. 1911년 조선의 산업별 총생산액에서 차지하는 비중이 2.6퍼센트에 지나지 않았던 수산업이 1939년에 이르러 8.4퍼센트까지 증가해 농업(39.7퍼센트)과 공업(38.4퍼센트)의 뒤를 잇는 제3위의 산업으로 올라섰다.[4] 그러나 이러한 통계 자료의 수량적 성장에만 초점을 맞춰서는 식

---

3   岡信俠助, 1940.10, 「躍進途上の朝鮮水産業」, 『朝鮮』 305호.
4   박구병, 1966, 『한국수산업사』, 태화출판사, 330~331쪽.

민지기 수산업을 제대로 이해할 수가 없다. 우리가 간과해서는 안 되는 수산업 성장의 이면에 감추어진 사실을 하나씩 제대로 탐구할 필요가 있다.

〈그림 3-1〉과 〈그림 3-2〉는 〈표 3-1〉을 근거로 1926~1941년까지의 수산업 생산량과 생산액을 그래프로 나타낸 것이다. 이를 통해 앞서 조선총독부 당국자들이 그토록 자랑했던 조선 어업의 '진보 속도'가 식민지기 전 기간이라기보다는 특정 시기에 집중되었음을 알 수 있다. 즉 조선의 수산업은 주로 1930년대 중반 이후부터 폭발적으로 성장한 것이다. 먼저 어획고에서는 1931년에 처음으로 100만 톤을 돌파한 이후, 1937년과 1939년에 200만 톤까지 넘어서며 최고 정점을 찍는 급성장

〈표 3-1〉 1920~1930년대 수산업 생산고

연도	합계		어획고		양식고		제조고	
	수량(톤)	금액(천 엔)	수량(톤)	금액(천 엔)	수량(톤)	금액(천 엔)	수량(톤)	금액(천 엔)
1926	715,853	89,424	586,593	53,742	5,829	2,482	123,435	34,129
1927	992,621	106,886	830,501	64,075	3,017	2,521	159,105	40,290
1928	1,017,983	114,304	848,486	66,114	3,174	3,329	166,384	44,886
1929	1,093,770	112,877	904,834	65,338	3,529	2,724	185,408	44,814
1930	1,047,851	82,882	866,643	50,129	2,656	2,370	178,549	30,389
1931	1,216,511	77,162	1,039,470	46,578	3,619	2,615	169,886	28,369
1932	1,320,480	76,095	1,168,178	46,263	3,180	2,448	149,123	27,384
1933	1,186,832	89,871	1,007,262	51,378	3,820	2,904	175,754	35,589
1934	1,686,655	105,157	1,393,449	57,778	3,976	2,846	289,231	45,533
1935	1,803,364	133,883	1,503,219	65,967	4,226	2,902	295,920	65,013
1936	2,005,129	164,003	1,668,229	79,879	5,148	4,747	331,752	79,377
1937	2,677,391	187,954	2,115,785	89,920	5,360	4,586	556,246	93,447
1938	2,218,801	189,825	1,759,100	87,083	6,366	5,924	453,335	96,818
1939	2,625,200	327,323	2,046,244	151,098	5,772	8,308	573,184	167,917
1940	2,213,685	327,727	1,736,391	175,499	4,780	15,470	472,515	181,758
1941	1,714,239	357,853	1,318,041	166,751	7,810	18,471	388,388	172,631

출처: 『朝鮮水産統計』, 각 연도판.

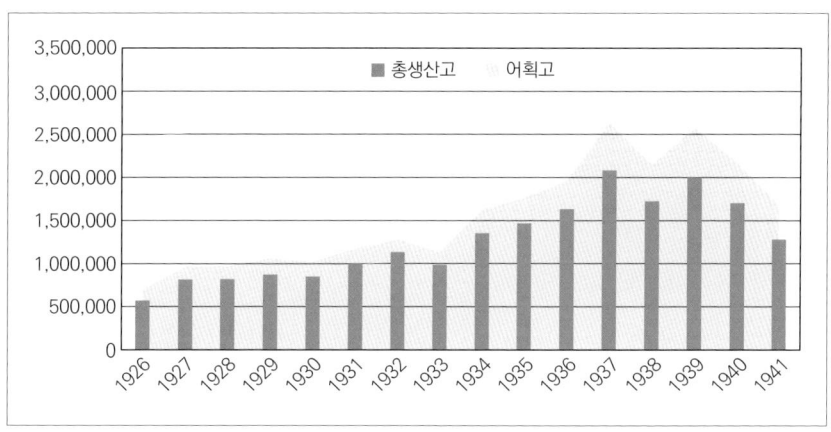

〈그림 3-1〉 1920~1930년대 수산업 생산고

(단위: 톤)

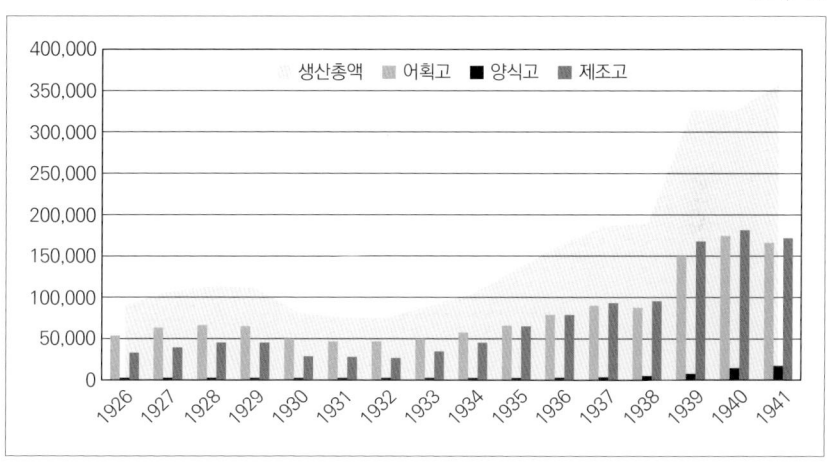

〈그림 3-2〉 1920~1930년대 수산업 생산총액

(단위: 엔)

을 이루었다. 또한 생산액에서는 1930년대 초 쇼와공황기에 잠시 쇠퇴하는 모습을 보이지만 1934년부터 다시 급성장하고 있는데, 여기서는 특히 1937년부터 어획 생산액을 넘어서는 수산물제조업의 성장이 돋보인다. 이처럼 1930년대에 수산업이 급성장할 수 있었던 요인이 어디에 있었는지 알아볼 필요가 있다. 한정된 수산자원을 무분별하게 남획한 결과는 아닌지, 또 이러한 생산력 증가에 획기적인 전환점을 가져온 어업 기술의 진보와 정부 정책의 변화가 있었는지를 우선 검토해 봐야 한다.

먼저 '남획(overfishing)'의 가능성을 살펴보겠다. 2021년 현재, 우리나라의 연근해 어장에서는 총 3만 9,554척의 어선이 조업하여 94만 톤의 어획량을 기록하고 있다.[5] 최신의 현대적 장비와 기술로 잡은 것이 100만 톤 내외에 불과한데, 90여 년 전 어획량이 그 두 배에 달했다는 것은 아무리 현재의 기후변화와 환경오염으로 인한 어족자원의 감소를 고려한다고 해도 놀라운 일이 아닐 수 없다. 이에 따라 많은 사람이 1930년대 조선의 수산업을 과잉생산의 단계, 즉 무차별한 남획이 이루어진 시기라는 의심을 하게 되었다.

물론 어획량이 많다고만 해서 이를 무조건 '남획'으로 규정할 수는 없을 것이다. 수산자원은 광물자원과 달리 스스로 끊임없이 보충되고 갱신되는 '비고갈성자원'이다. 아울러 바다는 넓고 복잡하며 빠르게 변화하는 환경이어서 그 자원량을 계측하는 데에는 언제나 불확실성이 존재한다. 따라서 어종의 개체 수나 어획고의 변동 원인을 오로지 '남획' 탓으로만 돌리는 행위는 자원 관리의 책임을 생산자에게만 전가하는 정치적 프레임이라는 비판도 있다.[6] 그러나 수산자원이 아무리 '비고갈성자원'이라고 해도 햇빛, 공기, 강우처럼 무조건 보충되는 자원이 아니라 인

---

5 해양수산부, 2022, 『2022년 해양수산 통계연보』.
6 정석근, 2022, 『정석근 교수의 되짚어보는 수산학』, 베토·현대해양, 125~126쪽.

간의 사용에 따라 미래 자원량이 변동되는 '자율갱신자원'이라는 점 또한 유념해야 할 필요가 있다. 즉, 지속가능한 이용을 위해서는 반드시 적절하게 자원을 관리해야 하며, 그렇지 못할 경우 과대소비와 과소투자가 발생한다는 것이다.[7] 그러므로 이 시기의 '남획' 여부를 판단하기 전에 식민지 수산업이 갖고 있는 생산 및 유통관계의 구조적 문제부터 살펴볼 필요가 있다.

〈표 3-2〉 1920~1930년대 수산업 수이출액

연도	생산총액 (천 엔)	수출액 (천 엔)	이출액 (천 엔)	수이출액 소계 (천 엔)	비율
1926	89,424	2,574	23,098	25,672	28.71%
1927	106,886	2,261	27,071	29,332	27.44%
1928	114,304	2,402	29,730	32,132	28.11%
1929	112,877	2,369	34,035	36,404	32.25%
1930	82,882	2,165	23,321	25,486	30.75%
1931	77,162	1,448	19,053	20,501	26.57%
1932	76,095	2,333	19,683	22,016	28.93%
1933	89,871	3,395	22,129	25,524	28.40%
1934	105,157	3,820	26,887	30,707	29.20%
1935	133,883	4,167	38,400	42,567	31.79%
1936	164,003	5,285	47,325	52,610	32.08%
1937	187,954	8,776	65,266	74,042	39.39%
1938	189,825	10,977	70,885	81,862	43.12%
1939	327,323	24,680	92,389	117,069	35.77%
합계	1,857,646	76,652	539,272	615,924	
평균	132,689	5,475 (4.13%)	38,519 (29.03%)	43,995 (33.16%)	

출처: 『朝鮮水産統計』, 각 연도판.

---

7 송경은, 2013, 「한국에서의 근대적 어업권 형성과 법제화」, 서울대학교 경제학부 박사학위논문, 2쪽.

위의 〈표 3-2〉는 앞서 살펴본 1920~1930년대 수산업 생산총액에서 차지하는 수이출액의 비율을 정리한 것이다. 표에서 알 수 있듯이 조선의 수산업은 식민지라는 한계상, 총생산액의 3분의 1가량이 일본과 중국 등지로 수이출되고 있었다. 1926~1939년까지 14년간 평균하여 관동주·만주국·중국 등으로 수출되는 수산물이 4.13퍼센트이고, 일본으로 이출되는 것이 29.3퍼센트였다. 수산업 생산총액이 증가하는 비율에 맞춰 수이출액도 함께 증가하고 있었고, 특히 1930년대 중일전쟁 이후에 급증하는 모습이 인상적이다.

수산업의 생산총액과 수이출액이 1930년대 중반부터 동시에 급증했다는 사실은 공급을 넘어서는 과대수요가 발생했음을 의미하고, 이는 앞서 이야기한 것처럼 조선의 수산업 발전이 일본의 제국주의 전쟁과 깊은 연관성을 갖고 있음을 논증하는 증거가 된다. 즉, 만주사변과 중일전쟁을 거치면서 조선의 수산업이 만주국과 중국으로 향하는 새로운 소비시장을 열게 되었으며, 이에 따른 군수품 공급과 일본 본국의 식량문제까지 동시에 해결해야 하는 임무를 부여받은 것이다.[8] 따라서 '남획'의 근본적 원인 중의 하나인 과대소비(수요)의 경향은 1930년대 전시체제기의 조선에 이미 구조적으로 내재되어 있었다. 그렇다면 '남획'의 또 다른 원인인 과소투자의 경향은 어디에서 찾을 수 있을까? 이를 위해 수산업의 대표적인 생산수단인 어선 등 선박 수의 변화를 살펴보도록 하겠다.

〈그림 3-3〉은 『조선수산통계』에 기록된 1926~1941년까지의 수산업 관련 선박 수의 변화를 그래프로 나타낸 것이다. 어선과 제조·운반선

---

8   박구병, 1966, 앞의 책, 330쪽.

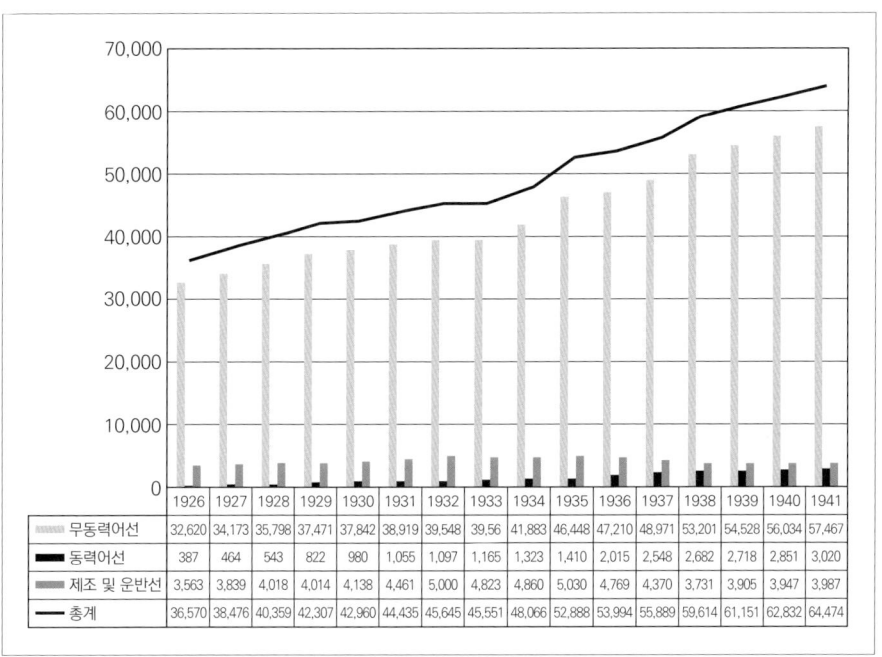

〈그림 3-3〉 1920~1930년대 수산업자의 종류별 선박 수

(단위: 척)

	1926	1927	1928	1929	1930	1931	1932	1933	1934	1935	1936	1937	1938	1939	1940	1941
무동력어선	32,620	34,173	35,798	37,471	37,842	38,919	39,548	39.56	41,883	46,448	47,210	48,971	53,201	54,528	56,034	57,467
동력어선	387	464	543	822	980	1,055	1,097	1,165	1,323	1,410	2,015	2,548	2,682	2,718	2,851	3,020
제조 및 운반선	3,563	3,839	4,018	4,014	4,138	4,461	5,000	4,823	4,860	5,030	4,769	4,370	3,731	3,905	3,947	3,987
총계	36,570	38,476	40,359	42,307	42,960	44,435	45,645	45,551	48,066	52,888	53,994	55,889	59,614	61,151	62,832	64,474

을 모두 포함한 총 선박 수는 1926년 3만 6,570척에서 1941년 6만 4,474척으로 16년간 1.7배 증가했고, 또 어선만으로 보면 3만 3,007척에서 6만 487척으로 1.8배 증가했다. 이 중에서 가장 중요한 변화는 근대 수산업 발전에서 산업혁명과도 같은 역할을 담당했다고 평가받는 동력어선의 증가이다.[9] 동력어선은 1916년에 처음 도입된 이래 고등어 건착망, 고등어 유자망어업 등에 투입되어 성과를 거두기 시작했고,

---

9   이계열, 1977, 「한국수산업의 자본제화 과정에 관한 연구」, 전남대학교 경제학과 박사학위논문, 26쪽.

1923년부터 동해와 남해에서 본격적으로 활약한 것으로 알려져 있다.[10] 『조선수산통계』에 따르면 1926년 387척에 불과하던 동력어선이 1941년에는 3,020척으로 늘어나 무려 7.8배 성장한 것으로 나온다.

그러나 이러한 동력어선의 폭발적인 증가에도 불구하고 조선의 전체 어선에서 차지하는 보급률은 여전히 일본에 훨씬 못 미쳤고, 총 어선수가 10분의 1밖에 안 되는 대만의 보급률에서도 경쟁할 만한 수준은 아니었다. 다음의 〈표 3-3〉에서 알 수 있듯이 1934~1940년까지의 조선의 동력어선 보급률은 3~4퍼센트에 지나지 않았다. 이에 비해 일본은 14~21퍼센트였고, 대만은 이보다도 높은 18~27퍼센트였다.[11]

〈표 3-3〉 조선·대만·일본의 총 어선수에 대한 동력어선 수와 비율

연도	조선		대만		일본	
	총 어선수	동력어선 수(비율)	총 어선수	동력어선 수(비율)	총 어선수	동력어선 수(비율)
1934	43,149	1,318(3.1%)	4,367	848(19.4%)	364,582	53,029(14.5%)
1935	47,858	1,410(2.9%)	4,721	905(18.3%)	366,019	57,488(15.7%)
1936	49,225	2,015(4.1%)	5,206	1,082(20.8%)	366,267	62,169(17.0%)
1937	51,519	2,548(4.9%)	5,130	1,053(20.5%)	364,260	66,299(18.2%)
1938	55,883	2,682(4.8%)	5,210	1,194(22.9%)	356,482	68,155(19.1%)
1939	57,246	2,718(4.7%)	5,141	1,357(26.4%)	354,729	71,639(20.2%)
1940	58,885	2,851(4.8%)	5,467	1,479(27.1%)	354,215	75,197(21.3%)

출처: 朝鮮總督府, 『朝鮮水産統計』, 臺灣總督府, 『臺灣水産統計』, 農林大臣官房統計課, 『昭和十五年 第十七次農林省統計』

---

10 요시다 케이이치(박호원·김수희 역), 2019, 『조선수산개발사』, 민속원, 404~406쪽. 요시다에 따르면 조선에서 어선의 동력화가 촉진된 원인은 1924년 포항 지역에 해일이 밀려왔을 때 동력어선이 다른 어선에 비해 탁월한 안정성을 증명받았기 때문이라고 한다. 아울러 1930년대 동해안에서의 정어리 어업이 본격화되면서 조선총독부의 보조금을 받는 동력어선 건조가 크게 늘어났다.

11 藤井賢二, 2007, 「水産統計から見た日本統治期の朝鮮·台湾の漁業」, 『東洋史訪』 13, 兵庫教育大学東洋史研究会, 104~105쪽.

물론 조선총독부가 동력어선을 보급하기 위해 아무런 조치를 취하지 않은 것은 아니었다. 1926년부터 각 도의 지방비 보조를 통해 동력어선 건조를 장려했고, 조선수산회 등 각종 수산 단체에서도 동력어선강습회, 수산용품전람회 등을 개최하며 동력어선 보급과 발달을 도모했다. 하지만 그 성과는 미미해 시간만 지체하고 있었다. 결국 동력어선 보급률에서 급진전을 보이기 시작한 것은 1930년대 동해안에서 대규모 정어리 어업이 본격적으로 이루어지고 나서부터였다.[12]

사실 조선총독부가 일본·대만과 달리 동력어선의 대안으로 집중했던 일은 무동력어선에 대한 개량 사업에 있었다. 수산시험장을 통해 조선의 어장에 맞는 표준 어선을 개발하고 그 설계도를 배포해 일반 민간 어선의 건조 때 참조하도록 하는 것이었는데, 여기서는 어느 정도의 성과를 거둔 것으로 보인다. 다음의 〈표 3-4〉는 1926~1940년까지의 어선별 유형의 변화 과정을 정리한 것이다. 여기서 일본식 무동력어선으로 분류된 것이 이러한 개량 어선을 포함하고 있는 것으로 파악된다. 즉, 조선식 무동력어선이 시기별로 큰 차이가 없는 것에 비해 일본식 무동력어선은 1926년 1만 5,199척에서 1940년 3만 5,560척으로 2.3배 증가하고 있는 것에서 알 수 있듯이 조선 어민도 이러한 개량 어선 사업에 적극 동참한 것을 알 수 있다. 〈그림 3-5〉의 일본식 개량 어선은 〈그림 3-4〉의 조선식 어선과 비교해 보면 알 수 있듯이 선수(船首)가 무딘 형태를 뾰족한 형태로 바꾼 것이었다. 이를 통해 어선의 속도를 높이고 어획능률을 향상시킬 수 있었다.

물론 1930년대 조선 수산업의 급속한 성장을 견인한 데에는 정어리

---

12 요시다 케이이치(박호원·김수희 역), 앞의 책, 407~408쪽.

〈표 3-4〉 1920~1930년대 어선 구조의 유형별 변화

연도	무동력어선				동력어선			
	조선식	일본식	기타	소계	50톤 미만	50톤 이상	기선	소계
1926	17,099	15,199	322	32,620				387
1927	17,846	15,923	404	34,173				464
1928	18,636	16,661	501	35,798				543
1929	19,232	17,742	497	37,471				822
1930	19,410	17,780	652	37,842				980
1931	19,786	18,434	699	38,919				1,055
1932	19,723	19,240	585	39,548			3	1,097
1933	19,385	19,516	662	39,563				1,165
1934	19,715	21,596	522	41,833				1,323
1935	20,335	25,564	549	46,448	1,405	5	0	1,410
1936	20,708	25,955	547	47,210	2,010	5	0	2,015
1937	20,410	28,030	531	48,971	2,514	34	0	2,548
1938	19,147	33,574	480	53,201	2,616	65	0	2,681
1939	19,779	34,349	400	54,528	2,641	76	1	2,718
1940	20,104	35,560	370	56,034	2,761	89	1	2,851

〈그림 3-4〉 조선식 중선배 모형
(인하대박물관)

〈그림 3-5〉 일본식 안강망배 모형
(인하대박물관)

저예망어업이나 고등어 건착망어업 등에서 맹활약한 동력어선 보급이 커다란 영향을 끼쳤음은 부인할 수 없는 사실이다. 하지만 이에 못지않

게 무동력 개량 어선의 역할 역시 상대적으로 큰 영향을 미쳤음을 알 수 있다. 결국 조선총독부는 최소한의 동력어선 보급, 최대한의 무동력어선 개량이라는 과소투자를 통해 연간 200만 톤의 어획량이라는 최고의 성과를 얻어낸 것이었다. 따라서 이에 따른 수산자원 남획의 책임을 온전히 벗어날 수는 없을 것으로 생각된다. 일부 연구에서는 1911년 트롤어업 금지 구역 설정과 1926년 동경 130° 이서(以西) 기선저예망어업 규제를 근거로 조선총독부가 연안 어업자 및 어업자원의 보호를 위해 노력했다고 주장하고 있으나,[13] 이는 앞서 살펴본 바와 같이 동력어선 보급이 미진한 것에 대한 대응책일 뿐 진정한 의미의 수산업 관리정책으로 보기에는 힘들 것 같다.

2. 「조선어업령」 제정과 어업제도의 정비

1) '어업권'의 확립 과정

1920년대 후반부터 수산업 규모가 급속히 팽창하고 어장 환경이 변화함에 따라 조선총독부는 수산업 법령의 개정을 검토하기 시작했다. 동력어선 도입과 어업 기술 향상으로 어획량이 증대했지만 이에 따른 수산물 남획과 조업 분쟁이 새로운 문제로 대두되었기 때문이다. 이러한

---

13 藤井賢二, 2008, 「日本統治期の朝鮮漁業の評価をめぐって」, 『東洋史訪』 14, 兵庫教育大学東洋史研究会.

문제는 본문 28개조, 부칙 7개조에 불과한 기존의 「어업령」(1911년, 제령 제6호)만으로는 해결할 수 없었다. 따라서 조선총독부는 1929년 1월, 전문 84개조로 구성된 「조선어업령」(제령 제1호)을 공포하고 이듬해 5월 1일부터 시행하도록 했다.[14] 아울러 「조선어업령시행규칙」, 「조선어업보호취체규칙」, 「조선어업조합규칙」과 같은 각종 부속 규칙까지 마련해 1929년 12월까지 제정을 완료했다.[15] 「조선어업령」의 입안과 심의에 깊이 관여했던 가토 마사다카(加藤眞孝)는 「조선어업령」의 제정 배경에 대해 다음과 같이 설명하고 있다.

> 조선에서의 어업은 근래 급격한 발달을 거두어서 그 어구(漁具)·어선(魚船)에 있어서나 또 그 어법(漁法)에 있어서 석일(昔日)의 면목을 일신하여 거의 시정(始政) 당시의 구태를 남기지 않게 되었다. 한편 조선에서의 사회 제반의 사정, 특히 경제 상태도 현저하게 변혁되어 도저히 「어업령(漁業令)」과 같은 간단한 법령으로서는 규율할 수 없게 되었으므로, 이에 사회의 추향(趨向)에 비추어 1929년(쇼와4) 1월, 제령(制令) 제1호로 「조선어업령(朝鮮漁業令)」을 발포하고, 이어서 제반의 부속 법령을 발포하여 이듬해 1930년(쇼와5) 5월부터 이를 시행하는 동시에 「어업령」 및 그 부속 법령은 폐지되었다. 「조선어업령」 개정의 방침은 구령(舊令)의 주의방침(主義方針)을 될 수 있는 대로 존중·답습하는 동시에 어업의 실태에 비추어 필요로 하는 사항은 일일이 이를 망라하고, 또한 종래 법문의 간략으로 의의(疑義)를 발

---

14 『조선총독부관보』, 제619호, 1929.1.26.
15 『조선총복부관보』, 호외, 1929.12.10.

생시킨 점은 모두 이를 명백히 규정하고 또 일면 내지법(內地法)과의 연락·통제에 관하여 고려함과 동시에 다른 측면으로 조선의 독특한 사정과 현재의 민도(民度)에 적합하게끔 개정된 것이다.[16]

위의 인용문에서 「조선어업령」 제정의 방침이 옛 「어업령」인 "구령(舊令)의 주의와 방침을 존중·답습"하면서 한편으로는 "일본의 「어업법」과 연락·통제를 고려하는 동시에 조선의 독특한 사정과 현재의 민도(民度)에 적합하게끔 개정"된 것이라는 설명이 주목된다. 조선의 어업 관련 법령은 기본적으로 1901년에 제정된 일본의 「어업법」, 그리고 1910년에 이를 개정한 「명치어업법」을 준용하여 따랐다. 하지만 조선의 특수성이 인정되는 어업관습 등은 그대로 인정하거나 또는 일본법보다 협소한 범위로 제한시키는 등의 조치를 취해 왔다. 예를 들어 전용어업(공동어업)의 대상과 범위를 일본의 「명치어업법」에서는 마을 앞 지선어장[17]의 전부를 어업조합이 총유(總有)할 수 있게 했으나, 조선의 「어업령」은 연안 지역 어민이 마을 앞바다를 독점적으로 총유하지 못하도록 한 것 등이 대표적이다. 이는 실질적으로 사적소유가 발달한 속에서 기득권자의 반발을 피하고, 또 일본인 이주어민의 조업권과도 상충하는 경우를 피하기 위해서였다.[18] 「조선어업령」의 제정은 이와 같은 일본 「어업법」과의

---

16 加藤眞孝, 1932, 『朝鮮漁業制度要論』, 朝鮮水産會, 3~4쪽.
17 지선어장은 어촌 안에서 관습적으로 상호조업이 행해졌던 총유적 개념의 어장을 의미한다. 여기서 총유의 어장이란 공유·합유 등의 공동소유 형태 중에서도 가장 단체적 색채가 강한 것으로 어장의 관리·처분은 공동체 자체의 권한이지만 공동체의 구성원은 일정한 범위 안에서 각각 사용·수익의 권한만을 갖고 있다. 따라서 각 공동체의 구성원은 지분을 갖고 있지 않으며 분할청구도 할 수 없다.
18 송경은, 2013, 「한국에서의 근대적 어업권 형성과 법제화」, 서울대학교 경제학부 박

간극을 더욱 좁히는 동시에 조선의 상황에 맞는 특수성은 계속해서 이어나가겠다는 근본적인 목표를 제시하고 있던 것이다. 전문 84개조의 「조선어업령」을 당시 조선총독부 식산국장인 이마무라 다케시(今村武志)는 다음과 같은 아홉 가지의 주제로 정리해 「어업령」 개정의 취지와 특성을 설명했다.[19]

① 「어업령」 적용 범위의 확장(제1~2조)
② 외국인의 어업 및 어업권 향유 제한 또는 금지(제3조)
③ 어업제도의 정비(제6~14조)
④ 어업권의 확립(제15~30조)
⑤ 어업에 관한 토지물건의 사용 또는 처분의 제한(제31~33조)
⑥ 수산동식물의 번식보호 및 어업취체제도의 정비(제34~42조)
⑦ 어업조합, 어업조합연합회, 수산조합 및 수산조합연합회에 관한 제도의 정비(제43~60조)
⑧ 보상제도의 창설 및 재정제도의 정비(제61~67조)
⑨ 벌칙의 정리(제68~78조)

위의 분류에서 알 수 있듯이 「조선어업령」은 어업제도의 정비를 통한 어업 경영의 안정과 남획 규제, 그리고 중소어업자 보호를 위한 어업조합의 기능 확대에 목적을 둔 것이었다. 그중에서도 가장 핵심적인 개정은 재산권으로서의 '어업권'의 가치를 강화시킨 어업제도의 정비에 있

사학위논문, 140~141쪽.
19　今村武志, 1929.2, 「新漁業令 發布에 對하야」, 『朝鮮』 136호.

었다. 따라서 먼저 '어업'과 '어업권'의 법률적 정의가 어떻게 변화했는지를 살펴보는 게 필요하다. 다음은 1908년 「어업법」과 1911년 「어업령」, 그리고 1929년 「조선어업령」의 각 1조에 나오는 '어업'과 '어업권'에 대한 정의를 각각 비교한 것이다.

「어업법」(1908)	本法에서 漁業이라 稱함은 榮利의 目的으로 水産動植物을 採捕 또는 養殖을 하는 業을 謂함이오 漁業權이라 稱함은 第二條를 依하야 免許를 受한 漁業을 做하는 權利를 謂홈
「어업령」(1911)	① 이 영에서 어업이라 함은 공공용수면에서 영리의 목적으로 수산동식물을 채포하거나 양식하는 업을 말하고, 어업권이라 함은 조선총독의 허가를 받아 어업을 하는 권리를 말한다. ② 이 영에서 어업자라 함은 어업을 하는 자 및 어업권을 가진 자를 말한다.
「조선어업령」(1929)	① 이 영에서 어업이라 함은 공공용수면 또는 이와 연접하여 일체를 이루는 공공용이 아닌 수면에서 영리의 목적으로 수산동식물을 채포하거나 양식하는 업을 말한다. ② 이 영에서 어업자라 함은 어업을 하는 자 및 어업권을 가진 자를 말한다.

'어업'의 정의는 「어업법」부터 「조선어업령」에 이르기까지 "영리를 목적으로 수산동식물을 채포하거나 양식하는 행위"로 동일하다. 다만 법령의 적용 범위는 그 자체를 기재하지 않은 경우(「어업법」)부터 '공공용수면'만으로 한정한 경우(「어업령」), 그리고 공공용수면뿐만 아니라 '공공용수면과 연접하여 일체를 이루는 공공용이 아닌 수면'까지 확대한 경우(「조선어업령」)로 서로 다른 것을 알 수 있다. 사실 넓은 의미에서 공유자원이 되는 모든 수계가 어업 행위를 하는 어장이 될 수 없고, 또 그럴 필요도 없다. 수산동식물을 채포하거나 양식하는 어장은 이들 수산동식물이 서식하거나 회유해 오는 장소가 기술적으로나 경제적으로 가능한 곳으로만 한정하여도 충분했기 때문이다.[20] 한반도 연안을 따라 분포한 이러한 어장들은 과거 전통 시대에서는 형식상 국가 소유였지만 대부분

이 궁방(宮房)이나 권문세가 등에 따라 실질적으로 사점(私占)되어 왔다.[21] 이를 최초의 근대적 어업소유제도인 「어업법」을 통해 '일물일권적(一物一權的)' 권리 관계를 법정함과 동시에 국가가 개인 및 법인에게 어업의 면허를 부여하는 '어업권(fishery right)' 제도를 만들어 낸 것이다.[22]

하지만 이러한 '어업권'이 처음부터 보편타당하고 동질한 권리로 부여된 것은 아니었다. 처음 「어업법」에서 '어업권'은 같은 법 제2조에 규정한 면허어업에 대한 권리로만 한정했고, 이후 「어업령」에서는 "조선총독의 허가를 받아 어업을 하는 권리", 즉 면허어업뿐만 아니라 허가 및 신고어업까지 확대되었다. 허가어업이란 수산동식물의 서식 보호 및 어업 조정 등 공공복리의 필요상 어업 행위의 제한 또는 금지를 하는 경우에 개별적 심사를 통해 이를 해제하여 적법하게 만든 어업으로 포경어업, 트롤어업, 기선저예망어업, 잠수기어업 등이 여기에 해당한다. 신고어업은 자유접근이 가능한 어장에서 국가가 전반적인 어업실태를 파악하기 위해 어업자에게 신고의무를 가한 어업이다. 이들 허가·신고어업은 어장을 특정하여 그 어장의 배타적·독점적 사용을 보장한 면허어업과 달리 어장을 특정하지 않고 주로 어선을 이용해 이동하는 어군을 따

---

20 岡本清造, 1953, 『水産經濟學』, 恒惺社, 88~89쪽.
21 조선 시대 연안 어장은 마을 주민이 공동으로 소유하고 있는 어장, 각 궁방이나 궁가 또는 지방의 관아가 소유하고 있는 어장, 양반가 또는 지역 세력가들이 소유하고 있는 어장 등으로 구분할 수 있다. 마을 주민이 공동으로 소유하고 있는 어장 외에는 소유와 매매, 임대가 가능한 사유 어장이다. 하지만 이러한 어장은 국가에 의한 장적이 되어 있지 않을 경우 배타적 점유권에 대한 제도적 보호를 전혀 받을 수 없었다. 따라서 소유권자가 스스로 소유관계를 입증해야 하는 불안정한 소유권제도를 가지고 있었다.
22 송경은, 2013, 앞의 글, 125쪽.

라 조업한다는 차이점이 있다.²³ 따라서 「조선어업령」에서는 어장을 단순히 '공공용수면'으로 한정하지 않고, '공공용수면 또는 이와 일체를 이루는 공공용이 아닌 수면'으로까지 법령의 적용 범위를 확대해 수산동식물의 서식 보호 및 어업 취체에 편리하도록 한 것이다. 이러한 '어업권'에 대해 이마무라 식산국장은 「조선어업령」이 구령과 비교하여 다음과 같은 특징을 지니고 있음을 설명했다.²⁴

첫째, '어업권'을 물권(物權)으로 간주해 등록제도를 처음으로 채용했다는 점이다. 즉, 「조선어업령」 제15조에 "어업권은 물권으로 토지에 관한 규정을 준용한다"는 규정을 삽입함으로써 소유자의 자유로운 재산권을 보장한 것이다.²⁵ 이러한 규정은 이미 일본에서는 1910년 「명치어업법」부터 동일한 조항을 갖춰 놓고 있었다. 그러나 조선에서는 어업상의 미개지라는 등의 이유로 '어업권'을 "상속의 경우를 제외하고 조선총독의 허가를 받아야 한다"(「어업령」 제8조)고 제한해 놓고 있었는데, 이를 「조선어업령」에서야 비로소 일본과 똑같이 적용시킨 것이다.²⁶ 이에 대해 이마무라는 본래 어업권의 자유처분을 금지한 이유를 "허업자(虛業者)를 배제하고 진지한 어업자를 보호하며 또 권리의 겸병(兼倂)을 방지

---

23 강봉모, 2002, 「어업권에 관한 체계적 연구」, 동의대학교 법학과 박사학위논문, 27~28쪽.
24 今村武志, 1929.2, 앞의 글, 4~5쪽.
25 1953년 제정되어 현재까지 한국에서의 수산업에 관한 기본 법령으로 유지되고 있는 「수산업법」 역시 제15조 2항에 "어업권은 물권으로 하고 이 법에서 정한 것 외에는 민법 중 토지에 관한 규정을 준용한다"고 하여 「조선어업령」과 동일한 규정을 두고 있다.
26 박구병, 1983, 「어업권제도와 연안어장소유·이용형태의 변천에 관한 연구: 한말부터 일제 강점기말까지」, 『부산수대논문집』 30, 39쪽.

하려는 정책에서 나온 것"이었지만, 지금은 "어업의 발달과 사회의 진보에 따라 이것이 필요치 않고, 또 완전한 재산권으로 확인치 아니하면 권리로서의 가치가 적게 되어 도저히 장래 어업의 원만한 진전에 이바지하기 불능함에 따라 어업권을 물권으로 하는 동시에 질권에 관한 규정을 제외하고 토지에 관한 규정을 준용하게 되었다"고 밝히고 있다. 아울러 토지에 토지대장이 있는 것과 마찬가지로 '어업권'에 대해서는 선취특권, 저당권 및 임차권의 설정·보존·이전·변경·소멸·처분의 제한과 입어에 관한 사항을 어업권원부(漁業權原簿)에 등록하도록 했다(「조선어업령」 제30조).

둘째, '어업권'의 존속기간을 종래 10년에서 20년으로 연장한 점이다. 본래 「어업령」에서 '어업권'의 존속기간은 "면허를 받은 날로부터 10년 이내"이고, 이는 "어업권자의 신청에 따라 갱신될 수 있다"(「어업령」 제6조)고 했다. 즉, '어업권'은 최장 10년 기간 동안만 이용할 수 있는 권리이고, 면허 기간이 만료되면 다시 새로운 면허를 받아야 한다는 뜻이다. 이러한 갱신제도를 「조선어업령」에서는 연장제도로 바꾸고 존속기간 역시 20년으로 늘렸다. 「조선어업령」 제8조에 "어업권자의 신청에 따라 어업권의 존속기간 만료일부터 20년 이내에 기간연장을 허가할 수 있다"는 규정을 넣은 것이다.

셋째, '어업권'의 분할 및 처분을 제한한 점이다. 앞서 살펴봤듯이 「어업령」에서는 제8조에 "어업권은 상속·양도·공유·저당 또는 대부의 경우에 한해 권리의 목적으로 할 수 있다. 다만 상속의 경우를 제외하고 조선총독의 허가를 받아야 한다"고 규정하여 '어업권'의 불완전한 물권적 특성을 지니고 있었다.[27] 이는 당시 어업의 실상에 비추어 '어업권'의 분할을 사실상 인정하고 편리하게 이용하도록 제공한 조치였다. 그러나 전용어업처럼 일정한 지구 안에 거주하는 어업자의 어업 경영상 공동의 이익 증진이 필요할 경우에 부여되는 '어업권'은 분할 및 처분을 제한할 필요가 있었다. 따라서 「조선어업령」 제19조에 따라 조선총독의 인가가 없는 '어업권'의 자유로운 처분이나 담보 제공, 또는 대부를 금지하도록 했다.

넷째, '어업권'을 목적으로 하는 권리자와 '어업권'의 공유자를 보호한 점이다. '어업권'을 분할·변경하거나 포기할 경우 어업권을 목적으로 하는 권리자의 권리가 침해될 수 있었다. 따라서 「조선어업령」 제20조에 "어업권은 등록한 권리자의 동의가 있지 아니하면 분할·변경하거나 포기할 수 없다"는 조항을 넣었고, 아울러 제21조에는 "어업권의 공유자는 다른 공유자의 동의를 얻지 아니하면 그 지분을 처분하거나 담보로 제공할 수 없다"고 하여 공유지분의 자유처분을 금지하도록 했다. 또한 어업자의 비위, 태만 등으로 인해 '어업권'이 취소되는 경우에는 '어업권'을 소멸시키는 것이 직접 목적이 아니므로 사전에 등록한 선취권자(先取權者) 및 저당권자에게 그 '어업권'의 경매를 청구하게 하여 채권의 변제를 받을 수 있도록 했다(「조선어업령」 제24조).

다섯째, '어업권'과 '입어(入漁)'의 관계를 정비한 점이다. '입어'란 전용어업의 어장에서 관행적으로 수산동식물을 포획·채취하는 행위를 말한다. 종래의 「어업령」에서는 "어업권자가 종래의 관행에 따라 그 어장에서 어업을 하는 자의 입어를 거부하지 못한다"거나 "어업권자는 입어자로부터 지방장관의 인가를 받아 입어료를 징수할 수 있다"(「어업령」 제5조)는 규정만 있어서 '어업권'과 '입어권'의 관계를 분명하게 갖추지 못

---

27 송경은, 2013, 앞의 글, 166쪽.

했다. 「조선어업령」에서는 여기에 더해 정확한 입어료의 산정이나 어업질서 유지에 대한 명확한 사항을 추가했다. 수산동식물의 번식보호나 어업질서 유지가 필요한 경우에는 어업권자와 입어자의 협의에 따라 어업을 제한할 수 있다는 규정(「조선어업령」 제27조)이나 입어료의 지불을 태만히 할 경우 어업권자가 입어를 정지할 수 있다(「조선어업령」 제28조)는 규정 등이 대표적이다.

이처럼 1929년 1월에 공포되어 1930년 5월부터 시행된 「조선어업령」은 현재의 대한민국 「수산업법」에까지 그대로 계승되고 있는 '어업권'의 권리 사항을 정립했다는 점에서 커다란 의의가 있다.[28] 하지만 이러한 '어업권' 제도가 진정으로 한국의 수산업 발전에 공헌을 했는지, 그리고 어민의 권리 신장에 실질적인 도움을 주었는지는 여러모로 고민해 볼 필요가 있다. 식민지기 '어업권' 제도에 대한 평가는 여전히 지금도 엇갈리고 있기 때문이다. 어촌공동체를 공유자원의 새로운 소유주체로서 창출시켰다는 긍정적 평가[29]와 함께 소수 어업재벌이 기존에 선점한 어장의 권리를 거의 영구적으로 보호받게 되었다는 부정적 평가[30]가 서로 공존하고 있는 것이다.

---

28 1929년 「조선어업령」은 1945년 해방과 더불어 곧바로 폐지되지 않고 1953년 「수산업법」이 제정될 때까지 실효법으로 유지되었다.
29 송경은, 2013, 앞의 글.
30 김정란, 2017, 「1930년대 조선총독부의 어업정책과 어업조합의 활동: 함경도 지역을 중심으로」, 한양대학교 대학원 석사학위논문.

2) 어업제도의 정비와 운용 실태

'어업권' 제도의 개편에서 가장 눈에 띄는 변화는 각 '어업권'을 소유한 어업들의 명칭을 개정한 것이었다. 기존의 「어업령」에서는 '제○종 면허어업', '제○종 허가어업' 등으로 어업의 명칭에 번호를 부여했으나, 개정된 「조선어업령」에서는 '양식어업', '정치(定置)어업' 등으로 명칭만으로도 어업의 종류를 쉽게 연상할 수 있도록 바꾸었다. 이것은 정치어업, 구획어업, 특별어업, 전용어업 등으로 구분하고 있는 일본의 「명치어업법」보다도 진일보한 개정이었다고 평가되기도 한다.[31] 「어업령」과 「조선어업령」에서 구분하고 있는 어업의 명칭을 비교해 보면 다음의 〈표 3-5〉와 같다.

〈표 3-5〉를 통해 알 수 있듯이 먼저 면허어업에서는 제1종을 '정치어업', 제2종을 '양식어업', 제3종을 '정소예망어업(定所曳網漁業)', 제4종을 '정소부망어업(定所敷網漁業)', 제5종을 '정소집어어업(定所集魚漁業)', 제6종을 '전용어업'으로 각각 변경했다. 허가어업에서는 종래 총 11종의 어업을 조선총독의 허가를 받는 다섯 개 어업과 도지사의 허가를 받는 열 개 어업으로 구분했다.[32] 명칭 역시 제1종을 '포경어업', 제2종을 '트롤어업', 제3종을 '잠수기어업', 제6종 및 제8종을 '기선저예망어업' 등으로 변경했다.

이와 같이 구분된 면허 및 허가어업은 '어업권'이 지닌 재산권적 성

---

31 박구병, 1983, 앞의 글, 36~37쪽.
32 종래 「어업령」 단계에서는 포경어업, 트롤어업, 잠수기어업 3종만 조선총독의 허가를 받았으나 「조선어업령」에서는 조선총독의 허가를 받아야 하는 어업으로 이들 세 어업 외에 기선저예망어업과 공선어업이 추가되었다.

〈표 3-5〉「어업령」과 「조선어업령」의 어업별 종류 비교

종류	「어업령」(1911)	「조선어업령」(1929)
면허어업	「어업령시행규칙」 제17조 제1종 면허어업: 일정 수면에 어구를 건설하거나 부설하여 일정한 어업 기간 동안 정치하고 하는 어업 제2종 면허어업: 일정 수면을 구획하여 양식을 하는 어업 제3종 면허어업: 해변의 일정 장소에서 일정 어업 기간을 반복하여 어망을 예양하거나 예기하여 행하는 어업 제4종 면허어업: 일정 수면에서 일정 어업 기간을 반복하여 어망을 건설 또는 부설하여 행하는 어업 제5종 면허어업: 일정 수면에 어류를 집합하게 하는 시설을 하여 경영하는 어업 제6종 면허어업: 전 각호에 게기한 것을 제외하고 수면을 전용하여 행하는 어업	「조선어업령」 제6조 1. 양식어업: 일정한 수면을 구획하거나 기타 시설을 하여 양식을 하는 어업 2. 정치어업: 일정한 수면에서 어구를 정치하여 채포를 하는 어업 3. 정소집어어업: 일정한 수면에서 수산동물을 모으는 장치를 하여 채포를 하는 어업 4. 정소예망어업: 일정한 수면에서 반복하여 어망을 이용하여 채포하는 어업 5. 정소부망어업: 일정한 수면에서 반복하여 어망을 부설 또는 건설하여 채포하는 어업 6. 전용어업: 일정한 수면을 전용하여 전 각호 이외의 방법으로 하는 어업
허가어업	「어업령시행규칙」 제26조 제1종 허가어업: 포경업 제2종 허가어업: 트롤어업 제3종 허가어업: 잠수기어업 제4종 허가어업: 어선을 사용하거나 사용하지 아니하고 행하는 나잠어업 제5종 허가어업: 고래족 이외의 해수어업 제6종 허가어업: 풍력·조류 또는 나선추진기에 의해 어선을 운항하게 하고 낭망을 예인하여 하는 어업('트롤'어업 제외) 제7종 허가어업: 해변에서 장소를 정하지 아니하고 어망을 예양하거나 예기하여 행하는 어업 및 하천·호수에서 어망을 예양하거나 예기하여 하는 어업 제8종 허가어업: 어선에 의해 낭망 또는 항망을 장치하고 예인하거나 끌어당겨서 하는 어업 제9종 허가어업: 어망으로 어류를 둘러싸서 망겨를 조이거나 들어 올려서 하는 어업 제10종 허가어업: 어망을 펼치거나 흐르게 하여 어류가 망목에 찔리게 하거나 감기게 하여 하는 어업 제11종 허가어업: 수면을 일정하게 하지 아니하고 어망을 장치하여 하는 어업	「조선어업령」 제10조 1. 포경어업: 고래를 포획하는 어업 2. 트롤어업: 기선(나선추진기를 갖춘 선박, 이하 같음) 또는 범선에서 '옥타 트롤' 또는 '빔 트롤'을 사용하는 어업 3. 공선어업: 제조공장 설비를 가진 기선 및 이에 부속되는 어선의 어업 4. 기선저예망어업: 기선에서 낭망을 인예하거나 망을 끌어당겨서 하는 어업 5. 잠수기어업: 잠수기구를 사용하는 어업 「조선어업령시행규칙」 제15조 1. 예망어업: 수면이 일정하지 아니하고 어망을 끌어당겨서 하는 어업 2. 부망어업: 수면이 일정하지 아니하고 어망을 부설하거나 건설하여 하는 어업 3. 조망어업: 어선에 의해 어망을 끌어당겨서 하는 어업 4. 선망어업: 어망으로 망겨를 잡아당기거나 이를 끌어 올려서 하는 어업 5. 자망어업: 자망을 사용하여 하는 어업 6. 공조승어업: 사료를 장치하지 아니하는 조승을 사용하여 하는 어업 7. 자지어업: 자지(紫漬)에 의해 수산동물을 집합하게 하여 채포를 하는 어업 8. 제사어업: 접동새를 사용하여 하는 어업 9. 나잠어업: 잠수기구를 사용하지 아니하고 잠수하여 하는 어업 10. 해수어업: 해수(고래를 제외)를 포획하는 어업

질을 강화하고 또 어업자들의 지속가능한 생산 활동을 보장해 주기 위해서는 명확한 조업 구역의 획정이나 보호구역 설정 등이 필요했다. 이를 위해「조선어업령」제16조 및 제34조에 근거해 보호구역과 금어 구역이 설정되었다. 보호구역은「어업령」(제7조)에서 이미 마련된 규정이었으나 금어 구역을 지정한 것은「조선어업령」이 처음이었다. 이마무라에 따르면 "수면 중 특히 산란소, 치아(稚兒) 발육소, 친어(親魚)[33] 보호지 등을 보호할 필요가 있는 경우 이를 금어구로 지정해 수산동식물의 채포를 금지하고 어리(漁利)를 영원히 보지할 방도를 강구"했다고 한다. 아울러 기존에 느슨했던 단속규정도 강화했다. 수산동식물의 채포를 위한 유독물, 폭발물, 전류 등의 사용을 금지하는 것은 물론이고, 그러한 불법 어획물의 판매 또는 교환을 목적으로 하는 양수까지도 금지했다. 또한 상대적으로 처벌 수위가 낮았던「어업령」에서의 벌금 및 과료를 대폭 증액시켰으며, 어업 감독에 관한 규정도 정비해 관원들의 관리감독 권한을 확장했다. 기존에 세관 관리나 세무 관리들이 지녔던 어업 감독권을 폐지하는 대신 새로이 어업사무를 관장하는 지방대우직원을 선발해 해군 함정승조장교, 경찰관리 등과 마찬가지로 수색·심문·차압 및 임검의 권한을 가진 어업 감독권을 부여한 것이다(「조선어업령」제40조~제42조). 이 밖에도「조선어업령」에서는 수산동식물의 번식·보호상, 또는 국방이나 공익상 등의 필요에 따라 '어업권'이 제한·정지되거나 취소될 경우, 그리고 하천 등의 구역 안에서 제해(除害) 설비와 같이 국익상 필요한 공사를 할 경우에 입는 손해에 대해서는 보상금을 지불하도록 하는 보상제

---

33 '친어(親魚)'란 성성숙(性成熟) 단계까지 발육하여 번식능력을 갖춘 어류를 일컫는 말이다. 보통 양식어업에서 육종품종 개발을 위해 유전적 다양성이 확보된 친어를 선별하여 수집하는 경우가 많다.

도를 처음 창설하기도 했다(「조선어업령」 제61조).

이처럼 1929년 「조선어업령」 제정을 계기로 조선총독부는 본격적인 자본제적 어업 경영의 발판을 세우는 동시에 보호 및 금어 구역의 설정, 어업 감독의 강화, 보상 및 재정제도의 창설과 같은 일련의 수산자원 보호정책을 펼칠 수가 있었다. 하지만 이러한 정책이 실제로 실효성 있게 수행되었는지는 의문이다. 「조선어업령」 제정의 핵심으로 여겨진 '어업권'의 물권적 성격 강화가 오히려 기존 어업재벌의 경영을 강화시켰고, 기선저예망어업 등 남획의 위험이 있는 허가어업에 관한 조선총독부의 정책도 일관적이지 못했다는 비판이 있기 때문이다.

먼저 면허어업에 대해 살펴보면, 신 「어업령」 개정 이후에도 소수의 어업재벌에 대한 어업면허의 특혜가 쉽사리 사라지지 않았다는 점을 들 수 있다. 다음의 〈표 3-6〉에서 알 수 있듯이 1930년대에 들어서서는 일본인 어업자 인구가 계속 감소하고 조선인 어업자 인구가 급속히 증가하고 있었다. 1933년에 4,424호에 달했던 일본인 어업자의 호수(戶數)가 1942년에는 3,232호로 27퍼센트나 감소한 반면에 조선인 어업자의 호수는 14만 1,931호에서 19만 6,814호로 28퍼센트 증가했다. 이를 인구수로 환원해 추정하면 1942년 49만 명에 달하는 조선의 수산업자 중에서 일본인은 1만 명도 되지 않는다.[34] 이는 19세기 말부터 일제의 어업이민장려책으로 이주해 온 일본의 영세어민이 조선의 환경에 적응하지 못하고 파산하거나 농업과 상업 등으로 전업한 결과였다. 따라서 과거 통어 시대나 「어업령」 시대와 같이 일방적으로 일본인에게 편중되어

---

34 이와 달리 조선총독부의 수산행정 책임자는 태평양전쟁 당시 조선의 수산업자가 총 43만 명이고, 그중 일본인이 2만 몇천 명, 조선인이 40만 명 정도였다고 회고하고 있기도 하다(穗積眞六郞, 1968, 『朝鮮水産の發達と日本』, 財團法人 友邦協會, 44쪽).

<표 3-6> 조선의 수산업 인구

	연도	1933	1934	1935	1936	1937	1938	1939	1940	1941	1942
戶數	일본인	4,424	4,295	4,469	4,472	4,632	3,671	3,465	3,589	3,670	3,232
	조선인	141,931	151,161	155,268	162,850	170,220	168,542	175,043	182,222	188,545	196,814
	외국인	7	5	13	7	4	20	53	3	3	2
	합계	146,362	155,481	159,780	167,329	174,956	172,233	178,561	185,814	192,218	200,048
수산업 인구		350,455	339,083	349,224	382,108	396,042	396,541	410,837	431,212	469,521	493,022

출처: 『朝鮮水産統計』, 각 연도판.

어업면허를 발급하는 일은 많이 완화되었지만 문제는 재력을 갖춘 일본인 어업자본가에게는 그렇지 않았다는 사실이다.[35] 「조선어업령」 시행을 눈앞에 앞두고 있던 1930년 새해 벽두부터 발생한 함경남도 영흥만(永興灣)에서의 어장 분쟁이 이에 대한 대표적인 사례가 된다.

함경남도의 영흥만과 송전만(松田灣)은 동해안에서 흔치않은 만입(灣入)된 지형을 갖고 있어서 예로부터 제염업이 발달했고, 또 고등어·가자미·청어·명태 등의 어업 활동도 활발히 이루어졌다. 이 중에서도 송전만은 굴[牡蠣] 양식으로 유명했는데 1913년 저도(猪島) 부근에서 굴 양식을 하던 요코야마 기타로(橫山喜太郎)가 호도(虎島)반도 일대까지 어업권 구역을 확대한 어장 면허를 받으면서 때마침 동일한 면허권을 신청했던 지역 어민과 충돌이 벌어졌다. 결국 1916년 두 명의 사망자와 20여 명의 수형자를 발생시킨 '호도어민 소요사건'이 벌어졌고,[36] 이러한 충돌은 어업권 기간이 만료되는 10년마다 계속 반복되었다. 1930년 12월 말일로 끝나는 제2차 어업권 만료 기한을 앞두고 2,000여 명의 영흥만 어민은 빼앗긴 면허권을 회복하려고 수차례 상경하며 조선총독부

---

35 박구병, 1983, 앞의 글, 34쪽.
36 「호도어민소요사건」, 『매일신보』, 1916.3.8.

에 진정했지만 그 결과는 다시 요코야마에게 면허권을 연장해 주는 것이었다. 이에 대한 조선총독부의 해명은 첫째, 어장은 광활하지만 양식장은 밀집해 분할할 수 없다. 둘째, 지원민(地元民)에게 면허하고 싶으나 자력(資力)이 부족한 주민의 힘으로는 시설을 경영할 수가 없을 것이다. 셋째, 방금 시설 중이어서 그 권리를 뺏을 수가 없다. 넷째, 현업자는 장차 대자본의 주식회사를 창립해 새로운 양식법으로 해외수출도 계획하고 있으므로 그 이익이 주민들이 얻는 이익보다 클 것이라는 것이었다.[37] 이 기사를 보도하고 있는 『조선일보』 기자가 "이제야 조선의 자본주의는 각각으로 신형태로 발전하고 있어 이권가의 새로운 계획은 극히 신랄할 터인데 어업계에도 그 경향이 농후하다"고 비평한 것과 같이 1930년대 이후 조선 어업은 민족적 차별을 넘어서는 자본적 차별의 이중적 구조로 돌입하게 되었다.

이러한 이중적 차별의 경향은 면허어업뿐만 아니라 허가어업에서도 동일하게 나타났다. 본래 허가어업은 공공복리의 필요상 정부가 가한 어업 행위의 제한 또는 금지를 특정한 경우에 해제하는 것에 불과해 면허어업과 같은 독점적 권리가 아니라는 것이 통설이다.[38] 하지만 대형 동력어선이 등장하기 시작한 1920년대 후반 이후부터는 기선저예망어업 등 일부 허가어업에서 거액의 권리금이 통용될 정도로 이권화, 독점화되기 시작했다.[39] 이는 1930년대 폭발적으로 성장한 정어리 어업 때문이

---

37 「이권은 자본에로」, 『동아일보』, 1931.01.13.
38 강봉모, 2002, 「어업권에 관한 체계적 연구」, 동의대학교 대학원 박사학위논문, 21쪽.
39 '저인망(底引網)'으로도 불리는 '저예망(底曳網)'어업은 동력어선이 자루 모양의 어망을 끌어 바닥의 고기를 포획하는 어업 방식이다. 어선의 규모에 따라 200톤 전후

었다. 1926년 전국 어획량의 20퍼센트, 생산총액의 10퍼센트 정도였던 정어리 어업이 1937년에는 총어획량의 60퍼센트 이상, 생산총액의 40퍼센트 정도를 차지하는 조선의 대표 어업이 된 것이다.[40] 이에 따라 '수산왕'으로 불린 가시이 겐타로(香椎源太郎)를 비롯해 나카베 이쿠지로(中部幾次郎) 등 조선의 유력 어업자본가들이 대거 동해안으로 진출하는 계기가 되었다. 아울러 「조선어업령」이 규정한 토지에 준하는 물권화된 '어업권'은 이들의 자본력 확장에 밑거름이 되었다.

본래 조선총독부의 입장은 공유자원인 수산자원을 고갈시킬 수 있는 트롤어업이나 기선저예망어업에 대해서는 허가를 극도로 제한한다는 방침이었다. 이는 "병합 이후의 산업에 대해 조선총독부의 방침은 대기업을 불러들이기보다는 중소기업이나 영세기업을 키워가는 것에 중점을 두었고, 어업의 경우에도 매우 작은 어업자를 보호·육성하는 것을 목적으로 하기 시작했다"[41]고 하는 조선총독부의 어업행정 책임자의 증언에서도 알 수 있듯이 대형어선의 원양어업 진출에는 소극적인 입장을 보이고 있었다. 트롤어업에 대해서는 1945년 패망 때까지 한 척도 허가해주지 않았던 것이나, 기선저예망 어선의 총수를 250척으로 제한해 허가한 것이 이에 대한 증거들이다.[42] 아울러 일본에서 도래하는 트롤어선이나 이서(以西)저예망 어선에 대해서도 〈그림 3-6〉과 같은 조업 금지 구

의 어선을 사용하는 '트롤어업'과 50톤 전후의 어선을 사용하는 '기선저예망어업'으로 나눠진다. 1척 단위로 조업하는 트롤어선과 달리 기선저예망 어선은 2척이 1조로 조업하는 '쌍끌이'어업이다.

40 藤井賢二, 2007, 앞의 글, 102쪽.
41 穂積真六郎, 1968, 『朝鮮水産の発達と日本』, 財団法人友邦協会, 44쪽.
42 김정란, 2017, 앞의 글, 10쪽.

<그림 3-6> 조선총독부의 어업 금지 수역

출처: 藤井賢二, 2002, 「李承晩ライン宣布への過程に関する研究」, 『朝鮮學報』 185.

역을 설정했다. 하지만 이와 같은 정책도 1937년 중일전쟁을 전후로는 변화할 수밖에 없었다.

1936년 10월, '조선산업경제조사회'에서 "원양에서의 신어장의 개척 및 신어법에 대한 조장·장려를 할 것"을 결의하고, 1937년 11월에는 동력어선 도입에의 보조금 지급을 내용으로 하는 「조선어업 경영비 저감 시설 보조규칙」(조선총독부령 173호)을 공포 시행했다. 아울러 1938년 6월, 조선총독부는 일본 척식국에 대해 평균 톤수 50톤으로 기선저예망

어선을 대형화해 170척을 확보해 줄 것을 요청하기도 했는데 그 이유에 대해서는 "조선의 동해안 및 남해안에서의 본 어업[기선저예망]의 조업 가능 구역은 협애하고… (중략)… 어선을 근해 어장만으로 국한시켜서는 조만간 어장 자원의 고갈을 초래하여 어업자의 생활을 위협할 뿐만 아니라 마침내는 본 어업의 쇠멸을 초래할 우려가 있다" 그리고 "조선에서는 일반 대중을 향한 어류의 공급이 부족해 국민보건상의 견지에서도 이것의 증진을 도모할 필요가 긴절한 것이다"[43]라고 밝히고 있다. 이는 연안 어장의 피해를 최소화하면서 황해와 동중국해 등 새로운 어장으로 진출하겠다는 조선총독부의 의지를 표명한 것이었으나 최종적으로 일본 척식국은 이를 받아들이지는 않았다. 이에 따라 후발주자로서 보다 수익성이 높은 기선저예망어업으로 진출하려는 조선인 어업자들의 기회는 상실되었고, 조선의 어장에서 획득되는 대부분의 이익은 여전히 소수의 일본인 어업재벌들이 차지했다.

3) 어업·수산조합의 재편과 조선 어민의 대응

마지막으로 「조선어업령」 제정의 특징으로 살펴볼 곳은 어업조합과 수산조합 개편 부분이다. 일제 강점 직후 조선총독부의 적극적인 개입으로 설립된 이들 수산단체는 농업 부문에서의 금융조합과 같이 식민지정책의 말단 보조기구로서 그 역할을 다했다. 즉, 조선총독부가 각종 수산단체를 조직하고 운영에 개입함으로써 어촌과 어민에 대한 효과적인 지

---

43 「對支水産急速實施要綱」(1938.6.21) 藤井賢二, 2008, 「日本統治期の朝鮮漁業の評價をめぐって」, 『東洋史訪』 14, 兵庫教育大学東洋史研究会, 106쪽에서 재인용.

배 및 통제가 가능했고, 또 연안에서 안정적인 수산자원을 확보할 수 있던 것이다.[44] 이러한 수산단체를 대표하는 어업조합과 수산조합 설립의 법률적 근거는 1911년 「어업령」을 통해 처음 만들어졌다. 하지만 그 법률 조항은 매우 간략해서 다음의 〈표 3-7〉과 같이 1929년 「조선어업령」을 통해 이를 구체화시켰다.

어업조합은 어업자 및 '어업권'을 가진 자들을 중심으로 하는 지구별 단위의 조합이고, 수산조합은 어업자 또는 수산물 제조·판매업자를 중심으로 하는 업종별 단위 조합이었다. 〈표 3-7〉을 통해 알 수 있듯이 개정된 「조선어업령」은 구령에 비해 다음과 같은 차이점이 발견된다.

첫째, 조합 설립의 목적이다. 「어업령」 제17조와 제18조에 규정된 어업조합의 설립 목적은 "어업권을 취득하거나 어업권의 대부를 받아 조합원이 어업에 관한 공동 시설을 하는 것"이고, 수산조합의 설립 목적은 "어업자 또는 수산물의 제조·판매를 업으로 하는 자가 수산업의 개량 발달이나 수산업에 관한 공동이익을 도모하기 위함"에 있었다. 이러한 목적에 더해 「조선어업령」에서는 "조합원의 경제 및 구제에 필요한 공동시설을 하는 것"(「조선어업령」 제47조)과 "영업상 폐해의 교정"(「조선어업령」 제54조)을 추가시켰다.

---

44 일제강점기 수산단체에 관해서는 다음과 같은 연구들이 있다. 여박동, 1993, 「일제시대 어업조합의 성립과 변천: 거문도어업조합을 중심으로」, 『일본학연보』 5, 일본연구학회; 계명대학교 국제학연구소, 1994, 「일제하 통영·거제지역의 일본인 이주 어촌형성과 어업조합」, 『일본학지』 14; 김수희, 2007, 「일제시대 남해안어장에서 제주 해녀의 어장이용과 그 갈등 양상」, 『지역과 역사』 21, 부경역사연구소; 최병택, 2008, 「대한제국 시기~1920년대 일제의 수산조합 운영과 수산업침탈」, 『역사와 담론』 51, 호서사학회; 최재성, 2012, 「1930~40년대 어업조합의 활동: 전남지역 사례를 중심으로」, 『사학연구』 108, 한국사학회; 김정란, 2017, 앞의 글.

<표 3-7> 「어업령」과 「조선어업령」에서의 수산단체 관련 조항 비교

종류	「어업령」(1911)	「조선어업령」(1929)
어업 조합	제16조 일정한 구역 안에 거주하는 어업자는 조선총독의 허가를 받아 어업조합을 설립할 수 있다. 제17조 ①어업조합은 어업권을 취득하거나 어업권의 대부를 받아 조합원이 어업에 관한 공동시설을 하는 것을 목적으로 한다. ②어업조합은 직접 어업을 할 수 없다. ③조합원은 어업조합이 취득하거나 대부받은 어업권의 범위 안에서 각자 어업을 할 권리를 가진다. 다만, 조합규약으로 별도의 규정을 만들 수 있다.	제43조 ①일정한 지구 안에 거주하는 어업자는 어업조합을 설립할 수 있다. ②어업조합의 지구는 부 또는 면의 구역 또는 부 또는 면 안의 부락에 의해 정해야 한다. 다만, 특별한 사유가 있는 경우에는 그러하지 아니하다. 제45조 어업조합이 성립한 때에는 조합의 지구 안에 거주하는 어업자는 그 조합의 조합원으로 한다. 제47조 ①어업조합은 법인으로 한다. ②어업조합은 조합원에게 어업을 하게 하기 위해 어업권을 취득하거나 어업권의 대부를 받고 조합원의 어업 또는 이에 관하여 경제 또는 구제에 필요한 공동시설을 하는 것을 목적으로 한다. ③어업조합은 어업을 할 수 없다. 제49조 어업조합은 조선총독의 인가를 받아 어업조합연합회를 설립할 수 있다. 제50조 ①어업조합연합회는 법인으로 한다. ②어업조합연합회는 소속 어업조합의 목적을 달성하게 하기 위해 필요한 시설을 하거나 소속 어업조합에게 업무상의 지도를 하는 것을 목적으로 한다. ③어업조합연합회는 어업을 할 수 없다.
수산 조합	제18조 어업자 또는 수산물의 제조·판매를 업으로 하는 자는 수산업의 개량발달, 수산동식물의 번식보호 기타 수산업에 관한 공동이익을 도모하기 위해 조선총독의 허가를 받아 수산조합을 설립할 수 있다. 제19조 어업조합 및 수산조합은 법인으로 하고, 설립·관리·감독 기타에 관한 필요한 사항은 조선총독이 정한다.	제51조 일정한 지구 안에 거주하는 어업자 또는 수산물의 제조·거래 또는 보관을 영업으로 하는 자는 수산조합을 설립할 수 있다. 제54조 ①수산조합은 법인으로 한다. ②수산조합은 당해 수산업의 개량발달을 도모하고 영업상 폐해의 교정을 목적으로 한다. ③수산조합은 영리사업을 할 수 없다. 제55조 수산조합은 조선총독의 인가를 받아 수산조합연합회를 설립할 수 있다. 제56조 ①수산조합연합회는 법인으로 한다. ②수산조합연합회는 소속 수산조합의 목적을 달성하게 하기 위해 필요한 시설을 하거나 소속 수산조합에 대해 업무상의 지도를 하는 것을 목적으로 한다.

둘째, 조합 구역과 조합원 가입규정이다. 「어업령」에서는 "일정한 구역(지구) 안에 거주하는 어업자"라고만 한 것을 「조선어업령」에서는 "부 또는 면의 구역, 또는 부 또는 면 안의 부락에 따라 정해야 한다"고 했다. 이는 조합의 구역과 조합원을 어촌에 한정하지 않고 도시지역인 '부(府)'까지 확대한 것이다. 아울러 제45조에 "어업조합이 성립한 때에는 조합의 지구 안에 거주하는 어업자는 그 조합의 조합원으로 한다"는 조합 가입의 강제 규정이 있는데, 이는 기존의 「어업조합규칙」에 규정한 것을 「조선어업령」에서 재규정한 것이었다.

셋째, 어업조합연합회와 수산조합연합회의 신설 규정이다. 각 연합회는 "어업조합(수산조합)의 목적을 달성하기 위해 필요한 시설을 하거나 소속 어업조합(수산조합)에게 업무상 지도를 하는 것"을 목적으로 한다고 했다. 이 밖에도 각 조합 및 연합회의 경비 부과, 사용료 및 수수료 징수, 과태료 부과 등의 규정과 처벌에 관한 규정이 신설된 점이 다르다.

1912년 「어업령」 시행 이후 처음으로 설립된 어업조합은 거제어업조합이었다.[45] 이후 1914년에 36개, 1919년에 72개가 되었고, 1929년에는 162개가 되었다. 「조선어업령」과 「조선어업조합규칙」이 시행된 1930년에는 200개, 이듬해에 211개로 정점을 찍었고, 그 후 등락을 거듭하다가 1942년에 〈표 3-8〉과 같은 198개의 어업조합으로 정리되었다.[46] 전라남도와 경상남도 등 남해안에 위치한 어업조합이 전체 어업조합의 38퍼센트를 차지하는 75개로 가장 많고, 함경북도와 강원도, 황해도, 경상북도, 충청남도 등이 순서를 이루고 있다. 1927년 10월을 기준으로

45　(사)조선어업조합중앙회, 1942, 『조선어업조합요람』, 167쪽.
46　(사)조선어업조합중앙회, 1942, 위의 책, 420~421쪽.

조합원이 가장 많은 어업조합은 제주도 해녀어업조합(7,319명)이고, 다음은 완도군해태어업조합(6,936명)이었다.[47] 해녀어업조합이나 해태어업조합을 제외한 대부분의 어업조합 조합원 수는 100~200명 정도였다. 1929년 총 7만 6,800명이던 조합원 수는 해를 거듭하면서 계속 늘어나 1933년에 11만 6,528명이 되었고, 1939년 처음으로 15만 명을 돌파한 이래 1940년에는 15만 1,978명이 되었다.[48] 1933년 11만 6,000여 명의 조합원 수는 당시 어업자 총 호수의 약 80퍼센트를 차지하는 숫자였다고 한다.[49]

이처럼 어업조합이 초기에 설립이 부진하다가 1920년대 이후에 급증한 이유는 다음과 같은 조선총독부의 유인책이 적중했기 때문이다. 그것은 '어업권' 행사와 공동시설 지원 사업이었다. 앞서 살펴본 '어업권'은 조선인 어업자나 어촌공동체가 단독으로 면허를 받는 것은 매우 어려운 일이어서 '어업권'을 갖고 있는 어업조합의 조합원이 되는 것이 유리했다. 아울러 어구의 공동구입, 어획물의 공동판매, 어업자금과 어구·어선의 대부 등을 주요 업무로 하는 공동시설 사업은 초기에 재원 문제 등으로 실적이 좋지 못하다가 1925년 「어업조합보조규칙」이 개정된 이후부터 조선총독부의 직접 지원이 이루어지고 난 후에는 가시적인 성과를 보이기 시작했다. 특히 객주나 고리대업자로부터의 부채 상환에 시달리는 조선 어민에게 어업조합이 저리의 이자로 조합원에게 대부하는 금융지원 사업은 매력적인 요소로 작용했다. 하지만 이와 같은 금융지원은

---

47 조선총독부 식산국, 1928, 『朝鮮の水産業』, 42~43쪽.
48 최재성, 2012, 앞의 글, 277~278쪽.
49 조선총독부 식산국, 1933, 『朝鮮の水産業』, 67쪽.

〈표 3-8〉 1942년 각 도별 어업조합 수

도별	조합수	어업조합명
경기도	8	덕적, 강화, 북도, 용유, 인천, 부천, 송도, 개풍
충청남도	12	외연도, 안흥, 당진, 보령, 안면면, 장항, 소원면, 홍성, 녹도리, 서면, 무창포, 서산
전라북도	7	어청도, 고군산, 안서, 고창, 군산, 줄포만, 김제
전라남도	39	연도, 안도, 거문도, 추자도, 영광, 심장리, 강진군(해태), 화월, 장흥군(해태), 옥정, 조도, 고흥군(해태), 완도군(해태), 완도, 북평, 나로도, 여수, 진도, 해창만, 금일, 무안군(해태), 황산, 청산, 남면, 돌산, 거금도, 화양, 송지, 득량만, 제주도, 목포, 광양군(해태), 산이, 신지, 노화, 소안, 석수영, 낙월도, 경호
경상북도	13	울릉도, 영일, 구룡포, 감포, 영해, 청하, 강구, 축산, 송라, 양남, 양포, 곡강, 영덕
경상남도	36	거제, 정자, 장생포, 온산, 서생, 방어진, 웅동, 웅천, 장승포, 한산, 성포, 사천만, 광도(鰈網), 욕지, 가덕, 하동, 기장, 해운대, 서남, 관포, 낙동강(해태), 진해, 부산, 미조, 동해, 명지면, 삼천포, 남해만, 진동, 서포면, 다대포, 산양면, 고성만, 용광, 사량도, 통영
황해도	14	몽금포, 용호도, 대청도, 어화도, 용매도, 용천, 기창, 갈항, 초도, 연평도, 진풍, 백령도, 홍미, 연백
평안북도	11	장도, 부서, 애도, 신도, 신미도, 압강, 박천, 관흥, 선천, 용천, 철산
평안남도	10	한천, 청천, 귀림, 서해면, 용호도, 해소면, 이압, 적송, 진남포, 대동강
강원도	18	원덕, 삼척, 주문진, 오산, 후포, 기성, 속초, 묵호, 장전, 고성, 거진, 죽변, 고저, 자동, 통천, 인구, 아야진, 안목
함경남도	11	차호, 신창, 전진, 육대, 신포, 삼호, 퇴조, 군선, 원산, 서호, 단천
함경북도	19	청진, 어대진, 서수라, 사포, 낙산, 독진, 온대진, 웅기, 하고면, 성진만, 삼해면, 부거면, 양화, 동면, 상고면, 학남, 연천면, 학성, 조산만
합계	198	

출처: 사단법인 조선어업조합중앙회, 1942, 『조선어업조합요람』.

실제로 작용되는 경우가 흔하지 않았다. 오히려 어민은 어업조합 측의 강제적 공동판매로 인해 소득이 감소됨에 따라 불만을 표출하는 일이 많았다.[50] 어장의 사용과 '입어'의 문제로 여전히 일본 어민과 조선 어민 사이의 충돌이 발생한 것은 물론이고, 어업조합 안에서 조선인 어업자

---

50 최재성, 2012, 앞의 글, 119~120쪽.

간의 충돌도 일어났다.[51]

그러나 어업조합을 통해 조선 어민을 일원적으로 통제하려는 조선총독부의 정책은 여전히 변하지 않았다. 「조선어업령」 및 「조선어업조합규칙」의 시행에 따라 어업조합의 상부기구가 되는 도 단위 어업조합연합회가 1930년 경북도어업조합연합을 시작으로 1940년까지 총 12도에서 모두 설립되었으며, 중앙기구로서의 사단법인 조선어업조합중앙회가 1937년 5월에 설립되었다. 이로써 도 단위 어업조합연합회가 도내 어업조합을 감독하고, 중앙기구가 도 단위 어업조합연합회를 감독함으로써 일선 어업조합을 이중으로 통제하는 일원적 통제체제의 완성을 보았다.[52]

---

51 명재림, 2009, 「일제강점기 추자도의 어민항쟁」, 한국교원대학교 대학원 석사학위논문: 김수희, 2007, 앞의 글.
52 최재성, 2012, 앞의 글, 275쪽.

제4장
식민지 어촌 개발과 재난:
'파시(波市)'의 성쇠를 중심으로

1. 불균등한 식민지 수산업과 서해안 어업의 특성

1) 식민지 수산업의 불균등성

1954년 『조선수산개발사』를 저술한 요시다 게이이치(吉田敬市)는 개항 이후 식민지기 조선 수산업의 역사를 "〈일본인이〉 조선인과의 협력하에 수많은 성공과 실패를 거듭하고, 유치한 수산업을 세계적인 수준으로까지 발전시킨 고난과 분투의 개발사"로 정의하고 있다.[1] 아울러 그 개발사를 통어 시대, 이주어촌의 건설 시대, 자유발전 시대의 세 시기로 구분해 자본주의적 산업경제로서의 발전 단계를 설정했다.

요시다가 수산업 개발의 최종 단계로서 구상한 자본주의적 발전은 근대적 수산 법령의 완비, 어선 및 어구의 기계화, 어업근거지[어항] 건설 등에 있었다. 이 중 어업근거지 건설은 어선의 안전한 출입·정박 등이 가능하고, 어획물의 하역과 판매·처리가 쉬우며, 어민의 문화·후생 시설을 갖춘 모든 어업 활동의 근거지를 마련하는 것으로, 특히 어민의 생명과 직결되는 중요한 사안이었다. 따라서 근대적 어항 시설의 구축은 초기 일본인 이주어촌을 건설할 당시부터 일본 정부나 수산단체, 또는 지방자치단체의 보조금을 통해 빠르게 진행되었다. 하지만 이러한 이주어촌에서 제외되는 조선의 전통적 어항은 방파제·호안·물양장·선착장 등의 기본 시설조차 갖추지 못한 곳이 대부분이었고, 신설된 어항 역시 일부 계류장 설비나 소규모 방파제 축조 등 매우 기초적인 설비에 머물렀다.

---

1 요시다 케이이치(박호원·김수희 역), 2019, 『조선수산개발사』, 민속원, 36쪽.

이처럼 일제가 어항 시설의 수축에 소극적이었던 이유는 조선의 어업이 영세하고 소비시장이 아직 미성숙한 단계에 있다고 판단했기 때문이다. 1921년에 발표된 다음 글이 이러한 조선총독부의 입장을 잘 설명해 주고 있다.

> 이런 현상은 조선·만주에서 일본인의 인구 증가가 지금보다 급격해지지 않는 한, 그리고 조선인이 일본인처럼 선어(鮮魚)를 즐기지 않는 한, 육상에서 수송기관의 발전이 더딘 한, 갑작스레 조선과 일본에서의 소비량이 늘어날 것으로 바랄 수 없기에 여전히 해상에서의 배급을 주로 하게 되었다. 이것이 어항의 대규모 설비 필요성이 줄어들게 된 이유다.[2]

위의 글에서 알 수 있는 것처럼 조선총독부가 조선 내 어항 설비의 필요성을 크게 인식하지 않은 이유로 조선과 만주 내 소비시장이 아직 성숙하지 않은 점, 또 철도 등 운송 수단의 발전이 더딘 점 등을 들었다. 아울러 그 문맥상에는 선어를 소비하는 계층이 여전히 일본인에 국한되어 있다는 편견까지 내포하고 있다. 하지만 이러한 조선총독부의 판단과 달리 1920년대 중반부터 조선 내 근해어업에 의한 어획량은 급속히 증가하기 시작했다. 어획량의 증가는 조선인의 소비량도 함께 증가하고 있음을 증명한다.

---

2   조선총독부, 1921, 『朝鮮産業調査書』(요시다 케이이치, 2019, 위의 책, 413쪽에서 재인용).

식민지기 전반의 수산업 통계자료를 살펴볼 때 조선에서의 수산업은 괄목할 만한 성장을 보였음이 분명하다. 어류의 총어획고가 1911년 800만 엔대에 불과하던 것이 1923년 5,000만 엔을 넘었고, 1940년에는 1억 5,000만 엔까지 도달했다. 30년간 약 18배에 달하는 성장을 보인 것이다. 하지만 이러한 성장의 이면에는 〈그림 4-1〉에서 확인되듯이 일부 특정 어획물이 주도하고 있었음을 알 수 있다. 즉, 정어리, 명태, 조기, 고등어 등 4대 어종의 어획고가 총어획고의 30퍼센트에서 크게는 70퍼센트까지 차지하고 있었다.[3]

〈그림 4-1〉 식민지기 주요 어종별 어획고

(단위: 천 엔)

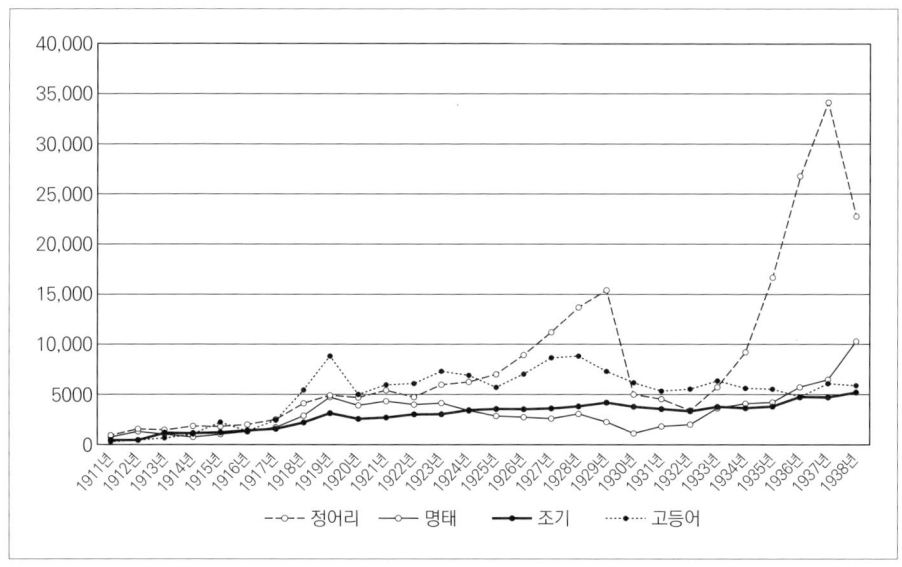

출처: 조선총독부, 1939, 『朝鮮水産統計』.

---

3 정어리, 명태, 조기, 고등어 등 4대 어종 외에 1940년대 100만 엔 이상의 어획고를

특히 1920년대 중반 이후 폭발적으로 증가한 정어리 어업의 성장은 조선 수산업의 기형적 발전 형태를 보여주는 대표적인 사례이다. 1923년 함경북도 성진항 근해에 대규모 정어리 어군이 몰려든 것을 계기로 일본인이 본격적인 어장 개발에 착수했고, 1939년에는 120만 톤의 어획량을 올리며 총어획량의 50퍼센트를 차지하는 조선 최대의 단일 어업이 된 것이다.[4] 이를 통해 근대 자본재어업인 기선유자망 및 기선건착망어업이 발달하게 되고, 이들 어선의 원활한 정박과 하역을 위해 함경남북도와 강원도에 성진항, 청진항, 주문진항 등의 항만시설이 확충되었다. 아울러 이곳에서 어획된 정어리는 조선 안에서 소비되기보다는 통조림, 비료, 어유, 어분 등으로 가공되어서 주로 일본으로 이출되었다.

이에 비해 동해, 남해, 서해에 각각 광범위한 어장을 형성하고 있던 명태, 고등어, 조기 어업은 전통 시대부터 이어진 고유의 어법을 계승·발전시키면서 성장한 것이었다. 또한 명태와 조기는 적어도 조선 후기 이후로는 제사상 차림에 빠지지 않고 쓰였으므로 전국적인 유통망이 형성되는 등 소비량과 소비시장이 시기가 지날수록 늘어났다. 반면에 두 어종은 일본인의 기호에 맞지 않는 어종이란 점에서 식민지 당국자의 관심을 제대로 받지 못한 측면이 있다. 이처럼 식민지기 조선의 수산업은 주요 어종에 따른 지역 구분, 이주어촌과 전통어촌의 민족적 구별에 따른 차별적이고 불균등한 발전을 특색으로 한다. 이러한 차별적이고

올리던 어종으로는 청어, 새우, 대구, 가자미, 민어, 갈치, 도미, 삼치 등이 있었다.
4 김수희, 2015, 『근대의 멸치, 제국의 멸치』, 아카넷, 171~172쪽. 김수희는 일본에서 멸치와 정어리가 동일한 개념으로 사용되는 것에 착안해 일제강점기 정어리 어업을 기본적으로 멸치 어업에 포함되는 것으로 파악했다.

불균등한 발전을 대표하는 어장이 바로 '파시'로 불리는 서해안의 어장이었다.

2) '파시'의 관찰자

1940년대에 들어서자 조선총독부는 식민지기 조선 수산업의 급격한 성장을 자신들의 정책적 성과로 포장하기 위해 『조선수산업사』를 편찬하기로 하고 일본의 수산학자인 요시다 게이이치를 초빙했다. 1942년 3월, 조선총독부 수산과의 요청으로 본격적인 조선 수산업 연구에 돌입한 요시다는 1944년까지 총 4회에 걸쳐 조선 각지의 어업근거지와 일본인 이주어촌 등을 순방하며 자료를 수집하고 현지 조사를 수행했다. 1944년 조선수산회로부터 정식으로 『조선수산업사』의 편찬 위촉을 받고, 추가로 한두 번 현장 조사만 더하면 출간이 가능할 것으로 보았으나 전황이 더욱 악화되자 결국 그 계획은 실현되지 못했다. 이후 요시다는 더 이상 한반도를 방문하지 못한 채 교토대도서관 등에 소장된 문헌자료를 수집하면서 마무리 작업을 하여 10여 년이 지난 1954년에서야 『조선수산개발사』라는 이름의 책을 출간할 수 있었다.[5]

『조선수산업사』의 책명이 『조선수산개발사』로 바뀐 것에서도 알 수 있듯이 요시다의 연구는 기본적으로 식민사관을 내재하고 있다는 비판이 있다. '개발'이라는 단어 자체가 통어 시대 이후 일본인이 한반도에 이주어촌을 만들고 성장해 나간 과정을 뜻하는 것이어서 우리에게는 '침탈'의 역사가 될 수도 있기 때문이다.[6] 다만 같은 시기 수산업 관련 자

---

5 요시다 케이이치(박호원·김수희 역), 2019, 앞의 책, 서문 참조.

료는 물론이고 고문헌 및 고문서를 이용한 방대한 자료를 섭렵하고 있고, 또 출판 시기가 해방 이후인 관계로 일방적으로 식민정책을 옹호하는 글만은 아니라는 점에서 후세의 연구자에게는 많은 참고가 되기도 한다. 무엇보다도 그는 조선 수산업의 '개발'을 자본주의적 발전 단계의 일부로 파악하고 있고, 또 조선 전통의 수산업을 일본의 수산업과 비교하는 과정에서 탁월한 식견을 보여주고 있다. 이러한 점에서 상대적으로 '저개발' 상태에 머물고 있던 서해안 어업이 그에게 주목된 것으로 보인다.

서해안 어업에 대한 요시다의 관심은 그가 『조선수산개발사』를 출간하기 2년 전에 발표한 소논문 「파시평고(波市坪攷)」에서도 잘 알 수 있다.[7] 이 논문은 그가 1944년 6월에 방문한 연평도의 어업 조사를 바탕으로 만들어진 것이다. 요시다에게 연평도 조사 경험은 매우 특별했던 것으로 보인다. '조선에서의 이동어촌집락'이라는 부제에서도 알 수 있듯이 처음에 그는 이른바 '파시(波市)'로 불리는 이동어촌을 일본 이시카와현(石川縣) 최북단의 헤구라섬(舳倉島)에서 발생하는 것과 같은 어민의 계절적 집단 이주 상황으로 생각한 것 같다. 그러나 글의 서두에서 밝히고 있는 것과 같이 연평도를 비롯한 서해 연안 도서에서 발생하는 파시는 그 발생 연원이나 이동 양식, 촌락 구성 등의 면에서 일본에서는 전혀 볼 수 없을 뿐만 아니라 동해나 남해에서도 찾아보기 힘든 독특한 현상이었다.[8] 이러한 파시의 발생 원인을 해석하기 위해 요시다는 조선의 각

---

6 요시다 게이이치 이후 식민지 조선 수산업을 바라보는 일본인 연구자의 주류적 관점은 일본인 어업자들이 조선인 어업자들을 지도·육성하여 근대적 어업제도와 기술을 보급시켰다는 논지를 갖고 있다.

7 吉田敬市, 1952, 「波市坪考: 朝鮮に於ける移動漁村集落」, 『人文地理』 4, 人文地理学会.

종 고문헌 및 서해의 어업 관습을 조사했다.

물론 요시다 게이이치가 처음으로 서해안 파시에 관심을 가진 학자는 아니었다. 우선 시부자와 게이죠(澁澤敬三)가 '에틱 뮤지엄 여행단'이란 명칭으로 조직한 18명의 대규모 조사단이 1936년 진도, 임자도, 태이도 등 서남해의 도서지역을 조사한 후 발표한 『조선다도해여행각서』가 있다.[9] 또한 『동아일보』 등의 신문사에서도 서해도서의 현황을 파악하기 위해 수차례 신문기자를 파시로 파견하기도 했다. 다만 이런 글들은 민속조사보고서이거나 서해 벽지의 실상을 알리는 단순한 르포성 기사여서 파시에 관한 본격적인 연구서로 보기에는 힘들다.

그런데 요시다 게이이치의 논고 마지막 글을 볼 때, 요시다 자신에게 도움을 준 인물 중 하나로 조선인 정문기(鄭文基)라는 이름을 적고 있는 것이 눈에 띈다. 당시 정문기는 도쿄제국대학 수산과를 졸업하고, 귀국 후 조선총독부 수산과 기수로 활동하고 있었다.[10] 우리나라 어류학을 태동시킨 인물로 평가되며 당시 이미 「조선명태어」(1936), 「조선석수어고」(1939) 등을 발표한 바가 있었다. 즉, 정문기는 요시다가 연평도를 방문하기 5년 전에 이미 연평도를 조사해 연구보고서를 출간한 경험이 있던 것이다.[11] 어류학자가 쓴 글인 만큼 「조선석수어고」는 요시다의 「파시평고」와 달리 어류학, 영양학, 생태학 등의 관점에서 조기의 어보(魚譜)를

---

8 청산도나 거문도 등 남해안 도서에 위치한 일본인 이주어촌에서도 파시가 열렸으나 이를 서해안 파시와 같은 이동식 어촌으로 보기는 힘들다.
9 에틱 박물관 엮음(최길성 역), 2004, 『일본 민속학자가 본 1930년대 서해도서 민속』, 민속원.
10 「어류학의 태두 정문기를 아시나요」, 『시사in』, 2019.9.11.
11 鄭文基, 1939, 「朝鮮石首魚攷: 조기잡이의 이모저모」, 『朝光』 4-6.

썼다는 점이 다르다. 이후 두 글을 중심으로 비교해 가며 1930~40년대 서해안 파시의 모습을 살펴보기로 하겠다.

2. '파시'의 생성과 변화

1) '파시평(波市坪)'과 '파시풍(波市風)'

'파시(波市)'의 어원적 의미는 '바다 위의 시장'이란 뜻이고, '평(坪)'이란 지적을 나타내는 장소적 의미이다. 따라서 '파시평(波市坪)'은 '바다 위에 시장이 열리는 곳'이란 뜻이 된다. '파시평'을 표기하고 있는 옛 문헌자료 중에서 가장 대표적인 것으로는 다음 사례를 뽑을 수 있다.

a. 토산(土産) 조기[石首魚]는 군의 서쪽 **파시평(波市坪)**에서 난다. 봄·여름 사이에 여러 곳의 어선이 모두 이곳에 모여 그물로 잡는데, 관청에서 그 세금을 받아서 국용(國用)에 이바지한다(『세종실록지리지』 권151, 전라도 영광군).

b. **파시전(波市田)**은 군 북쪽 20리에 있는데, 조기가 생산된다. 매년 봄에 온 나라의 상선이 사방에서 모여들어 그물을 던져 고기를 잡아 판매하는데, 서울 저자[京市]와 같이 떠드는 소리가 가득하다. 그 고깃배들은 모두 세금을 낸다(『신증동국여지승람』 권36, 전라도 영광군).

c. 토산은 조기가 주의 남쪽 **연평평(延平坪)**에서 난다. 봄과 여름에 여러 곳의 고깃배가 모두 이곳에 모이어 그물로 잡는데, 관에서 그 세금을 거두어 나라 비용에 쓴다(『세종실록지리지』 권152, 황해도 해주목).

　『세종실록지리지』와『신증동국여지승람』은 모두 조선 초에 만들어진 책이다. 거의 동시대에 작성된 것이라고 할 수 있는 두 자료에는 '파시평(파시전)'이 전라남도 영광군의 서쪽, 또는 북쪽 20리 바다 위에 위치하고 있다고 적고 있다. 두 자료에서 설명하는 위치가 약간 차이가 나지만 법성포를 중심으로 하는 사방 100여 리의 칠산탄(七山灘) 어장을 가리키는 것은 분명하다.[12] 한편 '파시평'을『신증동국여지승람』에서 '파시전(波市田)'이라고 다르게 표기한 것에 대해 요시다는 이들 어장이 전답에 필적하는 가치가 있고, 또 전결세와 마찬가지로 어세를 걷는다는 의미에서 '바다의 밭'으로 표시했을 것이라고 했다. 따라서 '연평평'처럼 직접적으로 파시를 표기하지 않는 것 역시 그 내용이 영광군의 것과 똑같으므로 '파시평'과 마찬가지의 의미로 보아도 무난할 것이라 생각된다. 이처럼 바다 위에서 펼쳐진 어시장의 모습을 정문기는 '파시풍(波市風)'이라고 하며 다음과 같이 서술하고 있다.

　매년 춘4월이 돌아오면 연평도와 위도 근해에는 수백 척의 어선이 폭주해 조기 어업이 성황을 이루게 되는데 그 성관(盛觀)은 실로 조

12　김준, 2009, 「칠산어장과 조기파시에 대한 연구」,『도서문화』 34, 목포대학교 도서문화연구원, 180~181쪽.

선 어업계의 일대 이채(異彩)이다. 해상에 수백 척의 어선과 수천 척의 출매운반선이 운집하여 범영액장(帆影扼檣)으로 참차착잡(參差錯雜)되어 통로를 발견키 어렵게 된다. 흡사히 해상에 일대 선도(船島)를 출현한 것 같은데 야경이 더욱 장관이다. 매출선의 초치(招致)를 표시하는 어선들의 구화(篝火)가 수면에 반사하여 있는 미관은 시인 문사가 아니면 형언하기가 어려울 것이다.… (중략)… 이전에는 조기 매매시장이 연평도 만외 어장 근처 해상에서도 열렸다. 그러던 것이 근일에 와서는 어업조합의 판매통제로 만내 수상에서 조기 매매가 열리게 되었다. 이 조기 매매가 개시되면 파는 어부, 사는 상인, 지도하는 어업조합원 모두가 배를 타지 아니하면 일을 보지 못하게 된다. 이렇게 수상에서 개설되는 조기 어시장을 연평도 및 위도에서 파시(波市)라고 부른다. 이 파시의 성기가 되면 수천의 어선, 운반선이 운집하는 관계로 파시장은 수로를 찾을 수가 없도록 복잡하게 되어 수상교통 순사의 필요까지 느끼게 된다.[13]

이처럼 '파시'는 성어기에 수백 척의 어선과 수천 척의 운반선이 해상에서 운집해 조기의 매매가 이루어지는 시장이다. 1938년만 해도 750척의 어선과 2,200척의 운반선이 연평도로 운집했다고 한다. 정문기가 이와 같이 묘사한 '파시풍'이야말로 사실상 '파시'의 본질적 성격이라고 생각된다.[14] 조선 초기부터 이미 포획된 생선을 냉장 상태로 서울 마포 등으로 운반하는 빙어선(氷漁船)이 있었기에 어부들이 어장에서 상인

---

13   鄭文基, 1939, 앞의 글, 240~241쪽.
14   정문기는 '파시풍(波市風)'이 파시의 경기를 의미하는 뜻도 있다고 했다.

들과 직접 상거래하거나 세금을 납부하는 모습은 전혀 낯선 것이 아니었다.[15] 다만 정문기가 파악한 1930년대 이후 변화된 모습이라면 과거 조기 매매가 주로 연평도 만외(灣外)의 어장 근처에서 행하던 것이 근래에 와서는 만내(灣內)에서 어업조합의 통제하에 이루어지기 시작한 것이다. 연평도에 어업조합이 설립된 것이 1934년이므로 어업조합의 위탁판매는 적어도 그 이후에 행해졌을 것이다.[16]

요시다 케이이치 역시 해상의 조기 어장에서 어선이 객주들의 출매선과 매매 행위를 하는 것을 조선 전통의 파시로 파악하고 있었다. 하지만 그는 파시가 단순한 어물 교역의 장소가 아니라 어업근거지의 역할을 하고 있다는 사실을 강조했다.

> 원래 파시평 촌락은 조기 어업의 근거지로 어선·운반선이 집합하는 장소이다. 그런데 그 지역 어민은 조기 어업은 물론, 그 제조·거래·운반 등에 종사하는 자도 비교적 적었고(조기의 거래, 가공업은 근해 어장에서 행해졌기 때문), 파시촌락의 기능은 어업경영 그것과의 직접적 관계는 고래로 극히 적었다. 다만 근년에 지역 어민도 운반업이나 조기 어업에 진출하고, 그 가공·거래에도 진출하는 경향이 강해졌다.… (중략)… 따라서 파시평 촌락 본래의 성격은 어업 경영상의 직접 기지라고는 말하기 어렵고 완전히 **어업관계자의 위안소이다**. 이 성격이 발전의 근본적 이유이고, 아울러 그 반면에 산업경제의 뒷받

---

15 조선 시대 빙어선의 활동은 고동환의 「조선후기 경강의 빙장선 빙어선 영업과 그 분쟁」(『서울학연구』 69, 서울시립대학교 서울학연구소, 2017)을 참조.

16 朝鮮漁業組合中央會, 1942, 『朝鮮漁業組合要覽』, 374쪽.

침 상에 입지하는 것이 아니라 완전히 일시적인 불건전한 환락경적 존립으로 되어 고래로 어촌 그것과는 거의 발전을 보지 못하는 근본적 이유이다.[17]

위의 인용문처럼 요시다는 '파시평'이 어업기지이기는 하지만 산업경제의 뒷받침이 부족해 일시적인 어업기지, 즉 어업관계자의 위안소 역할에 불과한 곳이라고 했다. 이는 조수간만의 차가 심하고 수심이 얕은 서해안 어장의 자연환경, 그리고 3월부터 5월에 걸쳐 남에서 북으로 회유하는 조기의 특성에 맞춰 어민도 함께 어장을 이동해야 한다는 조기 어업상의 특성, 또 술과 여자를 찾고 도박을 일삼는 어민의 심리에서 나온 서해안 어업의 기본적 특성이라고 설명하고 있다. 특이한 점은 이와 같이 연평도의 파시가 환락가로 변모하게 된 시기를 요시다는 일본인 통어자가 진출한 이후일 것으로 추정했다는 사실이다. 즉 이동거리가 짧은 조선인 어부보다는 오랜 항해와 조업으로 지친 일본인 어부를 위해 위안소를 마련할 필요가 있었다는 것이다. 이들 일본인 어부는 음력 3월에 작은 범선을 타고 현해탄과 황해를 지나 연평도로 와서, 조기 어업을 마치고 다시 일본으로 돌아가자면 약 반년이라는 시간을 온전히 바다 위에서 보내야만 했다. 따라서 요시다는 "자연히 이런 유흥지대에 발을 들여놓는 일은 어쩌면 당연한 결과"라고 말했다. 또한 일본에서 자신의 이러한 경험을 득의에 차서 말해주는 일본인 어부도 많이 만났다고 말하기도 했다.

---

17 吉田敬市, 1952, 앞의 글, 382~383쪽.

2) 어장과 어법

'석수어(石首魚)'라고도 불리는 서해안 조기는 동해안의 명태와 더불어 가장 오랫동안 조선인에게 사랑받았다. 식민지기 조선의 주요 수산물 가운데 정어리, 명태, 고등어 다음으로 많이 잡혀서 1937년에만 연간 어획량이 5만 5,000톤, 금액으로는 476만 엔에 달했다고 한다. 다만 정문기에 따르면 이는 정어리, 명태 등과 같은 단일 어족의 어획량이 아니라 참조기, 수조기, 보구치[백조기], 부세, 흑석어[흑조기] 등 5종이 합산된 산액이었다.

한반도 연안에서의 조기 어족의 분포는 서·남해 연안 일대와 동해 일부, 즉 강원도 북부 연안까지 퍼져 있으나 주된 어장은 전라남도의 흑산도와 위도, 황해도의 연평도, 평안북도의 대화도 등 서·남해 연안 일대에 있었다. 조기는 본래 수심 200미터의 심해에서 번식하는 어종이지만 매년 봄 산란기가 되면 남중국해부터 서해로 북상해 랴오둥반도 연안까지 이르렀다가 6월부터 다시 남쪽으로 회유하는 대장정을 펼친다. 따라서 이들 회유로뿐 아니라 조기들의 주요 산란장이 되는 위도와 연평도가 어부에게는 가장 중요한 어장이 되는 것이다. 정문기에 따르면 3월 초 가장 먼저 조기가 출현하는 흑산도 근해에서는 약 100여 척의 어선이 모이고, 4월 위도의 칠산탄(七山灘) 어장에서는 300여 척으로 증가했다가 5월 연평도 근해에 이르러서는 약 750척으로 최대 성황을 이룬 후, 마지막 6월 대화도 어장에서 다시 150여 척으로 감소된다고 했다.[18]

---

18 요시다 게이이치는 정문기와 달리 평안북도 대화도 어장을 언급하지 않고 6월 하순

<그림 4-2> 조기의 회유로와 주요 어장

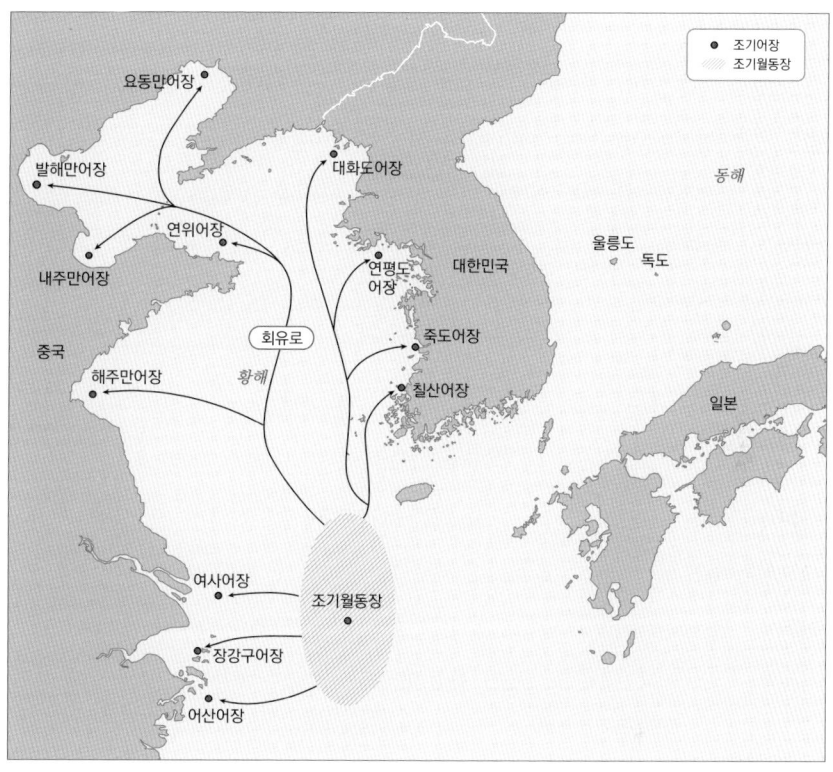

출처: 『대한민국 국가해양지도집』, 국립해양조사원, 2023.

　조선 시대는 물론이고 고려 시대, 아니 훨씬 그 이전부터 조기를 잡는 주요 어법은 '어량(魚梁)' 또는 '어전(漁箭)'으로 불리는 일종의 함정어구를 사용하는 방식이었다. 이후 조선 시대에 이르러서는 중선(中船), 궁선(弓船), 주목망(柱木網) 등과 같이 조류를 이용하는 각종 어법이 등장했다. 이러한 어구들은 이동이 느리거나 아예 불가능한 것이어서 오로지

에 연평도 서쪽 용호도 부근 어장에서 조기 어업이 종료된다고 했다.

조기 어군이 스스로 오기만을 기다리는 소극적 방식의 어법이었다. 이러한 어법에 커다란 변화를 가져다준 것이 일본인 통어자가 가져온 안강망(鮟鱇網)이었다. 어망의 모습이 아귀의 입을 닮았다고 하여 이름붙인 안강망은 1898년 칠산탄 어장에서 처음 선보였다.[19] 사가현(佐賀縣) 아리아케해(有明海) 연안의 어업자가 처음 시도한 것인데 당시에는 조선의 어장 사정을 잘 몰라 실패했다고 한다. 이후 같은 해에 나가사키현(長崎縣) 기술지도자 마사바야시 히데오(正林英雄)에 의해 비로소 성공을 했다.[20]

그런데 이처럼 일본인 어업자들에 의해 전파된 안강망은 이후 조선인 어업자들이 적극적으로 수용한 결과 마침내 조기 어업의 대표적 어구가 되었다. 20년도 안 되는 단기간에 안강망을 조선의 자연환경에 맞게 개량해 효율성을 극대화시킨 것이다. 이에 대해 요시다는 어구의 발상지인 규슈 아리아케해와 조선의 서해안이 유사한 자연환경을 지닌 점, 어구의 구조가 간단하고 또 소자본으로도 상당한 이익을 얻을 수 있다는 점, 고용 선원으로 활동한 조선 어부들이 일본인으로부터 고선(古船)과 고도구(古道具)를 싼값에 구입할 수 있었던 점, 안강망선과 구조가 비슷한 중선·궁선 등을 오랫동안 사용해 왔던 점 등의 이유로 어법 전환이 빠르고 쉽게 이루어졌다고 평가하고 있다. 따라서 1920년대 초가 되면 서해안 조기 어업의 패권은 자연스럽게 일본인에서 조선인으로 전환되는 결과를 낳았다.

---

19 처음에 안강망은 '밧샤망[バッシャ網]'으로 불리었다. '밧샤'는 규슈 해안 지방의 방언이다. 이 밖에도 '籠終網' 또는 '道樂網'이라고도 했다.
20 吉田敬市, 1952, 앞의 글, 385~386쪽. 요시다와 달리 정문기는 마사바야시 히데오(正林英雄)가 안강망(밧샤망)을 도입한 시기는 1900년 목포에서라고 하고 있다.

한편 정문기의 논문에서는 1938년 현재 안강망 어선 한 척당 연간 수지계산표를 보여주고 있는데, 이에 따르면 개량식 풍력 안강망 한 척의 신조비(어망, 로프대금 포함)가 3,400엔인 것에 대해 연간 어획고는 700~4,000엔(평균 2,000엔)에 달한다고 했다. 만일 동력어선으로 개조하면 1,500~5,000엔(평균 3,000엔)의 어획고를 올릴 수 있어서 앞으로 동력어선으로 빠르게 전환될 것으로 예측했다. 1938년 연평도에 집합한 안강망 어선은 750척이었고, 이 중에 동력어선은 6.6퍼센트인 50여 척에 달했다.

3) 생산 및 유통·판매

1920~1930년대 조선의 총어획량 가운데 조기 어획량이 차지하는 비중은 3~6퍼센트에 지나지 않는다. 정어리, 고등어, 명태, 조기 등 4대 수산물 중, 정어리와 고등어가 커다란 변동성을 가지면서 일제 말로 갈수록 급성장하는 것에 반해 명태와 조기 어업은 1910년대 후반에 급성장한 이후 큰 변동 없이 서로 앞서거니 뒤서거니 하며 서서히 성장하는 모습을 보여주는 것이다(〈그림 4-1〉 참조). 하지만 이들 두 어업에서도 1930년대 이후로는 동력어선 도입 등 자본제적 생산과 유통의 변화가 일어나면서 번식보호책을 따로 강구해야 할 정도의 남획 조짐이 발생하기 시작했다.

정문기는 조기 어업에서 최고의 어획량을 기록한 1933년 이후로 계속 어획량이 감소하고 있는 사실을 근거로 조기가 무분별하게 남획되고 있음을 경고했다. 즉, 〈그림 4-3〉에서 보이듯이 1933년 6만 7,000톤에 비해 1937년에는 5만 5,000톤으로 어획량이 17퍼센트나 감소된 것

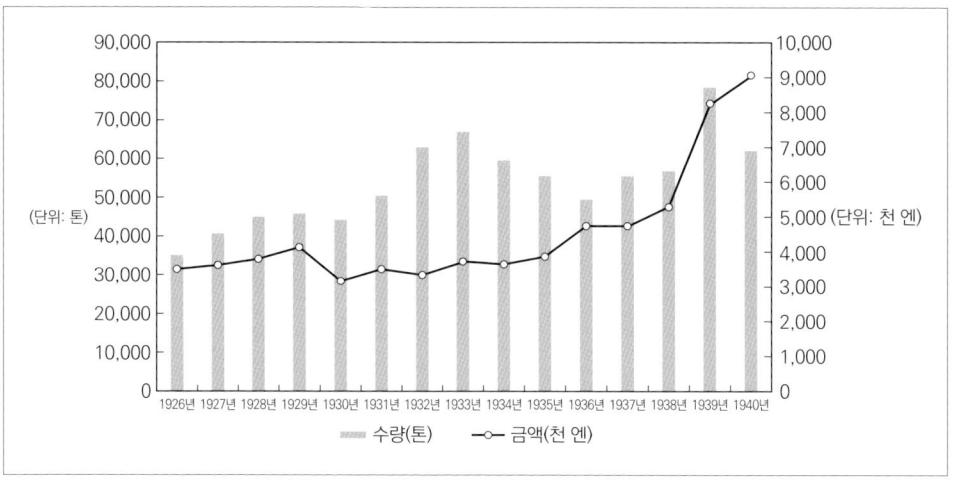

〈그림 4-3〉 1920~1930년대 조기 어획고

이다. 반면에 같은 시기의 어획고는 370만 엔에서 679만 엔으로 45퍼센트 증가했다. 이는 중일전쟁 등의 원인으로 물가가 급등한 탓도 있지만 기본적으로는 공급의 감소에 따라 가격이 상승한 결과였다. 조기 어획량이 감소하는 원인으로 정문기는 포란어(抱卵魚) 및 치어(稚魚)의 남획을 들었다.

앞서 언급했듯이 조기는 전라남도 흑산도부터 평안북도 대화도까지 산란을 위해 회유하는 어종인데, 안강망 등 대부분의 조기 어업은 이들 조기가 산란하기 전에 어획하는 방법을 쓰고 있었다. 이는 서해 조기 어업의 기본적 특성이 이러한 조기의 습성과 조류 등의 자연적 환경을 이용하는 방법으로 개발되었기 때문이기도 하다. 따라서 적어도 산란 성기(盛期) 직후인 6월 초순부터 하순까지는 어획금지 기간으로 설정해야 한다고 주장했다. 또한 정문기는 조기의 치어가 강달어(江達魚)와 함께 무분별하게 혼획되고 있는 점도 조기 어획량 감소의 또 다른 원인으로 추정했다. 즉, 조기의 치어는 강달어의 성어와 그 체장과 체형에서 구별이 어려울 정도로 흡사하다. 따라서 지역과 시기별로 80퍼센트 이상까지 조기 치어가 혼획되어 판매되는 경우도 있었다. 이러한 점을 방지하기 위해 정문기는 수산시험장에서 전국적인 조사를 할 필요가 있음은 물론이고, 조기를 비롯한 전 어종에 대해서도 최소성체 이하의 채포를 금지할 필요가 있다고 주장했다.

한편 성어기에 연평도로 모여드는 어선은 관내인 황해도보다는 관외 어선이 훨씬 많았다. 이는 비슷한 어획고를 올리던 전라남도의 사정과는 완전히 다른 것이었다. 아래 〈표 4-1〉에서 확인할 수 있는 것처럼 1937년 황해도 관내 어선의 조기 어획량은 총어획량 1만 8,307톤의 17퍼센트에 불과한 3,135톤이었다. 이에 반해 전라남도는 총어획량 1만 8,936톤의 64퍼센트인 1만 2,086톤을 관내에서 어획했다. 황해도의 조기는 타도(他道)의 어선이 76퍼센트, 일본 어선이 7퍼센트를 어획하고 있던 것이다.

〈표 4-1〉 조기의 각 도별 어획고(1937년, 조선총독부 통계)

항목 도별	관내 재주자 어획고		관외 통어자 어획고				합계	
	수량	금액	일본[內地]		타도(他道)		수량(kg)	금액(원)
			수량	금액	수량	금액		
전남	12,086,501	560,797	863,710	116,845	5,986,462	2,252,254	18,936,673	2,929,896
황해	3,135,406	616,655	1,320,408	108,359	13,851,965	995,761	18,307,779	1,720,775
평북	5,057,400	557,805	410,250	54,743	2,046,740	231,854	7,514,390	844,447
충남	1,969,389	216,633	232,200	25,542	1,093,282	120,261	3,294,872	362,436
전북	1,879,298	140,209	-	1,548	1,395,000	113,560	3,293,648	255,317
경남	1,572,194	263,543	-	-	47,940	7,715	1,620,134	271,258
경기	1,193,940	199,902	290	40	191,110	30,040	1,385,340	229,982
평남	641,182	92,082	-	-	458,478	82,559	1,099,560	174,646
경북	9,000	1,780	-	-	-	-	9,000	1,780
합계	27,544,310	2,649,406	2,826,858	307,077	25,070,977	3,834,004	55,461,396	6,790,537

어획된 조기는 주로 황해도 관내와 경성, 평양, 인천 등지로 유통·판매되었다. 다만 연평도 조기의 유통 경로는 요시다 게이이치와 정문기의 조사가 서로 달라 향후 이에 대한 면밀한 검토가 필요할 것 같다. 즉, 요시다는 1944년 황해도청의 자료를 근거로 하여 경성 53퍼센트, 평양 27퍼센트, 황해도 20퍼센트의 비율로 유통된다고 했으나, 정문기가 조사한 1938년의 실상은 평양 60퍼센트, 경성 20퍼센트, 해주·연백·인천 등이 각 5퍼센트 비율이었다. 어떻든 간에 연평도 조기의 주된 판매처는 경성과 평양인 것만은 분명하다.

3. 일상화된 재난, 자조(自助)·공조(共助)하는 어민들

1) 식민지 어촌의 '위험'

앞서 살펴본 것과 같이 식민지기 수산업의 발전은 마치 브레이크 없이 돌진하는 성장주의였다. 수산자원의 고갈과 같은 생태환경적 '위험(risk)'은 인식하지 못한 채 대규모 선단어업과 개량된 어구 장비로 수산물을 남획했다. 그리고 이와 같은 산업적 과잉생산을 통해 축적된 부는 조용한 어촌 마을을 환락의 소비처로 탈바꿈시켰다. 성어기를 맞으면 각지의 어업기지가 '파시촌'을 이루며 술과 여색을 탐하는 환락가가 되어버리는 것이다. 하지만 이러한 어촌 마을의 부와 충돌을 일으키며 파국적인 결과를 초래하는 또 다른 '위험' 역시 여전히 존재하고 있었으니 바로 태풍과 같은 자연재해였다. 매년 주기적으로 북상하는 태풍으로 인해 수많은 인명과 재산이 순식간에 거품처럼 사라졌다. 그럼에도 앞서 살펴본 것처럼 조선총독부 당국의 견해는 안전보다 성장을 우선시했다. 부를 생산하는 논리가 위험을 생산하는 논리를 지배했던 시대, 이것이 식민지기 수산업 개발이 가진 본모습이었다.

북서태평양의 적도 부근 해상에서 발생한 열대저기압이 발달해 중심부근의 최대풍속이 17m/s 이상의 강한 폭풍우를 동반한 국지적 기상 현상을 '태풍(Typhoon)'이라고 한다. 오늘과 같이 개별 태풍마다 이름을 부여한 것은 1945년 이후이며 그 이전에는 공식적인 번호나 명칭 없이 일반적으로 '대폭우'나 '해일' 등으로 불리었다. 〈그림 4-4〉는 우리나라에 기상관측이 처음으로 실시된 1904~1945년까지 한반도에 영향을 미친 태풍들의 연도별 횟수를 나타낸 것이다. 42년간 총 121회의 태풍이 습

〈그림 4-4〉 1904~1945년간 태풍 횟수

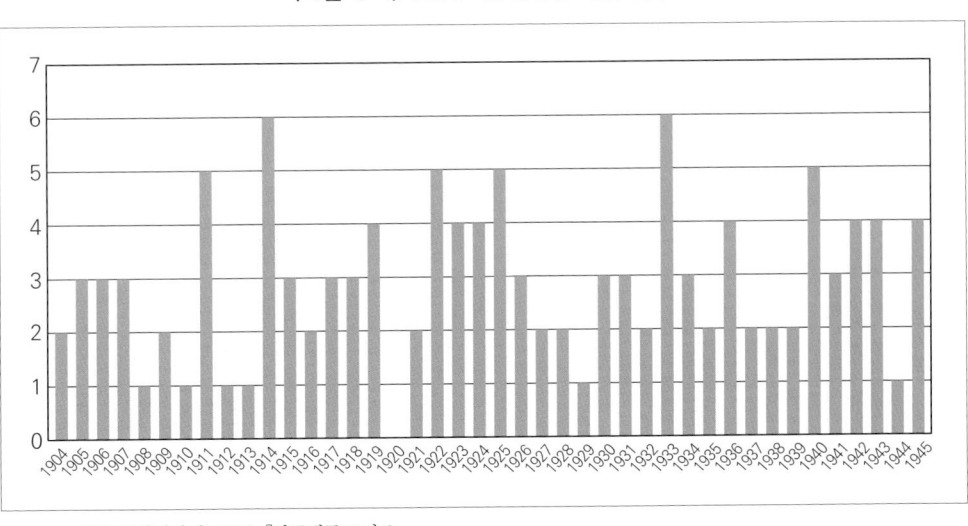

출처: 중앙기상대, 1984, 『한국태풍80년보』.

격해 와 연간 2.8회의 평균값을 갖는다. 자료 획득의 어려움으로 일부 관계 자료가 누락된 것도 있지만 전반적인 추세를 파악하는 데에는 큰 오차를 보이지 않을 것이다.[21]

한편 열대해상에서 발생하는 태풍의 진로는 시속 약 20km의 속도로 서진, 또는 북서진하다가 북위 25° 부근에서 북동 방향으로 전향해 가속하는 것이 일반적이다. 주로 7월에는 타이완 북동쪽에서 서해 북부 해상으로 타원을 그리며 진행하고, 8~9월에는 오키나와 방면에서 대한해협 방면을 통과하거나 일본열도를 관통한다. 하지만 진행 과정에서 때때로 정체 또는 루프(Loop)형으로 이동하는 이상(異常) 진로를 갖는 경우도 많다.[22] 1904~1945년까지 총 121회의 태풍을 분석한 결과, 한반도의 동남쪽(경상남도)으로 이동한 태풍은 42회(35퍼센트)였고, 서남쪽(전라남북도, 충청남도)으로 상륙한 것은 35회(29퍼센트), 서북쪽(경기도 이북)에 영향을 미친 것은 44회(36퍼센트)였다. 태풍 진행 방향의 우측을 '위험반원'이라고 하여 주된 피해를 입게 되는데, 예상 외로 서해안 일대에 큰 피해를 줬음을 이를 통해 알 수 있다.

제주도부터 전라남도 다도해를 거쳐 경기만과 서조선만으로 이어지는 서해안은 전통 시대부터 조기·새우·민어·숭어·도미·홍어·가자미 등 수산자원의 보고로 유명한 곳이었다. 하지만 조기, 새우 등 그 주력 어장이 일본인이 좋아하는 어획물이 아니란 점에서 근대적 어항 개발은 이주어촌이 다수 소재한 남해안의 도서보다 매우 늦어졌다. 또한 1920년대 중반부터 폭발적으로 번창하기 시작한 정어리 어업과 명태

---

21 중앙기상대, 1984, 『한국태풍80년보, 1904~1983』, 13쪽.
22 중앙기상대, 1984, 위의 책, 15쪽.

저예망어업 덕에 집중적인 어항 수축이 이루어진 동해안에 비해서도 그 시기가 늦었다. 따라서 본격적인 개발이 이루어지는 1930년대 중반까지 서해안의 도서들은 반복적으로 크고 작은 해상 사고를 겪어야만 했다. 다음에서는 이러한 서해안 어업의 중심기지가 되었던 연평도, 덕적도, 태이도 등 도서지역에서의 태풍 피해 상황과 어항 축조 과정을 살펴보도록 하겠다.

2) 연평도의 재난과 어항 축조

황해도 해주의 용당포항과 20km 거리에 위치한 연평도(면적 6.9km²)는 중앙의 봉화재(114m)를 중심으로 서북, 동북, 서남 세 방향의 산줄기가 연결되며 삼각선의 해안선을 이루고 있는 지형이다. 현재의 연평도는 남동쪽 해안 평지에 부락을 이루고 있고, 또 그 앞의 당도와 책도를 연결한 항만시설을 갖추고 있지만, 적어도 17세기까지는 북쪽의 대나루(大津洞)가 섬의 유일한 포구였던 것으로 전해진다.[23] 이는 대나루 일대가 연평도 최대의 농지라는 점, 그리고 해주와 옹진반도를 왕래하는 선박이 북쪽 해안의 갯골을 통해 대나루 아래까지 진입이 가능했다는 점 등에서 어느 정도 신빙성이 있다고 생각한다.

연평도가 세간의 주목을 받은 것은 이곳이 우리나라의 대표적인 조기[石首魚] 산지였기 때문이다. 『세종실록지리지』에 따르면 조기는 해주 남쪽 연평평(延平坪)에서 나고, "봄과 여름에 여러 곳의 고깃배가 모두 이곳에 모여 그물로 잡는데, 관에서 그 세금을 거두어 나라 비용에 쓴다"[24]

---

23 옹진군향리지편찬위원회, 1989, 『옹진군향리지』, 옹진군, 235쪽.

<그림 4-5> 연평도 지도

출처: 구글 어스.

고 기록되어 있어 그 유래가 매우 오래되었음을 알 수 있다. 1897년부터 본격적인 서해안 어업을 시작한 일본인 통어자들도 일찍이 이곳 어장에 주목해 1904년에 처음으로 안강망어업을 개시했고, 1908년부터는 후쿠오카현 어민을 중심으로 대규모 어획에도 성공했다.[25] 다만 조기는 일본

---

24 『세종실록지리지』 권152, 지리지 황해목.
25 일본인이 발견한 조기 어장은 구월포(九月浦) 앞의 이른바 '다카야마시모(高山の下)'라고 불리던 곳이다(통감부 농상공부 수산국, 1908, 『韓國水産誌』 4, 319쪽 참조).

인이 선호하는 어종이 아니어서 이것을 선어 상태로 일본으로 가져가는 것이 어려웠다. 따라서 연평도에 별도의 어업기지를 건설하기보다는 대부분의 어획물은 인천 등지의 조선인 객주들에게 판매하는 방법을 취했다.

이후 일제강점기 연평도는 전라도 칠산어장, 평안도 용암어장과 함께 '석수어의 왕국', '조선의 찬장' 등의 칭호를 받는 조기의 3대 어장으로 자리매김했다. 동중국해에서 월동한 조기는 3월이면 흑산도로 북상하고, 4월 하순이면 연평도에 도착해 30~40일간을 머무는 데, 특히 연평도에 도착한 조기는 칠산 앞바다의 조기보다 더 크고, 알도 꽉 차서 최상품으로 평가받았다.[26] 식민지기 연평도의 조기 어획고를 근현대 신문 자료를 통해 살펴보면 다음과 같다.

- 『대한매일신보』(1910.5.7): "한인이 조기잡이로 매년 10만 환 이상 이익을 얻는다."
- 『매일신보』(1917.7.29): "일어기(一漁期) 산액(産額)이 20만 원 내외(鮮魚기준)."
- 『동아일보』(1927.4.16): "일어기(一漁期)에 60만 원 돌파. 일본 어선 300척, 조선 어선 400척 이상, 운반선 등 50척 이상."
- 『조선중앙일보』(1934.6.5): "출어하는 어선 1,000여 척, 100만 원 이상의 어획고를 올린다."
- 『매일신보』(1936.6.28): "어획고가 150만 원을 돌파할 것으로 예상. 약 400~500척의 어선이 활약 중."

---

26 『역주 최근의 인천』, 인천시 역사자료관, 2008, 119~120쪽.

- 『동아일보』(1939.6.26): "어획고 226만 원(전년 대비 46만 원 증가), 연 선척 1,200척. 평양·만주로 수송."
- 『매일신보』(1943.4.24): "금년 예상 목표 700만 원 이상."

　매년 수백, 수천 척의 어선이 운집해 어기(漁期)당 수백만 엔의 어획고를 올렸고, 이는 시기가 지날수록 점차 증가하는 추세였다. 특히 1943년의 700만 엔이라는 어획고는 10년 전인 1934년에 비해 무려 7배가 증가한 것이었다. 연평도에서 잡은 조기는 진남포, 서울의 마포, 인천 등지로 판매되었는데, 1939년에 발간된 정문기(鄭文基)의 『조선석수어고』에 따르면 평양(60퍼센트), 마포(20퍼센트), 인천(5퍼센트), 해주(5퍼센트), 연백(5퍼센트), 진남포(3퍼센트), 옹진(3퍼센트), 결성(2퍼센트), 용호도(1퍼센트)로 집산항(集散港)의 비율을 기록하고 있다.[27]

　연평도로 출어하는 어선이 급증함에 따라 어선을 안전하게 정박하고, 또 어획물 하역과 생필품 보급이 가능한 어항의 필요성이 높아졌다. 하지만 조선총독부는 조선 어업이 아직 영세하다는 이유로 일본인 이주 어촌을 제외하고는 어항 수축에 소극적인 태도를 보였다. 1910년대까지 한반도에 어항 시설을 갖춘 곳은 전북의 어청도, 전남의 별도·추자도, 경남의 오카야마촌, 경북의 강구·포항, 강원의 정라·옹진, 함북의 청진 등 9개에 불과했다.[28] 1917년 총 공사비 600만 엔을 투입해 전국 어항 144개를 개발하겠다는 계획도 말 그대로 계획에만 그치고 실행되지 못했다. 그러는 사이 연해에서 어선들의 조난 사고는 해마다 급증했고, 대

27　鄭文基, 1939, 앞의 글, 247쪽.
28　요시다 케이이치(박호원·김수희 역), 2019, 앞의 책, 411쪽.

부분 어항의 불량이 원인이었다.

연평도의 축항 공사는 1927년에 이르러서야 그 구체적인 계획이 세워졌다. 처음에는 당도(堂島) 주변의 모래톱에 250칸(454m)의 간단한 방파제를 구축해 남동풍의 파도를 막는다는 계획이었지만,[29] 1929년 4월부터 시작된 본공사에서는 본도와 당도 전체를 잇는 941.2m의 방파제로 변경되었다. 둑마루의 넓이 역시 9~12척(약 3m)에서 5m로 늘어났다. 총공비는 15만 4,000엔(국고보조 7만 7,000엔 포함)이 소요되었고, 1931년 3월 31일에 완공되었다.[30] 이 방파제는 연평도 서쪽에 위치하고 있다고 하여 서방파제로 불리었다.

1908년 오타루항의 북방파제를 건설해 일본 토목공학의 선구자로 이름을 날린 히로이 이사미(廣井勇)는 축항 공사의 과정을 방파제 축조 공사, 준설 공사, 계선안벽 및 창고부지 조성 공사 세 가지로 나누면서 가장 긴급한 사업인 방파제 설계의 중요성을 제일로 강조했다.[31] 즉, 선박의 정박과 물자 하역, 그리고 항내의 안전을 위해서는 항만의 수심, 면적, 형상 등을 고려해 정밀한 방파제를 건립하는 것이 가장 중요하며, 준설이나 배후시설 건립은 향후 항구의 발전에 따라 얼마든지 변경 가능한 부차적인 작업이라는 것이다.[32] 하지만 연평도 서방파제는 히로이가 그토록 강조한 '설계 백년, 효용 백년, 영욕 천년'의 설계 정신을 따르지 못한 졸속작이었다.

---

29 「大延坪島波除計畫說明書」,『昭和二年國庫補助申請書』, 1927年(CJA0013083).
30 「延平島港修築國庫補助工事竣工ノ件」,『延平島港修築工事』, 1932年(CJA0013527).
31 北海道廳,『小樽築港工事報文』前編, 1908年 7月.
32 戀塚貴・廣田正俊・関口信一郎・浅田英棋, 2005,「小樽築港時代のシビルエンジニアー廣井勇とその設計思想」,『海洋開發論文集』21, 公益社團法人土木學會, 2~3쪽.

경비 문제에서 기인했겠지만 연평도의 서방파제는 사석(捨石)을 기초부터 마름모꼴로 쌓고 상부 표면의 틈을 콘크리트로 메꾸는 비교적 단순한 공법의 방파제였다. 이것은 상부를 콘크리트 블록으로 조립하는 직립형 방파제보다는 그 견고성이 훨씬 못 미칠 수밖에 없었다. 따라서 1930년 7월, 풍랑에 의해 제방 중앙부 일부가 파괴되자 일부 설계 변경으로 재공사가 이루어졌다.[33] 하지만 문제는 여기에서 끝난 것이 아니었다. 분명 1927년 계획서에서는 남동풍에 의한 파도를 막는 것이 주된 목적으로 설정되었는데, 1929년 본 공사에서는 이것이 서남풍에 의한 파도를 막는 것으로 변경되어 설계된 것이다. 이것은 곧바로 1931년 8월과 1934년 6월 연이어 발생한 미증유의 대참사를 일으킨 원인이 되었다.

1931년 8월에 몰아닥친 폭풍우는 불행히도 동남쪽에서 불어왔다. 40척이 난파되고 11명이 익사했는데, 이는 서방파제만 준공되고 동남쪽에는 방어 시설이 전무했던 연평도 항만시설의 한계를 그대로 노출한 것이었다.[34] 이에 황해도어업조합에서는 도 당국에 진정서를 제출해 조속한 방파제 신축을 청원했고, 1934년 5월 24일 정교원(鄭僑源) 도지사가 직접 현장조사를 나오기까지 했다.[35] 하지만 정 지사가 떠나고 일주일밖에 안 된 6월 1일, 그날 저녁부터 이튿날 새벽까지 몰아닥친 폭풍으로 인해 연평도 역사상 최대의 참극이 발생했다.

〈그림 4-6〉은 1934년 당시의 연평도 참사의 현장을 담은 사진이다.

---

33 「延平島港修築工事設計變更ノ件」, 『延平島港修築工事』, 1932年(CJA0013527).
34 「방파제 건축을 연평도민은 열망」, 『동아일보』, 1931.8.27, 7면.
35 「속속 판명되는 연평도 실정과 조난민 응급 구제책」, 『동아일보』, 1934.6.6, 3면.

<그림 4-6> 연평도 조난 현장 사진

출처: 『동아일보』, 1934.6.6.

<그림 4-7> 연평도 조난위령제

출처: 『조선지수산』.

"압록강에 뗏목이 쌓여 있는 것 같다"는 기자의 말처럼 파괴된 선박들이 해안가에 켜켜이 쌓이고 말았다. 이러한 상황에서는 정확한 피해 상황은 물론 선원들 시신조차 수습하기가 힘들었다. 4일 오후까지 판명된 피해 상황은 사망자 13명, 중경상자 144명, 전파된 선박 264척, 반파된 선박 30척 등 손해액 총 50만 원이었다.[36] 또한 1934년 대폭풍은 기존에 완공된 서방파제에도 큰 피해를 입혔다. 방파제 중간 15m가량이 내측 안을 채워 넣은 콘크리트 시행 부분만 남겨놓고 둑마루와 외측 경사면 전체가 붕괴하고 만 것이다. 이에 따라 이듬해 또 다시 총공비 1만 5,000엔을 들인 긴급 복구공사가 실시되었다.[37]

결국 황해도는 1936년 6월 지방토목사업의 일환으로 조선총독부에 국고보조 신청을 하면서 서방파제와는 별도로 연장 1,000m의 동방파

---

36 「散亂한 船片間에 彷徨하는 千餘災民」, 『조선일보』, 1934.6.6, 3면.
37 「災害復舊工事其他補强工事計畫書」, 『災害復舊費豫算要求書』, 1935년(CJA0014794).

제, 그리고 연장 400m의 남방파제를 축조하는 계획을 수립했다. 공사 기간은 1937년 이후 2개년으로 하고, 총공비는 50만 엔으로 예상했다.[38] 이를 통해 현재의 연평도항과 같은 완벽한 모습의 항만시설이 갖춰지게 되는 것이다. 하지만 전시체제기 통제경제 하에서 사업의 진행은 원활히 이루어지지 않았다. 이듬해 다시 제출된 계획서에는 공사 기간이 1939년 이후 2개년으로 연장이 되었고, 총공비 역시 67만 엔으로 늘어났다.[39] 기본 설계가 바뀌지 않은 것으로 보아 인건비 및 자재비 상승에 따른 인상분이 적용된 것으로 보인다. 이처럼 연기를 계속하던 동방파제의 공사는 해방 후인 1958년에 다시 재개해 1970년대에 들어서야 완공을 보았다. 서방파제 또한 파도에 유실되었다가 1961년에 재건했다.[40]

3) 덕적도의 재난과 북리항 축조

인천항과 50km 거리에 있는 덕적도는 1920년대 인구가 3,600여 명까지 달했지만 경작지가 적어 새우와 조기 등을 잡으며 근근이 살아가던 궁벽한 섬이었다. 이곳이 전국적인 관심을 받게 된 것은 1920년에 굴업도 인근의 장봉수도(長峯水道)에서 민어 어장이 발견되면서부터였다. 수심 40~120m 되는 근해의 펄질 바닥에 주로 서식하는 민어는 조기와

---

38 「昭和十二・十三年度延坪島港防波堤修築工事槪算設計書」, 『昭和十二年國庫補助港灣修築工事』, 1937年(CJA0015391).

39 「昭和十四・十五年繼續事業港灣修築工事國庫補助申請書」, 『昭和十四年國庫補助各港修築工事』, 1939年(CJA0015615).

40 옹진군향리지편찬위원회, 1989, 앞의 책, 272쪽.

마찬가지로 어군을 이루며 회유하는 어종이었다. 가을에 제주도 근해로 가서 겨울을 나고, 봄이 되면 북쪽으로 이동해 전라남도의 무안과 법성포를 지나 여름에는 인천 근해와 평안북도의 신도까지 회유하는데, 덕적도는 민어들이 짝짓기하고 알을 낳는 주요 산란지였다. 민어의 회유에 따라 성어기가 달랐는데 전라도는 7~8월, 경기도는 8월, 평안도는 8~10월 이었다.

인천 근해는 일찍이 대규모 어업이 시작된 곳으로서 1900년대 말 800척 이상의 어선과 4,000여 명의 어부들이 종사할 만큼 활성화되었으나 주종은 조기와 도미 등이어서 민어는 주목받지 못했다.[41] 그러나 1920년 굴업도 인근의 장봉수도 어장에서 민어 어장이 발견되면서 전국 각처의 어선이 굴업도로 구름처럼 몰려들기 시작했다. 무인도와 다름없었던 이 섬이 1923년에는 조선인 120호(477명), 일본인 6호(17명), 중국인 2호(3명)가 거주하는 바다 위의 도시[波市]로 변모한 것이다.[42] 7월~9월까지의 성어기를 맞아 민어를 잡으러 오는 어선만도 500척이 넘었으므로, 선원들을 상대하는 음식점, 요리집, 세탁소, 잡화점, 목욕탕 등 임시편의시설도 설치되었다.[43] 어획 수입은 매년 8~20만 원이 되었고, 어획물은 주로 한강을 통해 서울 용산으로 팔려 나갔다.

이렇게 번성하던 굴업도에 1923년 8월, 대폭풍이 밀려와 수백 명의 인명피해를 입는 대참화가 발생했다.[44] 자연항으로 천재지변에 대비할

---

41 「仁港出漁現況」, 『황성신문』, 1910.5.13, 1면.
42 「인천항 굴업도」, 『동아일보』, 1923.8.15, 4면.
43 「덕적무인도의 대번영」, 『조선일보』, 1923.7.16, 3면.
44 1923년 대폭풍은 8월 13일 산동반도 쪽에서 불어닥치기 시작해 굴업도와 황해도 서흥군, 평안남도 진남포, 정주군, 용천군, 그리고 평안북도 용암포까지 우리나라 서

<그림 4-8> 굴업도 지도　　　　<그림 4-9> 북리항 지도

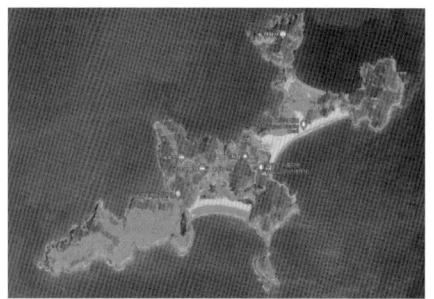

출처: 구글 어스.　　　　　　　　출처: 구글 어스.

시설이 전무했던 굴업도는 10월 6일 경기도수산회의 공식발표만 따라도 사망 15명, 행방불명 15명, 전파선 42척, 행방불명선 21척, 반파선 60척이라는 피해를 입었다.[45] 이후 경기도수산회는 굴업도를 대체할 새로운 피난항을 물색했고, 1924년부터 덕적도 북리[쑥개]가 새로운 어업기지가 되었다.

덕적도의 주산인 국수봉(314m) 동남쪽에 바다가 U자형으로 깊이 만입한 북리는 과거 쑥개로 불리던 한적한 시골 어항이었다. 삼면이 산으로 둘러싸여 있고 동쪽만 바다로 뚫려 있어서 과거부터 서해를 항해하던 선박들의 피난처로 알려진 곳이었다.[46] 본래 덕적도의 포구는 조선시대 수군진(水軍鎭)이 입지한 진리에 위치했으나, 1924년부터 북리가 굴업도를 대신하는 새로운 어업기지로 탈바꿈되었다. 1년 만에 경기도

　　북부 해안 지역에 혹심한 피해를 입혔다. 1,254명이 사망하거나 행방불명되고, 1만 6,106호가 유실 및 붕괴되었다고 한다(국사편찬위원회, 『일제침략하 한국36년사』 7권, 1923.8.13).

45　「굴업도 이재상황」, 『조선일보』, 1923.10.6, 4면.
46　옹진군향리지편찬위원회, 앞의 책, 633쪽.

수산회 사무소를 비롯해 음식점, 이발소, 목욕탕, 세탁소, 여관 등 60호의 신설가옥이 생기고, 1,000여 명의 어부와 200여 척의 어선이 모여드는 대성황을 이루게 되었다.[47] 북리항으로 모여드는 어선은 해마다 증가해 1937년에는 일본 어선 195척을 합쳐 약 1,900여 척까지 증가했다.[48] 어획고 역시 민어, 조기, 갈치, 새우 등을 포함해 1936년 50만 엔, 1937년 53만 엔, 1938년 60만 엔에 달하는 수확을 얻었다.[49]

그러나 북리 역시 굴업도와 마찬가지로 방파제 시설이 없는 자연항이어서 해마다 폭풍우와 해일로 수십, 수백 명의 인명피해를 내는 악순환이 계속되었다. 특히 1931년 8월과 1936년 9월 대폭풍의 피해가 격심했다. 1931년 8월의 폭풍 때는 조난선 수가 56척, 사망·행방불명자가 168명, 손해액은 약 4만 엔에 달했다.[50] 1936년 9월 새벽의 대폭풍은 조난선 수 40여 척, 사망자 46명, 행방불명자 61명이었으며, 어구의 손해는 약 11만 엔에 달했다. 연평도와 마찬가지로 정박한 선박의 닻줄이 끊어지면서 다른 배와 충돌해 파괴되거나 전복되는 참사가 벌어진 것이다. 다만 특이한 사항은 이와 같은 덕적도의 참화가 일본 황실에까지 전해져서 이재민에게 황실 내탕금이 전달되었다는 사실이다.[51] 이에 따라 조선총독부에서도 신속하게 북리항 축항 사업 계획을 마련하게 되었다.

---

47 「덕적북리 대번창」,『조선일보』, 1925.8.10, 4면 및 「덕적북리의 신설어장 근황」,『조선일보』, 8.14, 4면.

48 「인천근해 팔월중 어획량 전년보다 격증」,『동아일보』, 1937.9.9, 8면.

49 「德積島避難港防波堤工事計畫說明書」,『昭和十五年港灣修築工事』, 1940年(CJA0015693).

50 「德積島防波堤築造工事槪算書」,『昭和十二年港灣修築工事』, 1937年(CJA0015390).

51 「德積島避難港防波堤工事計畫說明書」,『昭和十五年港灣修築工事』, 1940年(CJA0015693).

덕적도 방파제 축조 공사는 1936년 경기도가 궁민구제사업 및 지방진흥사업의 일환으로 조선총독부에게 국고보조를 요청한 것부터 시작되었다. 총사업비 19만 8,000엔을 도(道) 부담금, 국고보조금 각각 절반씩 부담해 1937년부터 2개년 계속사업으로 진행하는 것이었다. 사석식(捨石式) 제방의 시공 방법은 연평도와 같았으나, 동·서 방파제를 각각 따로 축조하는 것이 아니라 처음부터 같이 진행시킨 점은 달랐다. 즉, 작은쑥개 파락금이 동편에 250m의 서방파제를 세우고, 어름실산 동편에 150m의 동방파제를 동시에 축조하는 계획이었다. 하지만 이 계획 역시 전시체제기 재정 곤란에 부닥치면서 순조롭게 진행되기가 어려웠다. 1938년 북리 어항 수축을 위한 사전조사를 마치고, 이듬해 5월 방파제 공사의 착공식까지 했지만,[52] 그때까지 국고보조금이 들어오지 않았고 도비 예산만 4만 엔을 소비하고 있었다. 이에 경기도는 1939년 6월 다시 조선총독부에 국비보조를 요청했는데, 이때의 예산은 1936년과 달리 총공비가 33만 엔으로 증가된 상태였다.[53] 이후에도 북리의 축항 공사는 거듭해서 공사가 중단되다가 겨우 서방파제 건립을 눈앞에 둔 상황에서 해방을 맞이하게 되었다. 동방파제 건립과 공유수면 매립 공사, 호안 공사, 물양장 공사가 모두 완공된 시기는 1973년이었다.[54]

---

52 「덕적도에 축항공사」, 『조선일보』, 1939.5.5, 3면.
53 「德積島避難港防波堤築造工事ニ對スル國庫補助ノ件」, 『昭和十五年港灣修築工事』, 1940年(CJA0015693).
54 김광현, 1985, 『덕적도사』, 116~119쪽.

4) '서해왕' 정근택(鄭根澤)과 태이도항 축조

앞서 굴업도와 덕적도의 민어 어장을 살펴봤지만 사실 우리나라에서 대규모 민어 어장이 처음 알려진 곳은 전라남도 무안군의 태이도(台耳島) 어장이었다. 1906년 일본 후쿠오카의 어부들이 태이도 앞에서 민어어업을 시작하면서 널리 알려졌고, 1920년대에는 민어 외 가오리, 부세 등을 포함해서 연간 30만 엔 이상의 어획고를 올렸다. 민어어업의 절정기이던 1930년대 후반에 이르면 우리나라 민어 어획에 30퍼센트 이상을 차지할 정도로 지존의 위치에 서게 된다.

태이도의 파시는 서로 마주 보고 있는 대태이도 남부[섬태리]에서부터 임자도 북부 해안[뭇태리]까지 이어졌다. 파시 기간은 6월 상순~10월 하순까지 약 5개월 동안인데, 파시 전에 농가 1호만이 있던 섬에 매년 파시철이면 가건물 수백 호가 생겨 수천 명의 어부들이 몰려들었다. 1928년 태이도를 방문한 한 기자의 말에 따르면 이곳의 가건물 총수는 116호이고, 이 중에 병원 1호, 음식점 90호, 요리점 15호, 잡화상 6호, 이발관 3호, 문옥(問屋) 1호가 있었다고 한다.[55]

태이도 어장의 어획물은 주로 하야시가네상회(林兼商會)나 닛센쿠미(日鮮組)와 같은 대기업에서 도매해 일본으로 이출되고 있었지만,[56] 해마다 일본인 어업자의 비중은 줄어들고 조선인 어업자의 비중이 점차 늘어나는 추세여서 1920년대 후반에는 조선인이 전체 어업자의 70퍼센트를 차지하고 있었다. 이들 중에 이른바 '서해왕'으로 불리며 태이도 어

---

55 「도서순례-하의도방면(6)」, 『동아일보』, 1928.8.18, 2면.
56 「西海의 寶庫 台耳波市, 漁産年十五萬圓」, 『시대일보』, 1925.8.14, 3면.

<그림 4-10> 태이도항 지도

출처: 구글 어스.

장에서 절대적인 세력을 차지한 인물이 있었으니, 바로 임자도 출신의 정근택(鄭根澤)이었다. 그가 소유한 어선이 300여 척에 달했으며 고용한 선원만도 1,500명에 이르렀다. 자신이 고용한 선원 외에도 1,000여 명에 달하는 지역 어민에게 무이자로 식량, 어구, 여비 등을 공급하거나 어획물 판매를 알선하는 등의 선행을 펼쳤다. 무엇보다 해상사고가 발생하면 즉시 조난선을 구출하는 일에 앞장서서 앞의 '서해왕' 외에도 '어업자 구세주'라는 별명을 따로 얻기도 했다. 특히 1931년 8월 태풍으로 68척의 어선이 조난되고 135명의 사망자가 나왔을 때, 정근택의 구조 활동은 세간의 화제를 모았다. 정근택은 이때의 일을 다음과 같이 회고하고 있다.

실로 참극 중의 참극이었습니다. 저도 지금 병중에 있는 동기는 그때 위가 상한 연고올시다. 내가 관리하는 발동기 7척으로 매일 서해를 순회해 조난인 구조와 시체 수색에 20여 일을 경과하는 동안 극도로 위가 약해졌던 것입니다. 구조한 사람은 200명이나 되고 사체를 건진 것은 10여 구올시다. 정말 지금 생각해도 동족애(同族愛)의 눈물이 솟아납니다. 매일 각처에서 선인의 가족이 60~70명씩 찾아와서 아들을 찾아주시오 형님을 만나게 하여 주시오 하는 애원은 참으로 울지 않고는 견딜 수 없었나이다. 그리하여 나의 관계는 발동기선은 물론이오 회사나 일본인 기선까지 전부 총출동을 시키고 매일 선인의 가족을 그 기선에 승선시켜 수색을 했습니다. 이렇게 하는 동안 그네들의 여비와 음식, 의복은 내가 아는 사람의 가족이나 모르는 사람의 가족이나 전부 담당했습니다.[57]

위의 회고담에서도 알 수 있듯이 정근택이 구조 활동을 하는 데 큰 도움을 준 것이 발동기선이었다. 발동기선은 1910년대 이후 일본에서 어선 동력화가 추진되면서 보급되기 시작한 선박으로, 당시 디젤엔진에 비해 값이 싼 야키다마(燒玉) 엔진을 장착해 통통 폭음을 낸다고 해서 '통통배'라는 친숙한 이름으로 불리기도 했다.[58] 정근택 소유 7척의 발동기선은 대부분 범선이었던 일반 어선보다 빠른 기동력과 안전성을 갖추고 있어 조난자 구조와 사망자 수색에 커다란 공헌을 했다. 이 밖에도 평소 라디오를 통해 각지의 소식을 전해 듣고 있던 정근택의 습성으로 미루어 보아 기상특보 방송이나 공공기관의 경보 등도 충분히 전달했을

---

57 「海上王 鄭根澤氏」, 『조선일보』, 1931.11.18, 3면.
58 다케쿠니 도모야스(오근영 역), 2014, 『한일피시로드, 흥남에서 교토까지』, 따비, 259~260쪽.

것이다. 일례로 1934년 9월 정근택은 태풍이 내습한다는 전라남도수산회의 신호를 받고, 곧바로 발동기선을 출동시켜 해상에서 한창 조업 중이던 300여 척의 어선을 강제적으로 피난시킨 일도 있었다. 이와 같은 정근택의 발 빠른 대처 덕분에 당시 태이도 근해에서는 단 한 척의 어선도 조난당한 일이 없었다고 한다.[59]

하지만 제아무리 정근택의 헌신적인 구조 활동이 있었다고 하더라도 태이도에 근대적인 어항 시설을 갖추지 않는 한 근본적으로 재난을 사전에 방어할 방법은 없었다. 1931년에 큰 피해를 입은 것과 똑같이 1940년 7월에 발생한 태풍으로 23척의 어선이 조난당하고 45명이 사망하는 사고가 일어났다. 이때도 정근택은 네 척의 발동기선을 출동시켜 다수의 인명을 구조하고 사체 12구를 인양해 유족에게 인도하는 선행을 펼쳤다. 그러나 태이도 어장은 이미 잇따른 재난으로 인해 원령이 저주하는 '마(魔)의 어장'이라는 소문까지 나서 어민이 출어를 기피하는 사태까지 이르렀다.[60] 이에 정근택은 전라남도에 조난자 위령탑 건립을 진정하는 한편, 무려 3,500엔에 달하는 자신의 사재(私財)를 기부해 태이도항에 방파제를 건립했다.

사실 태이도항 방파제는 이미 1937년 6월경 전라남도청에 의해 그 계획안이 만들어져 있었다. 이는 총공비 15만 엔을 투입해 1938년부터 2개년 안에 완공시킨다는 것인데, 대태이도 남단 동쪽에 연장 250m의 방파제를 돌출시키고, 서쪽에는 암초를 연결하는 연장 80m의 방파제를

---

59 「暴雨風豫報 밧고 三百漁船을 救助, '海上救主' 鄭根澤氏 美話」, 『조선일보』, 1934.9.20, 3면.
60 「全南台耳島漁場漁船蝟集せず, 慰靈塔建設を陳情」, 『朝鮮新聞』, 1940.8.28, 5면.

축조한다는 것이었다.⁶¹ 이러한 계획이 앞서 살펴본 바와 같이 1940년까지 전혀 진행되지 않고 있었으므로 정근택이 기부한 개인 재산으로 임시 방파제가 만들어진 것으로 보인다. 이후 전라남도는 정근택이 건립한 방파제를 확장·개수할 계획을 다시 수립하고 새로운 설계하에 급속 공사에 나섰으나 태평양전쟁의 발발로 중지되어 완공을 보지 못했다.⁶² 정근택이 건립한 방파제도 1948년 태풍으로 무너져 지금은 그 흔적조차 찾을 수 없다.

매년 2,000건 이상의 지진이 발생하는 일본에서는 최근 재해를 막는다는 '방재(防災)'보다 재해를 감소시킨다는 '감재(減災)'로의 패러다임 전환을 모색 중이다. 아울러 일본 정부는 그 감재의 방법으로서 자조(自助)·공조(共助)·공조(公助)의 '3조(助)'를 장려하고 있다. '자조(自助)'란 말 그대로 스스로 재해를 대비하는 것이고, '공조(共助)'란 지역 커뮤니티가 서로 도와 재해를 대비하는 것이며, '공조(公助)'란 국가의 제도 정비 및 인프라 구축을 의미하는 것이다.⁶³ 개인과 공동체, 그리고 국가가 모두 나서야만 불가항력적인 자연재해라도 그 피해를 최소화시킬 수 있다는 점에서 오늘날의 우리도 모두 귀를 기울여야 하겠다. 하지만 국가 없이 식민지기를 살아야 했던 조선의 민중에게 '3조(助)'는 없었다. 오로지 '자조(自助)'하고 '공조(共助)'해야 할 뿐, '공조(公助)'는 보이지 않았다.

---

61 「台耳島港修築工事計畫書」, 『昭和十三年國庫補助各港築造工事』, 1938年 (CJA0015503).

62 「全南台耳島漁場防波堤修築, 漁民은 當局의 時急한 施策要望」, 『水産經濟新聞』, 1948.8.12, 1면.

63 편용우, 2018, 「자조와 공조로 쌓는 일본의 재난 대비」, 『생협평론』 30, (재)아이쿱 협동조합연구소, 34쪽.

스스로 조난선을 구조하고 사재를 털어 방파제를 축조한 정근택의 활동이 이를 잘 보여준다.

제5장
일제 독점자본의 수산업 쟁탈과 통제 정책: 동해의 수산업을 중심으로

1. 동해의 지정학·지경학적 위치와 일제의 '호수화' 계획

동해는 한반도와 극동러시아, 사할린섬, 그리고 일본열도로 둘러싸인 동아시아의 연해(緣海)이다. 동해 수역의 면적은 100만 7,300km²에 달하며 남북 최대 길이는 1,700km, 동서 최대 길이는 1,100km이다. 대륙붕의 면적은 약 21만km²로 추정된다.[1]

남북한, 중국, 러시아, 일본의 영토를 각각 마주하고 있는 동해는 지정학적으로 중요한 위상을 차지하고 있다. 역사적으로 동해의 제해권을 장악한 국가들이 동아시아의 패권을 차지한 경험이 있기 때문이다. 19세기 이후로 러시아는 부동항을 찾아 계속 동해로의 진출을 기도했고, 20세기에 일본은 러일전쟁과 시베리아원정, 만주사변 등 잇따른 전쟁에서 승리하며 1930년대에 이르러서는 동해의 제해권을 거의 장악했다. 이후 일본은 동해를 '일본해'로 부르며 제국의 내해(內海)로 선포했다.

일본이 동해를 통해 만주와 몽골 등 대륙으로 진출하려는 꿈은 적어도 러일전쟁 직후부터 만들어진 것으로 보인다. 1907년 8월, 간도파출소장 사이토 스에지로(齋藤季治郎)는 두만강을 건너면서 화호리구령(火狐狸溝嶺) 정상에서 다음과 같은 훈시를 대원들에게 전했다고 한다.

---

[1] 주성재, 2011, 「동해의 지정학적 의미와 표기 문제」, 『동해의 재인식과 환동해학의 모색』, 경희대학교 출판문화원, 40쪽.

간도의 교통은 훈춘·길림·영고탑·청진과 이어지는 4대 통로를 간선(幹線)으로 삼고, 그 밖에 수많은 소통로(小通路)를 가진다. 장래를 상상할 때는 청진을 기점으로 하여 완전한 철도를 부설하고, 간도를 횡단하여 이를 길림으로 관통시키지 않으면 안 된다. 더욱이 쓰루가(敦賀)항으로부터 직항로를 개시할 때는 북만주와 우리나라와의 거리는 극히 단축되어, 수출입화물은 자연스럽게 이 철도에 의지하게 될 것임은 일목요연하다. 따라서 간도는 물론 북만주의 개발을 기약하여 기다릴 것이며, 특히 일본의 서해안이 대단하게 발달할 것이다.[2]

이처럼 사이토 소장은 파출소 개설 이후 일본 쓰루가항으로부터 직항로를 청진에 연결하고, 청진 기점으로 간도를 횡단해 길림을 관통하는 철도를 부설하면 일본의 서해안[동해]이 발달할 것이라고 발언하고 있다. 이를 통해 간도파출소 설치 목적이 그들이 표면상 내세운 간도 내 한인 보호나 한청 간의 국경문제 해결에만 있지 않고 제국 일본의 대륙 진출과 일본 본토(특히 상대적으로 저개발 단계에 있는 일본 서부 지역)의 발전에 있었음을 알 수 있다. 이는 1909년 9월, 이른바 '간도협약'을 통해 간도 영유권을 청국에 넘기는 대신 동북 지역에서의 일본의 철도부설권 및 광산개발권 확대를 얻어낸 것과도 일맥상통한다고 하겠다.[3]

1931년 만주사변을 통해 랴오둥, 지린, 헤이룽장의 동북 3성과 내몽골에 걸친 광대한 영토를 손아귀에 넣음으로써 일본은 오랜 대륙진출의

---

2 『역주 통감부임시간도파출소기요』, 동북아역사재단, 2013, 143쪽.
3 김지환, 2005, 「間島協約과 日本의 吉會鐵道 부설」, 『중국사연구』 34, 중국사학회, 263~266쪽 참조.

꿈을 마침내 실현시켰다. 이제 제국의 중심부인 일본 본토와 식민지 및 점령지 내 각 항구 간의 원활한 교통과 효율적인 자원을 동원하게 하는 인프라 구성이 필요해졌다. 이에 대해 경성일보의 사장 마츠오카 마사오(松岡正雄)는 이른바 '호수화'론이라 불리는 동해 개발 구상을 1932년 1월 5~6일 양일간에 걸쳐 『도쿄일일신문』을 통해 밝혔다.

> 일본해(日本海)는 또는 상고(上古)에 있어서 오늘날보다 오히려 일본 국민에게 매우 친근감을 느끼는 바다였다.… (중략)… 만일 그들에게 방법을 제공할 수 있다면, 그 선조들처럼 일본해를 이용하여 북선(北鮮) 및 북만(北滿)에 있는 이웃들과 손을 잡고, 평화와 융성을 위해 커다란 공헌을 하였을 것이다. 그렇다면 그 방법이 무엇일까 하면, 그것은 먼저 항로의 문제이다. 바꿔 말하면 우라니혼(裏日本)의 여러 항구, 즉 쓰루가(敦賀), 후시키(伏木), 니가타(新潟), 사카타(酒田) 등과 조선 동해안의 원산(元山), 서호진(西湖津), 성진(城津), 나진(羅津), 웅기(雄基) 등 여러 항구 간에 빈번한 교통로가 열리게 된다면, 우리의 최량의 이민은 자연히 북선이나 간도, 또는 북만으로 진출하고, 그들이 이러한 지방의 주민이 미치지 못하는 곳을 보충하며, 천연자원을 잘 개척함과 동시에 경제생활에서 가장 필요한 사회적 질서의 유지에 따를 것이다.… (중략)… 이런 기회를 잡아 그 일대 평화사업을 완성하는 지도적 사명을 가진 이는 일본 국민을 제외하고는 달리 없다는 것이다. 그 이유에 있어서 우리들은 우리 국가가 먼저 일본해를 우라니혼의 호수로 만든다고 하는 앞서의 방책을 제창하는 것이다.[4]

4　芳井研一, 2000, 『環日本海地域社会の変容:「満蒙」·「間島」と「裏日本」』, 青木書店,

위의 인용문에서 알 수 있듯이, 마츠오카는 일본의 저개발 지역인 '우라니혼(裏日本)'의 발전 방안을 내셔널리즘에 기반한 조선과 만주의 식민화와 연결시키고 있다. 즉, 동해[일본해]와 면하고 있는 일본열도의 서부 항만과 한반도의 주요 항구를 연결해 일본인 이민자를 손쉽게 한반도 북부와 만주 전역으로 진출시키고, 또 그들로 하여금 식민지 개발과 질서 유지에 이바지할 기회를 부여하자고 주장하고 있는 것이다.[5] 이는 식민자인 일본인의 제국주의적 침탈을 정당화하는 언설로서 일찍이 모리 타케마로(森武麿)가 "일본 동부지방의 농촌 궁핍과 위기의식을 교묘히 이용하여 군부의 대륙침략 정책으로 유도한 민중 동원의 논리"라고 비판한 바 있다.[6]

그렇다면 일본 '우라니혼' 출신의 궁핍한 이민자들이 한반도 동해안에 정착하며 생활할 수 있도록 하는 경제적 기반은 어떻게 만들 수 있었을까? 이를 알기 위해서는 동해가 지닌 지경학적(geo-economics) 환경까지도 살펴볼 필요가 있다. 무엇보다도 우리는 동해안이 무진장한 수산자원을 갖춘 세계적 수준의 황금어장이라는 사실에 주목해야 한다.

동해는 한류와 난류라는 이질적 양 해류가 교차하는 바다다. 즉, 북상

260~262쪽에서 재인용.

5　동해를 일본의 내해로 만든다는 '호수화'론은 일본열도에서 동해를 횡단하여 함경북도를 거쳐 길회선(지린-회령)으로 만주를 연결하는 '북선루트'의 개발이 그 핵심이다. 즉, 만주와 일본 간의 거리를 획기적으로 좁히는 거의 유일한 항로인 니가타, 쓰루가 등 우라니혼의 항구도시들과 나진, 청진, 웅기 등 소위 '북선3항'을 종단항으로 연결하는 것이다. '북선루트'와 '북선3항'에 대해서는 송규진의 「일제의 대륙침략기 '북선루트'·'북선3항'」(『한국사연구』163, 한국사연구회, 2013)을 참조.

6　森武麿, 2010, 「日本海湖水化計画と朝鮮殖民」, 『歴史民俗資料学研究』15, 神奈川大学大学院歴史民俗資料学研究科, 233쪽.

하는 난류인 쓰시마해류와 남하하는 한류인 리만해류가 접촉하기 때문에 수산업 발달에 가장 유리한 환경을 제공하고 있는 것이다. 특히 규조류의 플랑크톤이 많고, 또 한수성 수역에서는 플랑크톤의 연직순환이 왕성해 이를 찾아 대량으로 회유하는 어족자원이 많다. 대표적으로 명태·멸치·청어·대구·방어·고등어·꽁치·상어·도루묵·오징어·가자미·넙치·고래 등을 들 수 있다.

반면에 해안선의 굴곡이 작고 조석간만의 차가 작아서 선박이 정박할 천연의 양항이 적다는 단점도 있다. 영흥만이나 영일만 같은 곳을 제외하면 해안선이 직선에 가까울 정도로 단조로운 형태이고, 또 좁은 대륙붕을 넘어서면 수심이 3,000m에 이를 정도로 심해가 된다는 점도 어업 활동을 하기에는 불리한 조건이었다. 이러한 불리함을 극복하기 위해 일제는 가장 먼저 동해안 어업에서 근대식 어선과 어구를 도입하는 자본제 수산업을 시행했다.

물론 일본인의 동해 진출이 처음부터 순조로웠던 것은 아니었다. 러일전쟁 전후부터 야마구치·도야마·이시카와·후쿠이·아키타·니가타·시마네·돗토리현 등 일본 서부 지역의 어민이 동해 북부 해역으로 처음 출어를 나간 것은 확실히 모험적인 행위였으며, 따라서 수없이 많은 실패를 경험했다.[7] 일본과는 전혀 다른 기후환경이나 어장환경에 따라 많은 어려움을 겪은 것이다. 하지만 1920년대 이후 동력어선이 점차 보급됨에 따라 이러한 어려움은 점차로 해결이 가능하게 되었다. 특히 기선저예망이나 건착망과 같은 신 어법이 성공함에 따라 이전 시대와는 비교할 수 없는 어획량을 얻게 되어 빠르게 자본제 수산업으로 변신할 수

---

[7] 요시다 케이이치(박호원·김수희 역), 2019, 『조선수산개발사』, 민속원, 349~350쪽.

있었다. 반면에 전통적 어법을 유지하던 조선인 영세 어업자는 경제적으로 몰락하며 이들 일본인 자본가에게 민족적·자본적 이중의 예속을 당하는 처지로 몰리고 말았다. 제5장에서는 식민지기 동해안 어업을 대표하는 명태와 정어리 어업, 그리고 그 가공업을 중심으로 이러한 변화를 살펴보겠다.

2. 명태 어업과 어장 분쟁

1) 명태 어업의 변화와 기선저예망의 등장

동해의 명태, 남해의 대구, 서해의 조기를 우리나라 3대 어종으로 뽑듯이 명태는 수백 년 이래 한국인이 가장 좋아하고 제수용으로도 빠트리지 않았던 식품이다. 지금은 '북어'가 말린 명태를 뜻하지만 원래는 '북어(北魚)'가 본디 이름이고, '명태(明太)'가 속명(俗名)이었다고 한다.[8] 북어의 이름에 "북쪽에서 잡은 물고기"란 뜻이 있는 것에서 알 수 있듯이 한류가 흐르는 추운 바다인 베링해와 오호츠크해, 그리고 동해에 걸쳐 서식한다. 한반도에서는 함경남북도와 강원도가 주요 산지이고, 특히 함경남도의 신포(新浦)·신창(新昌)·차포(遮浦)에서의 어획량이 가장 많았다. 따라서 "함남의 명태어냐, 명태어의 함남이냐"는 말이 식민지기에 유행어가 될 정도로 함경남도는 명태 어업의 중심지가 되었다.[9] 20세기

---

8 『五洲衍文長箋散稿』 권 11, 北魚辨證說.

초 함경남도의 명태 어장에 대해『한국수산지』는 다음과 같은 기록을 남기고 있다.

> 명태는 함경도의 특산물로 어장은 북으로는 두만강에서 남으로는 함흥 부근에 이른다. 산란기에 이르면 큰 무리를 지어 연해의 얕은 곳으로 내유(來遊)한다. 그 무리는 길이가 수십 리, 폭이 20~30리에 달하는 경우도 있다. 알을 배고 있는 동안은 움직임이 아주 느리고 물속에서 오르락내리락하지만 산란을 마치면 연해 각지로 흩어져 수면 가까이를 떠나간다. 어장은 옛날에는 명천(明川) 부근이 중심이 되었으나, 현재는 신포(新浦) 근해 수심 4~40길[尋] 되는 장소로 이동했다. 대체로 점차 남쪽으로 이동하는 것 같다.[10]

명태 서식에 적절한 수온은 1~10℃이다. 주로 30~300m 사이의 중층 수심에서 산다. 수온에 민감해 겨울철 수온이 내려가면 상층으로 올라오고, 여름철 수온이 올라가면 깊이 잠수하는 습성이 있는 것이다. 다만 겨울철 산란기가 오면 연해의 얕은 바다로 몰려와 대략 수심 50m 정도, 수온 5~10℃의 수층에서 산란한다. 이때가 바로 명태의 어획기가 된다. 지역마다 다르지만 9월부터 이듬해 4월까지이고, 12월과 1월이 성어기가 된다.[11]『한국수산지』에서 "산란기가 되면 큰 무리를 지어 연해의 얕은 곳으로 내유한다"는 것은 이와 같은 명태의 습성과 어장 환경

---

9   『해양문화, 조기·명태·멸치』, 국립민속박물관, 2023, 271쪽.
10 『韓國水産誌』제1집, 농상공부 수산국, 1908, 217~218쪽.
11 요시다 케이이치(박호원·김수희 역), 2019, 앞의 책, 488~490쪽.

을 일컫는 말이다. 또한 주요 어장이 함경북도 명천에서 함경남도 신포로 옮겨졌다고 한 것은 이 당시의 기후변화를 알려주는 또 하나의 예시가 된다. 한반도 근해에서 명태가 사라져 버린 지금, 이에 관한 면밀한 연구가 필요하다.[12]

명태 어업이 언제부터 기원했는지는 확실히 알 수 없으나 적어도 조선 후기 이후로는 본격적인 어업에 착수한 것으로 보인다. 기록상으로도 '명태'라는 이름

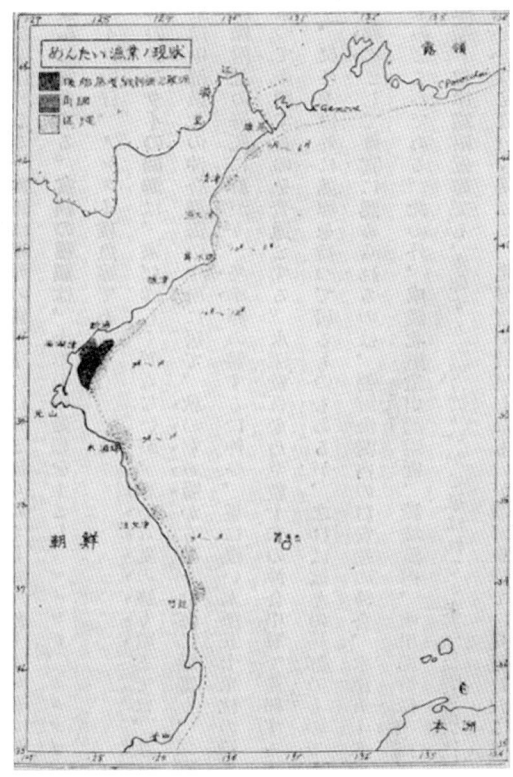

〈그림 5-1〉 동해안의 명태 어장도
(朝鮮總督府 水産試驗場)

은 1652년(효종3)에 처음 등장했다.[13] 이후 19세기에 들어서면 명태는 조선에서 가장 많이 어획되고, 또 전국적인 유통망까지 갖춘 어물이 되었다.

---

12 조선시대 기후변화에 따른 명태의 어장 변화에 관해서는 심민정, 「조선시대 명태어장과 어로기술」(『조선시대 해양환경과 명태』, 국학자료원, 2009)을 참조.
13 박구병, 1978, 「한국명태어업사」, 『논문집』 20, 부산수산대학교, 131~32쪽.

서유구가 1820년경에 저술한 『난호어목지(蘭湖漁牧志)』에 따르면, "관북(關北)에서 산출되는〈명태는〉음력 12월부터 어망을 설치해 어획하는데… (중략)… 모두 남쪽의 원산으로 수송하므로 원산에는 사방의 상인들이 모여든다. 배에 실어 동해를 돌아 운수하고 말에 실어 철령(鐵嶺)을 넘는데, 밤낮없이 인마(人馬)의 왕래가 끊이질 않아 전국에 넘쳐흐른다"[14]고 했다. 아울러 같은 시대의 『오주연문장전산고(五洲衍文長箋散稿)』에도 명태는 "값이 사방이 같고, 일용의 상찬(常饌)으로 삼으며… (중략)… 여항(閭巷)의 세민(細民)은 물론 유가(儒家)의 가난한 자도 제수용으로 써서 천하게 쓰는 귀한 것"이라 했다. 어장에 대해서는 "중추(仲秋)부터 이 고기가 많이 내유해 한 번 잡으면 만선(滿船)하고 쌓은 것이 산더미를 이룬다"고도 했다.[15]

이처럼 조선 시대 명태 자원은 풍부했고, 한말의 어업조사서에서도 명태의 어획고가 금액으로는 수위를 차지하고 있음을 확인할 수 있다.[16] 명태 어장의 환경이 조선 후기와 크게 차이 나지 않을 것으로 생각되는 개항기의 자료를 검토해 볼 때 근대 이전의 명태 어획량은 대략 6,000~7,000톤 정도에 달했을 것으로 추정된다.[17]

조선 시대 명태 어업에서는 주낙[延繩]과 자망(刺網), 거망(擧網) 등의 어구가 주로 사용되었다. 『한국수산지』에 따르면 주낙은 명태 어업의 창시 때부터 사용된 어구로 그 기원이 매우 오래되었음을 알 수 있다.[18] 또

---

14 『蘭湖漁牧志』, 魚名攷, 海魚 明鮐魚.
15 『五洲衍文長箋散稿』 권 11, 北魚辨證說.
16 『韓國水産誌』 제1집, 농상공부 수산국, 1908, 217~218쪽.
17 박구병, 1978, 앞의 글, 34쪽.
18 『韓國水産誌』 제1집, 제7장 漁具及漁船 小鱈刺網.

〈그림 5-2〉 연승(延繩: 주낙)

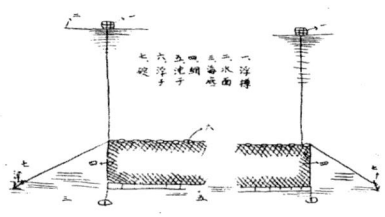
〈그림 5-3〉 자망(刺網: 걸그물)

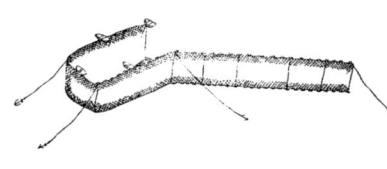
〈그림 5-4〉 거망(擧網: 들그물)

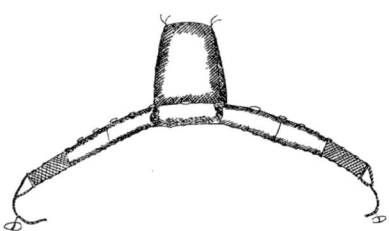
〈그림 5-5〉 수조망(手繰網: 방그물)

한 식민지기에 간행된 문헌에 따르면 주낙은 함경북도에서 시작해 함경남도, 강원도까지 명태 어장에서 가장 널리 사용되었고, 자망은 약 80년 전(19세기 후반)에 고안된 것으로 일종의 정치망(定置網)인 거망은 수십년 전부터 사용되기 시작했다고 했다.[19] 이외에도 '홀치망(忽致網)' 또는 '홀치기' 등으로도 불린 어구가 있었는데 이는 1905년경 일본인 통어자들이 사용한 수조망(手繰網)을 모방해 만든 것이었다.

이들 어구는 제작에 필요한 노력과 자본이 크게 들지 않고, 또 수심이 낮은 곳에서 이용할 수 있었으므로 명태가 해변 가까이에 몰려들기만 한다면 어로작업에는 크게 문제가 없었다. 그러나 명태 소비가 급증하고, 또 다른 지역 어선까지 동해 북부 어장에 몰려들면서 더 이상 명태

---

19 『朝鮮のメンタイ漁業に就て』, 朝鮮總督府水産試驗場, 1935, 10~11쪽.

는 연안 가까이 오지 않았다. 결국 연해 10~20리(哩)에서 행해지던 기존의 낚시, 거망, 자망 등 전통 어법이 불가능해짐에 따라 1916년 이후부터는 150~200리의 원해까지도 출어하는 대형 자망선이 생겨났다.[20] 자망선은 목제의 명태 어선 중 가장 큰 것으로서, 소형선은 폭이 10척, 길이 40척이고, 대형선은 폭 15척, 길이 60척에 달했다. 소형은 7명, 대형은 13명의 선원을 수용할 수 있는 규모였다고 한다.[21] 이러한 자망어업은 주낙어업 등에 비해 많은 자본이 필요했지만 그에 따른 수익성도 높아서 점차로 확대되는 추세였다. 한편 동해안의 명태 어업에 관심 있는 사람들은 조선인 어업자만이 아니었다. 개항기 일본인 통어자와 일본 수산 당국에서도 깊은 관심을 가지며 20세기 초부터 동해의 어업 조사와 명태의 시험 조업에 나선 것이다. 사실 일본인은 담백하기만 할 뿐 아무 맛도 나지 않는 명태 어육을 선호하지 않았다고 한다. 홋카이도 근해에서 조선 명태보다 좀 더 큰 명태가 나고 있었지만 이들은 어획하지도 않았다.[22] 그러나 홋카이도 등과 달리 어종별로 어기(漁期)가 연속되는 어장 환경에 주목하면서 동해안의 대표 어업인 명태 어업을 간과할 수는 없었다. 아울러 명태는 조선 안에서 이미 상품유통체계가 완비된 상태여서 판로 또한 걱정할 일이 없었다.

일본인이 처음으로 명태 어업에 착수한 것은 1899년 신포를 근거지로 출어한 호코의회(報效義會)의 어선이었다고 한다.[23] 비슷한 시기에 원

---

20 강재순, 2009, 「일제시기 함경남도 명태어장의 분쟁-소위 "발동선문제"를 중심으로-」, 『대구사학』 96, 대구사학회, 3~4쪽.
21 鄭文基, 1936, 『朝鮮明太魚』, 朝鮮總督府 水産課, 13쪽.
22 이근우, 2009, 「근대 초기 조선의 명태 어업과 일본의 진출」, 『조선시대 해양환경과 명태』, 국학자료원, 208~209쪽.

산에 거주하는 일본인도 수조망, 자망, 주낙 등의 어구로 명태 어업을 실시했으나 결과는 모두 실패로 돌아갔다. 어장 환경이 일본과 다르고, 또 명태 어업 자체가 일본인으로서는 전혀 경험하지 못한 어업이었기 때문이었다. 이에 야마구치·도야마·가가와 현 등의 수산시험장에서 명태 어업 조사와 어법 개발에 나섰는데, 기존의 소형 어선이 아닌 발동기 수조망(手繰網) 어업이나 타뢰망(打賴網) 어업으로 전환한다면 성공 가능성이 있다는 결론을 얻었다.[24] 따라서 1920년대부터는 다양한 동력어선 개발과 어구 실험이 이루어졌다.

본격적으로 일본인이 동해의 명태 어장에 동력어선을 투입하기 전인 1920년대 중반까지 명태 어업은 조선인 위주의 운영이 유지될 수 있었다. 명태 어업에서 조선인 어업자와 일본인 어업자 간의 승부를 가른

〈그림 5-6〉 기선저예망(機船底曳網)

---

23 호코의회(報效義會)는 예비역 해군대위인 군지 시게타다(郡司成忠)가 러시아 경비의 필요성을 느끼고 1893년에 조직하여 쿠릴열도(北千島) 개척에 나선 단체이다.
24 요시다 케이이치(박호원·김수희 역), 2019, 위의 책, 290쪽.

일은 기선저예망(機船底曳網)어업이 등장하면서부터였다.[25] 기선저예망은 일본 전래 어구인 수조망과 타뢰망 등을 개량하여 발달시킨 것이다. 처음에는 범선에서 사용하다가 동력어선에 결합시킴으로써 비약적인 발전을 보았다. 하지만 그물코가 작은 그물로 연안 바닥을 쓸면서 어종을 가리지 않고 '싹쓸이'하는 어법이기에 일찍이 일본에서는 어장 황폐의 주범으로 비난을 받고 있었다.[26] 이러한 남획 어구가 1920년대 초 동해에 보급된 것이다.

일본인이 처음 기선저예망어업을 시작한 것은 1920년 신포를 어업 기지로 하여 가자미 어업을 착수하면서부터였다. 그러나 가자미 어업에서의 기선저예망은 채산이 맞지 않아 곧바로 실패하고 말았다. 이후 조선총독부 수산시험장의 시험선 미사고마루[鷦丸]가 중층 트롤을 이용하여 시험 어업을 시행하던 중, 명태가 낮에는 중층에서, 밤에는 해저에서 서식하는 습성을 파악했다. 아울러 기선저예망이 명태 어업에 가장 적합한 어법으로 홍보되면서 1924년 처음으로 기선저예망에 의한 명태 어업이 시작되었고, 곧바로 가자미 기선저예망업자들이 명태 어업으로 대거 전환했다.[27] 초기 어업에서는 몇 가지 실패가 거듭되었지만 1931년경부터 점차 어선을 개량함으로써 본격적인 기선저예망어업을 정착시킬 수 있었다.

---

25 기선저예망은 '기선저인망(機船底引網)', '발동선수조망(發動船手繰網)' 등 다양한 이름으로 불렸으나 1929년 「조선어업령」 개정 당시 '기선저예망'으로 규정되어 공식 명칭이 되었다. '외끌이'와 '쌍끌이' 두 가지 방식이 있었는데, 명태 어업에서 사용된 것은 '외끌이' 방식이었다(鄭文基, 1936,『朝鮮明太魚』, 朝鮮總督府 水産課, 10쪽).

26 한규설, 2001,『어업경제사를 통해 본 한국어업제도 변천의 100년』, 선학사, 57쪽.

27 박구병, 1978, 앞의 글, 41쪽.

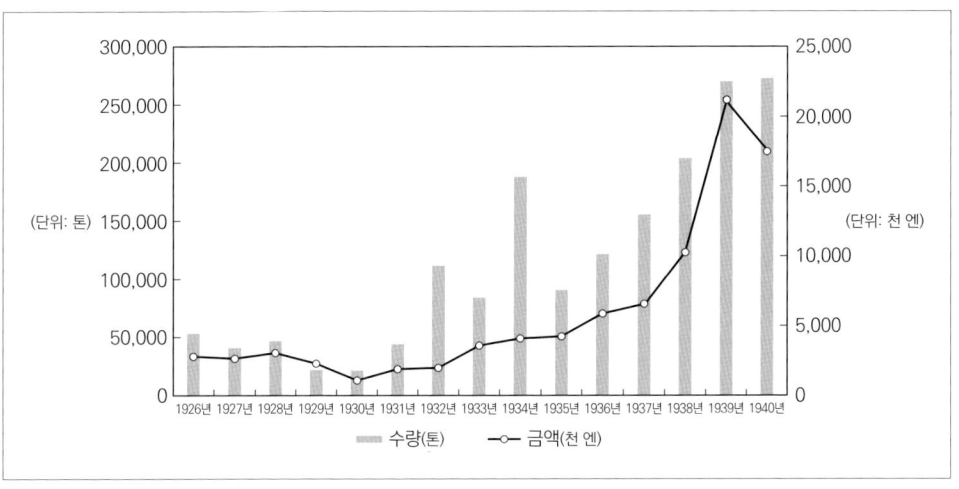

〈그림 5-7〉 1920~1930년대 명태 어획고

출처: 조선총독부, 『朝鮮水産統計』, 각 연도판.

〈그림 5-7〉은 1926~1940년까지의 전국 명태 어업의 어획량과 어획금액을 나타낸 것이다. 1931년 이전까지 어획량 4~5만 톤, 어획금액 200~300만 엔에 불과하던 것이 이후부터 급속히 성장해 1932년 11만 1,000톤(190만 엔), 1934년 18만 7,000톤(400만 엔), 1938년 20만 3,000톤(1,000만 엔), 1940년 27만 1,000톤(1,740만 엔)으로 급등하고 있다. 가장 어획량이 낮았던 1930년과 가장 어획량이 높았던 1940년을 비교하면 10년 만에 어획량으로는 13배, 어획금액으로는 17배가 상승한 것이다. 1930년대까지 조선 어업에서 차지하는 어종별 어획량 중, 부동의 1위는 단연코 정어리였다. 1934년 처음으로 2위의 자리를 차지한 명태는 점차로 어획량을 늘리다가 정어리 어획량이 급격히 감소하는 1942년에 이르러서 마침내 1위의 자리에 오르는 신기록을 세웠다. 이러한 성장이 가능했던 이유는 앞서 소개한 기선저예망 어선의 활약 덕분이었다. 그 근

〈표 5-1〉 함경남도 연해 어구별 명태 어획고

어구별	1932년 가을~1933년 1월				어구별	1941년 가을~1942년 1월			
	어선수	어획량 (단위: 駄)	1척 평균(1통 평균)			어선수	어획량 (단위: 駄)	1척 평균(1통 평균)	
			어획량	비율(%)				어획량	비율(%)
기선저예망	40	36,062	920	52.9	기선저예망	45	112,588	2,502	47.1
자망	206	12,653	61	18.6	자망	824	55,105	67	23.0
주낙[연승]	454	9,809	22	14.4	주낙[연승]	823	27,555	34	11.5
거망(단위: 統)	116	8,692	75	12.7	거망(단위: 統)	462	42,861	93	17.9
홀치망	49	974	20	1.4	홀치망	18	397	22	0.2
					일반정치망	8	644	81	0.3
총계		68,190		100	총계		239,150		100

출처: 『朝鮮のメンタイ漁業に就て』, 1935년 및 1943년도.

거로 〈표 5-1〉을 제시해 본다.

〈표 5-1〉은 명태의 주요 어장인 함경남도 연해에서의 어구별 명태 어획고를 비교한 것이다. 시기는 1932~1933년 어기의 어획고와 1941~1942년 어기의 어획고를 서로 비교해 보았다. 이를 통해 알 수 있는 사실은 기선저예망이 1932년 이후로 함경남도 명태 어획량의 절반을 차지하고 있다는 것이다. 당시 조선총독부는 어족 자원을 보호하기 위해 기선저예망 어선 허가수를 제한하고 있었으므로 1932년 40척에서 1941년 45척으로 단지 5척만이 증가한 상태인데,[28] 어획량은 1932년 1척 평균 920태(駄)에서 1941년 2,502태로 2.7배나 증가했다.[29] 이에

---

28 1930년 이후 조선총독부는 기선저예망어업의 허가수를 제한해 함북을 제1구(50척), 함남·강원을 제2구(40척), 경북·경남을 제3구(50척), 전남·전북을 제4구(65척), 충남·경기·황해·평남·평북을 제5구(45척)로 구획했다. 이후 1933년에 제2구의 허가수가 40척에서 45척으로 증가시켰으며, 1940년부터는 제4구와 제5구를 통합해 제4구(110척)로 변경했다.

29 태(駄)는 말 한 마리에 싣는 짐의 단위로서 1태는 36관(135kg)이었다. 마리 수로는 약 2,000마리이다.

반해 자망은 네 배, 주낙은 두 배, 거망은 네 배나 증가했지만 1척(통)당 평균 어획량은 자망이 4.4퍼센트, 거망이 5.2퍼센트밖에 증가하지 못했고 주낙은 도리어 2.9퍼센트가 떨어졌다.[30] 또한 홀치망[수조망]은 49척에서 18척으로 감소되어 거의 사양길에 접어든 어업이 되었음을 알 수 있다. 소수의 기선저예망의 활약으로 다른 어구의 어업은 쇠퇴하면서도 어선수는 크게 증가하는 역설적인 모습이 엿보인다. 그만큼 1930년대 이후의 명태 어업이 치열한 경쟁 관계로 돌입했음을 알 수 있다.[31]

그렇다면 식민지기에 일본인이 차지하는 명태 어업의 비율은 어떠했을까? 기선저예망어업에서 일본인이 차지하는 비중이 크지만 전부가 일본인이 경영하는 것은 아니었고, 일부 조선인이 경영하는 것도 있었다. 아울러 자망·주낙·거망 등의 어업에서도 일본인이 경영하는 것이 있었기 때문에 위의 〈표 5-1〉만으로 민족별 어업을 구별하는 것은 옳지 않다. 다만 『조선총독부 통계연보』에 따르면 1932년까지의 민족별 어구 보유 상황이 나타나는데, 이를 통해 살펴볼 때 1928년까지는 명태 총어획량에서 일본인 어업자가 차지하는 비율은 평균 5퍼센트 내외에 불과했다. 당시까지는 조선인에 의한 명태 어업이 절대적인 위치를 차지하고 있던 것이다. 그러던 것이 1929년에는 18.6퍼센트, 1932년에는 28.2퍼센트로 일본인 어업자의 비중이 계속 증가했다.[32] 따라서 1940년대까

---

30 자망, 거망, 주낙 등 전통 어구가 1940년대에 증가한 것은 이를 증가가 아닌 회복으로 파악해야 할 것이다. 즉, 기선저예망 어선의 등장으로 1930년대 초 전통 어구가 급속히 감소했다가 이후 점차로 다시 회복한 것으로 파악할 수 있다.

31 이기복, 2010, 「일제하 漁船動力化 추이와 조선의 수산업-1920년대 水産共進會를 중심으로-」, 『역사민속학』 32, 한국역사민속학회, 219~220쪽.

32 박구병, 1978, 앞의 글, 47~48쪽.

지 명태 어업에서 차지하는 일본인 어업자의 비중은 계속 증가했을 것이다.

2) 조업 금지 구역의 설정과 어장 분쟁

1924년 니가타현 수산시험장 소속의 야히코마루(彌彦丸)가 함경남도 마양도 근해에서 한 번에 명태 8만 마리를 어획하는 성과를 올리자 이듬해부터 가자미를 잡던 10여 척의 저예망 어선들이 대부분 동태 어업으로 전환했다. 1925년 원산에서 함남기선저예망어업조합이 만들어지고, 이듬해에는 허가받은 어선수가 24척으로 격증했다.[33] 이들 저예망 어선의 대부분은 일본인 소유였다. 일본인 소유가 21척에 달했고, 조선인 소유는 3척에 불과했다. 이러한 기선저예망어업의 출현은 필연적으로 자망이나 주낙 등 전통적 어구를 사용하는 조선 어민과의 갈등과 분쟁을 야기할 수밖에 없었다. 아울러 앞에서 서술했듯이 어종을 가리지 않고 해저를 '싹쓸이'하는 기선저예망 같은 자연 파괴적인 어업은 수산자원 보존 차원에서도 엄격한 규제가 필요했다.

이에 대해서 조선총독부의 입장은 비교적 명확했다. "병합 이후의 산업에 대하여 조선총독부의 방침은 대기업을 불러들이기보다는 중소기업이나 영세기업을 키워간다고 하는 것에 중점을 두었고, 어업의 경우에도 매우 작은 어업자를 보호·육성한다고 하는 것을 목적으로 하기 시작했다"[34]고 하는 조선총독부의 어업행정 책임자의 증언에서도 알 수 있듯

---

33 요시다 케이이치(박호원·김수희 역), 2019, 앞의 책, 492쪽.
34 穗積真六郎, 『朝鮮水産の発達と日本』(財団法人友邦協会　東京1968年12月), 44쪽.

이, 동력어선을 사용하는 이른바 '원양어업'에 대해서 조선총독부는 철저히 규제하는 정책을 펼쳤다. 1911년 「어업령」에서 트롤어업을 조선총독의 허가어업으로 규정해 1945년까지 단 한 척의 트롤어선도 허가하지 않은 것이나, 「어업취체규칙」에 한반도 주변의 트롤어업 금지 구역을 설정한 것이 그러하다. 마찬가지로 기선저예망어업에 대해서도 조선총독부는 연안 어민 보호와 수산자원 보존의 이유로 1929년 「조선어업령」과 「조선어업령시행규칙」에 허가어업으로 규정하고 조업 금지 구역을 설정했다.[35] 아울러 조선총독부고시 제479호로 조업 구역을 제1구에서 제6구까지 정하는 동시에 기선저예망 선박 숫자를 제한하는 허가정한수(許可定限數) 정책을 도입했다. 또한 1930년에는 기선저예망 어선의 규모를 길이 20m 이하, 90마력을 한도로 제한하는 조치를 취하기도 했다.[36] 문제는 이러한 규제정책이 얼마나 실효성 있게 집행되었는가에 있을 것이다.

그러면 특정 금지 구역이라는 것이 무엇이냐 하면 11월 15일부터 이듬해 2월 말까지의 기간을 한해 함남해안선 중 특정 구역으로부터 심해를 향해 24리 이내에는 발동선의 출입을 금지한 법규가 있다고 한다. 그 금지한 이유는 명태의 어족 보호에 있다고 한다. 즉 11월부터 이듬해 2월까지의 기간은 명태의 산란기인데 右 금지 구역 안에

35　藤井賢二, 2008, 「日本統治期の朝鮮漁業の評価をめぐって」, 『東洋史訪』 14, 兵庫教育大学東洋史研究会, 103쪽.

36　『朝鮮第二區汽船底引網漁業水産組合十年史』, 朝鮮第二區汽船底引網漁業水産組合, 1940, 7쪽.

는 명태의 산란에 최적한 장소라고 한다. 그런데 발동선의 어구인 수조망이라는 것은 그물로 명태를 뺑 둘러가지고 그 圍遶區 안의 명태를 휩쓸어서 잡는 것으로 이것을 방임해 두면 산란기에 있는 명태를 不出幾年에 멸족시킬 염려가 있다 하여 명태의 산란구 안에는 그 산란기를 한해 수조망 발동선은 출입 못하도록 금지하고 다만 멸족의 염려가 없는 자망에 한해서만 그 구역 안에서 조업할 수 있도록 방임했다는 것이다.… (중략)… 그런데 수조망은 그 구조상 휩쓸어 가는 성질인 고로 발동선이 한번 지나가면 명태·잡어를 불문하고 휩쓸어 가지고 달아나는 것이니까 그 구내가 발동선의 습격을 한번 당하고 나면 한참 동안은 어족의 그림자도 못 볼 지경이라 하니 자망선에 대한 그 타격이 얼마나 심할 것을 추지할 수가 있다.[37]

위의 신문기사에서 알 수 있듯이 '특정 금지 구역'이란 11월 15일부터 이듬해 2월 말까지 24리 이내 연해에서의 기선저예망어업을 금지한 것이다. 위에서 말하는 '수조망 발동선'이 곧 기선저예망이다. 앞서 서술한 것처럼 명태는 산란기에 연해의 얕은 바다로 이동해 산란하는 습성이 있으므로 해저의 명태 새끼[兒翼太]까지 모조리 잡아들이는 기선저예망의 어업을 금지한 것이다. "발동선이 한 번 지나가면 명태·잡어를 불문하고 휩쓸어 가지고 달아나는 것이니까 그 구내가 발동선의 습격을 한 번 당하고 나면 한참 동안은 어족의 그림자도 못 볼 지경"이란 말에서 이를 잘 알 수 있다. 다만 자망, 주낙 등의 전통 어법은 수면에서 약 15척 이내의 수심에 설치되기 때문에 작은 명태는 잡히지 않아서 특정

---

37 「經濟時言-咸南의 明太魚(2)」,『동아일보』, 1930.3.4. 8면.

금지 구역 안에서의 어업이 허락되고 있었다. 이처럼 발동선의 조업 금지 구역이 엄연하게 있었음에도 이를 위반하는 기선저예망어업에 대해 별다른 조치를 취하지 않는 수산 당국에 대해 자망업자들은 크게 반발했다.

어족자원 감소뿐만 아니라 자망어선은 주요 어구의 손실을 입는 직접적인 재산상의 피해까지 입게 된다. 즉, 기선저예망의 특정 금지 구역 침입은 어족자원은 물론이고 자망, 주낙, 거망 등 해저에 설치된 그물과 기타 어구까지 모두 휩쓸어 가버리는 것이다. 따라서 자망어선 한 척당 적게는 70~80파(把), 많게는 200여 파의 손실을 입었다. 이를 금액으로 환산하면 한 척당 400엔이어서 함경남도 자망어선 250척 피해 총액을 추산하면 약 10만 엔에 달했다.[38] 이외에도 어구 손실로 인해 조업을 포기하는 사태가 많았기 때문에 사실상의 피해액은 기하급수적으로 늘어났다.

이와 같이 기선저예망 어업자의 불법적 어로 행위로 인해 자망 등의 전통적 어업자들의 피해가 늘어남에도 불구하고 수산 당국에서는 별다른 조치를 취하지 않았다. 함경남도 전체 해역을 담당하는 감시선이 조풍환(照風丸) 한 척밖에 없었으므로 실효적인 단속은 거의 불가능한 것이었다. 이에 1930년 1월 5일, 삼호어업조합에서는 어민대회를 열고 함경남도와 조선총독부 당국에 진정위원을 파견해 이 문제의 해결을 촉구했다.[39] 아울러 예전부터 명태 어업으로 유명한 홍원에서도 3,000여 명

---

38 강재순, 2009, 「일제시기 함경남도 명태어장의 분쟁-소위 "발동선문제"를 중심으로-」, 『대구사학』 96, 대구사학회, 17쪽.

39 「發動船의 漁網絶斷對策徹底解決決議, 三湖漁民大會經過」, 『중외일보』, 1930.1.27, 4면.

의 자망업자가 연서한 진정서를 들고 7인의 대표위원이 같은 해 2월 27~28일 양일간 조선총독부 식산국장과 수산과장을 방문하며 대책을 요구했다.[40] 이들 자망업자의 요구안은 다음과 같았다.

1. 자망선 6척에 대해 발동선 수조망 1척씩 비례로 허가를 적극적으로 요구할 것
1. 만약 불연(不然)이면 종전 발동기수조망 어업자의 야간조업을 절대로 폐지시켜 줄 것[41]

첫 번째 요구안은 기존 기선저예망업자는 물론이고 조선총독부에게도 매우 도전적으로 대항한 요구안이었다. 당시 함경남도의 자망어선이 250여 척인 것에 비해 기선저예망은 그 10분의 1도 안 되는 24척에 불과했다. 자망업자들이 6대 1의 비율로 기선저예망을 허가해 주기를 요구한 것은 약 42척의 신규 허가를 요구한 것과 같아서 조선총독부 당국으로서는 도저히 받아줄 수 없는 사안이었다. 하지만 이를 통해 자망업자들은 이미 특권화된 허가어업의 부당성을 강하게 질타하려 한 것으로 보인다. 이는 당시 기선저예망 허가를 통해 얻을 수 있는 막대한 수익에서 잘 알 수 있다. 당시 발동선 시가는 6,000엔, 그리고 발동선에 거치하는 수조망 한 통의 시가는 800엔이었다. 결국 6,800엔을 투자해 기선저예망 어선을 신조하고 수산당국으로부터 허가를 받으면 두 달도 안 되어 본전을 뽑고, 1년 중 4개월 동안은 매월 5,000엔이라는 막대한

---

40 「수조망발동선 횡행, 명태업자 대공황」, 『동아일보』, 1930.3.2, 3면.
41 「洪原前津에 刺網業者大會開催」, 『중외일보』, 1930.3.29, 4면.

이익을 볼 수 있었던 것이다. 따라서 기존에 허가된 기선저예망 어선의 시가는 1만 6,000여 엔이나 되어 약 9,000엔의 프리미엄이 붙어 있었다.[42]

두 번째 요구안은 명태 어족 보호의 문제였다. 명태는 그 습성상 낮에는 바다 표면층에서 돌아다니고, 밤에는 수심 깊이 내려간다. 따라서 수심 바닥을 휩쓰는 기선저예망은 야간조업이 유리했다. 이는 앞서 언급한 바와 같이 아직 어려서 표면 위로 부상하지 못하는 명태 새끼들까지 어획하는 것이어서 명태의 번식 보호에 치명적인 위협을 가하는 일이었다. 1930년 5월 1일부터 시행된 「조선어업보호취체규칙」 제6조에는 30cm 이하의 명태는 어획을 금지한다는 조항을 만들었지만 실효성 있는 단속은 이루어지지 않았다.

결국 조선총독부는 위와 같은 자망업자의 요구안을 즉시 수용하지 못하고 신 「어업령」 공포 이후에 대책을 강구하겠다는 말로 무마시키며 이들을 돌려보냈다. 하지만 그 후로도 별다른 대책은 없었다. 다만 신 「어업령」에 따라 기존에 5구로 나눈 기선저예망어업의 허가수를 조정해 함경남도와 강원도 각각 24척, 12척이었던 것을 40척으로 바꾸었다. 즉, 기존에 36척이던 기선저예망 허가수를 4척 늘린 것이다. 이 40척을 민족별로 구분하면 일본인 소유가 28척, 조선인 소유가 12척이었다.[43] 아울러 1931년에는 이를 다시 43척으로 늘렸는데 일본인 소유는 30척, 조선인 소유는 13척이었다. 이를 통해 시기가 지날수록 어업허가수를 늘리는 동시에 조선인 비중도 조금씩 늘어난 것을 알 수 있다. 반면에 특정

---

42 「經濟時言-咸南의 明太魚(1)」, 『동아일보』, 1930.3.2, 8면.
43 강재순, 2009, 앞의 글, 22쪽.

금지 구역을 감시하는 경비선은 함경남도와 강원도를 합쳐 세 척에 불과했다. 기선저예망 어선의 증가와 자망 어장의 파괴는 1930년대 후반으로 갈수록 더욱 커져만 갔고, 이로 인한 자망업자의 몰락은 가속될 수밖에 없었다.

3) 명태의 가공업과 유통업

명태는 생물로 팔리기도 했지만 그 대부분은 북어로 가공되어 유통되었다. 조선 후기 이래로 명태가 전국적으로 유통될 수 있었던 이유는 바로 '동건법(凍乾法)'이라는 특유의 가공법이 있었기 때문이다. '동건법'이란 이름 그대로 명태를 "얼려서 건조하는 방식"이다. 명태는 고등어·조기 등의 가공에서처럼 소금이 필요하지 않고, 보관 및 운반이 편리하다는 장점을 갖고 있었다. 반면에 혹한의 기후에서 비교적 장기간에 걸쳐 작업이 이루어지고, 또 특수한 제조 기술이 필요하다는 점에서 일반 어민이 아닌 전문화된 가공업자들이 참여하고 있었다.[44] 이와 같은 가공법은 명태 어업 이외의 다른 어업에서는 찾아볼 수 없는 독특한 현상이었다. 또한 "한국 특유의 것으로서 자랑하기에 충분한 것"이라 찬양할 정도로 일본인에게도 커다란 관심이 모아졌다.[45] 이러한 동건법의 가공 과정에 대해 1908년에 간행된 『한국수산지』에서는 다음과 같이 기술하고 있다.

---

44 요시다 케이이치(박호원·김수희 역), 2019, 앞의 책, 235쪽.
45 『韓國水產誌』 제1집, 농상공부 수산국, 1908, 338쪽.

명태를 냉동·건조하려면 먼저 어선에서 하역한 것을 바닷가 또는 자신의 집 마당으로 운반해 부녀자를 모아 그것을 해체한다. 그 방법은 먼저 작은 칼로 생선의 머리를 앞에 두고 아가미 아래부터 칼을 넣어 항문까지 절개하여 알, 간장 및 위장을 갈라내어 각각 그것을 별도의 용기에 넣는다. 알은 조리를 담당하는 부녀자가 품삯 대신 거두어 가진다. 간장 및 위장은 건조장 임대주인이 가지는 것으로 한다. 이렇게 내장을 모두 제거한 생선은 바닷물로 한 번 씻어서 20마리씩 묶어서 건조장[덕장]에 걸어둔다.… (중략)… 장주(場主)는 건조의 정도를 살펴보고 점차 위층으로 옮기며, 건조가 완료되면 그것을 아래로 내려서 길이 3척가량의 칡 또는 싸리로 머리 부분을 꿰어 수를 확인해서 위탁자에게 돌려준다. 건조할 때 기후가 온난해서 주로 햇볕으로 건조하게 되면 몸통이 줄어들고 고기가 딱딱해지며 색은 암흑색이 되어 품질이 열등해서 좋은 가격을 받지 못한다. 그에 반해 추위가 격심하고 바람과 눈이 잦으면 생선 속의 수분이 동결해서 고기가 팽창하고 질이 터실터실해지며 색이 밝은 황색을 띄는데 그러한 것은 좋은 품질이라고 한다.[46]

명태의 건조장을 '덕장(德場)'이라고 하고, 명태 건조를 전문으로 하는 청부업자를 '덕주(德主)' 또는 '덕집'이라고 한다.[47] 위의 인용문에서 말하는 건조장 주인이 바로 덕주이다. 덕주는 명태 어업자로부터 직접

---

46 『韓國水産誌』 제1집, 농상공부 수산국, 1908, 221~223쪽.
47 명태의 건조장을 덕장으로 부른 것은 명태를 건조하는 건조봉을 '덕(德)'이라고 불렀기 때문이다(한임선, 2009, 「조선 후기 명태의 유통과 가공업의 발달」, 『조선 시대 해양환경과 명태』, 국학자료원, 77~78쪽).

건조를 위탁받기도 했으나 대부분은 '중매인', 또는 '수출업자'로 불리는 유통업자로부터 위탁을 받았다. 위탁받은 가공비는 1태(2,000마리)당 500문 내외였다. 건조에는 3~4주가량의 시간이 걸렸는데, 그동안의 감독·보관 등은 온전히 덕주의 책임이었다. 이 시기에 손실이나 결손이 생길 때에는 덕주가 이를 변상해야 했다. 따라서 덕주들은 이러한 손실에 대비하기 위해 처음 위탁을 받을 때부터 미리 1태당 600마리 정도를 가산해 가공비를 받았다. 1910년대 후반 함경남도에만 약 1,500호나 되는 덕주들이 있었다고 한다.[48]

명태의 가공업에는 몸통을 가공하는 동건법 외에도 알과 내장을 저장·가공하는 염장법이 있었다. '명란(明卵)'이라고 불리는 명태의 알을 젓갈로 만드는 것과 '창난'으로 불리는 명태의 내장을 젓갈로 만드는 것으로서 모두 소금과 고춧가루를 이용해 만드는 가공법이었다. 이외에도 명태의 간장(肝臟)을 끓여 기름을 만드는 방법도 있었다. 명태 간장에서 추출한 기름은 오로지 점등용으로 사용했다고 한다.

1930년대 이후 명태 어업이 급속히 확장되면서 이들 가공업과 유통업에도 일본인이 진출하기 시작했다. 교통망의 발달과 대(對) 중국 수출 판로 개척 등으로 당시 명태 어업은 늘 공급이 수요를 따라가지 못했다. 즉, 수요공급의 원칙상 그 가격이 등귀할 수밖에 없었던 것이다. 따라서 1920년대 후반부터 일본 홋카이도산 명태가 매년 수십만 태가량 조선으로 수입되기 시작했다.[49] 다만 조선산 명태에 비해 일본산 명태는 품

---

48 요시다 케이이치(박호원·김수희 역), 2019, 앞의 책, 236쪽.
49 일본에 동건법이 전파된 것은 1925년 홋카이도 서쪽 이와나이[岩內]에서라고 한다. 이와나이는 일본의 주요 명태 어장이자 일본 명란 '모미치코'의 발상지이기도 하다 (권삼문, 2001, 「명태잡이가 황태 아닌 게맛살을 만든다」, 『실천민속학 새책』 3, 실천민속

질이 떨어져서 겨우 반값밖에 받지 못했다고 한다. 그럼에도 다음 어기까지 새로 나오는 명태를 기다리는 동안 일본산 명태는 모두 소진되었고 명태 가격은 가파르게 상승했다.[50]

한편 조선총독부가 의욕적으로 추진한 어업조합 설립운동에 따라서도 기존의 조선인 중심의 가공·유통업이 몰락하는 요인이 되었다. 과거 독점적 성격을 지닌 덕주들의 가공업은 어업조합에서 조합원의 어획물을 전부 수용해 직접 제조·판매하는 방식으로 바뀌었고, 유통업자들이 고리로 어민에게 대부하던 관행 역시 어민들이 은행과 어업조합으로부터 직접 금융 융자를 받게 되면서 사라지게 되었다.[51] 이는 어민을 상대로 전횡을 부리던 가공·유통업자의 자업자득이라고도 할 수 있겠으나, 명태 어업에서 기선저예망에 의해 자망업자들이 몰락한 것과 똑같은 길을 조선인 가공·유통업자들도 걷게 된 것을 뜻하기도 한다. 금융자본을 배경으로 새로이 조선의 명태 유통업에 진출한 일본 수산자본은 원산의 모리노(森野), 부산의 니사노(西野) 등이 있었다.

학회, 157쪽).

50 「명태어업과 관계어민문제(3)」, 『동아일보』, 1932.2.7, 7면.
51 「명태어업과 관계어민문제(5)」, 『동아일보』, 1932.2.11, 7면.

3. 정어리 어업의 발흥과 통제 정책

1) 정어리의 생태와 어장

　수산학자 박구병의 표현에 따르면 식민지기 정어리 어업은 일제가 한반도에서 '신화'를 창조한 어업이었다.[52] 그런데 그 '신화'는 정말이지 우연하게 일어났다. '농군(濃群)'이라 불릴 정도의 대량의 정어리 무리가 1923년 동해안에 몰려들기 시작했고, 이후로도 20여 년간 지속된 것이다. 일제는 곧바로 이들 정어리 어군을 효율적으로 어획할 수 있는 기계화 어법을 고안했고, 또 어획된 정어리를 가공해 대량으로 소비시킬 수 있는 관련 산업의 부흥에 나섰다. 기계화 어법이란 동력어선의 도입뿐 아니라 어군 탐지를 위해 비행기를 동원할 정도로 대자본 경영의 수산업을 도입시켰음을 의미하는 것이고, 관련 산업의 부흥이란 정어리를 단순한 어육 소비가 아닌 일본 화학공업(주로 유지화학공업)의 원료로서 대량 소비시킬 수 있는 길을 열었음을 뜻한다.

　조선 시대 기록을 살펴볼 때 정어리는 '증얼(魚乙 魚蘗)', '대추(大鯫)' 등으로 표기되고, '증울(蒸鬱)', '증얼어(曾蘗魚)' 등의 속명이 있다고 했다.[53] '증얼'과 '증울' 등은 고유어와 유사한 한자를 차음한 것으로 보이고, '대추'는 작은 물고기인 추어(뱅어, 송사리 등) 중에서 큰 물고기를 뜻하는 이름으로 추정된다.[54] 일본에서는 정어리와 멸치를 통칭해 '이와시

52　박구병, 1978, 「한국정어리어업사」, 『논문집』 21, 부산수산대학교, 25쪽.
53　金鑢, 『牛海異魚譜』, 魚乙 魚蘗 末子魚 및 丁若銓, 『茲山魚譜』 권1 魚類 鯫魚.

(いわし, 鰯)'로 부르고, 특별히 구별할 때는 정어리를 '마이와시(眞鰯)', 멸치를 '가타쿠치이와시(片口鰯)'라고 했다. 중국에서는 정어리를 '온(鰮)' 또는 '사정어(沙丁魚)'로 불렀는데, '온'은 기름기 많은 정어리의 특성을 나타낸 것이고, '사정어'는 정어리의 영어명인 '사딘(sardine)'을 음차한 표기로 보인다.[55]

'사딘'이란 영어명에서 '사정어'가 나온 것에서 알 수 있듯이 정어리는 중국에서도 오랫동안 이름조차 존재하지 않았을 가능성이 있다. 일본 역시 정어리를 식용하지 않고 단지 어비(魚肥)로만 사용했을 뿐이며, 조선에서도 보관과 유통의 어려움으로 널리 보급되지 않았다. 1935년『조선일보』의 기사에서는 그 이유를 다음과 같이 설명하고 있다.

> 원래 정어리란 고기는 어류 중에서도 특히 유성(油性)이 파다(頗多)하기 때문에 보통 식료로서는 기름이 너무 많아서 환영을 그렇게 받지 못하였던 것이다. 그런고로 벌써 조선 동해안에는 서식한지 오래였고 때로는 천뢰(淺瀨)한 기변(磯邊)에 밀려들어와서 유회(遊廻)하고 있었으나 어민들은 시이불견(視而不見)으로 무소용(無所用)으로만 간과했던 것이다. 이러한 무명 어류의 일종이던 정어리는 석일(昔日)의 처지를 돌변해 비료계의 패왕과 화학, 중공업의 원료로서 발견되자 일약 그 성가(聲價)가 조선 생산품 중에 중요 지위를 점령하게 되었던 것이다.[56]

---

54 정어리의 어원에 대해서는 이근열의 「물고기 꽁치, 정어리 어원 연구」(『우리말연구』 53, 우리말학회, 2018)를 참조.
55 이근열, 2018, 위의 글, 22~23쪽.
56 「鰮油肥問題」,『조선일보』, 1935.7.20, 8면.

19세기 초에 작성된 김려(金鑢)의 『우해이어보(牛海異魚譜)』에 따르면, 정어리는 "잡은 즉시 굽거나 국을 끓여 먹을 수 있고, 며칠이 지나면 육질의 매운 맛이 더해 두통을 일으킨다"고 했다. 아울러 "이 물고기가 많이 잡히면 반드시 장려병(瘴癘病: 유행성 열병이나 학질)이 발생한다"고도 했는데, 이는 모두 지방 산화로 부패하기 쉬운 정어리의 특성을 지적한 것이었다. 따라서 "기름이 너무 많아서 환영을 그렇게 받지 못했다"는 위의 기사 내용처럼 정어리는 식량자원으로 개발된 어업이 아니었다. 비료업과 화학공업의 원료로서 새롭게 '발견'된 산업자원이었던 것이다.

이처럼 전통 시대에 오랫동안 거들떠보지도 않던 정어리 어업이 식민지기 조선 생산품의 중요 지위를 차지하기까지에는 두 가지 우연이 서로 겹쳐 일어난 사정이 있었다. 하나는 관동대지진이 일어나고 바로 다음 달인 1923년 10월, 동해 북부 연안에 몰려온 기록적인 정어리 대군의 내유였고, 또 다른 하나는 1920년대 이후 일본과 조선에서 급속히 성장한 화학공업의 발흥이었다. 먼저 정어리 대군의 내유에 대해서 살펴보겠다. 같은 해 10월 말, 함경북도 연안으로 갑자기 몰려든 정어리 떼에 대해서 당시 신문기사는 다음과 같이 보도하고 있었다.

> 요사이 성진 부근의 바다에는 난데없는 고기 떼가 밀려와서 손으로라도 맘대로 건질 만한 형편이므로 성진 시민들은 남녀노소를 물론하고 해안에 나가 그것을 주워 들이는 형편인데 그 고기는 속담에 '정어리'라 하는 소청어(小靑魚)이며 벌써 칠팔일 동안 모든 시민이 일제히 잡아들인 까닭으로 지금 성진 해안은 마치 '정어리' 천지가 된 모양이라더라.… (중략)… 이에 대해 모 수산업자는 말하되 원래 이 고기는 난류를 따라다니는 생선인데 근일 성진 근해는 갑자기

기온이 낮아져서 물이 돌연히 차가워진 결과로 기운을 잃은 생선 떼는 파도에 밀려서 해안 가까이 들어왔는데 다시 난류가 오기 전에는 나갈 수가 없다고 한다. 지금 많이 나는 곳은 성진을 중심으로 남북 100리 이내라 말하며 수천의 사람들은 지금도 매일 퍼내는 중이더라.[57]

당시 정어리 떼가 동해 북부 해안에 대규모로 몰려들었을 때는 그 정어리 대부분이 죽거나 움직이지 못하는 상태여서 이를 마치 관동대지진의 영향 때문인 것으로 오해하는 일이 많았다고 한다.[58] 하지만 이는 위의 신문기사에서도 언급하고 있듯이 갑작스런 수온 변화에 따른 일시적인 현상이었다. 즉, 규슈 남서쪽 온난 수역에서 산란을 마치고 북상해 동해 연안으로 몰려온 정어리 떼가 조선 북부 무수단(舞水端) 근처에서 형성된 냉수괴와 만나면서 떼죽음을 당한 것이었다. 그런데 놀랍게도 이와 같은 사건이 발생된 이후 연해주로부터 동해 중북부에 이르는 연해에 대규모 정어리 어장이 형성되었다. 특히 정어리 어업의 중심지가 되는 함경북도 청진·성진 등의 연안 해역은 연해주로부터 동에서 서로 흐르는 리만해류와 구로시오(黑潮)해류에서 분기한 대한/대마난류가 서로 맞닿는 곳이었다. 이에 정어리 등 난수계의 회유성 어종이 이곳의 풍부한 영양염과 플랑크톤을 섭취하기 위해 대규모로 내유하게 된 것이었다.[59]

---

57 「성진 근해에 소청어가 산적」, 『동아일보』, 1923.10.31. 3면.
58 요시다 케이이치(박호원·김수희 역), 2019, 앞의 책, 479쪽.
59 가와사끼 쓰요시(공영·서영상 역), 2012, 『기후변화와 어류』, 아카데미서적, 25~29쪽.

2) 정어리 어업과 가공업

〈그림 5-8〉은 1926~1940년까지의 정어리 어획량과 어획금액을 비교한 것이다. 1926년 10만 톤에 불과한 어획량이 이듬해 24만 톤이 되었고, 1935년에 80만 톤, 1936년에 98만 톤, 그리고 1937년에 138만 톤으로 정점에 올랐다. 11년 만에 12배가 넘는 경이적인 기록으로 단일 어종 어획량으로서는 세계 최고의 수준까지 올라선 것이었다. 이러한 어획량은 조선 전체 어획량의 30~40퍼센트를 차지하는 것이었으며 최고 기록을 세운 1937년도는 70퍼센트까지 달했다. 아울러 어획금액은 1926년 893만 엔에서 1937년 3,419만 엔으로 38배나 증가했다. 어획량이 100만 톤 이하로 줄어든 1940년에서조차 어획금액은 6,422만 엔으로 폭등할 정도였다.

〈그림 5-8〉 1920~1930년대 정어리 어획고

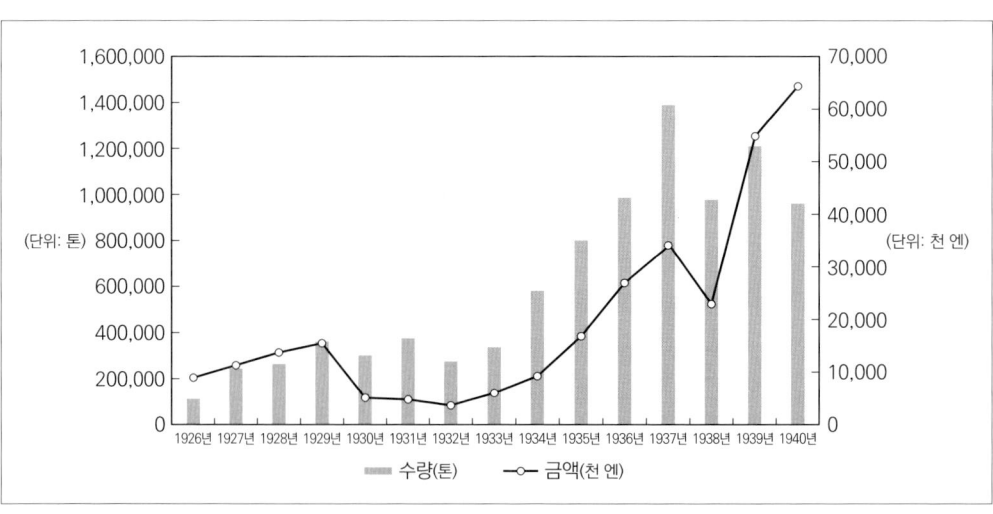

출처: 조선총독부, 『朝鮮水産統計』, 각 연도판.

매년 수백만 톤씩 내유하는 정어리 어군을 어획하기 위해서는 무엇보다 효율적이고 기계화된 어업 기술이 필요했다. 정어리 어업에는 정치망(定置網), 유자망(流刺網), 건착망(巾着網) 등의 어법이 사용되었는데, 「조선어업령」에 따르면 정치망은 면허어업에 속하고, 유자망은 신고어업, 건착망은 허가어업이었다. 대다수의 영세어민은 유자망어업에 종사했고, 건착망어업은 소수의 일본인이 독점하고 있었으며, 정치망어업을 영위하기 위해서는 어업권이 필요했다.[60]

유자망어업은 3인 정도가 탑승하는 소형 범선을 이용해 어군이 이동, 통과하는 장소에 그물을 설치하고 어획하는 방식이다. 어기(漁期)에 맞추어 조업을 했으므로 정어리뿐만 아니라 명태 어업에서도 사용했다. 일본식 유자망의 개발과 보급은 강원도 수산시험장의 기수 오야마 시게오(大山繁夫)가 선구적 역할을 한 것으로 알려져 있다. 1923년 10월, 동해안의 대규모 정어리 어군의 내유를 목격한 오야마 기수는 이듬해 자신의 모교인 나가사키현 수산강습소로 찾아가 오래된 유자망 10개를 양도받고 주문진 앞바다에서 이를 시험 조업하는 데에 성공한 것이다.[61] 이후 유자망은 일본인 어업자는 물론이고 조선인 어업자에게도 널리 보급되어 1937년도에는 8,200척이 넘는 유자망 범선이 출현하는 등 전성기를 맞이했다. 또한 유자망을 기선에 설치하기도 해서 1937년에는 유자망 동력어선이 1,000여 척에 달했다고도 한다.

건착망은 주머니 모양의 긴 네모꼴 그물로 어군을 둘러쳐 포위한 후

---

60 김태인, 2015, 「1930년대 일제의 정어리 油肥 통제 기구와 한국 정어리 油肥제조업자의 대응」, 충북대학교 사학과 석사학위논문, 5~6쪽.
61 요시다 케이이치(박호원·김수희 역), 2019, 앞의 책, 472쪽.

줄을 잡아당겨 고기를 잡는 어법이다. 청어나 고등어 등을 어획할 때 사용되던 어구인데 정어리 유자망어업의 성황에 자극되어 1929년부터 대거 전환했다고 한다. 무엇보다도 이때에는 무동력어선이 아닌 기선건착망어업으로 전환된 것이고 1934년경에 이르러서는 전부가 동력어선이 되었다.[62] 또한 기선건착망 어선은 무전설비를 갖춘 40~50톤 철선에 50인이 승조하는 본선(외두리식과 쌍두리식이 있었음)과 함께 15~20톤 규모의 선예선(先曳船) 1척, 보조선 1척, 기타 수십 톤급 규모의 운반선 2~6척으로 구성되는 선단으로 구성되었다. 이들 선단 단위를 '통(統)'이라고 한다. 따라서 건착망 1통은 이와 같이 대규모의 어망과 어선, 어군탐색 등의 근대적 정밀기계를 탑재해야만 하기 때문에 대자본가가 아니면 쉽사리 진출할 수 없는 어업이었다.

이에 조선총독부에서는 수산조합 설립을 유도하여 장려금을 지원하는 등 간접 지원에 나섰다. 1930년에 함경북도기선건착망어업수산조합(咸鏡北道機船巾着網漁業水産組合)이 설립되고, 1936년에 조선동해온건착망어업수산조합(朝鮮東海鰮巾着網漁業水産組合)이 설립되면서 항공기에 의한 어군탐사나 무전기 보급 등 정어리 어업 확대를 위한 최신 과학기술이 활용되었다. 건착망의 조업 구간은 함경북도 명천군 무수단을 경계로 북쪽은 함북기선건착망어업수산조합이, 남쪽은 조선동해정어리건착망어업조합이 맡았다고 한다. 어선수는 1936년에 전자가 72통, 후자가 133통(13통은 쌍두리식)으로 제한했으나,[63] 함경북도의 어획량이 증가함에 따라 1940년에는 전자가 132통, 후자가 89통으로 변경되었다.[64]

62　박구병, 1978, 앞의 글, 37쪽.
63　大島幸吉, 1937, 『朝鮮の鰮漁業及び其の加工業』, 14쪽.

이처럼 최신의 과학기술을 접목한 어구와 계측장비로 기선건착망어업은 어획량에서도 발군의 성과를 이루었다. 1일 3회 조업이 가능할 정도로 효율적이었으며, 한 번의 투망에 1,000준(樽)이 걸릴 정도로 능률적이었다고 한다. 따라서 어획량에서도 기존의 유자망어업과는 비교할 수 없는 성과를 이루어 냈다. 〈그림 5-9〉와 〈그림 5-10〉은 1929년과 1937년의 어구별 어획고를 비교한 것이다. 기선건착망이 크게 보급되지 않았던 1929년 전체 정어리 어업에서 유자망이 차지하는 비율이 87퍼센트에 달했으나 1937년에는 23퍼센트로 급속히 감소되었다. 반면에 10퍼센트에 불과했던 건착망은 71퍼센트로 급성장한 것을 볼 수 있다. 유자망 범선이 주로 조선인에 의해 경영되고 기선건착망 어선이 대부분 일본인이 경영한 것을 볼 때 정어리 어업의 주도권은 완전히 일본인에 의해 장악되었음을 알 수 있다. 기선건착망어업이 가장 번성했을 때조차 조선인은 함북 지구에서 10퍼센트, 동해구(함남, 강원, 경북, 경남)에서 20퍼센트 정도밖에 되지 않았다고 한다.[65] 이는 기술적으로 고도의 위치에 있던 건착망이 조선총독부의 허가제로 운영되고, 또 일본인 쪽이 우대받고 있던 식민지 상황을 잘 대변해 주는 사례이기도 하다.[66] 요시다 케이이치도 식민지기 후반 대부분의 어업이 조선인의 어업이 된 것과 달리 고등어 및 정어리 건착망어업만이 마지막까지 일본인 경영으로 남은 특수한 성격의 어업으로 평가하고 있다.[67]

---

64 요시다 케이이치(박호원·김수희 역), 2019, 앞의 책, 477쪽.
65 요시다 케이이치(박호원·김수희 역), 2019, 위의 책, 478쪽.
66 加藤圭木, 2019, 「植民地期朝鮮におけるイワシ漁業·加工業と統制政策(1923~1931)」, 『日韓相互認識』9, 日韓相互認識研究会, 8~9쪽.
67 요시다 케이이치(박호원·김수희 역), 2019, 앞의 책, 478쪽.

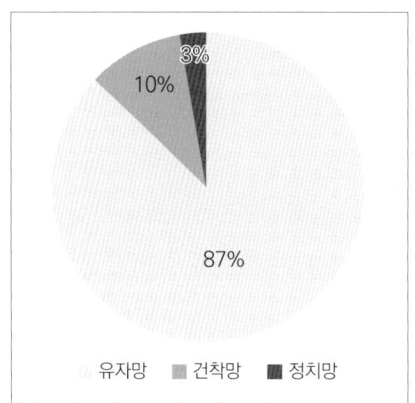

〈그림 5-9〉 1929년 어구별 정어리 어획 비율

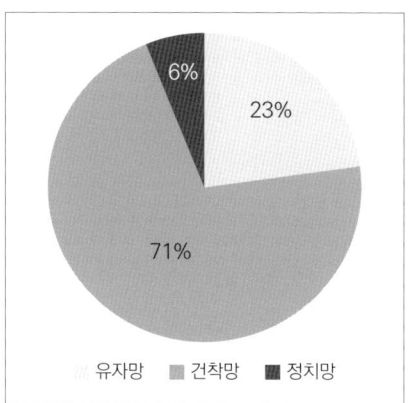

〈그림 5-10〉 1937년 어구별 정어리 어획 비율

　한편 어획된 정어리는 일부 생물로 유통되거나 통조림 등으로 가공되어 일본에 수출되기도 했지만, 그 대부분은 경화유의 원료가 되는 온유(鰮油)나 비료인 온박(鰮粕)으로 이용되었다. 온유의 절반은 해외로 수출되었고, 나머지는 비누, 초, 화약 등의 원료로서 일본 본국에서 소비되었다.[68] 1940년대에는 경화유를 디젤에 대신하는 군수 연료로 개발하기도 했고, 실제로 어업용 유류로 대체하는 데 성공하기도 했다. 다만 군수 연료 개발은 1942년 정어리 어획량이 급감하면서 실패하고 말았다.[69] 온박 역시 전량 일본으로 보내져 농업용 비료로 사용되다가 1930년대에 이르러 어분(魚粉)으로 재가공되면서 물고기 사료나 낚시용 미끼, 또는 가축용 사료로도 이용되는 등 용도가 다양하게 분화되었다.

　어획된 정어리는 '온공장(鰮工場)' 또는 '온유비공장(鰮油肥工場)'으로

68　大島幸吉, 1937, 앞의 책, 78~79쪽.
69　김태인, 2015, 앞의 글, 12쪽.

불리는 공장에서 압착기를 통해 기름(온유)과 부산물(온박)이 분리되는 가공 과정을 거쳐 일본으로 반출되었다. 1940년 동해안 지역 일대에 설립된 '온공장'만 2,287개에 달해서 어업자와 함께 제조·운반·판매에 종사한 인원이 10여만 명이었다고 한다.[70] 아울러 1932년 조선질소비료(주)가 흥남에 경화유 공장을 건설한 것을 시작으로 조선유지(주), 협동유지(주) 등 일본 자본들이 잇따라 조선의 경화유 공업에 진출했다. 이로써 온유의 대부분을 일본으로 이출하던 것에서 벗어나 조선 자체의 소비를 크게 증가시키는 계기가 만들어졌다.

이처럼 조선의 정어리 어업 및 가공업은 일본 유지공업(油脂工業)의 원료 공급원이자 일본 수출품의 주요 원료로 공급되는 것이었다. 이는 앞서 말했던 것처럼 1920년대 이후 정어리 어업의 폭발적인 팽창이 가능했던 두 번째 우연이기도 하다. 즉, 제1차 세계대전 이후 오스트레일리아산 우지(牛脂)의 수입이 두절되면서 대체 원료로서 부각된 어유(魚油) 경화유가 양산에 성공함으로써 '공급'의 측면과 함께 '수요'의 측면이 상호 상승작용을 하게 된 것이었다.[71] 따라서 정어리 어업과 가공업은 "본방(本邦: 일본) 중요 산업의 진부(振否)에 영향을 주는 바가 매우 크다"고 평가되었으며,[72] 조선총독부에서도 "산업상, 국방상의 가치가 실로 크다"는 인식을 공유하는 계기가 되었다.[73]

---

70 요시다 케이이치(박호원·김수희 역), 2019, 앞의 책, 483쪽.
71 심재욱·이혜은·민원기, 2017, 「일제강점기 淸津의 팽창과 정어리 어업」, 『역사와 현실』 63, 역사실학회, 160쪽.
72 大島幸吉, 1937, 앞의 책, 78~79쪽.
73 『鰮油に關する調査書』, 朝鮮總督府, 1929, 2~3쪽.

<그림 5-11> 정어리 어유의 활용

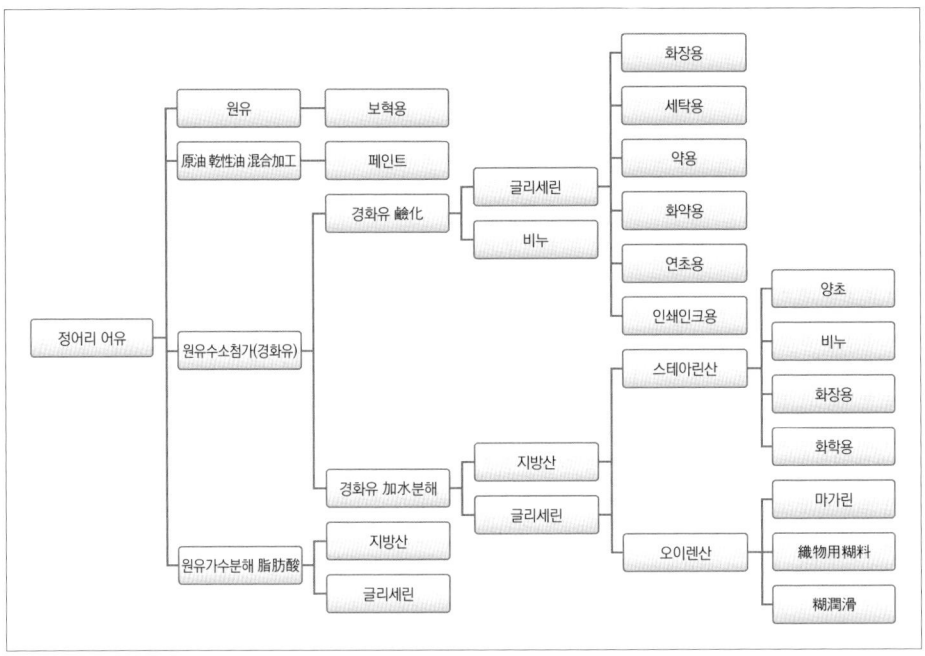

출처: 수우회, 1987, 『현대한국수산사』, 222쪽 재인용.

3) 정어리 어업 및 가공업의 통제 정책과 조선 어민의 대응

　1920년 말 경제공황으로 경화유 원료나 유럽 수출품으로 쓰였던 온유의 소비가 감소해 그 가격이 1927년 1드럼당 4엔 15전에서 1930년대 1엔 35전으로 되었다. 비료인 온박도 쌀 가격의 하락으로 인해 1929년 100근당 7엔 50전에서 4엔 20전으로 급락했으며, 정어리 1상자(100kg)의 가격은 3엔에서 1엔 20전으로 떨어져 어업을 중지하는 어민마저 속출했다.[74] 1929년 대공황으로 정어리 가공품의 가격이 하락하고 소비마저 부진함으로써 정어리 어업은 혼란 상황에 빠지고 만 것이다.[75] 조선총독부는 피폐한 정어리 어업을 구제하지 않으면 조선에서 정어리 어업이 사라지고 마는 심각한 상황이 될 것으로 예견했다. 1930년 7월, 조선총독부가 정어리 어업의 5개도 관계관 및 각 산업별 관계자 87명을 초청하여 대책간담회를 열었는데, 여기에 참석한 고다마(兒玉) 정무총감의 다음과 같은 발언에서도 이를 잘 알 수 있다.

> 정어리 기름의 대폭락은 정어리 어업자, 제조업자, 노동자 전체의 사활이 걸린 문제로서 우려하지 않을 수 없으며, 또 모처럼 발전 도중에 있는 이 어업의 장래에 중대한 사태를 야기할 우려가 있음을 인식하여 조선총독부에서도 이의 폭락 원인을 조사했던 바, 물론 전 세계적인 불황에 따른 물가 하락에 기인하는 것일 테지만, 이외에도 정어리 기름의 생산과잉·방매·판매방법의 불비 등을 들 수 있으니, 이에 중의를 수렴하여 생산 제한, 생산의 합리화, 운임의 절감, 판매방법의 개선 등을 협의하여 난국 타개에 힘쓰도록 하겠다.[76]

이처럼 조선총독부는 온유의 생산과잉으로 인한 가격 폭락에 대처하기 위해 정어리 어업 및 가공업 전체의 생산 제한은 물론, 효율적 운영과 품질 및 판매방법 개선까지 포괄하는 광범위한 통제 정책을 수행하는

---

74 朝鮮殖産造成財團, 1936年, 『朝鮮の鰮』, 22쪽.

75 온유 시세 하락의 원인으로는 경제공황과 더불어 인조 비료의 생산 증가와 남극해에서의 포경업 발달로 인한 전 세계적인 과잉 생산도 일정 부분 작용한 것으로 알려져 있다.

76 『朝鮮之水産』 77호. 요시다 케이이치(박호원·김수희 역), 2019, 앞의 책, 515쪽에서 재인용.

것으로 결론을 맺었다. 온유비(鰮油肥) 가격의 대폭락을 계기로 무분별한 확장을 억제하고 안정적인 공급 쪽으로 생산 및 판매 조직을 '조직화', '합리화'시키는 것이 목표가 된 것이다. 이를 위해 "당해 수산업의 개량 발달을 도모하고 영업상의 폐해를 교정한다"는 「조선어업령」 제54조를 근거로 수산조합을 설립하기로 하여 1930년 10월부터 이듬해 3월까지 함경남북도, 강원도, 경상남북도 각 도에 각각 '온유비제조업수산조합'을 설립했다.[77] 아울러 1931년 1월에 열린 '온유비대책협의회'에서는 수산조합원이 제조한 유비(油肥) 전량을 판매조합에 위탁하는 것으로 했고, 판매조합이 위탁받은 제품의 전량은 사전에 정해진 가격에 따라 매수인에게 인도하는 것으로 되었다.[78] 이러한 과정을 통해 최종적으로 조선총독부가 발표한 정어리 어업 및 가공업의 통제 정책은 다음과 같았다.[79]

1. 생산통제
   (1) 제한수량
      ① 온유(鰮油) 200만 통[缶]을 표준으로 함.
      ② 정어리 지게미[鰮搾粕] 60만 가마[俵]를 표준으로 함.
   (2) 제한방법
      ① 어업의 제한: 당국에서 이를 행함.
      ② 비료 면허의 제한: 당국에서 이를 행함.
      ③ 제조량의 제한: 수산조합에서 이를 행함.

---

77 加藤圭木, 2019, 앞의 글, 18~19쪽.
78 加藤圭木, 2019, 위의 글, 21~22쪽.
79 朝鮮鰮油肥製造業水產組合連合會, 1942년, 『朝鮮鰮油肥統制史』, 8쪽.

2. 판매통제

  (1) 판매계통

    제조업자 → 수산조합 → 판매조합 → 매수인

  (2) 판매조합

    ① 판매조합은 원칙으로 관계 각 도마다 이를 설치함.

    ② 판매조합은 익명조합으로 함.

    ③ 판매조합으로 할 수 있는 자는 조선에 거주하는 조유비(組油肥) 이출업자, 또는 면유비(綿油肥) 제조업자에 대해 사입(仕込)을 하고 있는 문옥업자(問屋業者) 중 일정한 높이에 달하는 취급 수량, 또는 사입 금액을 가지고 있는 자로서 수산조합으로부터 지정을 받은 자에 한함.

    ④ 판매조합은 일정의 수수료를 받는 것으로 함.

  (3) 판매방법

    ① 수산조합의 공동판매는 그 조합원의 제조에 관계하는 약유비(鰯油肥)의 전량을 판매조합에 위탁시키는 방법에 의해 이를 행함.

    ② 판매조합은 위탁을 받은 제품의 전량을 별도로 정한 가액으로써 매수인에게 인도하는 것으로 함.

  (4) 발매(拔賣) 방지

    ① 수산조합원의 발매 방지는 수산조합규약에 의해 이를 행함.

    ② 판매조합의 발매 방지는 계약에 의해 이를 행함.

    ③ 판매조합원의 발매 방지는 수산조합의 지정의 취소에 의해 이를 행함.

3. 자금융통

(1) 사입자금

① 상당액을 수산조합의 기채에 의해 조합원에게 융통함.

② 수산조합은 1931년(쇼와6) 안에 총액 10만 엔 이상의 손실보전준비금의 적립을 할 것

(2) 운전자금은 판매조합이 이를 융통함.

4. 수산조합사업

(1) 사입자금의 대부

(2) 통[缶], 정(艇), 어구 등의 공동 구입

(3) 필요할 때는 위의 비용을 충당하기 위한 별도의 기채를 할 것

이상의 조선총독부의 통제 정책을 요약하자면 정어리 가공업자를 중심으로 수산조합과 판매조합을 조직해 최종 매수자인 일본 경화유 회사에게 안정적으로 온유비를 공급한다는 것이었다. 아울러 과거 폐단으로 일컬어지던 수출업자[問屋]-가공업자-어민·노동자의 종속적 지배구조를 해체하려는 속셈도 있었다. 즉, 가공업자가 무일푼의 어민·노동자에게 어구나 일용품 등 현물을 임대해 주고 그 대가로 어획물을 낮은 가격에 매입하는 것이 관례였는데, 가공업자 또한 수출업자인 돈야[問屋]에게 어민에 대한 전대자금이나 경영자금을 융통받았기 때문에 상호간에는 이중적인 예속관계가 벌어지고 있었던 것이다.[80] 따라서 정어리의 유통관계를 수산조합과 판매조합의 설립으로 봉건적 예속관계에서 탈피토록 한 조선총독부의 정책은 외견상 합리적인 결정으로 비춰지지만 결

---

80 加藤圭木, 2019, 앞의 글, 10~11쪽.

론적으로 말하자면 이와 전혀 다른 결과를 낳았다. 이미 조선총독부의 권력에 포섭되어 지역사회의 유력자가 된 소수 돈야들이 정어리 어업·가공업자에 대한 채권채무 관계를 무기로 판매조합을 장악해 버렸기 때문이다. 즉, 조선총독부는 "당분간 이들로써 판매조합을 조직시키고 거기서 공동판매를 대행시키면 상당한 이익을 얻을 수 있어 옛 채무 징수에 원만한 양해를 구하고 이로써 난국을 타개시킬 수 있게 된다"[81]는 입장으로 선회하고 말았다.

한편 조선총독부의 통제 정책에 최대 수혜자가 된 것은 판매조합에서 일정의 금액으로 제품의 전량을 인수하는 매수인이었다. 이러한 독점적 매수인은 온유에서는 합동유지글리세린주식회사, 온박에서는 미쓰비시(三菱)상사가 선정되어 1931년 온유의 최저가격을 1엔 15전, 온박의 최저가격을 3엔으로 하는 가협정이 각각 체결되었다.[82] 다만 1933년부터는 독점판매를 폐지하고 자유경쟁 입찰로 전환해 합동유지, 아사히전화(旭電化), 일본산수소(日本酸水素), 조선질소(朝鮮窒素) 등 4개의 회사가 매월마다 온유 한 통의 가격을 수산과장 앞으로 전보로 보내 입찰을 하는 방식으로 변화했다. 가장 가격이 높았던 1935년 가을의 온유 1두(斗) 가격이 3엔 57전이라는 가격에 입찰되는 것으로 보아 1930년대 중반부터는 경제공황의 그림자로부터 벗어날 수 있었던 것으로 보인다.

이와 같이 돈야와 독점매수인들이 통제 정책의 수혜를 받던 것에 비해 최종적인 피해는 영세가공업자와 조선인 어민·노동자의 몫으로 돌아가고 말았다. 대부분의 가공업자들이 수산조합과 판매조합의 설립을

---

81 朝鮮鰮油肥製造業水産組合連合會, 『朝鮮鰮油肥統制拾年史』, 72쪽.
82 朝鮮鰮油肥製造業水産組合連合會, 위의 책, 74~78쪽.

"무용유해(無用有害)한 중간자의 증가"라고 비난했고,[83] 독점매수인과의 가협정 가격도 '공전절후(空前絶後)의 염가(廉價)'라고 주장했다.[84] 각지에서 수산조합 총회를 열어 공동판매와 독점판매에 대한 반대 입장을 진정했지만 조선총독부의 입장을 변화시키지는 못했다. 조선총독부에 회유된 일부 돈야들이 자신의 이익을 지키려고 판매조합에 참가하면서 공동판매가 가결되었기 때문이다. 결국 가공업자들은 고용 노동자들의 임금과 운임비 인하 등으로 자신들의 피해를 노동자층에 전가시키려 했고, 노동자들은 파업으로 이에 맞서는 모습이 연속되었다.

---

83 「온유비판매통제문제(1)」, 『동아일보』, 1931.3.31, 7면.
84 「온유비판매통제문제(2)」, 『동아일보』, 1931.4.11, 7면.

맺음말

일본 어민은 1883년 「조일통상장정」 이후부터 조선 연해에 합법적으로 진출하기 시작했다. 그 후 1889년 「조일통어장정」에 따라 일본 어민이 조선 해관에 신고를 하고 어업세를 납부한 뒤 면허장을 받아 조선 연해 3리 이내에서 어업을 할 수 있게 되면서 일본 어민은 조선 연해에 쉽게 진출할 수 있었다. 당시 일본 연해는 어족자원이 감소한 데 반해 조선 연해는 어족이 풍부하다는 사실이 알려지면서 일본 어민은 조선 연해에 더욱 활발하게 진출했다.

일본 정부가 1897년 「원양어업장려법」을 공포한 뒤 한국, 대만, 사할린 등지로 해외어업에 진출하는 자에게 장려금을 지급함으로써 원양어업 진출자가 더욱 증가했다. 일본 어민이 주로 승무원 9인 이하의 어선을 타고 한국 연해에 진출했지만, 한국 어민보다 우세한 어선·어구·어법으로 어업에 종사했으므로 한국 어민의 어업을 압도해 갔다. 1909년에 한국 어민의 어업 상황은 어선 1만 2,441척, 어업자 6만 8,520명, 어획고 314만 원, 어선 한 척당 평균 어획고 252원인데 반해 일본 어민의 어업 상황은 어선 3,898척, 어업자 1만 6,644명, 어획고 342만 원, 어선 한 척당 평균 어획고 877원이었다. 한국 어민과 어선의 수는 일본보다 많았지만, 어선과 어구의 규모가 영세해 어획고는 일본 어민의 그것보다 적었으며, 한 척당 어획고는 일본의 3분의 1에 불과했다. 일본 어민의 어선과 어구가 한국보다 발달해 우월한 기술로 어업을 했기 때문이다.

일본 어민의 한국 연해 어업이 전환기에 들어선 것은 1905년 러일전쟁에서 승리한 이후였다. 일본은 1905년 11월에 을사조약을 강요해 대한제국의 외교권을 빼앗고, 1906년 2월에 이토 히로부미가 통감으로 부임하면서 본격적으로 한국을 침략해 들어오기 시작했다.

어업 분야에서 일본 정부는 지방부현에게 「원양어업장려규정」을 만들어 한국 연해로 통어를 하거나 이주하는 어민에게 적극적으로 지원하도록 독려했다. 이에 지방부현에서는 원양어업단 또는 수산조합 등을 창설하고 원양어업장려금을 지급해 통어와 이주를 적극 권장했다. 나아가 지방부현에서는 한국 연해의 이주근거지를 매입하거나 한국의 「국유미간지이용법」에 따라 미간지를 대여받아 이주어민의 근거지를 마련해 일본 어민에게 무상으로 집이나 토지를 대여해 주었다. 조선수산조합과 동양척식주식회사도 일본 어민의 이주어촌을 건설하는 데 적극 참여했다.

통감부는 1908년 대한제국에 강요하여 「어업에 관한 협정」과 「어업법」을 공포하도록 해 일본 어민에게 한국 어민과 동등하게 어업권을 부여하도록 했다. 이후 일본 지방부현의 원양어업단과 수산조합 등에서는 통감부에 면허어업을 신청하고 획득하면서 한꺼번에 조선 연해로 몰려오게 되었고, 이주어촌을 건설하면서 일본 어민의 이주를 적극 추진했다.

일제가 1910년 한국을 병탄한 후 1911년 「어업령」을 공포했다. 1908년 「어업법」의 미비점을 보완하면서 어업권에 해당하는 면허어업의 권리를 강화했다. 면허어업에서 수면전용면허제를 신설해 어장에 인접한 수면에서 어업을 방해하는 행위를 금지 또는 제한하도록 했다. 아울러 통감부에 이어 총독부에서도 면허어업을 부여하는데 일본의 원양어업단 또는 일본 어민에게 유리하게 허가했다. 총독부는 어업조합과 수산조합을 신설해 조선 어민을 통제하고 수산조합이 조선의 객주 등 상인을 배제하면서 어물유통을 장악하게 했다.

조선총독부는 1929년 「조선어업령」을 공포해 조선의 어업을 전면적으로 개편했다.「조선어업령」에서는 어업권을 물권으로 인정했으며, 어업권의 존속기간을 종래 10년에서 20년으로 연장해 기존의 갱신제도를 연장제도로 바꾸었다. 어업권이 물권으로 인정되면서 어업권의 매매가 활발해졌고, 자본가는 어업권을 구매하면서 다수의 어업권을 확보하게 되었다. 게다가 1920년대 중반 이후 어선의 동력화가 전개되면서 자본주의 어업이 행해지게 되었다. 1923년에 부산에서 개최된 '조선수산공진회'에서 발동기선을 선보이면서 조선에도 소개되었고, 1928년에 '조선박용발동기공진회'가 개최되면서 조선에서도 어선의 동력화가 급속하게 추진되었다.

어선의 동력화가 추진되면서 조선의 수산업에 큰 변화가 일어났다. 어선 동력화는 어선의 활동 반경을 크게 확대시켰고, 대규모 어구를 사용할 수 있게 했다. 이전의 연안 어업에서 조금 더 멀리까지 갈 수 있는 근해 어업으로 전환했으며, 기선건착망(機船巾着網)이나 기선저인망(機船底引網) 등을 동반한 대규모 어업을 가능하게 했다. 아울러 정치망류 위주의 고정 어법에서 유동 어법으로 어로 기술의 변화를 가져왔다.

이에 따라 어업 주체도 변화했다. 어선의 동력화는 자본이 필요했는데, 조선총독부의 재정적 정책적 지원을 받은 일본인 어업자본가들이 조선 연해 어업을 주도했고, 자본력이 미약한 조선 어민은 경쟁에 밀리면서 쇠락하게 되었다. 어업의 형태도 변화했다. 어선의 동력화가 이루어지면서 규모가 커졌고 어획의 범위도 확대되었다. 이전에는 연안 어업이 주로 행해졌는데, 조금 더 멀리까지 나아갈 수 있는 근해 어업으로 바뀌었다. 동력어선을 이용한 대규모 어업의 발달, 근해 어업으로 확장 등을 동반한 자본주의 어업의 형태가 나타나게 된 것이다. 이에 일본인 어업자본가가 조선 연해 어업을 주도하게 되었고, 자본이 부족한 조선 어민은 연해 어업에서 점차 밀리게 되었다.

지금까지 본문에서 언급한 내용을 요약하면서 맺음말에 대신하고자 한다. 제1장에서는 1892년 이후 일본 정부의 조선 연해 조사 상황과 통감부의 어업정책에 대해 서술했다. 1889년 「조일통어장정」 이후 일본 어민의 조선 연해 진출이 활발해지자, 일본 정부는 1892년에 수산전문가 세키자와 아케키요(關澤明淸)를 파견해 조선 연해를 조사하도록 했고, 일본 외무성은 그 보고서를 책으로 발간해 조선 연해 정책에 참조했다. 한편 세키자와는 조사 내용을 『조선통어사정』이라는 책으로 발간해 일반인에게 배포하면서 조선 연해에 진출하도록 독려했다. 일본 정부가 1897년 「원양어업장려법」을 공포하여 일본 어민에게 보조금을 지급하면서 한국, 대만, 사할린 등 연해로 진출하는 것을 적극 장려하자 일본 어민의 한국 연해 진출이 많이 증가했다. 이에 일본 지방정부에서는 한국 연해의 어업 상황을 조사한 뒤 책으로 편찬해 일본 어민에게 그 정보를 제공했다. 또한 일본 정부의 명을 받아 부산영사 이주인 히코키치(伊集院彦吉)가 부산의 일본 어민을 모아 조선어업협회를 창립했는데, 일본 정부는 보조금을 지급하면서 이 단체로 하여금 한국 연해의 어업 상황과 한국 어민의 민심을 조사해 보고서를 제출하도록 했다.

1905년 일본이 러일전쟁에서 승리하면서, 일본 정부는 일본 어민의 한국 연해 통어로는 어업 이익이 제한적이었으므로 한국 이주를 적극적으로 장려하기 시작했다. 이에 일본 농상무성은 소속 관료를 한국에 파견해 일본 어민의 이주를 위한 효율적 방안과 이주어촌 근거지를 조사하게 했다. 나아가 통감부 시기에 농상공부 수산국에서는 일본의 수산전문가를 총동원해 조선 연해를 종합적으로 조사하고 1907~1911년까지 5년에 걸쳐 『한국수산지』 네 권을 편찬했다. 일본 정부는 이 종합 조사를 한국의 수산업을 재편해 가는 기초 자료로 활용했다.

통감부는 한국 정부에 강요해 1908년 「어업에 관한 협정」과 「어업법」을 공포하게 함으로써 일본 어민이 한국 연해의 어업을 장악해 가는 토대를 마련했다. 「어업에 관한 협정」에 따라 1889년 「조일통어장정」이 폐지되면서 일본 어민이 어업세를 납부하는 절차도 사라졌다. 이제 일본 어민은 한국 연해뿐 아니라 강, 호수 등에서 한국 어민과 동등하게 어업을 할 수 있도록 규정되었다. 통감부는 일주일 후 「어업법」을 공포해 일본 어민이 한국 어민과 동등한 자격으로 한국 연해에서 면허어업과 허가어업을 부여받도록 했다. 이 법률에 따라 일본 어민이 한국 어민과 동등하게 면허어업을 부여받을 수 있게 되자 한국 어민보다 우수한 어선·어구·어법을 이용해 한국 연해의 어업을 장악해 갈 수 있었다.

제2장에서는 일제가 1910년 한국을 병탄한 후 1911년에 「어업령」을 공포하면서 조선의 어업제도를 개편해 간 내용을 살펴봤다. 첫째, 면허어업의 내용이 수면전용면허제로 권한이 강화됨과 함께 일본인에게 유리하게 허가되었다. 이 시기 면허어업은 통감부 시기와 마찬가지로 일본 부현의 원양어업단 또는 일본 어민에게 유리하게 허가되었다. 예를 들면 몇백 년 동안 전래되어 온 함경북도 영흥군과 문천군의 굴 어장이 일본 어민에게 독점적으로 허가되거나, 경상남도 통영 거제 일원의 이강공 전하의 어장이 일본인 개인에게 독점적으로 불하되어 조선 어민과의 갈등이 20년 동안 지속되었다. 한편 1910년대 면허어업은 아직 물권의 수준에 도달하지는 못했지만 점차 강화되면서, 1929년 「조선어업령」에 물권으로 인정되었다.

둘째, 총독부에서는 조선 연해에서 싹쓸이 어로를 행하는 트롤어업을 방지하는 보호구역을 설정했고, 유독물과 폭발물을 사용하는 어업을 금지했다. 일제는 1910년 한국을 병탄하기 이전에 일본 어민이 한국 연해를 통어할 때 혹어와 남획을 묵인했지만, 병탄 이후에는 어족을 보호하며 영속적 이익을 추구하기 위해 폭발물과 '트롤'에 의한 남획을 방지하고자 했다. 그런데 1910년대 폭발물어업을 단속했지만 1920년대 중반에 이르러서도 완전히 근절되지는 않았다. 폭발물어업과 싹쓸이어업으로 인해 일제 시기를 거치면서 동해안의 강치와 상어 등이 멸종되기도 했다.

셋째, 1912년에 어업조합과 수산조합을 설립하면서 어업조합을 통해 조선 어민을 통제하고, 수산조합을 통해 어물의 유통을 장악했다. 조선 어민이 어업조합을 설립해 청원하면 면허어업 등 어업권을 할여해 주고, 금융기관을 동원하여 어민이 필요한 어업자금을 싼 이자로 빌려주면서 혜택을 주었다. 총독부는 어업조합을 통해 조선 어민과 일본 어민이 융화하고 공동판매, 공동구매 등으로 총독부의 어업정책에 협조하게 하면서 어민을 통제했다. 수산조합은 일본 어민과 수산업자뿐아니라 조선 어민과 수산물제조업자 및 수산물 판매업자를 참여하게 함으로써 조선의 수산물 판매를 통제하고자 했다. 조선 시대에는 수산물이 객주 등의 상인을 통해 유통되었는데, 일제 시기에 들어서 수산조합을 통해 수산물 유통이 재편되었다.

넷째, 1905년 이후 실시된 일본 어민의 이주정책이 1910년대 전반에 본격적으로 실시되었다. 1905년 이후 일본의 지방부현은 원양어업단 또는 수산조합을 창설하고 「원양어업장려규정」을 만들어 한국 연해로 이주하는 어민을 적극적으로 지원했다. 나아가 지방부현에서는 한국 연해의 이주근거지를 매입하거나 한국의 「국유미간지이용법」에 따라 미간지를 대여받아 이주어민의 근거지를 마련해 일본 어민에게 무상으로 집 또는 토지를 대여했다. 아울러 통감부는 1908년에 「어업법」을 공포하여 일본 어민에게 어업권을 부여하면서, 일본 어민이 한꺼번에 한국 연해로 몰려오게 되었고, 이주어촌을 건설하면서 일본 어민의 이주를 적극 추진했다. 또한 일제가 1910년 한국을 병탄한 후 1911년 「어업령」을 공포하면서 일본 어민의 이주를 적극적으로 도와주었다. 이 밖에 조선수산조합과 동양척식주식회사가 일본인 이주어촌을 건설하는 데 적극적으로 참여했으며, 총독부는 일본의 지방부현이 조선 연해에서 이주어촌을 건설해 일본 어민을 이주 정착시키는 데 적극적으로 도와주었다.

제3장에서는 1920년대 후반 이후 조선의 수산업 규모가 급속히 팽창하고 어장 환경이 변화함에 따라 조선총독부가 1929년 「조선어업령」 등 관련 법령을 개정하고 어업제도를 개편해 나가는 상황을 살펴봤다. 1923년부터 본격화된 동력어선의 보급 증가와 어업 기술 향상으로 조선의 수산업은 실로 괄목할 만한 성장을 이루었다. 1911년과 1936년을 비교할 때 어획고(금액)에서는 13.2배, 제조고(금액)에서는 35.2배로 성장했으며, 조선의 산업별 총생산액에서 차지하는 수산업 비중은 1911년 2.6퍼센트에서 1939년 8.4퍼센트까지 증가해 농업(39.7퍼센트)과 공업(38.4퍼센트)의 뒤를 잇는 제3위의 산업이 되었다. 이와 같은 조선 수산업의 급속한 성장은 만주사변 이후 만주와 중국으로 향하는 새로운 소비시장 개척과 군수품 공급 및 일본 본국의 식량문제 등을 동시에 해결해야 한다는 식민 당국의 요구에 부응하는 것이어서 결국 과대소비와 과소투자가 발생하고 마는 수산자원 '남획'의 위험을 내포하고 있었다.

이러한 문제에 대처하기 위해 조선총독부는 1929년 1월, 전문 84개 조로 구성된 「조선어업령」(제령 제1호)을 공포하고 이듬해 5월 1일부터 시행하도록 했다. 기존의 「어업령」(1911, 제령 제6호)만으로는 동력어선

도입 등으로 변화하는 어장 환경과 수산물 남획 및 조업 분쟁 등을 해결할 수 없었기 때문이다.「조선어업령」은 어업제도의 정비를 통한 어업 경영의 안정과 남획 규제, 그리고 중소어업자 보호를 위한 어업조합의 기능 확대에 목적을 둔 것이었다. 그중에서도 가장 핵심적인 개정은 재산권으로서의 '어업권(fishery right)'의 가치를 강화시킨 어업제도의 정비에 있었다.「조선어업령」에서의 '어업권'을 옛「어업령」과 비교해 보면 다음과 같은 특징이 있었다.

첫째,「조선어업령」제15조에 "어업권은 물권으로 토지에 관한 규정을 준용한다"는 규정을 삽입함으로써 소유자의 자유로운 재산권을 보장하고, 그 권리 및 제한 사항을 어업권원부(漁業權原簿)에 등록하게 했다. 둘째, '어업권'의 존속기간을 종래 10년에서 20년으로 연장해 기존의 갱신제도를 연장제도로 바꾸었다. 셋째, 일정한 지구 안에 거주하는 어업자의 어업 경영상 공동의 이익을 증진시키기 위해 '어업권'의 분할 및 처분을 제한했고, 동시에 공유지분의 '어업권'을 자유처분하거나 담보로 제공하지 못하도록 하여 '어업권'을 선취하거나 저당하고 있는 권리자와 공유자들까지도 함께 보호했다. 이 밖에도「조선어업령」제정을 계기로 조선총독부는 본격적인 자본주의적 어업 경영의 발판을 세우는 동시에 보호 및 금어구역의 설정, 어업 감독의 강화, 보상 및 재정제도의 창설과 같은 일련의 수산자원 보호정책을 펼칠 수가 있었다.

한편 1930년대 이후부터는 일본인 어업자 인구가 계속 감소하고 조선인 어업자 인구가 급속히 증가하는 현상이 나타났다. 1933년에 4,424호에 달했던 일본인 어업자의 호수(戶數)가 1942년에는 3,232호로 되어 27퍼센트나 감소한 반면에 조선인 어업자의 호수는 14만 1,931호에서 19만 6,814호로 28퍼센트 증가한 것이었다. 이를 인구수로 환원해 추정하면 1942년 49만 명에 달하는 조선의 수산업자 중에서 일본인은 1만 명도 되지 않았다. 이는 19세기 말부터 일제의 어업이민 장려책으로 이주해 온 일본의 영세어민이 조선의 환경에 적응하지 못하고 파산하거나 농업과 상업 등으로 전업한 결과였다. 반면에 소수 재력가들의 어장 독점이나 기선저예망어업 등 일부 허가어업에서의 어업 재벌의 이권화, 독점화 경향은 시기가 지날 수로 점차 심해졌다. 식민지기 조선의 수산업은 주요 어종에 따른 지역 구분에 따라, 그리고 이주어촌과 전통어촌의 민족적 구별에 따른 차별적이고 불균등한 발전을 특색으로 한다. 이를 극명하게 보여주는 사례가 서해의 조기 어업과 동해의 명태, 정어리 어업이다.

제4장에서는 조선인 어업자가 식민지기 마지막까지 주도권을 잡고 있었는데도 어항 설비 등의 미비로 태풍 등의 자연재해에 지속적인 피해를 입었던 서해의 조기, 민어 어업에 대해 살펴봤다. '석수어(石首魚)'라고도 불리는 서해안 조기는 동해안의 명태와 더불어 가장 오랫동안 조선인에게 사랑받았다. 식민지기 조선의 주요 수산물 가운데 정어리, 명태, 고등어 다음으로 많이 잡혀서 1937년에만 연간 어획량이 5만 5,000톤, 금액으로는 476만 엔에 달했다. 주요 어장은 전라남도의 흑산도와 위도, 황해도의 연평도, 평안북도의 대화도 등 서·남해 연안 일대에 있었다. 이곳에는 '파시(波市)'라고 불리는 어업기지가 있었지만 방파제 축조나 준설공사, 배후시설 건립 등 근대 항만 시설은 대부분 갖추고 있지 못했다. 1920년대까지 조선총독부가 조선 어업이 아직 영세하다는 이유로 일본인 이주어촌을 제외하고는 어항 수축에 소극적인 태도를 보였기 때문이다. 따라서 서해안의 주요 파시들은 태풍 등의 재난이 닥칠 때마다 수많은 인적·물적 피해를 받아야 했다. 1923년 굴업도, 1931년

과 1934년의 연평도, 1931년과 1936년의 덕적도 등에서 일어난 대참극은 이들 파시에 방파제 등 어항의 기본적 시설조차 갖추지 못한 원인으로 발생한 재해였다. 따라서 조선 어민은 스스로 조난선을 구조하고 개인 재산으로 방파제를 축조해야 했다. 식민지기 오로지 '자조(自助)'하고 '공조(共助)'해야 할 뿐, 국가가 제도 정비와 인프라 구축을 해야 하는 '공조(公助)'는 보이지 않았던 것이다.

제5장에서는 서해와 반대로 일본인 어업자가 식민지기 마지막까지 주도권을 놓지 않았던 동해의 명태, 정어리 어업에 대해 살펴봤다. 동해안은 일찍이 러일전쟁 직후부터 일본이 대륙진출을 위한 전략적 거점을 차지하기 위해 원산·청진·나진항 등의 주요 항만시설을 구축하고 일본 서부지방의 궁핍한 농민을 이주시킨 지역이었다. 해안선이 단조롭고 수심이 깊은 동해안 어장의 불리함을 극복하기 위해 이들 일본인 이주민들은 가장 빠르게 근대식 어선과 어구를 도입해 자본재 수산업을 시행했다.

1920년대 중반까지 함경남도와 강원도를 중심으로 연간 4~5만 톤의 어획량과 200~300만 엔의 어획금액을 올리던 명태 어업은 1924년부터 시작된 기선저예망 도입을 계기로 폭발적인 성장을 이루었다. 1940년에 이르러서는 27만 1,000톤의 어획량과 1,740만 엔의 어획금액이라는 경이적인 성적을 기록했다. 또한 명태 어업과 마찬가지로 정어리 어업에서도 1920년대 중반 이후 폭발적으로 어획량을 증가시켰는데 이는 식민지기 조선 수산업의 기형적 발전 형태를 나타내는 대표적인 사례가 된다. 1923년 함경북도 성진항 근해에 대규모 정어리 어군이 몰려든 것을 계기로 일본인이 본격적인 어장을 개발하는 데 착수했고, 1939년에는 120만 톤의 어획량을 올리며 총 어획량의 50퍼센트 이상을 차지하는 조선 최대의 단일 어업이 된 것이다. 이를 통해 근대 자본재 어업인 기선유자망 및 기선건착망 어업이 발달하게 되고, 이들 어선의 원활한 정박과 하역을 위해 함경남북도와 강원도에 성진항, 청진항, 주문진항 등의 항만시설이 확충되었다. 아울러 이곳에서 어획된 정어리는 조선 안에서 소비되기보다는 통조림, 비료, 어유, 어분 등으로 가공되어서 주로 일본으로 이출되었다.

반면에 자망, 주낙, 정치망 등 전통적 어법을 사용하는 조선인 영세어민은 어장 침탈은 물론 주요 어구마저 손실을 입는 직접적인 피해를 받으며 몰락의 길을 걷게 되었다. 「조선어업령」과 「어업취체규칙」에 따라 기선저예망 어선의 조업 금지 구역이 설정되었음에도 실효성 있는 단속 조치가 거의 이루어지지 않아서 기선저예망 어업자들의 불법적인 어로 행위가 만연했기 때문이다. 이에 따라 함경남도 등의 자망업자들은 특권화된 허가어업의 부당성을 질타하며 관계 당국에게 진정운동을 펼치기도 했으나 조선총독부의 소극적인 대처로 인해 무산되기 일쑤였다. 오히려 기선저예망어업의 허가는 시간이 지날수록 조금씩 늘어만 갔다. 아울러 명태와 정어리는 다양한 방식으로 가공되어 일본과 중국 등지로 수이출되었는데, 일제가 추진한 어업조합 설립운동 등으로 인해 조선인 가공·유통업자 역시 몰락의 길을 걷게 되었다. 반면에 일본인 가공업자나 수출업자들은 신설된 판매조합의 운영을 장악하면서 통제 정책의 수혜를 여전히 누리고 있었다.

참고문헌

1. 자료

『대한매일신보』,『동아일보』,『매일신보』,『조선일보』,『중외일보』,『황성신문』,『大阪每日新聞』,『神戶新聞』,『神戶又新日報』,『鎭西日報』.

『統理交涉通商事務衙門日記』(일명 統署日記),
『韓日漁業關係』(韓國近代史資料集成 5), 국사편찬위원회, 2002.
『駐韓日本公使館記錄』,『通商彙纂』,『朝鮮之水産』.

大日本水産會,『大日本水産會報告』1882~1892(李鍾學編,『韓日漁業關係調査資料』, 史芸研究所, 2000).

_____,『大日本水産會報』1893~1910(李鍾學編,『韓日漁業關係調査資料』, 史芸研究所, 2000).

關澤明清·竹中邦香, 1893,『朝鮮通漁事情』團團社書店.
關澤明清, 1893,『朝鮮近海漁業ニ關スル演說』長崎.
_____, 1893,「朝鮮近海漁業視察報告」,『朝鮮交涉資料』下.
鏑木餘三男, 1895,『朝鮮國元山出張復命書』.
秋田縣 南秋田郡, 1895,『朝鮮近海漁業聯合會調査報告』.
福岡縣 水産試驗場, 1898,『朝鮮海漁業探檢復命書』.
廣井勇, 1898,『築港 卷之一』.
大分縣 內務部, 1900,『韓海漁業視察復命書』.
佐賀縣 內務部, 1900,『韓海漁業視察復命書』.
朝鮮海通漁組合聯合會本部, 1903,『朝鮮海通漁組合聯合會會報』4호.
葛生修亮, 1903,『韓海通漁指針』黑龍會 東京.

香川縣 水産試驗場, 1904, 『韓國漁業視察復命書』.

韓國政府財政顧問本部, 1904, 『韓國水産行政及經濟』京城.

日本 農商務省水産局, 1905, 『韓國水産業調査報告』.

廣島縣 水産試驗場, 1905, 『韓海鮟鱇網試驗槪況』.

岡山縣 水産試驗場, 1905, 『韓海視察報告』.

岡山縣 水産試驗場, 1906, 『韓海漁場探險調査事業報告』.

島根縣 第3部, 1906, 『韓海出漁調査報告書』松江.

福岡縣 水産試驗場, 1906, 『韓國西南沿海漁業視察書』.

朝鮮海水産組合, 1907, 『朝鮮海出漁の手引』釜山.

山口縣 水産試驗場, 1907~1909, 『韓海漁業試驗報告(1906-08년)』1책(합본).

岡山縣 水産試驗場, 1908, 『朝鮮海漁業試驗調査報告(1906년도)』.

農商工部 水産局, 1908~1911, 『韓國水産誌』4권, 京城(이근우 번역, 2010, 『한국수산지』 1-1, 1-2, 새미; 2018, 『한국수산지』3-1, 한국학술정보).

岡山縣水産試驗場, 1909, 『韓海漁場調査報告』.

島根縣 內務部, 1909, 『韓國漁業調査紀要』.

鳥取縣水産組合, 1909, 『鳥取縣水産組合 韓海漁場調査報告』.

朝鮮海水産組合, 『朝鮮海水産組合月報』, 제16호(1910)~제34호(1912).

廣島縣 內務部, 1910, 『韓海漁業調査報告(1909年度)』.

朝鮮海水産組合本部, 1910, 『朝鮮海水産調査報告』.

日本 拓植局, 1911, 『植民地における內地人の漁業及移民』.

高知縣 內務部, 1912, 『朝鮮海漁業視察報告書』.

朝鮮總督府, 1912, 『水産主任打合會要錄』, 京城.

朝鮮總督府編, 1913, 『朝鮮漁業曆』, 京城.

朝鮮總督府, 1914, 『朝鮮統治三年間成績』.

朝鮮總督府, 1915, 『朝鮮施政ノ方針及實績』.

朝鮮水産組合編, 1915, 『朝鮮水産一斑』, 釜山.

朝鮮水産組合, 1915, 『水産統計要覽』.

山口縣 水産試驗場, 1915, 『朝鮮東岸及南岸ノ水産』.

大橋淸三郞, 1915, 『朝鮮産業指針』.

朝鮮總督府, 1916, 『水産統計』.

朝鮮總督府 編, 1916, 『朝鮮漁業曆』, 京城, 2版.

朝鮮總督府, 1916, 『漁業組合槪況』.

朝鮮總督府, 1917, 『水産主任技術者會同諮問事項答申書』, 京城.

朝鮮總督府, 1917, 『水産試驗成績槪要』.

農商務省水産局, 1918, 『海外に於ける本邦人の漁業狀況』, 東亞印刷柱式會社.

朝鮮總督府, 1919, 『水産便覽』.

朝鮮總督府 殖産局, 1921, 『朝鮮の水産業』.

朝鮮總督府, 1921, 『道知事會議速記錄』.

朝鮮總督府, 1921, 『道知事會議提出意見ニ對スル處理槪要』.

朝鮮總督府 殖産局, 1921, 『朝鮮の十代漁業』, 京城.

慶尙南道, 1921, 『慶尙南道に於ける移住漁村』.

朝鮮總督府 殖産局, 1922~1943, 『朝鮮の水産業』.

朝鮮總督府 殖産局, 1923, 『朝鮮の重要漁業』, 京城.

朝鮮總督府, 1924, 『朝鮮に於ける內地人』.

朝鮮總督府 水産試驗場編, 1924~1929, 『漁船調査報告』, 제1호~제3호, 釜山.

村上隆吉, 1925, 『漁業組合について』大阪府水産會.

朝鮮水産會, 1926, 『朝鮮水産大要』, 京城.

廣井勇, 1927, 『日本築港史』, 丸善株式會社.

朝鮮總督府, 1935~1941, 『朝鮮水産統計』.

朝鮮總督府水産試驗場, 1935, 『朝鮮のメンタイ漁業に就て』.

鄭文基, 1936, 『朝鮮明太魚』, 朝鮮總督府 水産課.

朝鮮殖産助成財団 編, 1936, 『朝鮮の鰮』, 朝鮮殖産助成財団.

大島幸吉, 1937, 『朝鮮の鰮漁業と其加工業』, 新水産社 出版部.

朝鮮水産會, 1938, 『水難漁船救濟事業執務提要』.

朝鮮總督府, 1937~1940, 『國庫補助港灣修築工事』.

朝鮮第二區汽船底引網漁業水産組合, 1940, 『朝鮮第二區汽船底引網漁業水産組合十年史』.

朝鮮漁業組合中央會, 1942, 『朝鮮漁業組合要覽』.

2. 단행본

국립민속박물관, 2023, 『해양문화, 조기·명태·멸치』.

김경혜 외, 2009, 『조선시대 해양환경과 명태』, 부경대학교 해양문화연구소.

김수관·김민영·김태웅, 2006, 『근대 서해안지역 수산업연구』, 선인.

김수관·김민영·김태웅·김중규, 2008, 『고군산군도 인근 서해안지역 수산업사 연구』, 선인.

김수희, 2009, 『울릉도·독도 어장 이용과 어민들의 어업활동』, 동북아역사재단 연구보고서.

＿＿＿, 2010, 『근대 일본어민의 한국진출과 어업경영』, 경인문화사.

＿＿＿, 2015, 『근대의 멸치, 제국의 멸치 – 멸치를 통해 본 조선의 어업 문화와 어장 약탈사』, 아카넷.

김영수, 2019, 『제국의 이중성』, 동북아역사재단.

김예슬, 2021, 『일제의 조선 어업 침탈사』, 동북아역사재단.

김진구, 1966, 『한국어업사·포경사』, 국제연합한국식량농업기구한국협회.

김호동, 2007, 『독도·울릉도의 역사』, 경인문화사.

농림수산부편, 1988, 『농림수산통계년보』, 농림수산부.

박광순, 1981, 『한국어업경제사연구』, 유풍출판사.

박구병, 1966, 『한국수산업사』, 태화출판사.

＿＿＿, 1975, 『한국어업사』, 정음사.

＿＿＿, 1987, 『한국포경사』, 수산업협동조합.

＿＿＿, 1995, 『(증보판)한반도연해포경사』, 민족문화.

박병섭, 2009, 『한말 울릉도·독도 어업』, 한국해양수산개발원.

박정석, 2017, 『식민 이주어촌의 흔적과 기억』, 서강대출판부.

박정숙, 2013, 『어업이야기』, 선학사.

송병기, 2010, 『울릉도와 독도, 그 역사적 검증』, 역사공간.

수산사편찬위원회, 1968, 『한국수산사』, 수산청.

수산업협동조합중앙회, 1966, 『한국수산발달사』, 서울, 민중서관.

＿＿＿＿＿＿＿＿＿＿＿＿, 1980, 『한국수산업단체사』.

수우회(水友會), 1987, 『현대한국수산업사』.

여박동, 2002, 『일제의 조선어업지배와 이주어촌 형성』, 보고사.

영남대학교 민족문화연구소, 2005, 『울릉도·동해안 어촌지역의 생활문화연구』, 경인문화사.

유미림, 2013, 『우리 사료 속의 독도와 울릉도』, 지식산업사.

윤광운·김재승, 2009, 『근대조선 해관연구』, 부경대출판부.

이계열·이훈·정성일·박광순, 2008, 『한·일 어민의 접촉과 마찰』, 전남대학교출판부.

이영학, 2022, 『일제침탈사자료총서, 수산업-어업(1)-개항기 일제의 어업 침탈』, 동북아역사재단.

_____, 2023, 『일제침탈사자료총서, 수산업-어업(2)-식민지시기 일제의 어업 재편』, 동북아역사재단.

장수호, 2011, 『조선시대말 일본의 어업침탈사』, 수산경제연구원.

정석근, 2022, 『정석근 교수의 되짚어보는 수산학』, 베토·현대해양.

주강현, 2021, 『조기평전』, 바다위의정원.

한규설, 2001, 『어업경제사를 통해 본 한국어업제도 변천의 100년』, 선학사.

허영란, 2012, 『장생포 이야기』, 울산광역시 남구.

加藤圭木, 2017, 『植民地期朝鮮の地域變容: 日本の大陸進出と咸鏡北道』, 吉川弘文館.

關口信一郎, 2015, 『シビルエンジニア廣井勇の人と事業』, HINAS.

吉田敬市, 1954, 『朝鮮水産開發史』, 朝水會(박호원 김수희 번역, 2019, 『조선수산개발사』, 민속원).

穗積眞六郞, 1968, 『朝鮮水産の發達と日本』, 友邦協會.

神谷丹路, 2018, 『近代日本漁民の朝鮮進出－朝鮮南部の漁業根據地 長承浦·羅老島·方魚津を中心に-』, 新幹社.

3. 논문

강만생, 1986, 「한말 일본의 제주어업 침탈과 도민의 대응-」, 『제주도연구』 3, 제주학회.

강만익, 2022, 「일제강점기 제주도 어업조합 설립과 운영」, 『제주도연구』 58, 제주학회.

강봉모, 2002, 「어업권에 관한 체계적 연구」, 동의대학교 대학원 박사학위논문.

강재순, 2009, 「일제시기 함경남도 명태어장의 분쟁-소위 "발동선문제"를 중심으로-」,

『대구사학』 96, 대구사학회.

구양근, 1980, 「근대일본의 대한(對韓)통어정책과 조선어촌과의 관계」, 『인문과학연구』 2, 조선대학교 인문과학연구소.

김명수, 2008, 「일본 포경업의 근대화와 동해포경어장」, 『일본연구』 8, 고려대학교 글로벌일본연구원.

김백영, 2013, 「한말-일제하 동해의 포경업과 한반도 포경기지 변천사」, 『도서문화』 41, 목포대학교 도서문화연구원.

김보한, 2009, 「일본 중·근세 어업에서 본 〈어장청부제〉와 울릉도 어업」, 『역사민속학』 30, 한국역사민속학회.

김수희, 2005, 「어업근거지건설계획과 일본인 집단 이민」, 『한일관계사연구』 22, 한일관계사학회.

＿＿＿, 2007a, 「일제시대 남해안어장에서 제주해녀의 어장이용과 그 갈등 양상」, 『지역과 역사』 21, 부경역사연구소.

＿＿＿, 2007b, 「조선후기 멸치어업 성립과 개항 후의 어업변화 과정」, 『한국민족문화』 30.

＿＿＿, 2010, 「나카이요 사부로(中井養三郞)와 독도어업」, 『인문연구』 58, 영남대학교 인문과학연구소.

＿＿＿, 2011a, 「개척령기 울릉도와 독도로 건너간 거문도 사람들」, 『한일관계사연구』 38, 한일관계사학회.

＿＿＿, 2011b, 「개항기 일본 어민의 조선어장 침탈과 러·일간의 각축」, 『대구사학』 102, 대구사학회.

＿＿＿, 2011c, 「근대 일본식 어구 안강망의 전파와 서해안 어장의 변화 과정」, 『대구사학』 104, 대구사학회.

＿＿＿, 2015, 「일본의 독도 영토편입과 오키도(隱岐島) 어민들의 독도 진출」, 『한일관계사연구』 51, 한일관계사학회.

김승, 2002, 「생태환경의 변화와 파시촌 어민의 적응: 비금도 강달어 파시촌을 중심으로」, 『도서문화』 19, 목포대학교 도서문화연구원.

＿＿＿, 2008, 「한말·일제하 울산군 장생포의 포경업과 사회상」, 『역사와 세계』 33, 효원사학회.

＿＿＿, 2017, 「일제시기 어시장 현황과 어시장 수산물의 유통」, 『역사와 경계』 105, 부산

경남사학회.

김승·김연수, 2005, 「조선시대 전래의 파시와 어업근거지 파시의 비교연구」, 『수산연구』 22, 한국수산경영기술연구원.

김승식, 2017, 「식민지시기 조선에서 생산된 수산물의 수이출(輸移出) 동향」, 『역사와 경계』 103, 부산경남사학회.

김영수, 2016, 「근대 독도 포함 해양 관련 역사분야의 성과와 한계」, 『동북아역사논총』 53, 동북아역사재단.

김옥경, 1986, 「개항후 어업에 관한 일연구」, 『대한제국연구』 5, 이화여자대학교 한국문화연구원.

김인태, 1969, 「한국의 수산금융에 관한 연구」, 『부산수산대학논문집』 3.

김정란, 2017, 「1930년대 조선총독부의 어업정책과 어업조합의 활동: 함경도 지역을 중심으로」, 한양대학교 대학원 석사학위논문.

김준, 2004, 「파시의 해양문화사적 의미구조: 임자도 '타리파시'와 '재원파시'를 중심으로」, 『도서문화』 24, 목포대학교 도서문화연구원.

____, 2005, 「파시의 어업기술사적 고찰: 임자도 파시를 중심으로」, 『민속학연구』 17, 국립민속박물관.

____, 2009, 「칠산어장과 조기파시에 대한 연구」, 『도서문화』 34, 목포대학교 도서문화연구원.

김태인, 2015, 「1930년대 일제의 정어리 油肥 통제 기구와 한국 정어리 油肥제조업자의 대응」, 충북대학교 사학과 석사학위논문.

김현희, 1987, 「제주도 통어문제에 대하여」 『제주사학』 3, 제주대학교 인문대학 사학과.

김희연, 2015, 「1892년 조일어업관련 조약개정교섭과 국제관계」, 『한국사연구』 170, 한국사연구회.

명재림, 2009, 「일제강점기 추자도의 어민항쟁」, 한국교원대학교 대학원 석사학위논문.

박구병, 1962, 「일본자본주의 세력의 한국수산업 침입과정」, 『백경』 3.

_____, 1966, 「한해에 있어서의 일본인의 어업-어업방면에 있어서의 조일관계」, 『한국수산발달사』, 수협중앙회.

_____, 1967a, 「개항 이후의 부산의 수산업」, 『항도부산』 6, 부산시사편찬위원회.

_____, 1967b, 「한국근대어업관계연구(1876~1910)」, 『부산수산대학연구보고』(사회과

학편) 7-1.

_____, 1968, 「한국어업기술사」, 『한국문화사대계』 Ⅲ, 고려대학교 민족문화연구소.

_____, 1970, 「한말 동해 포경업을 둘러싼 露·日의 각축」, 『아세아연구』 13-2(통권 38호), 고려대학교 아세아문제연구소.

_____, 1972, 「19세기말 한·일간의 어업에 적용된 영해 3해리 원칙에 관하여」, 『한일연구』 1, 한국일본문제연구회.

_____, 1977, 「한국수산업기술사」, 『한국현대문화사대계 3 : 과학·기술사』, 고려대학교 민족문화연구소.

_____, 1978a, 「한국명태어업사」, 『논문집』 20, 부산수산대학교.

_____, 1978b, 「한국정어리어업사」, 『논문집』 21, 부산수산대학교.

_____, 1983, 「어업권제도와 연안어장소유·이용형태의 변천에 관한 연구: 한말부터 일제 강점기말까지」, 『논문집-인문·사회과학편』 30, 부산수산대학.

박찬식, 2008, 「개항 이후(1876~1910) 일본 어업의 제주도 진출」, 『역사와 경계』 68, 부산경남사학회.

서종원, 2007, 「파시로 인한 지역사회의 문화 변화양상 고찰: 일제강점기 위도 지역의 조기파시 사례를 중심으로」, 『중앙민속학』 12, 중앙대학교 한국문화유산연구소.

송경은, 2013, 「한국에서의 근대적 어업권 형성과 법제화」, 서울대학교 경제학부 박사학위논문.

_____, 2015, 「식민지기 어업권의 소유 형태와 특질:『관보』, 어업권 자료를 중심으로」, 『경제사학』 59, 경제사학회.

송규진, 2013, 「일제의 대륙침략기 '북선루트'·'북선3항'」 『한국사연구』 163, 한국사연구회.

송종복, 1993, 「日帝의 韓國 産業權 侵奪과 그 抵抗에 관한 연구 : 農業·鑛業·漁業分野를 중심으로」, 성신여대학교 박사학위논문.

심재욱·이혜은·민원기, 2017, 「일제강점기 淸津의 팽창과 정어리 어업」, 『역사와 실학』 63, 역사실학회.

심재욱·하원호, 2017, 「일제강점기 동해 어족 자원의 수탈과 활용」, 『숭실사학』 38, 숭실사학회.

오창현, 2010, 「20세기 전후 서해안 대형 어선어업의 존재양상과 전개과정」, 『도서문화』

35, 목포대학교 도서문화연구원.

_____, 2015a, 「19~20세기 통영·거제 지방의 중소형 어선 어업과 그 특징 – "통구민배"의 구조적 특성과 원정 어업 관행을 중심으로」, 『도서문화』 46, 목포대학교 도서문화연구원.

_____, 2015b, 「물고기, 어업기술, 민족관습: 식민지기 어업경제 구조에 대한 경제인류학적 연구」, 『한국문화인류학』 48-1, 한국문화인류학회.

유미림, 2015, 「1905년 전후 일본 지방세와 강치어업, 그리고 독도」, 『영토해양연구』 9, 동북아역사재단.

윤소영, 2012, 「1900년대초 일본측 조선어업 조사자료에 보이는 독도」, 『한국독립운동사연구』 41, 독립기념관 한국독립운동사연구소.

이경엽, 2004, 「임자도의 파시와 파시 사람들」 『도서문화』 24, 목포대학교 도서문화연구원.

이계열, 1997, 「한국수산업의 자본제화과정에 관한 연구」, 전남대학교 대학원 박사학위논문.

이근우, 2011, 「한국수산지의 편찬과 그 목적에 대하여」, 『동북아문화연구』 27, 동북아시아문화학회.

_____, 2012, 「「명치시대 일본의 조선 바다 조사」, 『수산경영론집』 43(3), 한국수산경영학회.

_____, 2014, 「한국수산지의 조사방법과 통계자료의 문제점」, 『수산경영론집』 45(3), 한국수산경영학회.

_____, 2019, 「근대 일본의 조선바다 조사에 대한 서지학」, 『바다』 24(3), 한국해양학회.

이근우·서경순, 2019, 「한국수산지의 내용과 특징」, 『인문사회과학연구』 20(1), 부경대학교인문사회과학연구소.

이기복, 2006, 「1915년 '조선물산공진회'에 반영된 일제의 식민지 수산정책」, 『역사민속학』 23, 한국역사민속학회.

_____, 2007, 「1910~1930년대 어청도의 수산업과 다케베시즈오(武部靜雄)」, 『역사민속학』 24, 한국역사민속학회.

_____, 2010a, 「일제하 '수산박람회'와 조선 수산업의 동향」, 부산대학교 대학원 박사학위논문.

_____, 2010b, 「일제하 漁船動力化 추이와 조선의 수산업 : 1920년대 水産共進會를 중심으로」, 『역사민속학』 32, 한국역사민속학회.

_____, 2010c, 「일제하 '수산박람회'와 조선 수산업의 동향」, 부산대학교 대학원 박사학위논문.

이영학, 1995, 「개항 이후 일제의 어업 침투와 조선 어민의 대응」, 『역사와 현실』 18, 한국역사연구회.

_____, 2003, 「개항 이후 조선인 어업의 근대화 시도와 그 좌절」, 『성곡논총』 34, 성곡언론문화재단.

_____, 2015, 「19세기 후반 일본 어민의 동해 밀어와 조선인의 대응」, 『역사문화연구』 53, 한국외국어대학교 역사문화연구소.

_____, 2019, 「통감부의 어업 이민 장려와 어업법 제정」, 『한국학연구』 52, 인하대 한국학연구소.

_____, 2023, 「개항기 일본 정부의 조선 연해 수산업 조사」, 『역사와 현실』 129, 한국역사연구회.

이원순, 1967, 「한말 제주도의 어채문제」, 『역사교육』 10, 역사교육연구회.

최병택, 2008, 「대한제국 시기~1920년대 일제의 수산조합 운영과 수산업침탈」, 『역사와 담론』 51, 호서사학회.

최재성, 2012, 「1930~40년대 어업조합의 활동: 전남지역 사례를 중심으로」, 『사학연구』 108, 한국사학회, 2012.

_____, 2014, 「1910~20년대 일제의 어업조합 방침과 운영」, 『사림』 47, 수선사학회.

최태호, 1971, 「일제하의 한국수산업에 관한 연구」, 『일제의 경제침탈사』, 아세아문제연구소.

_____, 1995, 「일제의 식민지수산정책과 한국수산업」, 『국민경제연구』 18, 국민대학교 경제연구소.

코노 노부카즈, 2011, 「일제하 中部幾次郎의 林兼商店 경영과 '水産財閥'로의 성장」, 『동방학지』 153, 연세대학교 국학연구원.

한우근, 1971, 「개항후 일본어민의 침투(1860~1894)」, 『동양학』 1 단국대 동양학연구소.

한철호, 2013, 「일본의 동해 침투와 죽변지역 일본인 살해사건」, 『동국사학』 54, 동국역사문화연구소.

加藤圭木, 2011, 「植民地期朝鮮における港湾「開発」と漁村 : 一九三〇年代の咸北羅津」, 『人民の歴史学』190, 東京歴史科学研究会.

加藤圭木, 2019, 「植民地期朝鮮におけるイワシ漁業・加工業と統制政策(1923~1931)」, 『日韓相互認識』9, 日韓相互認識研究会.

渡邊洋之, 1998, 「近代日本捕鯨業における技術導入と労働者」, 『科学史研究』37-205.

渡邊洋之, 2006, 『捕鯨問題の歴史社會學: 近現代日本におけるクジラと人間』, 東京: 東信堂.

藤永壯, 1987, 「植民地下日本人漁業資本家の存在形態-李堈家漁場?めぐる朝鮮漁民との葛藤-」, 『朝鮮史研究會論文集』24, 朝鮮史研究會.

藤井賢二, 2007, 「水産統計から見た日本統治期の朝鮮・台湾の漁業」, 『東洋史訪』13, 兵庫教育大学東洋史研究会.

藤井賢二, 2008, 「日本統治期の朝鮮漁業の評価をめぐって」『東洋史訪』14, 兵庫教育大学東洋史研究会.

森武麿, 2010, 「日本海湖水化計画と朝鮮殖民」, 『歴史民俗資料学研究』15, 神奈川大学大学院歴史民俗資料学研究科.

原田環, 藤井賢二, 2015, 「朝鮮の水産業開發に關する文獻リスト(1887~2014)」, 『第3期「竹島問題に関する調査研究」最終報告書』, 島根県総務部総務課.

부록

■ 임업 관련 연표

연월일	주요 법령·정책 및 주요 사건
1907. 3	「한국삼림특별회계법」 공포
1907. 3	통감부 영림창관제 발표
1907. 4	대한제국, 서북영림창관제 발표
1907. 5	영림창, 벌목사업 개시
1908. 1	「삼림법」 공포
1908. 3	「국유삼림산야부분림규칙」 제정
1909. 4	영림창 제재사업 개시
1910. 3	임적조사 개시
1911. 8	「삼림령」 공포
1911. 11	국유림구분조사 실시
1916. 4	화전정리에 관한 조선총독부 「내훈 9호」 발표
1918. 4	조선총독부임야조사위원회 관제 발표
1918. 5	「조선임야조사령」 공포
1922. 8	조선총독부임업시험장 관제 발표
1926. 4	「조선특별연고삼림양여령」 공포
1926. 6	조선총독부 산림부 설치
1926. 6	조선총독부 영림서 관제 발표
1928. 3	조선총독부, 화전조사요강 발표
1928. 12	화전조사위원회 설치
1926. 6	갑산 화전민 사건 발생
1930. 3	국유임야 내 화전민 가옥 처리에 관한 건 발표
1930. 7	단천 삼림조합 사건 발생
1932. 4	조선총독부, 북선개척사업 계획 발표
1932. 8	북선개척사업에 의한 화전정리조사요령 발표
1933. 1	조선총독부, 「민유림지도방침대강」 발표
1933. 8	「조선사방사업령」 공포
1937. 6	「조선임업개발주식회사령」 공포
1938. 7	조선총독부, 「민유림지도방침대강」 개정
1939. 9	조선총독부, 민유임야 용재림조성계획 발표
1940. 7	「목탄배급통제규칙」 발표

■ 임업 관련 중요 법령 내용

「한국삼림특별회계법」(1907년 법률 제24호)

제1조 압록강 및 두만강 연안 삼림을 경영하기 위해 특별회계를 설치하고, 그 사업상 수입으로서 지출에 충당한다.

제2조 한국삼림특별회계의 자본액은 120만 원으로 한다. 그 반액은 한국 정부의 분담금으로 충당한다.

전항 자본금은 필요에 따라 점차 일반회계로부터 조입(繰入) 또는 한국 정부로부터 수입(受入)한다. 단 사업용 물건(物件)으로서 출자액을 충당할 수 있다.

제3조 매년도 사업상의 손익은 전조 출자액에 따라 이를 일반회계 및 한국 정부에 분배한다.

제4조 정부는 매년 한국삼림특별회계세입출예산을 작성하고 세입세출의 총예산을 구비해 이를 제국의회에 제출해야 한다.

제5조 매년도의 예산으로 재해 사변 기타 예기치 못한 세출 부족에 응하기 위한 예비금을 설립한다.

제6조 본 회계의 사업은 삼림경영을 목적으로 하는 회사에 위탁해 이를 경영할 수 있다.

제7조 본 회계의 수입 지출에 관한 규정은 별도의 칙령으로 정한다.

부칙

본법은 1907년(메이지40) 4월 1일부터 시행한다.

「삼림법」(융희2년 법률 제1호)

제1조　삼림은 그 소유자에 따라 이를 나누되 제삼림, 국유림, 공유림 및 사유림으로 함.
　　　산야는 삼림에 준해 본법을 적용함.
제2조　국유삼림산야의 매각, 양여, 교환 또는 대부 또는 국유삼림산물의 매각에 관한 규정은 칙령으로 정함.
　　　국토보안상 또는 국유삼림의 경영상 국유보존의 필요가 있는 삼림산야는 치를 매각, 양여, 교환 또는 대부할 수 없음.
제3조　농상공부대신은 조림자와 그 수익을 분수(分收)하는 조건으로 국유산림산야에 부분림을 설정할 수 있음.
제4조　부분림의 수목은 국(國)과 조림자의 공유로 하고, 그 지분은 수익 분수 부분에 균등하게 함.
　　　부분림 설정 전에 생존한 수목은 국의 소유로 함.
제5조　농상공부대신은 좌에 기재한 개소를 보안림에 편입할 수 있음.
　　　1. 토지붕괴유출 발비에 필요한 개소
　　　2. 비사(飛砂) 방비에 필요한 개소
　　　3. 수해 풍해 조해(潮害) 방비에 필요한 개소
　　　4. 퇴설추석(頹雪墜石)의 위험을 방비할 필요가 있는 개소
　　　5. 수원 함양에 필요한 개소
　　　6. 어부(魚附)에 필요한 개소
　　　7. 항행목표(航行目標)에 필요한 개소
　　　8. 공중 위생에 필요한 개소
　　　9. 단(壇), 묘(廟), 사(社), 전(殿), 궁(宮), 능(陵), 원(園) 또는 명소

　　　　혹은 구적 풍치에 필요한 개소

제6조　보안림을 벌채하거나 개간할 수 없음.

제7조　농상공부대신은 보안림의 벌목을 금지하거나 제한할 수 있음

제8조　보안림에 편입함으로써 손해를 입은 삼림 소유자는 그 벌목이 금지된 경우에 발생한 직접 손해에 한해 보상을 청구할 수 있음. 단 국유림 또는 제실림는 이를 적용하지 아니함.

　　　　전항의 보상은 보안림 편입에 따라 직접의 이익을 얻을 자가 부담함.

제9조　농상공부대신은 보안림 편입의 원인이 소멸되거나 공익상 특별한 사유가 있을 때는 이를 해제할 수 있음.

제10조　농상공부대신은 보안의 필요가 있는 삼림산야 소유자에게 그 조림 및 보호를 명할 수 있으며, 소유자가 전항에 따라 명령사항을 준수하지 않을 때에는 이를 대신 행하고 그 비용을 징수하며, 혹은 부분림에 편입할 수 있음.

　　　　전항 부분림에 편입한 경우에는 본법 제3조 및 제4조의 규정을 적용함.

제11조　삼림에 해충이 발생하거나 발생할 우려가 있을 때에는 그 삼림 소유자는 즉시 이를 구제 예방해야 함.

　　　　전항의 경우에 농상공부대신은 해충의 구제 또는 예방의 필요가 있는 처치를 해당 삼림 소유자에게 명령할 수 있음.

　　　　소유자가 전항의 명령을 준수하지 않을 때에는 농상공부대신이 이를 행하고 그 비용을 징수할 수 있음.

제12조　농상공부대신의 허가가 없으며 삼림산야를 개간할 수 없음.

제13조　소유자의 허락을 받지 아니하면 삼림산야에 분묘 입장을 할 수

없음.

제14조 지방관 또는 경찰관리의 허가를 받지 아니하면 삼림산야에 입화(入火)할 수 없음.

제15조 삼림의 주부산물을 절취한 자는 형법 제602조 및 제603조에 준해 처벌함.

제16조 타인의 삼림산야를 개간하거나 방화한 자는 형법 제669조 단서에 준해 처벌함.

제17조 타인 소유인 삼림수목을 상해한 자와 삼림을 위해 설치한 표식을 이전하거나 훼손한 자 및 제6조 제12조 내지 제14조의 규정 또는 제7조 명령을 위배한 자는 금고 또는 1환(圜) 이상 200환 이하 벌금에 처함.

제18조 본법을 시행함에 필요한 명령은 농상공부 대신이 이를 정함.

부칙

제19조 삼림산야의 소유자는 본법 시행일로부터 3개년 이내에 삼림산야의 지적(地積) 및 면적의 약도를 첨부해 농상공부대신에게 신고하되 기간 안에 신고하지 아니한 것은 모두 국유로 간주함.

제20조 「삼림법」 발포 이전에 국유삼림산야에 식수의 허가를 받아 그 효력이 아직 존치한 자는 본법 시행일로부터 1개년 안에 부분림의 설정을 농상공부대신에게 청원해 인증을 받은 때는 제4조의 규정에 따라 부분림을 설정한 자로 간주함. 전항의 기일 안에 청원하지 아니한 자는 식수의 허가와 그 효력을 잃음.

제21조 「삼림법」 발포 이전에 국유삼림의 벌목 또는 삼림산야 대하의 허가를 받아 그 효력이 아직 존속하는 자는 본법 시행일로부터 1개년 이내에 농상공부대신에게 청원해 인증을 받아야 함.

전항의 기일 안에 청원하지 아니한 자는 벌목 또는 대하의 허가와 그 효력을 잃음.

제22조 본법은 반포일로부터 시행함.

「국유삼림산야부분림규칙」(1908.3.5 제정 농상공부령 제63호)

제1조 「삼림법」 제3조에 의한 부분림 설정은 본 규칙이 정하는 바에 따름.

제2조 부분림의 설정 지역은 5정보 이하는 불가함.

제3조 부분림의 존속기간은 100년을 초과할 수 없음.
전항의 기한은 이를 연장 신청할 수 있음.

제4조 부분림은 벌기(伐期) 전에 벌채할 수 없음.
벌기는 부분림 설정한 바로 다음 해부터 교림(喬林)은 20년, 왜림(矮林) 5년 이내는 불가함.

제5조 부분림의 수익 분수 비례는 농상공부대신이 이를 정함.
조림자의 분수 비례는 10분의 9를 초과할 수 없음.

제6조 부분림 설정 후 천연으로 생육하는 수목은 부분림의 수목으로 간주함.

제7조 근주(根株)는 특별한 규정이 있는 경우를 제외하고는 이를 국(國)의 소유로 함.

제8조 부분림을 설정하고자 하는 자는 제1호 양식의 청원서에 제2호 조림설계서 및 제3호 양식의 조림예정도를 첨부해 농상공부대신에게 제출해 허가를 받아야 함.

제9조 농상공부대신이 부분림의 설정을 허가한 때는 제4호 양식의 허가증을 하부함.

제10조 농상공부대신은 제6호 양식의 국유삼림산야부분림장부를 조제해 부분림을 등록함.

제11조 조림자는 부분림 설정이 허가를 받은 때로부터 50일 이내 제

7호 양식의 경계표를 세워야 함.

제12조　조림자는 좌기한 사항에 관해 부분을 보호할 의무가 있음.

　　　1. 화재 예방 및 소방

　　　2. 도벌, 오벌, 침간 기타 가해 행위 예방 및 방어

　　　3. 유해 동식물의 예방 및 구제

　　　4. 경계표와 기타 표식의 보존

　　　5. 천연생치수의 보존

제13조　조림자는 좌와 같은 경우에는 즉시 농상공부대신에게 신고해야 함.

　　　1. 조림자의 식수 보식 보육 기타 조림에 필요한 행위를 하고자 할 때

　　　2. 사업 설계에 따라 1개년분 또는 전부의 식수를 마친 때

　　　3. 부분림 또는 그 목죽에 이상이 발생한 때

　　　4. 부분림의 수목 수에 변경이 발생한 때

　　　5. 채취할 생산물의 반출을 마친 때

　　　6. 부분림에 관리인 또는 간수인을 둘 때

　　　7. 조림자가 씨명주소를 변경한 때

제14조　조림자가 부분림에 관리인 또는 간수인을 둔 때에는 부분림 존속기간 안에 부분림 또는 그 접근한 국유삼림산야에서 지역을 선정해 농상공부대신의 허가를 받아 100정보에 1척 비례로 1호에 대해 1정보 이내의 경작지를 설할 수 있음.

제15조　조림자는 좌의 산물을 채취할 권리가 있음.

　　　1. 하초 낙엽 및 낙지(落枝)

　　　2. 수실(樹實) 및 균훈류(菌蕈類)

3. 교림을 식수한 후 벌기 4분의 1 이내의 연수에 있어 보육하기 위해 벌채한 수목

제16조 조림자가 벌기에 달한 부분림을 벌채하고자 할 대는 제8호 양식의 청원서를 농상공부대신에게 제출해 허가를 받아야 함.

제17조 조림자가 제15조에 따라 산물을 채취하고자 할 때는 동조 제1호 내지 제2호의 물건에는 그 뜻을 농상공부대신에게 보명(報明)하며 제3호 물건에 대해서는 농상공부대신에게 허가받아야 함.

제18조 부분림의 수익은 그 수목의 매각대금으로써 분수함. 국(國)에서 벌기 후에 수목을 보존할 필요가 있을 때는 재적(材積)으로 분수하되 그 경우에는 조림자와 만난 후 그 분수할 수목을 지정함.

제19조 전조 제1항의 경우에 수목의 매각은 농상공부대신이 행함.
조림자는 국에 분수 부분에 대한 대금을 상납한 후 특매(特賣)를 받을 수 있음.

제20조 제18조 제2항의 경우에는 조림자는 농상공부대신이 지정한 기간 안에 그 분수 수목의 반출을 종료해야 함.
전항의 반출 기간은 3년을 넘을 수 없음. 단 농상공부대신은 부득이한 사유가 있다고 인정될 때 1년을 초과하지 않는 범위 안에서 반출 기간을 연장할 수 있음.

제21조 부분림에 손해를 가한 제3자에게 배상으로 받은 금액은 분수 비례에 따라 이를 나눔.

제22조 천재 기타 피치 못할 사변으로 부분림 설정의 허가가 무효된 경우에 대해서는 현존한 수목은 분수 비례에 따라 이를 분수함.
조림자가 부득이한 사유가 있어 부분림 설정의 폐지를 청원해

농상공부대신이 이를 허가할 경우에도 역시 전항과 같음.

제23조 조림자가 부분림을 양여하거나 전당으로 제공하며 또는 차인에게 대부하거나 사용하게 할 시에는 제9호 청원서를 농상공부대신에게 제출해 허가를 받아야 함.

제24조 조림자의 권리를 상속할 수 있음.

상속으로 인해 조림자의 권리를 얻은 자는 상속자된 증명서를 첨부해 농상공부대신에게 신고해야 함.

제25조 농상공부대신은 여좌한 경우에는 부분림 설정의 허가를 취소할 수 있음.

1. 허위 또는 착오로 허가한 사실이 발견된 때
2. 식수기간의 시작으로부터 1개년 이내에 사업에 착수하지 않았을 때, 착수 후 상당한 사유가 없이 예정한 진행을 하지 않았을 때
3. 식수를 마친 후 5년을 경과해도 성립할 수 없다고 보이는 때
4. 제4조 제16조 제17조의 규정에 위배한 때 또는 제12조 의무를 이행하지 아니한 때
5. 조림자가 그 부분림에 관해 범죄를 저지른 때

제26조 부분림 설정의 허가를 취소할 때에는 설정일로부터 대부료를 징수하고 현존한 수목은 국의 소유로 함. 단 허가취소 원인이 조림자의 책임이 아닐 때에는 제22조의 예에 따름.

제27조 국유삼림산야부분림장부 및 도면의 등본 또는 초본의 하부를 받고자 하는 자는 1건에 대해 금 10전의 비례로 수입인지를 첨부해 농상공부대신에게 청원해야 함.

제28조 부분림을 다른 목적으로 사용하거나 제23조의 규정에 위배한

때에는 농상공부대신이 조림자를 50환 이하의 과료에 처할 수 있음.

제29조 제11조 및 제13조의 규정에 위배하거나 제24조 제2항의 규정에 위배할 때는 농상공부 대신은 조림 또는 상속자를 10환 이하 과료에 처할 수 있다.

부칙

제30조 「삼림법」 제20조에 따라 식수 허가 인증을 받고자 하는 자는 제1호 내지 제3호 양식에 준해 청원서를 농상공부대신에게 체출해야 함.

농상공부대신이 전항의 청원을 수리해 적당하다고 인정될 때는 제4호 양식에 준해 인증을 급여함.

제31조 본령은 반포일로부터 시행함.

「삼림령」(1911.9.1 제정 조선총독부제령 제10호)

제1조 조선총독은 국토의 보안, 위해의 방지, 수원의 함양, 항행의 목표, 공중의 위생, 어부(魚附) 또는 풍치를 위해 필요하다고 인정하는 때에는 삼림을 보안림으로 편입할 수 있다.

제2조 보안림에서는 지방장관의 허가를 받지 아니하면 삼림의 손질이 아닌 목죽의 벌채 또는 개간을 하거나 낙엽·절지(切芝)·토석·수근·초근 채취·채굴 또는 방목을 할 수 없다.

제 3조 조선총독은 공익상 필요하다고 인정하는 때 또는 보안림으로서 존치할 필요가 없다고 인정하는 때에는 보안림을 해제할 수 있다.

제4조 조선총독은 임업행정상 필요하다고 인정하는 때에는 삼림의 소유자·점유자에게 영림방법을 지정하거나 조림을 명할 수 있다.

제5조 조선총독은 제1조의 목적을 위해 필요하다고 인정하는 때에는 보안림 이외의 삼림에 대해 개간금지 또는 제한을 할 수 있다.

제6조 국유삼림으로서 국토보안 또는 삼림 경영을 위해 국유로서 보존할 필요가 있는 것은 공용·공익사업을 위한 경우를 제외하고 매각·교환·양여할 수 없다.

제7조 조선총독은 조림을 위해 국유삼림을 대부받은 자에게 사업이 성공한 경우에 특별히 그 삼림을 양여할 수 있다.

제8조 ① 국유삼림에 입회의 관행이 있는 현지 주민은 관행에 따라 그 삼림의 부산물을 채취하거나 방목할 수 있다.

② 조선총독은 전항에 규정한 입회구역을 지정하거나 변경할 수 있다.

제9조 ① 조선총독은 전조의 현지 주민에게 입회구역의 조림을 명할 수 있다.

② 전항의 명령을 받은 자가 사업에 성공한 때에는 그 토지를 양여할 수 있다.

제10조 ① 조선총독은 현지주민에게 국유삼림을 보호하게 하고, 보수로 산물의 일부를 양여할 수 있다.

② 전항의 삼림보호에 대해서는 현지 주민이 연대해 책임을 진다.

③ 현지 주민의 고의 또는 중대한 과실로 인해 삼림에 손해가 발생한 때에는 배상하게 할 수 있다.

제11조 조선총독은 공용 또는 공익사업을 위하거나 이민단체용으로 필요한 때에는 국유삼림을 양여할 수 있다.

제12조 ① 국유삼림의 양여를 받은 자가 양여조건에 위반한 때에는 이를 반환하게 할 수 있다.

② 전항의 규정으로 반환하게 한 경우에는 그 삼림 상에 설정한 제3자의 권리는 소멸한다.

제13조 ① 조선총독은 다음 각호의 1에 해당하는 경우에는 국유삼림의 산물을 양여할 수 있다.

1. 공용 또는 공익사업을 위해 필요한 때

2. 비상재해가 있는 경우에 이재자에게 건축수선의 재료·연료를 공급하기 위해 필요한 때

② 전항에 규정하는 것을 제외하고 삼림손질을 위해 고용한 현지 주민에게 보수로 채취한 산물을 양여할 수 있다.

제14조 국유삼림의 매각·교환·대부 또는 산물의 매각에 관한 방법은

조선총독이 정한다.

제15조 지방장관은 삼림의 사용수익에 관한 폐해를 교정하거나 해충의 구제 또는 예방을 위해 공익상 필요한 명령을 할 수 있다.

제16조 조선총독은 삼림의 소유자 또는 점유자, 제9조 또는 제10조의 현지 주민에게 공동으로 삼림의 보호 또는 조림사업에 종사하게 하기 위해 필요한 명령을 할 수 있다.

제17조 조선총독은 이 영에 규정한 직권의 일부를 지방장관에게 위임할 수 있다.

제18조 경찰관리의 허가를 받지 아니하면 삼림 또는 이에 근접한 토지에 불을 놓을 수 없다.

제19조 ① 타인의 삼림에 방화한 자는 10년 이하의 징역에 처한다.

② 자기의 삼림에 방화한 자는 3년 이하의 징역 또는 300원 이하의 벌금에 처하고 타인의 삼림을 소훼한 자는 5년 이하의 징역에 처한다.

제20조 삼림에서 산물을 절취한 자는 3년 이하의 징역 또는 300원 이하의 벌금에 처한다.

제21조 전2조의 미수죄는 벌한다.

제22조 다음 각호의 1에 해당하는 자는 200원 이하의 벌금에 처한다.

1. 조림명령 또는 영림방법의 지정에 위반하거나 제2조의 규정에 위반한 자
2. 제5조의 금지 또는 제한에 위반한 자
3. 제18조의 규정에 위반한 자
4. 삼림에서 실화를 하거나 고의로 불을 피운 자
5. 고의로 타인의 삼림을 개간한 자

제23조 타인의 삼림에 설치한 표지를 이전·오손·훼괴한 자는 50원 이하의 벌금 또는 과료에 처한다.

제24조 조선총독은 필요하다고 인정하는 때에는 명령으로 원야·산악 기타 토지에 이 영의 전부 또는 일부를 준용할 수 있다.

부칙

제25조 이 영의 시행 기일은 조선총독이 정한다.

제26조 1908년 법률 제1호 「삼림법」은 폐지한다.

제27조 이 영 시행 당시에 보안림인 것은 이 영에 따라 보안림으로 편입된 것으로 본다.

제28조 ① 이 영 시행 전에 설정한 부분림에 대하여는 종전의 규정에 따른다.

② 전항의 부분림은 제7조의 대부를 받아 부분림에 관한 권리·의무를 소멸시킬 수 있다.

제29조 이 영 시행 전에 여러 해 금양한 국유삼림은 제7조의 대부를 한 것으로 본다.

제30조 구 법령에 의한 국유삼림·산야의 대부 또는 산물의 매각은 이 영에 의한 대부 또는 매각으로 본다.

「조선임야조사령」(1918.5.1 제정 조선총독부제령 제5호)

제1조 　임야의 조사 및 측량은 「토지조사령」에 따라 행하는 것을 제외하고 이 영에 따른다.

제2조 　임야는 지반을 측정하고 그 지목을 정해 1구역마다 지번을 부여한다.

제3조 　① 임야의 소유자는 도장관이 정하는 기간 안에 성명 또는 명칭, 주소와 임야의 소재 및 지적을 부윤 또는 면장에게 신고해야 한다.

② 국유임야에 대해 조선총독이 정하는 연고를 가진 자는 전항의 규정에 준해 신고해야 하며, 이 경우에는 그 연고도 신고해야 한다.

③ 전항의 규정에 의한 연고자가 없는 국유임야에 대해서는 보관관청이 조선총독이 정하는 바에 따라 제1항에 규정하는 사항을 부윤 또는 면장에게 통지해야 한다.

제4조 　① 부윤 또는 면장은 조선총독이 정하는 바에 따라 임야의 조사 및 측량을 행해 임야 조사서 및 도면을 작성하고 전조의 규정에 의한 신고서 및 통지서를 첨부해 도장관에게 제출해야 한다.

② 부·면은 전항의 조사 및 측량을 위해 필요한 비용을 부담해야 하며 이 경우에는 조선총독이 정하는 바에 따라 임야의 소유자 또는 국유임야의 연고자에게 그 비용을 부과할 수 있다.

제5조 　임야의 조사 및 측량을 위해 필요한 때에는 부윤 또는 면장은

임야의 소유자 또는 국유임야의 연고자에게 2인 이상의 대표를 선정하게 하여 조사 및 측량 사무에 종사하게 할 수 있다.

제6조 임야의 조사 및 측량을 위해 필요한 때에는 부윤 또는 면장은 임야의 소유자, 국유임야의 연고자, 이해관계인 또는 그 대리인에게 실지에 입회하게 하거나 조사상 필요한 서류를 소지한 자에게 그 서류의 제출을 명할 수 있다.

제7조 ① 임야의 조사 및 측량을 위해 필요한 때에는 당해 관리 또는 이원은 토지에 출입해 측량표를 설치하거나 장애물을 제거할 수 있다.

② 전항의 경우에 당해 관리 또는 이원은 미리 토지 또는 장애물의 소유자 또는 점유자에게 통지해야 한다.

③ 제1항의 경우에 발생하는 손해는 보상해야 한다.

④ 전항의 규정에 의한 보상금액에 대해 불복하는 자는 보상금액 통지를 받은 날부터 30일 안에 도장관의 재정을 청구할 수 있다.

제8조 ① 도장관은 임야의 소유자 및 그 경계를 사정한다.

② 도장관은 사정상 필요하다고 인정되는 때에는 재차 임야의 조사 및 측량을 행할 수 있다.

③ 제6조 및 제7조 제1항 내지 제3항의 규정은 전항의 조사 및 측량에 준용한다.

④ 도장관은 제1항의 규정에 의한 사정을 한 때에는 30일간 이를 공시한다.

제9조 전조 제1항의 규정에 의한 사정은 제3조의 규정에 따라 신고 또는 통지 당일에 이를 해야 한다. 다만, 신고 또는 통지를 하지

아니한 임야에 대해서는 사정 당일 현재에 따른다.

제10조 1908년 법률 제1호 「삼림법」 제19조의 규정에 의한 지적 신고를 하지 아니해 국유로 귀속된 임야는 구 소유자 또는 그 상속인의 소유로 하여 사정해야 한다.

제11조 제8조 제1항의 규정에 의한 사정에 대해 불복하는 자는 동조 제4항에 정하는 공시기간 만료 후 60일 안에 임야조사위원회에 신고해 재결을 청구할 수 있다. 다만, 정당한 사유 없이 제6조의 규정에 의한 입회를 하지 아니한 자는 그러하지 아니한다.

제12조 임야조사위원회는 당사자, 이해관계인, 증인 또는 감정인을 소환하거나 재결을 하는 데 필요한 서류를 소지한 자에 대해 그 서류의 제출을 명할 수 있다.

제13조 ① 임야조사위원회의 재결은 이유를 첨부해 문서로 이를 행하며 그 동본을 불복 신고인에게 교부해야 한다.

② 전항의 재결은 공시한다.

제14조 임야조사위원회에서 재결을 한 때에는 재결서의 등본을 첨부해 도장관에게 통지해야 한다.

제15조 임야 소유자의 권리는 사정의 확정 또는 재결에 따라 확정된다.

제16조 사정에 따라 확정된 사항 또는 재결을 거친 사항은 다음 각호의 경우에 사정이 확정되거나 재결된 날부터 3년 안에 임야조사위원회에 재심 신청을 할 수 있다. 다만, 벌을 받을 만한 행위에 대한 판결의 확정 또는 증거부족 외의 이유로 형사소송수속의 개시 또는 실행할 수 없는 경우에 한한다.

① 벌을 받을 만한 행위에 근거해 사정 또는 재결이 있을 때

② 사정 또는 재결의 빙거가 되는 문서가 위조되거나 변조된 때

제17조 도장관은 임야대장 및 임야도를 작성해 제8조 제1항의 규정에 의한 사정에 따라 확정된 사항 또는 제11조의 규정에 의한 재결을 거친 사항을 등록해야 한다.

제18조 제3조 제1항 또는 제2항의 규정에 의한 신고사항에 대해 허위 신고를 한 자는 100원 이하의 벌금에 처한다.

제19조 정당한 사유 없이 제3조 제1항 또는 제2항의 규정에 의한 신고를 하지 아니하거나 제6조, 제6조 및 제8조 제3항 또는 제12조의 규정에 의한 명령을 위반한 자는 30원 이하의 벌금 또는 과료에 처한다.

제20조 ① 조선총독은 임야 안에 개재하는 임야 이외의 토지로서 토지 조사령에 의한 조사 및 측량을 하지 아니한 것에 대해 이 영의 전부 또는 일부를 준용할 수 있다.

② 토지 조사령 제2조 제1항의 규정은 전항의 토지의 지목을 정하는 경우에 준용한다.

부칙

① 이 영은 1918년 5월 1일부터 시행한다.

② 이 영 시행 전에 도장관이 행한 임야의 조사 및 측량에 관한 수속 기타 행위로 조선총독이 지정한 지구 안의 임야에 관한 것은 이 영에 따라 행한 것으로 본다.

「조선특별연고삼림양여령」(1926.4.5 제정 조선총독부 제령 제7호)

제1조　조선총독은 이 영이 정하는 바에 따라 특별한 연고가 있는 국유 삼림을 당해 특별 연고자에게 특별히 양여할 수 있다.

제2조　① 전조의 특별 연고자라 함은 다음 각호의 1에 해당하는 자를 말한다.

　　　1. 옛날 기록 또는 역사가 증명하는 바에 따라 사찰에 연고가 있는 삼림에 있어서는 그 사찰

　　　2. 1908년 법률 제1호 「삼림법」 제19조의 규정에 따라 지적의 신청을 하지 아니해 국유로 귀속된 삼림에 있어서는 종전의 소유자 또는 그 상속인

　　　3. 1908년 법률 제1호 「삼림법」 시행 전에 적법하게 점유한 삼림에 있어서는 종전의 점유자 또는 그 상속인

　　② 전항 제2호 또는 제3호에 해당하는 자가 부·면 안의 부락인 경우에는 그 부·면을 특별 연고자로 본다.

제3조　① 「삼림령」 제6조에 해당하는 국유삼림은 이 영에 따라 양여할 수 없다.

　　② 다음 각호의 1에 해당하는 국유삼림에 대해 또한 전항과 같다. 다만, 당해 처분을 받은 자가 전조 제1항 각호의 1에 해당하는 자인 때 또는 당해 처분을 받은 자의 동의가 있는 때에는 그러하지 아니한다.

　　　1. 대부를 한 것

　　　2. 토석채취를 허가한 것

　　　3. 부분림 설정을 허가한 것

제4조 ① 이 영에 따라 국유삼림의 양여를 받고자 하는 자는 이 영 시행일부터 1년 안에 조선총독이 정하는 바에 따라 양여 출원을 제출해야 한다.

② 전항에서 규정하는 기간 안에 양여의 출원을 한 자가 아니면 이 영에 따라 국유삼림의 양여를 받을 수 없다.

부칙

이 영의 시행기일은 조선총독이 정한다.

※「조선특별연고삼림양여령」은 1927년 2월 1일부터 시행했음.

「민유림지도방침대강」(1933.1.18 발표)

(가) 조림 장려 방침

민유림 조림 장려는 연료의 공급을 충분히 하는 동시에 치수 효과를 완전하게 하기 위해 임총 구성에 주력하고, 다음으로 수익 증진을 위해 임상 개량을 도모하는 방향으로 할 것이다. 용재림 조성은 당분간 제한하고 우량 임지에 대해서는 집약적인 임업을 조성하고 농목용지에 대해 고려할 것이다. 실시 요령은 아래와 같다.

1. 임총 구성: 치수, 수근 및 지피물은 보존 증식하고, 동시에 필요한 인공적인 조치를 가해 조속히 임총을 구성할 것.
2. 임상 개량: 모수 보존, 양목(良木) 보잔(保殘), 수종 변경, 식재 시업 개선 등에 노력해 경제적인 방법으로 점차 우량림으로 유도하며, 특히 소나무림에 치중된 지방에서는 활엽수 증식을 도모할 것.
3. 용재림 조성: 경영자 능력과 지리 관계, 지황을 종합적으로 고찰하고 용재로 성공이 확실한 정도로 경영을 실시하게 할 것.
4. 우량 임지 이용: 우량 임지에 대해서는 지방 사정을 감안해 특종 수종을 식재하게 하고 임야 황폐 지방에서의 계간, 산록 등에 있는 우량 임지에는 단벌기 왜림을 경영시키는 등 집약적인 임업을 조성할 것.
5. 농목용지: 농업 이외의 사용에 제공해도 지반 유지, 임산물 수급 등 임정상 지장이 없고 지방 상황에 따라 농목용지 또는 그 부대지로서 필요한 지역은 보통 조림을 장려하지 않고 일부를 개간지 도는 채초지, 녹비 채취림으로 이용하게 하는 등 농목용지 선정 이용을 고려할 것.
6. 천연조림: 소나무는 천연하종에 따라 비교적 용이하게 조림할 수 있

으므로 이것을 주로 조성하고 기타 수종도 가능한 한 천연조림 방식으로 시행해 조림비 절감을 도모할 것.

7. 파종조림: 참나무와 졸참나무는 주로 파종조림에 따르고, 기타 수종도 되도록 파종조림으로 할 것.

8. 활엽수 증식: 소나무림에 혼생하는 활엽수의 벌채를 제한하거나 나무 가꾸기, 파종에 따라 혼효림으로 유도하는 외에 적지를 선정해 활엽수림을 조성할 것.

9. 조림 계획: 본 방침을 바탕으로 상세한 지방별 조림 장려 계획을 수립하고, 이에 따라 수종별 양묘 연차 계획을 정해 양묘사업을 통제할 것.

(나) 벌채 지도 방침

임목 벌채는 실행이 용이하고 폐해가 적고 갱신이 확실하며 수확을 증가할 수 있는 방법에 따르며, 나아가 치수, 지피물, 생지, 수근 채취 등에 관한 폐해를 제거해 삼림의 보존과 지반 보호를 도모할 것.

1. 임목 벌채: 임목 벌채는 치수 및 필요한 지피물을 보육 증식해 삼림 보존을 도모하기 위해 상층목 벌채를 원칙으로 삼고, 사업목적과 삼림 상태를 감안할 때 상층목 벌채가 적당하지 않다고 판단될 때에는 갱신 확실성, 지반 안정성을 잃지 않는 범위 안에서 적당한 방법으로 벌채할 수 있게 할 것. 이를 위해 ① 법령으로 제한한 치수 지피물 채취는 되도록 허가하지 않을 것, ② 우량 임지 이용을 장려하기 위해 벌채 제한을 결정할 시에 수고(樹高)를 그 기준으로 할 것, ③ 법령에 따라 제한되지 않은 대형 임목을 벌채할 때 삼림조합이 제지하는 일은 앞으로 폐지할 것으로 할 예정임.

2. 생지 및 수근 채취: 생지 채취는 임목 성장을 저해하고 수근 채취 역시 지반 안정성을 손상해 맹아 성립을 방해하는 일이므로 이를 채취하지 않도록 노력할 것.

3. 맹아 채취 및 산초 남채: 활엽수 맹아 채취 및 산초 남채는 활엽수 증식 방침에 위배되고 지반을 황폐하게 할 우려가 있으므로 유감으로 생각함. 농업 경영상 녹비, 퇴지 장려 시책과 모순되지 않도록 하고자 일정한 방침을 세워 점차 제한하는 것으로 할 것. 동시에 별도로 지정된 맹아 예취, 채취 장소를 별도로 이용하게 하는 등의 대책을 강구할 것.

「화전정리에 관한 건」(1916.4.25 내훈 9호)

1. 국유임야 구분 조사 결과에 따라 요존국유림에 편입된 구역 및 요존 예정 임야로 인정될 것으로 보이는 임야에서는 화전을 목적으로 한 화입 경작을 금지한다. 단 현재 경작 중인 화전 중에서 도 장관이 이를 금지하기에 어려운 사정이 있다고 인정할 때는 당분간 이를 인정한다.
2. 전항 이외의 국유림은 경사도 35도 이상(화강암지대는 30도)의 토지 및 국토보안상 기타 특별한 사유가 있는 토지에서는 새로이 화전을 목적으로 한 화입을 금지한다. 35도 미만의 임야에서는 국토 보안 기타 특별한 이유가 없는 한 당분간 종전의 관습을 허용한다.
3. 정리하는 화전의 경작자의 이전을 위해 구분 조사 완료 후 적당한 경작지를 선정한다.
4. 영림창은 동창 소관의 임야 조사의 때에 화전정리를 위한 경작 이주지를 선정한다.

「화전정리 방침」(1929년 1월 조선화전조사위원회 발표)

1. 화전민 이주 방안
1) 제1종 및 제2종 화전 경작자는 그 경지와 택지가 위치하는 요존국유림을 대부해 계속 사용하도록 하고, 그 화전이 숙전이 될 때에는 그 경지를 무상으로 양여한다.
2) 제2종 및 3종 화전의 경작자로 화전을 폐경함에 따라 생계의 길을 잃

은 자는 체지를 공여하거나 다른 농경 적지로 이전하도록 한다.
3) 제1종 화전의 경작자에 대해서는 목초지 및 기타 부락이 공동으로 사용하는 공유지를 적당히 정하고, 그 사용을 허용한다.
4) 대부지에 대해서는 대부료를 철저히 징수한다(대부료는 1단보당 10전 이내).
5) 다음 각호의 하나에 해당될 때 대부지 반환을 명령한다.
　① 차수인이 국유 임야에 관한 범죄를 범할 경우
　② 차수인이 화전정리에 관한 법령 또는 대부조건을 위반할 때
　③ 공익을 위해 반환이 필요한 경우

2. 경작자의 지도에 관한 사항
1) 농경 적지로 이주한 경작자에게 농법 개선에 관한 지도를 행한다.
2) 개량 농법에 사용할 농구 및 비료, 기타 설비 비료의 구입에 필요한 자금은 농회, 축산조합, 금융조합, 공려조합 등으로부터 융통하도록 한다.
3) 경작자에 대한 주부업의 지도에 임하기 위해 모범농가를 지정한다. 경작자 500호 내외를 대체 1지도구로서 각 구에 지도원(기수 조수 각 1명)을 배치한다. 또 새로 농경 적지에 이전하는 경작자는 가급적 30호 이상을 집단으로 수용한다.
4. 농경 적지의 이주 부락 및 제1종 화전의 경작자가 사는 부락에 공려조합을 설치한다.

■ 수산업 관련 연표

연월일	주요 법령·정책 및 주요 사건
1882. 8. 23	「조청상민수륙무역장정」 제3조
1883. 6. 22	「조일통상장정」 제41조
	「처판일본인민재약정 조선국해안어채범죄조규」
	「조선국한행리정약조」
1884. 12. 13	「부산항어선정박취체규칙」
1888. 6. 4	「인천해면잠준일본어선포어액한규칙」
1889. 2	부산수산회사 창립
1889. 10. 20	「조일통어장정」
1891.	경상도 연해 포경권
1895.	인천 근해에서 어선 15척을 한정해서 1년간 어선 1척당 10원을 납세하고 일본인의 어업을 허가
1896.	동해 포경권
1897. 2	일본 어민의 조선어업협회 설립
1897. 4. 2	일본 정부 「원양어업장려법」 공포
1900. 5	조선해통어조합연합회
1900. 9. 15	「경기도 연안에서 어업에 관한 왕복문서」 체결 (고종실록 1900. 10. 3)
1901. 4	일본에서 「어업법」 통과
1902. 3	일본 정부 「외국영해수산조합법」 공포
1903. 2.	일본 시모노세키에서 조선해수산조합 창립
1904. 6. 4	「충청 황해 평안도에서 어업에 관한 왕복문」
	「한일양국인민 어채조례」
1906. 12. 29	「수산세 규칙」
1907. 9. 30	「포경업관리법」
1908. 10. 31	「어업에 관한 협정」
1908. 11. 7	「어업법」
1908. 11. 21	「어업법시행세칙」
1909. 3. 8	「어업에 관한 수수료 건」
1909. 3. 11	「어업세법」

연월일	주요 법령·정책 및 주요 사건
1911. 6. 3	「어업령」
	「어업령시행규칙」
	「어업취체규칙」
1911. 8. 5	「어업에 관한 수수료 건」
1912. 2. 16	「어업세령」
1912. 2. 23	「수산조합규칙」
	「어업조합규칙」
1912. 10. 1	「어업조합규약례와 경비예산방식의 건」
1917. 5. 31	「경상남도어업취체규칙」
1918. 5. 21	「수산제품검사규칙」
1921. 5. 7	조선총독부 수산시험장(부산 영도) 설립
1922. 4. 27	「어업조합보조규칙」
1923. 1. 13	「조선수산회령」
1923. 2. 26	「조선수산회령 시행규칙」
1923. 5	조선수산회 설립
1924. 4	조선수산회 『조선지수산(朝鮮之水産)』, 창간
1929. 1. 26	「조선어업령」
1929. 12	「외국인 어업에 관한 규정」
	「어업 감독 관리에 관한 규정」
	「어업에 관한 수수료 규정」
1929. 12. 10	「조선어업령시행규칙」
	「조선수산조합규칙」
	「조선어업보호취체규칙」
	「조선어업등록규칙」
1930. 3. 12	「조선어업조합등기규칙」
1930. 9	「조선수산물 통조림 제조영업 취체규칙」
1931. 4. 1	「조선어업보호규칙」
1932. 11	「조선총독부 수산시험장 분석 및 감정규칙」
1937. 5	조선어업조합중앙회 설립
1937. 11. 6	「조선어업 경영비 저감시설 보조규칙」

■ 수산업 관련 중요 법령 내용

「어업에 관한 협정」

「漁業에 關한 協定」(내각고시 제23호, 1908.10.31) 『官報』(제4227호, 1908.11.13)

 한일 양국 신민의 어업에 관해 한국 정부와 통감부는 본년 10월 31일에 협정서를 다음과 같이 정하여 한국어업법 시행일부터 실시한다.
 1908년(융희2) 11월 13일
내각 총리대신 이완용

1. 일본국 신민(臣民)은 한국의 연해·강만(江灣)·하천 및 호수[湖池]에서 한국 신민은 일본국의 연해·강만·하천 및 호수에서 어업을 영위할 수 있다.
2. 양국의 한쪽 신민으로서 다른 한쪽의 판도(版圖) 안에서 어업을 영위하는 자는 그 어업을 영위하는 지역에서 시행하는 어업에 관한 법규를 준수해야 한다.
3. 한국의 어업에 관한 법규 중 사법재판소의 직권에 속한 사항은 일본국 신민에 대해서는 당해 일본 관청에서 이를 집행한다.
4. 1889년(개국 498) 10월 20일, 1889년(메이지22) 11월 12일에 조인한 한일양국통어규칙[1] 및 기타 양국 통어에 관한 모든 협정은 폐지한다.

---

1 「조일양국통어장정」(1889)을 일컫는다.

「어업법」

「漁業法」(법률 제29호, 1908.11.7)『官報』(제4225호, 1908.11.11)

제1조 본법에서 어업이라 함은 영리의 목적으로 수산동식물을 채포 또는 양식하는 업을 말하고, 어업권이라 함은 제2조에 따라 면허를 받은 어업을 행하는 권리를 말한다.

제2조 다음에 열거한 종류의 어업은 농상공부대신의 면허를 받지 않으면 행할 수 없다.

1. 일정한 수면에 어구를 건설 또는 부설하고 일정한 어업 기간에 정치(定置)하여 행하는 어업(제1종 면허어업)

2. 일정한 구역 안에서 포패(捕貝) 채조(採藻) 또는 양식을 하는 어업(제2종 면허어업)

3. 육지 또는 암초 등에 지점을 정해 어망을 예양(曳揚) 또는 예기(曳奇)하는 장소로 하고 일정한 어업 기간에 자주 사용하는 어업(제3종 면허어업)

4. 일정한 수면을 어망의 건설 또는 부설하는 장소로 하고 일정한 어업 기간에 자주 사용하는 어업(제4종 면허어업)

앞의 항목 외에 일정한 수면에 대해 자본과 노력을 들여 어류를 집합케 하는 어법을 써서 경영하는 어업(제5종 면허어업)에 관하여는 어업자의 청원에 따라 농상공부대신은 어업 면허를 주고 이를 보호한다.

제3조 어업의 면허 기간은 10개년 이내로 한다.

단, 농상공부대신은 어업권자의 신청에 따라 기간을 변경할 수 있다. 제6조에 따라 어업권을 정지한 기간은 이전 항목의 기간에 계산하지 아니한다.

제4조 동일한 어장에 있어서는 동일한 어업 기간에 동일한 종류의 어업을 허가할 수 없다.

단, 제2조 제1항 제3호 급 제4호의 어업은 예외로 한다.

제5조 어업권은 상속·양도·공유·담보 급 대부의 목적으로 할 수 있다.

단, 농상공부의 등록을 경유하지 아니하면 그 효력을 발생하지 못한다.

제6조 농상공부대신은 수산동식물의 번식과 기타 공익상 필요가 있다고 인정할 때는 어업권을 제한 또는 정지를 명하고 또는 이에 조건을 요구할 수 있다.

제7조 다음의 경우에는 농상공부대신은 어업권을 취소할 수 있다.

1. 정당한 이유없이 어업의 면허를 받은 날부터 1개년 이내에 착수하지 않거나 또는 연속하여 2개년 이상 휴업했을 때
2. 본 법률 또는 본 법률에 기초하여 발동하는 명령을 위배했을 때
3. 앞의 조항에 사유가 있을 때
4. 어업권의 제한 또는 조건에 위배했을 때
5. 법정 또는 지정의 기간 안에 어업세 또는 벌금을 납부하지 않았을 때 어업권의 대부를 받은 자의 행위는 어업권자의 행위로 간주해 앞의 항목의 규정을 적용한다.

제8조 어장의 구역, 어업의 방법 기타 어업권의 범위에 대해 어업자간에 다툼이 있을 때는 이해관계자의 신청에 따라 농상공부대신이 이를 재결한다.

제9조 다음 종류의 어업은 농상공부대신의 허가를 받지 아니하면 영업할 수 없다.
1. 육지 또는 암초 등에 어망을 예양(曳揚) 또는 예기(曳奇)하는 어업으로 제2조 제1항 제3호의 어업에 속하지 아니한 것
2. 풍력·기력 또는 조류에 따라 주머니가 있는 그물을 수중에서 인양하는 어업
3. 인력에 따르거나 또는 기력(機力)을 응용하여 어망으로써 어류를 포위하여 어선에 끌어 올리는 어업
4. 잠수기계를 사용하는 어업
5. 제2조 제2항의 어업으로서 면허를 받지 않은 것

제10조 제2조 제1항 및 이전 조항에 규정한 어업 이외의 어업을 영위하려고 하는 자는 군수 또는 부윤에게 신고해 허가장을 받아야 한다.

단 어업을 영위코자 하는 자가 일본인인 경우에는 일본이사관에게 신고해 허가장을 받아야 한다.

제11조 농상공부대신은 수산동식물의 번식 보호 또는 어업의 단속에 관해 필요한 명령을 발동할 수 있다.

제12조 어업권에 따르지 아니하고 제2조 제1항에 규정한 어업을 하거나 또는 제9조, 제10조의 규정에 위배한 자는 100원 이하의 벌금에 처하고 채포물 또는 소유 어구를 하인의 소속을 불문하고 이를 몰수한다. 이미 채포물을 양도하거나 또는 소비한 때에는 그 대가를 추징한다.

어업권의 정지 중 또는 면허 혹은 허가의 조건에 위배해 어업을 한 자는 앞의 항목과 같다.

제13조 사용인 및 어부 기타 종사자의 행위는 어업자의 행위로 간주해 전 조항의 벌칙을 어업자에게 적용한다.

제14조 본 법률 시행에 필요한 세칙은 농상공부대신이 이를 정한다.

부칙

제15조 본법 시행기일은 칙령으로 이를 정한다.

제16조 여하한 명의를 불문하고 본법 시행 전에 받은 어업의 면허 또는 종래의 관행에 인해 제2조 제1항에 규정된 어업을 영위하는 자는 본 법률 시행일로부터 1개년 이내에 제2조의 규정에 따라 면허를 청원해야 한다.

　　본법 시행 전에 어업감찰의 허가를 받은 이는 본법 시행 후라도 그 감찰의 유효기간 안에는 제9조 또는 제10조에 규정한 어업을 영위할 수 있다.

　　전항에 규정한 자가 아니면서 제9조 또는 제10조에 규정한 어업을 하는 자는 본법 시행일로부터 3개월 이내에 제9조 또는 제10조의 규정에 따라 어업의 허가를 청원 또는 신고해야 한다.

　　제1항 또는 제3항의 어업자는 청원의 허가처분을 받기까지 또는 신고에 의해 어업감찰의 허가를 받기까지는 종전의 예에 따라 어업을 영위할 수 있다.

「어업령」

「漁業令」(조선총독부 제령 제6호 1911.6.3)『朝鮮總督府官報』(제227호, 1911.6.3)

제1조 ① 이 영에서 어업이라 함은 공공용수면에서 영리의 목적으로 수산동식물을 채포하거나 양식하는 업을 말하고, 어업권이라 함은 조선총독의 허가를 받아 어업을 하는 권리를 말한다.

② 이 영에서 어업자라 함은 어업을 하는 자 및 어업권을 가진 자를 말한다.

제2조 어구를 정치하거나 수면을 구획해 어업을 하는 권리를 얻고자 하는 자는 조선총독의 면허를 받아야 한다. 면허할 어업의 종류는 조선총독이 정한다.

제3조 ① 수면을 전용해 어업을 하는 권리를 얻고자 하는 자는 조선총독의 면허를 받아야 한다.

② 전항의 면허는 어촌의 경영 또는 유지를 위해 필요한 경우를 제외하고 허가하지 아니한다.

제4조 전 2조 외에 면허를 허가할 필요가 있는 어업의 종류는 조선총독이 정한다.

제5조 ① 제3조의 규정에 따라 면허를 받은 어업권자는 종래의 관행에 따라 그 어장에서 어업을 하는 자의 입어를 거부하지 못한다.

② 전항의 어업권자는 입어자로부터 지방장관의 인가를 받아 입어료를 징수할 수 있다.

제6조 ① 어업권의 존속기간은 면허를 받은 날로부터 10년 이내로 하

고 조선총독이 정한다. 다만, 어업권자의 신청에 따라 갱신할 수 있다.

② 제10조의 규정에 따라 어업을 정지한 기간은 어업권의 존속기간에 산입하지 아니한다.

제7조 ① 조선총독은 면허를 허가한 어업을 위해 보호구역을 만들 수 있다.

② 보호구역 안에서 어업에 방해가 되는 행위의 제한·금지는 조선총독이 정한다.

제8조 어업권은 상속·양도·공유·저당 또는 대부의 경우에 한해 권리의 목적으로 할 수 있다. 다만, 상속의 경우를 제외하고 조선총독의 허가를 받아야 한다.

제9조 조선총독은 필요하다고 인정하는 때에는 어업면허의 허가에 있어 제한 또는 조건을 붙일 수 있다.

제10조 다음 각호의 경우 조선총독은 면허를 허가한 어업을 제한하거나 정지 또는 면허를 취소할 수 있다.

1. 수산동식물의 번식보호, 선박의 항행·정박·계류, 수저전선의 부설 또는 국방 기타 군사상·공익상 필요한 때
2. 소정 기간 안에 어업세를 납부하지 아니한 때
3. 전조의 규정에 의한 제한 또는 조건에 위반한 때
4. 이 영 또는 이 영에 의한 명령에 위반한 때

제11조 다음 각호의 경우에 조선총독은 면허를 취소할 수 있다.

1. 착오로 인해 면허를 허가한 때
2. 면허를 받은 날부터 1년 이내에 어업에 착수하지 아니하거나 착수 후 1년 이상 휴업 한 때. 다만, 조선총독의 허가를 받은

　　　　　때에는 그러하지 아니하다.
　　　　3. 제3조의 규정에 따라 면허를 받은 자가 소정의 어촌 경영을 하지 아니한 때 또는 어촌의 유지상 수면을 전용하게 할 필요가 없게 된 때
제12조　① 포경업 또는 '트롤'어업은 특히 조선총독의 허가를 받지 아니하고는 할 수 없다.
　　　　② 전항의 어업은 전 3조의 규정을 준용한다.
제13조　고래를 처리하기 위해 근거지를 설정하고자 하는 자는 1근거지마다 조선총독의 허가를 받아야 한다.
제14조　① 조선총독은 수산동식물의 번식보호 또는 어업 단속을 위해 필요한 명령을 할 수 있다.
　　　　② 전항의 명령에는 범인이 소유하거나 소지한 채포물·제품 및 어구의 몰수와 그 몰수할 물건의 가격에 상당하는 금액의 추징에 관한 규정을 둘 수 있다.
제15조　① 해군함정승무장교·경찰관리·세관관리·세무관리 또는 조선총독이 특별히 지정한 관리는 어업의 감독상 필요하다고 인정하는 때에는 선박·점포 기타 장소에 임검하여 장부물건을 검사할 수 있다.
　　　　② 전항의 관리가 임검 당시 어업에 관한 범죄가 있다고 인정하는 때에는 수색을 하거나 범죄사실을 증명할 물건을 차압할 수 있다.
제16조　일정한 구역 안에 거주하는 어업자는 조선총독의 허가를 받아 어업조합을 설립할 수 있다.
제17조　① 어업조합은 어업권을 취득하거나 어업권을 대부받아 조합원

의 어업과 관련된 공동 시설을 하는 것을 목적으로 한다.

② 어업조합은 직접 어업을 할 수 없다.

③ 조합원은 어업조합이 취득하거나 대부 받은 어업권의 범위 안에서 각자 어업을 할 권리를 가진다. 다만, 조합규약으로 별도의 규정을 만들 수 있다.

제18조 어업자 또는 수산물의 제조·판매를 업으로 하는 자는 수산업의 개량발달, 수산동식물의 번식보호, 기타 수산업에 관한 공동이익을 도모하기 위해 조선총독의 허가를 받아 수산조합을 설립할 수 있다.

제19조 어업조합 및 수산조합은 법인으로 하고, 설립·관리·감독 기타 필요한 사항은 조선총독이 정한다.

제20조 어업권의 범위, 보호구역 또는 어업의 방법에 대해 어업자 사이에 분쟁이 있을 때에는 관계자의 신청에 따라 조선총독이 재결한다.

제21조 조선총독은 이 영에 규정한 직권의 일부를 지방장관에게 위임할 수 있다.

제22조 다음 각호의 1에 해당하는 자는 1,000원 이하의 벌금에 처한다.

1. 면허에 의하지 아니하고 제2조 또는 제4조의 어업을 한 자
2. 면허의 조건 또는 어업의 제한에 위반한 자
3. 어업 정지 중 어업을 한 자

제23조 포경업 또는 '트롤'어업에 관해 다음 각호의 1에 해당하는 자는 3,000원 이하의 벌금에 처한다.

1. 허가를 받지 아니하고 어업을 한 자
2. 허가의 조건, 어업의 제한 또는 어업단속에 관한 명령을 위반

한 자

3. 어업 정지 중 어업을 한 자
4. 제13조의 규정에 위반한 자

제24조 ① 전 2조의 범죄에 관련된 채포물 및 어구는 몰수하고, 이미 양도한 때에는 그 가격에 상당한 금액을 추징한다.

② 전 항의 어구가 범인 이외의 자에 속하는 때에는 행정처분으로 이를 몰수할 수 있다.

제25조 제5조 제1항 또는 제8조 단서의 규정에 위반한 자는 100원 이하의 벌금 또는 과료에 처한다.

제26조 제15조의 규정에 의한 직무의 집행을 거부·방해한 자 또는 임검·수색을 위한 심문에 답변을 하지 아니하거나 허위진술을 한 자는 300원 이하의 벌금 또는 과료에 처한다.

제27조 ① 어업권을 침해한 자는 500원 이하의 벌금 또는 과료에 처한다.

② 전항의 죄는 고소를 기다려 논한다.

제28조 어업자는 그 대리인·호주·가족·동거자·고용인 기타 종업자로서 업무에 관해 이 영 또는 이 영에 의한 명령에 위반한 때에는 자기 지휘로 인한 사유가 아니라는 이유로 그 처벌을 면할 수 없다.

부칙 〈조선총독부제령 제6호, 1911.6.3〉

제29조 이 영의 시행일은 조선총독이 정한다.

[「어업령」은 1912년 4월 1일부터 시행 〈1912.2.23. 조선총독부령 제15호〉]

제30조 1907년 법률 제7호 포경관리법 및 1908년 법률 제29호 어업

　　　　　법은 폐지한다.
제31조　① 구 「어업법」 제16조 제1항의 규정에 의한 출원자는 이 영에 의한 면허출원을 한 자로 본다.
　　　　　② 전항의 출원자는 출원에 대해 허가여부의 처분을 받을 때까지 종전의 예에 따라 어업을 할 수 있다.
제32조　구법에 의해 어업권을 가진 자는 이 영의 시행일에 이 영에 의해 어업 면허를 받은 자로 본다. 다만, 그 어업권의 존속기간은 구법에 따라 면허를 받은 날부터 기산한다.
제33조　구법에 의해 등록을 거친 어업권의 담보 및 대부는 이 영에 의하여 허가를 받은 것으로 본다.
제34조　이 영 시행 당시 포경업을 할 권리를 가진 자는 이 영에 따라 포경업의 허가를 받은 자로 보고, 이에 관한 조건은 허가조건으로서 그 효력을 가진다.
제35조　「외국영해수산조합법」에 따라 설립한 수산조합은 이 영에 의한 수산조합으로 본다.

「조선어업령」

「朝鮮漁業令」(조선총독부 제령 제1호 1929.1.26) 『朝鮮總督府官報』(제619호, 1929.1.26)

제1장   총칙

제1조   ① 이 영에서 어업이라 함은 공공용수면 또는 이와 연접해 일체를 이루는 공공용이 아닌 수면에서 영리의 목적으로 수산동식물을 채포하거나 양식하는 업을 말한다.

② 이 영에서 어업자라 함은 어업을 하는 자 및 어업권을 가진 자를 말한다.

제2조   공공용수면과 연접하여 일체를 이루는 공공용이 아닌 수면의 점유자 또는 그 부지의 소유자는 조선총독의 허가를 받아 어업에 관한 이용을 제한 또는 금지할 수 있다.

제3조   ① 제국신민 또는 제국법인에 대해 어업 또는 어업에 관한 권리를 금지 또는 제한하거나 조건을 붙이는 나라의 외국인 또는 외국법인에 대하여는 조선총독이 정하는 바에 따라 어업 또는 어업권에 대해 동일하거나 유사한 금지 또는 제한이나 조건을 붙일 수 있다.

② 전항에 규정한 것 외에 외국인 또는 외국법인의 어업이나 어업권에 대해 필요한 사항은 조선총독이 정한다.

제4조   ① 조선총독 또는 도지사는 주소 또는 거소가 불분명하거나 기타 사유로 인해 이 영 또는 이 영에 의한 명령에 따른 서류를 송부할 수 없는 때에는 조선총독이 정하는 바에 따라 공고를 해야 한다.

② 전항의 규정에 따라 공고를 하는 때에 공고일의 익일부터 기산하여 30일을 경과한 때에는 그 말일에 서류가 도달한 것으로 본다.

제5조 이 영에 의한 조선총독의 직권은 조선총독이 정하는 바에 따라 일부를 도지사에게 위임할 수 있다.

제2장 어업의 면허·허가 및 신청

제6조 ① 다음 각호의 1에 해당하는 어업을 하고자 하는 자는 조선총독의 면허를 받아야 한다.

1. 양식어업 일정한 수면을 구획하거나 기타 시설을 하여 양식을 하는 어업
2. 정치어업 일정한 수면에서 어구를 정치하여 채포를 하는 어업
3. 정소집어어업 일정한 수면에서 수산동물을 모으는 장치를 하여 채포를 하는 어업
4. 정소예망어업 일정한 수면에서 반복하여 어망을 이용해 채포하는 어업
5. 정소부망어업 일정한 수면에서 반복하여 어망을 부설 또는 건설해 채포하는 어업
6. 전용어업 일정한 수면을 전용하여 전 각호 이외의 방법으로 하는 어업

② 전항의 규정에 의한 면허를 받아 어업을 하는 일정한 수면을 어장이라고 한다.

제7조 전용어업은 일정한 지구 안에 거주하는 어업자의 어업 경영상 공동이익을 증진하기 위해 필요한 경우를 제외하고 면허할 수

없다.

제8조 ① 제6조 제1항의 규정에 따라 어업면허를 받은 자는 어업권을 취득한다.

② 어업권의 존속기간은 면허일부터 20년 이내로 면허시 조선총독이 정한다.

③ 조선총독은 어업권자의 신청에 따라 어업권의 존속기간 만료일부터 20년 이내에서 기간연장을 허가할 수 있다.

제9조 ① 제6조 제1항의 규정에 따라 어업면허를 받은 자는 그 어장에 대하여 조선하천령 제20조 제3호의 인가를 받은 것으로 본다.

② 어업면허를 취소당한 자는 그 어장에 대해 조선하천령 제20조 제3호의 허가를 취소당한 자로, 어장에 대해 조선하천령 제20조 제3호의 허가를 취소당한 자는 그 어업의 면허를 취소당한 자로 본다.

제10조 ① 다음 각호의 1에 해당하는 어업을 하고자 하는 자는 조선총독의 인가를 받아야 한다.

1. 포경어업 고래를 포획하는 어업
2. '트롤'어업 기선(나선추진기를 갖춘 선박, 이하 같음) 또는 범선에서 '옥타 트롤' 또는 '빔 트롤'을 사용하는 어업
3. 공선어업 제조공장 설비를 가진 기선 및 이에 부속하는 어선의 어업
4. 기선저예망어업 기선에서 낭망을 인예하거나 망을 끌어당겨서 하는 어업
5. 잠수기어업 잠수 기구를 사용하는 어업

② 조선총독은 수산동식물의 번식보호 또는 어업단속을 위해 필요하다고 인정하는 때에는 전항에서 규정한 것 외의 허가 받아야만 하는 어업을 정할 수 있다.

제11조 조선총독은 필요하다고 인정하는 때에는 어업의 면허 또는 허가에 제한 또는 조건을 붙일 수 있다.

제12조 다음 각호의 1에 해당하는 때에는 조선총독은 면허 또는 허가한 어업을 제한·정지 하거나 어업면허 또는 허가를 취소할 수 있다.

1. 수산동식물의 번식보호상 필요한 때
2. 국방 기타 군사상 필요한 때
3. 선박의 항행, 정박·계류, 수저전선의 부설 기타 공익상 필요한 때
4. 어업자가 이 영 또는 이 영에 의한 명령이나 처분 또는 그 제한·조건에 위반한 때

제13조 ① 면허 또는 허가를 받은 어업을 계속하여 2년 이상 행하지 아니한 때에는 조선총독은 어업면허 또는 허가를 취소할 수 있다.

② 전항의 기간 중에는 조선총독의 허가를 받아 어업을 하지 아니하는 기간 및 전조의 규정 또는 제39조의 규정에 의한 명령에 따라 어업을 정지당한 기간은 산입하지 아니한다.

③ 사기의 수단에 의한 착오로 어업의 면허나 허가 또는 이에 관련된 처분을 한 때에는 조선총독은 이를 취소할 수 있다.

제14조 제6조 제1항 또는 제10조에서 규정한 어업이 아닌 어업을 하고자 하는 자는 도지사에게 신청해야 한다.

제3장　어업권

제15조　① 어업권은 물권으로 토지에 관한 규정을 준용한다.

　　　　② 「조선민사령」에 의할 것을 정한 민법 제2편 제9장의 규정은 어업권 및 이를 목적으로 하는 권리에 적용할 수 없다.

제16조　① 조선총독은 어업권 보호를 위해 보호구역을 설정할 수 있다.

　　　　② 보호구역 안에서의 어업권행사에 방해가 되는 어업의 제한 또는 금지에 관한 사항은 조선총독이 정한다.

제17조　어업권을 저당으로 한 경우에 그 어장에 정착한 공작물은 「조선민사령」에 의할 것을 정한 민법 제370조의 규정의 준용에 대해서는 어업권에 부가하여 이와 일체를 이룬 것으로 본다.

제18조　이 영 또는 이 영에 의한 명령이나 이에 의한 처분 또는 제한조건에 따라 어업권자에게 생긴 권리·의무는 어업권의 처분에 따라 조선하천령에 의한 허가로 인해 발생하는 하천의 점용에 관한 어업권자의 권리·의무에 대해서도 같다.

제19조　① 어업권은 조선총독의 인가를 받지 아니하면 분할하거나 변경할 수 없다.

　　　　② 전용어업의 어업권은 조선총독의 인가를 받지 아니하면 처분 또는 담보로 제공하거나 대부할 수 없다.

제20조　어업권은 등록한 권리자의 동의가 있지 아니하면 분할·변경하거나 포기할 수 없다.

제21조　어업권의 공유자는 다른 공유자의 동의를 얻지 아니하면 그 지분을 처분하거나 담보로 제공할 수 없다.

제22조　① 전조의 경우에 공유자의 주소 또는 거소가 불분명하거나 기타 사유로 인해 동의를 구할 수 없는 때에는 조선총독이 정

하는 바에 따라 공고를 해야 한다.

② 전항의 규정에 따라 공고를 한 경우에 공고일의 익일부터 기산하여 30일 이내에 이의제기가 없는 때에는 그 말일에 동의한 것으로 본다.

제23조 어업면허를 취소한 때 조선총독은 지체 없이 이를 어업권 등록을 한 권리자에게 통지해야 한다.

제24조 ① 제12조 제4호 및 제13조 제1항의 규정에 의한 어업면허의 취소가 있는 때에 어업권 등록을 한 선취특권자 및 저당권자는 전조의 통지를 받은 날의 익일부터 기산하여 30일 이내에 어업권의 경매를 청구할 수 있다.

② 전항의 규정에 따라 경매를 청구한 때에는 어업권은 어업면허의 취소일부터 경매수속 완결일까지 경매목적의 범위 안에서는 존속하는 것으로 본다.

③ 경매에 의한 매득금은 경매비용 및 제1항의 권리자에 대한 채무의 변제에 충당하고 잔금은 국고에 귀속한다.

④ 경락을 허락하는 결정이 확정된 때에 어업면허의 취소는 효력이 없는 것으로 본다.

제25조 전용어업의 어업권자는 종래의 관행에 의해 그 어장에서 어업을 한 자의 입어를 거부할 수 없다.

제26조 전조의 어업권자는 입어를 하는 자에게 조선총독의 인가를 받아 입어료를 청구할 수 있다. 다만, 별도의 관행이 있는 경우를 제외하고 입어료 산정의 기초로 해야 하는 기간에 입어를 하지 아니한 때에 입어를 하지 아니하는 기간에 대한 입어료는 청구할 수 없다.

제27조 ① 수산동식물의 번식보호 또는 어업의 질서유지를 위해 필요하다고 인정하는 때에는 제25조의 어업권자 및 입어를 하는 자는 협의에 따라 그 어장에서의 어업을 제한할 수 있다.

② 어업권자 또는 입어를 한 자가 전항의 협의 또는 제65조의 재정에 의한 제한에 위반한 때에는 조선총독이 면허한 어업을 제한 또는 정지하거나 어업의 면허를 취소 또는 입어를 제한·정지 또는 금지할 수 있다.

제28조 ① 입어를 한 자가 입어료의 지불을 태만히 한 때에는 지불을 완료할 때까지 어업권자는 입어를 정지할 수 있다.

② 입어를 한 자가 계속하여 3년 이상 입어료의 지불을 태만히 한 때에는 어업권자는 그 후의 입어를 거부할 수 있다.

제29조 ① 제11조의 규정에 의한 전용어업 면허에 관한 제한 또는 조건이나 제12조제1호 내지 제3호의 규정에 의한 전용어업의 제한 또는 정지는 입어를 한 자의 입어에 관한 제한이나 조건 또는 정지로 본다.

② 입어를 한 자가 전항의 규정에 의한 제한·조건 또는 정지에 위반한 때에는 조선총독은 입어를 제한하거나 정지 또는 금지할 수 있다.

제30조 ① 어업권과 이를 목적으로 하는 선취특권, 저당권 및 임차권의 설정·보존·이전·변경·소멸 및 처분의 제한과 입어에 관한 사항은 어업권원부에 등록한다.

② 어업권원부의 등록은 등기에 대신하는 것으로 한다.

③ 등기에 관한 규정은 조선총독이 정한다.

제2장 토지의 사용

제31조 ① 어업자는 다음 각호의 목적을 위해 필요한 때에는 조선총독의 인가를 받아 타인의 토지 또는 공작물 기타 정착물을 사용하거나 또는 토석의 제거를 제한할 수 있다.

    1. 어장 표지의 설치

    2. 어견(魚見) 또는 어업에 관한 신호 또는 이에 필요한 시설물의 설치

    3. 어업에 필요한 목표의 보존 또는 설치

② 전항의 규정에 따라 타인의 토지 또는 공작물 기타 토지의 정착물을 사용하고자 하는 때에는 그 소유자 및 점유자에게 사전에 그 취지를 통지해야 한다.

제32조 ① 전조 제1항의 목적 또는 어업에 관한 측량이나 조사를 위해 필요한 때에는 어업자 또는 입어의 면허를 받고자 하는 자는 조선총독의 허가를 받아 타인의 토지에 출입하거나 부득이한 경우에는 입목죽 기타 장애물을 변경 또는 제거할 수 있다.

② 전항의 규정에 따라 타인의 토지에 출입하고자 하는 때에는 토지의 점유자에게, 입목죽 기타 장애물을 변경 또는 제거하고자 하는 때에는 그 소유자 및 점유자에게 사전에 그 취지를 통지해야 한다.

제33조 ① 주소 또는 거소가 불분명하거나 기타 사유로 인해 제31조 제2항 또는 전조 제2항의 통지를 할 수 없는 때에는 조선총독이 정하는 바에 따라 공고를 해야 한다.

② 전항의 규정에 따라 공고를 한 때에는 공고일의 익일부터 기

산하여 3일째에 통지를 한 것으로 본다.

제5장   번식보호 및 어업 단속

제34조   조선총독은 수산동식물의 번식보호상 필요하다고 인정하는 때에는 일정한 수면을 지정하여 금어 구역을 설정할 수 있다.

제35조   금어 구역에서는 수산동식물을 채포할 수 없다. 다만, 관공서에서 조사 또는 시험을 하기 위한 경우 또는 학술연구 기타 특별한 사유가 있는 경우에 조선총독의 인가를 받은 때에는 그러하지 아니하다.

제36조   ① 조선총독은 소하어류의 통로를 방해할 우려가 있다고 인정하는 때에는 수면의 일정 구역 안에 조선하천령 제2조의 하천 부속물이 아닌 공작물 설치의 제한 또는 금지에 관한 명령을 할 수 있다.

② 조선하천령 제2조의 하천의 부속물이 아닌 공작물로서 소하어류의 통로를 방해하는 것으로 인정하는 때에 조선총독은 기업자 또는 이에 준하는 자나 그 공작물의 소유자 또는 점유자에게 재해설비를 명할 수 있다.

제37조   ① 공공용수면, 공공용수면과 연접하여 일체를 이루는 공공용이 아닌 수면 기타 조선총독이 지정한 공공용이 아닌 수면에서는 수산동식물을 채포하기 위해 유독물·폭발물 또는 전류를 사용할 수 없다. 다만, 해수를 포획하기 위해 폭발물을 작살에 장치하여 사용하는 때에는 그러하지 아니하다.

② 전항의 규정에 위반하여 채포한 것은 판매 또는 교환의 목적으로 양수할 수 없다.

제38조　조선총독은 어업자에게 어장표지의 설치를 명할 수 있다.

제39조　① 이 영에 규정하는 것 외에 조선총독은 수산동식물의 번식보호 또는 어업단속을 위해 필요한 명령을 할 수 있다.

② 전항의 명령에는 범인이 소유 또는 소지하는 채포물·양식물·그 제품 및 어구(부어구를 포함한다. 이하 동일)로서 조선형사령에 의할 것을 정한 형법 제19조 제1항의 물건의 몰수와 그 몰수해야 할 물건의 가격에 상당하는 금액의 추징에 관한 규정을 마련할 수 있다.

제40조　해군함정승조장교, 경찰관리와 조선총독이 지정한 관리 및 조선지방대우직원은 어업을 감독할 필요가 있다고 인정하는 때에는 선박·점포 기타 장소를 임검하여 장부·서류 기타 물건을 검사할 수 있다.

제41조　① 전조에서 규정한 관리 및 직원은 어업에 관한 범죄가 있다고 인정하는 때에는 수색 또는 이에 필요한 처분을 하고, 범칙혐의자 또는 참고인을 심문하거나 범죄 사실을 증명할 만한 장부·서류 기타 물건을 차압할 수 있다.

② 전항의 경우에 취조의 필요상 부득이한 경우에는 범칙혐의자에게 동행 또는 승조한 선박의 회항을 명할 수 있다.

제42조　전2조의 수색·심문·차압 및 임검에 관하여는 조선간접국세범칙자처분령을, 전조 제1항의 수색에 필요한 처분에 관해서는 동 영에 의할 것을 정한 간접국세범칙자처분법 중 수색에 관한 규정을, 전조 제2항의 동행 및 회항에 관하여는 같은 법 제4조 및 제5조의 규정을 준용한다. 다만, 같은 법 제4조의 규정은 해군함정승조장교 및 경찰관리에게 준용할 수 없다.

제6장 　어업조합·어업조합연합회·수산조합 및 수산조합연합회

제43조 　① 일정한 지구 안에 거주하는 어업자는 어업조합을 설립할 수 있다.

② 어업조합의 지구는 부 또는 면의 구역 또는 부 또는 면 안의 부락에 따라 정해야 한다. 다만, 특별한 사유가 있는 경우에는 그러하지 아니하다.

제44조 　① 어업조합을 설립하고자 하는 때에는 발기인이 규약을 정해 조합지구인 구역 안에 거주하는 어업자의 3분의 2 이상의 동의를 얻어 조선총독의 인가를 받아야 한다.

② 조선조합은 전항의 인가를 받은 때에 성립한다.

제45조 　어업조합이 성립한 때에는 조합의 지구 안에 거주하는 어업자는 그 조합의 조합원으로 한다.

제46조 　특별한 사유가 있는 때에는 일정한 지구 안에 거주하는 일부 어업자를 조합원으로 하는 어업조합을 설립할 수 있다. 이 경우에 전 2조 규정의 적용에 대해서는 동조 중 어업자는 규약에 따라 조합원의 자격을 가진 어업자로 한다.

제47조 　① 어업조합은 법인으로 한다.

② 어업조합은 조합원에게 어업을 하게 하기 위해 어업권을 취득하거나 어업권의 대부를 받고 조합원의 어업 또는 이에 관하여 경제 또는 구제에 필요한 공동시설을 하는 것을 목적으로 한다.

③ 어업조합은 어업을 할 수 없다.

제48조 　어업조합의 조합원은 규약이 정하는 바에 따라 조합이 취득하거나 대부받은 어업권의 범위 안에서 어업을 할 권리를 가진다.

제49조 어업조합은 조선총독의 인가를 받아 어업조합연합회를 설립할 수 있다.

제50조 ① 어업조합연합회는 법인으로 한다.

② 어업조합연합회는 소속 어업조합의 목적을 달성하게 하기위하여 필요한 시설을 하거나 소속 어업조합에게 업무상의 지도를 하는 것을 목적으로 한다.

③ 어업조합연합회는 어업을 할 수 없다.

제51조 일정한 지구 안에 거주하는 어업자 또는 수산물의 제조·거래 또는 보관을 영업으로 하는 자는 수산조합을 설립할 수 있다.

제52조 ① 수산조합을 설립하고자 하는 때에는 발기인이 규약을 정하고 조합지구의 구역 안에 거주하는 자로서 규약에 따라 조합원의 자격을 가진 자 3분의 2 이상의 동의를 얻어 조선총독의 인가를 받아야 한다.

② 수산조합은 전항의 인가를 받은 때에 성립한다.

제53조 수산조합이 성립한 때에는 조합의 구역 안에 거주하는 자로서 규약에 따라 조합원 자격을 가진 자는 조합의 조합원으로 한다.

제54조 ① 수산조합은 법인으로 한다.

② 수산조합은 당해 수산업의 개량발달을 도모하고 영업상 폐해의 교정을 목적으로 한다.

③ 수산조합은 영리사업을 할 수 없다.

제55조 수산조합은 조선총독의 인가를 받아 수산조합연합회를 설립할 수 있다.

제56조 ① 수산조합연합회는 법인으로 한다.

② 수산조합연합회는 소속 수산조합의 목적을 달성하게 하기

위해 필요한 시설을 하거나 소속 수산조합에 대해 업무상의 지도를 하는 것을 목적으로 한다.

③ 수산조합연합회는 영리사업을 할 수 없다.

제57조 ① 어업조합·어업조합연합회·수산조합 및 수산조합연합회의 경비는 조선총독의 인가를 받아 조합원 또는 소속연합에 부과할 수 있다.

② 어업조합·어업조합연합회·수산조합 및 수산조합연합회는 규약이 정하는 바에 따라 사용료 또는 수수료를 징수할 수 있다.

③ 어업조합·어업조합연합회·수산조합 및 수산조합연합회는 조합원 또는 소속조합으로서 규약에 위반한 자에게 규약이 정하는 바에 따라 과태금을 부과할 수 있다.

④ 전 3항의 경비·사용료·수수료 또는 과태금의 징수에 관하여는 민사소송을 제기할 수 있다.

제58조 어업조합·어업조합연합회·수산조합 및 수산조합연합회의 결의 또는 임원의 행위가 이 영 또는 이 영에 의한 명령·처분 또는 제한·조건에 위반한 때, 규약에 위반한 때, 기타 공익을 해하거나 해할 우려가 있다고 인정하는 때에는 조선총독은 다음 각호의 처분을 할 수 있다.

1. 결의의 취소
2. 임원의 해직
3. 해산

제59조 제43조 내지 전조에서 규정한 것을 제외하고 어업조합·어업조합연합회·수산조합 및 수산조합연합회의 설립·관리·감독·분

합·해산 및 청산, 어업조합 및 어업조합연합회의 등기 기타 어업조합·어업조합연합회·수산조합 및 수산조합연합회에 관하여 필요한 사항은 조선총독이 정한다.

제60조 ① 어업조합·어업조합연합회·수산조합 또는 수산조합연합회가 제47조 제3항·제50조 제3항·제54조 제3항 또는 제56조 제3항의 규정에 위반한 때에는 그 임원을 300원 이하의 과료에 처한다.

② 이 영에 의한 어업조합·어업조합연합회·수산조합 또는 수산조합연합회에 관한 명령에는 조합 또는 연합회가 이에 위반한 때에 그 임원을 300원 이하의 과료에 처하는 규정을 만들 수 있다.

③ 전2항의 과료에는 비송사건수속법 제206조 내지 제208조의 규정을 준용한다.

제7장 보상 및 재정

제61조 ① 제12조제1호 내지 제3호 또는 제36조 제2항의 규정에 의한 처분으로 인해 손해를 입은 자가 있을 때에는 조선총독은 그 정하는 바에 따라 손해를 보상할 수 있다.

② 전항의 보상은 제12조 제1호 내지 제3호 또는 제36조 제2항의 규정에 의한 처분으로 인해 특별히 이익을 얻은 자가 있는 때에 조선총독은 그 얻은 이익의 한도에서 보상금의 전부 또는 일부를 부담하게 할 수 있다.

③ 제1항의 보상 또는 전항의 부담에 대해 불복하는 자는 조선총독의 재정을 요구할 수 있다.

제62조 ① 전조 제2항 또는 제3항의 규정에 따른 부담금은 국세체납처분의 예에 따라 징수할 수 있다.

② 전항의 부담금의 선취특권 순위는 국세의 예에 따른다.

제63조 ① 제31조 제1항 또는 제32조 제1항에 규정한 행위로 인해 손해를 입은 자가 있는 때에는 어업자 또는 어업면허를 받고자하는 자는 이와 협의해 그 손해를 보상해야 한다.

② 전항의 보상에 대해 협의가 조정되지 아니하거나 협의가 불가능한 때에는 어업자 또는 어업면허를 받고자하는 자 또는 손해를 입은 자는 조선총독의 재정을 요구할 수 있다.

③ 전2항의 규정에 의한 보상금의 청구에 대해서는 민사소송을 제기할 수 있다.

제64조 ① 다음 각호의 1에 해당하는 경우에는 제61조 및 전조의 규정에 의한 보상금은 공탁해야 한다.

1. 보상을 받아야 하는 자가 보상금의 영수를 거부 또는 기피한 때
2. 보상을 받아야 하는 자 또는 그 주소나 주거가 불분명한 때
3. 보상의 목적인 어업권 또는 토지물건에 대하여 등록하거나 등기한 선취특권자 또는 저당권자가 있는 때. 다만, 선취특권자 또는 저당권자의 동의가 있는 경우에는 그러하지 아니한다.

② 전항의 규정은 보상의 목적인 어업권 또는 토지물건이 소송의 목적이 되어 소송당사자로부터 청구가 있는 때에 준용한다.

③ 제1항 제3호 또는 전항의 규정에 따라 보상금을 공탁한 경

우에는 등록 또는 등기한 선취특권자나 저당권자 또는 소송 당사자는 공탁한 금액에 대해서도 그 권리를 행사할 수 있다.

제65조 제27조 제1항의 협의가 조정되지 아니하거나 협의가 불가능한 때에는 어업권자 또는 입어하는 자는 조선총독의 재정을 요구할 수 있다.

제66조 어장의 구역, 어업권의 범위, 보호구역, 어업의 방법 또는 입어의 관행에 대하여 분쟁이 있는 때에는 그 관계인은 조선총독의 재정을 요구할 수 있다.

제67조 이 장에 규정하는 것을 제외하고 보상 및 재정에 관한 사항은 조선총독이 정한다.

제8장 벌칙

제68조 다음 각호의 1에 해당하는 자는 2,000원 이하의 벌금에 처한다.
  1. 면허에 따르지 아니하고 제6조 제1항의 어업을 한 자
  2. 제3조·제11조·제12조 또는 제29조의 규정에 의한 제한·조건·정지 또는 금지에 위반하여 제6조 제1항의 어업 또는 입어를 한 자
  3. 사기의 수단으로 제6조 제1항의 규정에 의한 면허를 받은 자

제69조 다음 각호의 1에 해당하는 자는 포경어업·'트롤'어업 또는 공선어업은 5,000원 이하의 벌금에, 기선저예망어업은 2,000원 이하의 벌금에, 잠수기어업 또는 제10조 제2항의 규정에 의한 어업은 500원 이하의 벌금에 처한다.

1. 허가를 받지 아니하고 제10조의 어업을 한 자
2. 제3조·제11조 또는 제12조의 규정에 의한 제한·조건·정지 또는 금지에 위반해 제10조의 어업을 한 자
3. 사기의 수단으로 제10조의 규정에 의한 허가를 받은 자

제70조 ① 제3조의 규정에 의한 제한·조건 또는 금지를 위반해 제14조의 어업을 한 자는 200원 이하의 벌금에 처한다.

② 신고하지 아니하고 제14조의 어업을 한 자는 50원 이하의 벌금 또는 과료에 처한다.

제71조 ① 어업권 또는 제48조에 규정한 어업조합 조합원의 어업권을 침해한 자는 1년 이하의 징역 또는 1,000원 이하의 벌금에 처한다.

② 제25조의 규정에 위반한 자는 200원 이하의 벌금에 처한다.

③ 전 2항의 죄는 고소로써 논한다.

제72조 제35조의 규정에 위반한 자는 500원 이하의 벌금에 처한다.

제73조 ① 제37조 제1항의 규정에 위반한 자는 3년 이하의 징역 또는 3,000원 이하의 벌금에, 동조 제2항의 규정에 위반한 자는 2년 이하의 징역 또는 2,000원 이하의 벌금에 처한다.

② 전항의 미수죄는 벌한다.

제74조 ① 제68조·제69조·제70조 제1항·제71조 제1항 및 제72조의 경우에는 범인이 소유 또는 소지한 채포물·양식물, 그 제품 및 어구로 조선형사령에 의할 것을 정한 형법 제19조 제1항의 물건은 몰수한다.

② 전항의 경우에는 범인이 소유 또는 소지한 채포물·양식물, 그 제품·선박(부속기구를 포함)·어구·유독물·폭발물 및 전

　　　　　기기구(부속기구를 포함)로 조선형사령에 의할 것을 정한 형
　　　　　법 제19조 제1항의 물건은 몰수한다.
　　　　③ 전2항의 경우에 몰수해야 하는 물건의 전부 또는 일부의 몰
　　　　　수가 불가능한 때에는 그 가격에 상당하는 금액을 추징한다.
　　　　④ 제1항 및 제2항에 규정한 것을 제외하고 제68조·제69조·
　　　　　제70조 제1항·제71조 제1항·제72조 및 전조의 경우에는
　　　　　조선형사령에 의할 것을 정한 형법 제19조의 규정을 적용할
　　　　　수 있다.
제75조　어장표지를 이전 또는 손괴하거나 은폐한 자 또는 기타 방법으
　　　　로 어장표지의 효용을 상실하게 한 자는 100원 이하의 벌금 또
　　　　는 과료에 처한다.
제76조　① 제40조·제41조 제1항 또는 제42조의 규정에 의한 직무집
　　　　　행을 거부·방해·기피 또는 심문에 답변하지 아니하거나 허
　　　　　위진술을 한 자는 300원 이하의 벌금 또는 과료에 처한다.
　　　　② 제41조 제2항의 규정에 의한 동행 또는 회항명령에 따르지
　　　　　아니한 자는 500원 이하의 벌금에 처한다.
제77조　영업자는 그 대리인·호주·가족·고용인 기타 종업자가 업무에
　　　　관해 이 영 또는 이 영에 의한 명령에 의한 벌칙에 위반한 때에
　　　　는 자기의 지휘로 인한 사유가 아니라는 이유로 처벌을 면할 수
　　　　없다.
제78조　① 이 영 또는 이 영에 의한 명령에 의한 벌칙을 영업자의 업무
　　　　　에 적용해야 하는 경우에 영업자가 법인인 때에는 이사·취
　　　　　체역 기타 법인의 업무를 집행하는 임원에게, 미성년자 또는
　　　　　금치산자인 때에는 법정대리인에게 적용한다. 다만, 영업에

관해 성년자와 동일한 능력을 가진 미성년자는 그러하지 아니하다.

② 전항의 경우에는 징역형을 부과할 수 없다.

부칙 〈조선총독부제령 제1호, 1929.1.26〉

제79조 이 영 시행기일은 조선총독이 정한다.

[조선어업령은 1930년 5월 1일부터 시행. 〈1930.1.13. 조선총독부령 제4호〉]

제80조 「어업령」은 폐지한다.

제81조 ① 구 영 또는 구 영에 의한 명령에 따라 면허·허가·인가·처분 기타 행위는 이 영 또는 이 영에 의한 명령 중 이에 상당하는 규정이 있는 경우에는 이 영 또는 이 영에 의한 명령에 의한 행위로 본다.

② 구 영 또는 구 영에 의한 명령에 따라 취득한 어업권으로 이 영 시행당시에 유효한 것은 이 영에 의해 취득한 어업권으로 본다.

제82조 ① 구 영 또는 구 영에 의한 명령에 의한 어업면허의 출원, 어업권 존속기간의 갱신면허의 신청, 어업허가의 신청 또는 어업의 신고로서 이 영 시행 당시 아직 처분을 종료하지 아니한 것은 각 이 영 또는 이 영에 의한 명령에 의한 어업면허의 출원, 어업권의 존속기간의 연장허가신청, 어업의 인가신청 또는 어업의 신고로 본다.

② 전항에 규정한 것 외에 구 영 또는 구 영에 의한 명령에 의한 어업 또는 어업조합에 관한 신청으로 이 영 시행당시 아직

처분을 종료하지 아니한 것은 이 영 또는 이 영에 의한 명령 중 이에 상당한 규정이 있는 때에는 이 영 또는 이 영에 의한 명령에 의한 행위로 본다.

제83조 전2조규정의 적용은 다음표의 좌측란에 게기한 구 영 또는 구 영에 의한 명령에 의한 어업은 각 상당하는 우측란에 게기한 이 영에 의한 어업에 해당한다.

구 영 또는 구 영에 의한 명령에 따른 어업	이 영에 의한 어업
제1종 면허어업	정치어업(定置漁業)
제2종 면허어업	양식어업(養殖漁業)
제3종 면허어업	정소예망어업(定所曳網漁業)
제4종 면허어업	정소부망어업(定所敷網漁業)
제5종 면허어업	정소집어어업(定所集魚漁業)
제6종 면허어업	전용어업(專用漁業)
제1종 허가어업	포경어업
제2종 허가어업	트롤어업
제3종 허가어업	잠수기어업
제6종 허가어업으로 나선추진기를 구비한 어선을 사용하는 것 및 제8종허가어업으로 나선추진기를 구비한 어선에 의한 수조망어업	기선저예망어업(機船底曳網漁業)

제84조 구 영에 따라 설립허가를 받은 어업조합 또는 수산조합으로 이 영 시행당시 존재하는 것은 이 영에 의해 설립인가를 받은 것으로 본다.

찾아보기

ㄱ

가부라키 요미오(鏑木餘三男) 207
가시이 겐타로(香椎源太郞) 254, 299, 335
간도협약 387
갑산 화전민 사건 60, 65, 67
거망(擧網) 394~396, 401, 405
거제어업조합 263, 265
건착망(巾着網) 390, 417~419, 315, 318
건착망어업 318, 417, 419
경화유 420~422, 426
공동판매 271, 272
공려조합 57~59, 66~70
구즈우 슈스케(葛生修亮) 210
국비계속사방사업 132, 136~140, 142~147
국유림구분조사 89, 90
굴업도 374~377, 379, 439
궁내성 230
궁민구제사방사업 143, 144, 146, 147, 149, 150
궁선(弓船) 359, 360

금벌주의 109, 112, 113, 120, 121, 165, 172
금어 구역 331, 332
기선건착망어업 349, 418, 419, 440
기선저예망(機船底曳網) 319, 324, 329, 332, 334~337, 390, 391, 397~406
기선저예망어업 319, 324, 329, 332, 334, 335, 337, 398, 401, 402
기장어업조합 264, 265, 272

ㄴ

나가사키현 243, 283~286, 289, 360, 417
나카베 이쿠지로(中部幾次郞) 335
남포어업조합 265, 268, 295
남획 312~314, 319, 322, 332
농경적지 예찰조사 68

ㄷ

단천 삼림조합 사건 113, 115, 116, 119
대일본수산회 205
대한산림협회 86, 87
대한이재공사 29

덕장(德場) 409
덕적도 367, 374~379, 439
덕주(德主) 409~411
도성래맥보토소절목 131
돈야[問屋] 426~428
동건법(凍乾法) 408, 410
동력어선 308, 315~319, 334, 361, 390, 397, 398, 432
동양척식주식회사 71, 72, 159, 287

ㅁ

마키 나오마사(牧朴眞) 208
면허어업 227, 242, 244, 324, 329, 332, 334, 417, 431
목도 292
목탄조합 124, 165
무동력 개량 어선 319
문천군 249
미쓰비시(三菱)상사 427
민유림지도방침대강 116, 118, 155, 156

ㅂ

방어진 288, 293
벌채증재계획 166
부면재산정리규정 106
부산수산회사 203, 274
부정어업 255, 260

「북선개척사업계획서」 39, 67
빙어선(氷漁船) 355

ㅅ

사이토 스에지로(齋藤季治郞) 386
사이토 오토사쿠(齋藤音作) 76, 78, 82
산농지도구 57, 68~70
산업조사위원회 280
「삼림령」 20, 51, 86, 91, 92, 157
「삼림법」 20, 74~76, 82, 85~91, 99, 101, 102, 174
삼림조합 109, 111~115, 119~121, 124, 165, 175
서북영림창 관제 27
세키자와 아케키요(關澤明淸) 197, 206
소빙기 81
송진어업조합 269
송진포 287
수면전용면허제 241, 247
「수묘검사규칙」 98
수산국 218, 219, 225, 231~233, 282, 288, 433
「수산제품검사규칙」 279
수산조합 241, 260, 274, 278
「수산조합규칙」 186, 262, 278
수산조합연합회 322, 339, 340
수해이재민구제사방사업 143, 144
시국응급시설국비사방사업 143, 144

시마네현 286
시모 게이스케(下啓助) 282
시부자와 게이죠(澁澤敬三) 352
시찰보고서 209
신고어업 226, 227, 229, 230, 233, 242~244, 324, 417
신탄시장 122,~124, 126, 127, 164, 165

ㅇ

안강망(鮟鱇網) 360~362, 368
야마모토 모모기치(山本桃吉) 302, 304
야마와키 소지(山脇宗次) 282
어업권 182, 184, 187~189, 194, 217, 219, 224, 225, 227, 229, 230, 232, 233, 235, 237, 242, 246, 248, 250, 251, 253, 254, 261, 263, 264, 269, 270, 286, 288, 290, 319, 322~329, 333, 335, 338, 339, 341, 431, 432, 435~437
어업권원부(漁業權原簿) 189, 326, 437
어업근거지[어항] 211, 212, 283, 284, 286, 293, 346, 350, 356
「어업단속규칙」 255
「어업령」 241, 255, 259, 263, 268, 274, 278, 305, 308, 320, 321, 323, 324, 326, 327, 330~332, 338~340, 403, 407, 431

「어업법」 184, 185, 188, 216~219, 224~226, 229~237, 240~242, 246, 261, 281, 282, 286, 288~290, 308, 321, 323, 324
「어업에 관한 협정」 184, 217, 219, 221, 222, 224, 226, 232, 233, 237, 281, 431, 434
어업조합 185, 186, 188, 241, 248, 260, 262~265, 268, 270~273, 279, 283, 321, 322, 337~343, 355, 356, 411, 431
「어업조합규칙」 186, 262, 340
「어업조합보조규칙」 341
어업조합연합회 322, 339, 340, 343
에히메촌(愛媛村) 301
연고림 85, 90, 91, 95, 96, 99, 100, 108~110
연평도 351, 352, 354~358, 361, 363, 364, 367~374, 377, 378, 438, 439
연평평(延平坪) 354, 367
영림서 26~28, 32~35, 39, 40, 42, 43, 59~65, 71, 158, 160, 162, 174
영림창 26~28, 31~37, 39, 40, 42, 43, 52, 53, 57, 174
영흥군 249
영흥만 249, 252, 333
오카야마촌(岡山村) 294
오타 다네지로(太田種次郞) 298, 301

오하라 쇼타로(大原庄太郎) 278
온박(鰮粕) 420,~422, 427
온유(鰮油) 420~424, 426, 427
외국영해수산조합법 275
요시다 게이이치(吉田敬市) 346, 350, 352, 356, 364, 419
요코야마 기타로(横山喜太郎) 249, 250, 253
우메 겐지로(梅謙次郎) 229
울릉도어업조합 264, 265
「원양어업장려규정」 294, 435
유자망(流刺網) 417~419, 315
유지공업(油脂工業) 421
이강공 전하 254, 434
이리사촌(入佐村) 269, 287, 297
이서(以西) 기선저예망어업 319
이시야마 히로시(諫山廣) 196
이주근거지 282, 283, 285~288, 294, 305, 431, 435
이주어촌 190, 211, 242, 268,~270, 276, 279, 282, 283, 286~290, 293, 295~299, 301~305, 346, 349, 350, 366, 370, 431, 438
이주인 히코키치(伊集院彦吉) 209, 275
이하라 분이치(庵原文一) 213, 214, 226, 230, 282, 288
「임야의 국유사유구분표준」 82, 83
임야조사사업 99, 100, 102~105, 107~109, 111
「임업종자검사규칙」 98
임적조사 75, 76, 79, 82, 89
「임정계획안」 54, 55
입어권 327

ㅈ

자망(刺網) 394~397, 401, 402, 404~408, 411, 440
장승포어업조합 269, 300
저예망어업 318
정근택(鄭根澤) 379~384
정문기(鄭文基) 352, 354~356, 358, 361~364, 370
정진홍 278
정치망(定置網) 395, 417, 432, 440
제주도 198, 246, 268
제주도해녀어업조합 270, 273
조림대부 88, 91~99, 105, 108~111, 174
조선귀족원 174
조선동해온건착망어업수산조합 418
조선목탄배급통제규칙 168, 171
조선물품판매가격취체규칙 167, 168
「조선사방사업령」 140~145
조선산림회 161, 166
「조선삼림미간지급삼림산물특별처분령」 28

조선수산조합 186, 242, 258, 262, 269, 274, 278~280, 305, 431, 436
『조선수산통계』 308, 314, 316
조선수산회 280, 281, 317, 350
「조선수산회령」 280
「조선어업령」 319~323, 325~329, 331~333, 335, 337, 338, 340, 343
조선어업조합중앙회 343
조선어업협회 209, 210, 275
조선임야분포도 76, 77, 79
조선임업개발주식회사 157, 159~161
조선임업협회 158
조선임정계획 27, 33, 34, 158
조선질소비료 421
『조선통어사정』 184, 206, 207, 433
조선통어조합연합회 275, 283
조선하천조사사업 136
조선해수산조합 214, 269, 275, 276, 286, 293, 298, 299
조선해통어조합연합회 184, 208
조업 금지 구역 335, 402, 403, 405, 440
조일통어장정 194, 200, 201
주낙[延繩] 394~397, 401, 402, 404, 405, 440
주목망(柱木網) 359
중선(中船) 359, 360
중요사무심사회 220

지정상주의(指定商主義) 33
지주총대 47, 101~103

ㅊ

청하어업조합 271, 272
축풍수산조합 288
칠산탄(七山灘) 354, 358, 360

ㅌ

태이도 352, 367, 379, 380, 382
태풍(Typhoon) 365~367, 380, 382, 383, 438
「토지가옥소유권증명규칙」 229
「토지가옥증명규칙」 83
「토지조사령」 83, 471
토지조사사업 45, 46, 48, 49, 60, 99, 102, 103, 107
통감부 27, 75, 76, 85, 131, 182, 185, 212~218, 221, 224~226, 228, 229, 235, 242, 249, 261, 276, 278, 279, 282, 286, 288, 289, 305, 431, 433, 434, 436
통영 254, 276, 286, 292, 293, 434
트롤어업 182, 241, 255, 256, 319, 324, 329, 330, 335, 403, 434, 512
「특별연고삼림양여령」 110

ㅍ

파시(波市) 191, 304, 350~357, 364, 379, 438, 439

파시전(波市田) 353, 354

파시평(波市坪) 353~357

파시풍(波市風) 353~355

폭발물 182, 185, 241, 255~260, 331, 434, 435

폭발물 어로 258

폭발물 어업 255

ㅎ

하다 카네하루(波田兼晏) 294, 297

하야시 코마오(林駒生) 288

「한국삼림특별회계법」 27

『한국수산업조사보고』 211

『한국수산지』 216, 392, 394, 408, 433

『한국수산행정급경제』 211

한국재정고문본부 211

한국토목사업조사 130

한해통어조합 208

『한해통어지침』 210

함경북도기선건착망어업수산조합 418

합동유지글리세린주식회사 427

허가어업 190, 226, 227, 229, 230, 233, 234, 242~244, 324, 329, 330, 332, 334, 403, 406, 417, 434, 438, 440

호도어민 소요사건 333

호수화론 388

홀치망(忽致網) 395, 401

「화전정리에 관한 건」 51

화전조사위원회 57~60, 65, 66, 68

후쿠오카현 283

히로이 이사미(廣井勇) 371

동북아역사재단 일제침탈사 연구총서 20
일제의 임업 및 수산업 정책

초판 1쇄 인쇄 2024년 4월 20일
초판 1쇄 발행 2024년 4월 30일

지은이 최병택·이영학·류창호
펴낸이 박지향
펴낸곳 동북아역사재단

등 록 제312-2004-050호(2004년 10월 18일)
주 소 서울시 서대문구 통일로 81 NH농협생명빌딩
전 화 02-2012-6065
홈페이지 www.nahf.or.kr
제작·인쇄 (주)동국문화

ISBN   979-11-7161-068-6 94910
           978-89-6187-669-8 (세트)

- 이 책은 저작권법에 의해 보호를 받는 저작물이므로 어떤 형태나 어떤 방법으로도 무단전재와 무단복제를 금합니다.
- 책값은 뒤표지에 있습니다. 잘못된 책은 바꾸어 드립니다.